ライブラリ 現代の法律学＝A13

刑法総論
第 2 版

小林 憲太郎 著

新世社

はしがき

　本書は，形式的には『刑法総論』の初版を改訂した第2版であるが，実質的にはまったく新しい体系書となっている。

＊

　初版を公刊したのは私が三十代のころであり，私自身，いまだ刑法理論の全体像を十分に理解できていなかったこともあって，初版は私が問題の本質を解明しきれない部分をすべて省略した非常にコンパクトなものであった。もっとも，その後，時間が経つにつれ，私もそれなりには刑法理論を理解できるようになるとともに，初版を教科書として講義を受けた学生諸君から，「もっと親切な教科書にしてほしい」という要望を頂戴することとなった。そこで，今回の改訂にあたっては，個々の問題に関する説明をはるかに詳細かつ分かりやすくすると同時に，発展的な問題についてはコラムを設けて本文とは別に解説することとした。おそらく，初版をお持ちの方はこの第2版を見て，まったく別の書物と認識されるであろう。

　なお，第2版においては若干の文献も引用することとしたが，これは私が自分の考え方を形成するにあたって大きな影響を受けたものに限られており，各分野の必読文献や重要文献を選んでいるわけではない。その意味において，一般的な刑法学習の便宜には必ずしも資さないかもしれないが，引用文献をご参照下されば，本書の記述をよりよく理解していただけるのではないかと思う。

＊＊

　初版に引き続き，この第2版に関しても，新世社の清水匡太氏に大変お世話になった。記して感謝申し上げる。

　2020年4月8日

著　者

目　　次

序章

刑法および刑法総論の意義

　刑法とは，犯罪と刑罰に関する法である。たとえば，199 条は人を殺すこと
を殺人罪という犯罪と定め，これに対して死刑または無期もしくは 5 年以上の
（有期）懲役という刑罰を科することを宣言している。もっとも，論理的に厳
密に考えると，犯罪とは刑罰を科されるような行為のことであるから，端的に，
刑法とは刑罰に関する法だといってもよいかもしれない。

　さて，この刑法には**刑法典**（明治 40 年法律第 45 号）と，犯罪と刑罰を定め
た刑法典以外の法律である**特別刑法**とが存在する（両者をあわせて，広義の刑法
とか刑罰法規などとよんだりする）。もっとも，刑法典の総則は特別刑法にも適
用されるものと定められている（8条）。さらに，実質的に見ても，ある犯罪と
これに対する刑罰を刑法典と特別刑法のいずれに規定するかは，多分に偶然的
な歴史的経緯や立法技術的な考慮によって決まることも多いのであるから，刑
法典と特別刑法とで総則の解釈を異にすることも望ましくないと思われる。

　このように，刑罰法規の違いによって解釈を異にすべきでないとしても，刑
罰法規が適用される特定の社会生活領域ごとに，解釈を（その同一性が保たれ
る範囲内で）修正する作業は必要ではないか，という点も議論されている。具

体的には，医事刑法や経済刑法，交通刑法，薬物刑法などといった類型化がなされ，おのおのの領域の実態に合わせて総則の解釈も修正されるべきものとされる。

　たしかに，このような議論には傾聴すべき点が多いが，ある社会生活領域においてのみ解釈が修正される，という事態を正面から承認してしまうと，そこには歯止めがなくなり，あらゆる局面で刑罰法規の適用が恣意的なものとなってしまいかねない。むしろ，おのおのの社会生活領域の実態に合わせて妥当な結論が導かれるよう，もともとの解釈自体を多角的な視点がともなった，複雑な思考を可能とする理論体系のかたちで定めておくべきであろう。

　つづいて**刑法総論**とは，さまざまな犯罪ないし犯罪類型に共通する成立要件を扱う学問分野を意味する。一般には，先述した刑法典の総則の解釈論に対応するものといわれているが，厳密には正しくない。総則に規定はないものの，各則（罪）の解釈によりさまざまな犯罪ないし犯罪類型に共通するものとされる成立要件は，刑法総論の対象である。因果関係や（不真正不作為犯における）作為義務などは，その典型例といえよう。

　このように，刑法総論は共通要件を扱うという性質上，いきおい抽象的な議論となりがちであり，その結果，他の学問分野の知見を借りてこれを解決しなければならないことも多い。実務において刑法総論が正面から問題とされにくい理由もここにあり，ときおり見られる，刑法総論は法解釈学ではない（刑法各論だけが法解釈学である），という指摘も究極的には同旨に出たものといえよう。こうして，刑法総論を学ぶにあたっては，視野を法律学に限定することなく，幅広い教養を身につけられるよう努力する必要がある。

【行政刑法と法定犯】

　本文で紹介した用語法のほかに，行政刑法や法定犯などといった概念が用いられることもある。

　まず，**行政刑法**とは行政取締法規（道路交通法など）に規定された罰則のことであり，その解釈は刑法典の総則とは別の原理に基づいて行われるべきである，という主張とセットで用いられることが多い（重要な古典として，美濃部達吉『行政刑法概論』〔岩波書店，1939〕や藤木英雄『行政刑法』〔学陽書房，1976〕，福田平『行

政刑法〔新版〕』〔有斐閣，1978〕などがある）。もっとも，たとえ規定された法律の目的や規定形式が異質のものであったとしても，あくまで国民に刑罰を科する根拠となる以上，刑法典の総則およびその一般的な解釈がそのまま妥当する，と解することが一貫するであろう。また実質的に見ても，現代社会においては行政取締法規の罰則が著しく増加し，きわめて重要な機能を果たしている以上，これを総則の射程外とすることは刑罰全体の恣意的な拡大をもたらしかねないように思われる。

　次に，**法定犯**とは自然犯の対義語であり，法律により犯罪であると定められてはじめて社会的な有害性を備えるような行為を意味する。かつては，この法定犯の概念は非常に射程の広いものとして用いられ，たとえば，酒気帯び運転もそのひとつに数えられていた。もっとも，酒気帯び運転はたとえ刑罰が科されていなくても社会的に有害なのであり，これを犯罪化すべきか否かは種々の刑事政策的な考慮に基づいて立法府が決断すべきことがらであるにすぎない。したがって，法定犯の概念はより狭く，法律の定め方次第でその行為の社会的有害性が生じたり生じなかったりするような，いわゆる調整問題の解決によって犯罪化されたものに限定すべきであろう（調整問題の概念については，長谷部恭男『憲法〔第7版〕』〔新世社，2018〕8頁を参照）。たとえば，車両の左側通行違反は明らかに社会的に有害であるが，それは前もって法律により左側通行が命じられているからであるにすぎない（だからこそ，はじめから右側通行が命じられている多くの欧米諸国においては，右側を通行してもなんら社会的に有害ではない，というより，むしろ左側を通行することこそ社会的に有害である）。これこそが真正な法定犯というものである。

第 1 章

刑法（刑罰）の目的
および基本原理

1.1 刑法（刑罰）の目的

1.1.1 総 説

　国家はなにゆえに刑法を定め，国民に対して刑罰を科することが許されるのであろうか。この**刑法（刑罰）の目的**に関する問題は古くから議論されてきたものであるが，この問題に取り組むにあたっては次の3点に注意する必要がある。

　第1に，あくまで国家が国民に対して強制的に課する負担が問題となっており，たとえば，殺された被害者の遺族が復讐する権利であるとか，宗教上の罪に対して宗教団体等が定める業などが俎上に載せられているわけではない，という点である。

　第2に，たしかに刑罰には，国家が国民に対して課する他のさまざまな不利益にはない際立った特徴もあるが，その一方で，それらと共通する側面も数多く看取することができる，という点である。

　第3に，第2の点に関して述べた特徴として，刑罰は自由刑という「身柄をとる」不利益をその中核としている，という点である。

　なお，以上の3点のほかにも，刑罰は生命刑を極として非常に峻厳なもので
あることや，刑罰を科する手続きはきわめて厳格なものである一方，強制処分
もまた広く認められていることなどが重要な点として指摘されることも多い。
もっとも，刑罰が峻厳であるといっても，個人の自律を侵すことまでは憲法に
よって容認されえないし，また，刑罰を科することではじめて達成される利益
が重要なものでなければならないという趣旨であれば，それは比例原則（国家
が国民の権利自由を侵害する際には目的と手段が均衡していなければならない，と
する原則のこと）の一適用にすぎないであろう。さらに，刑事手続きのあり方
はむしろ刑罰の特徴にかんがみて決せられるべきものであり，刑事手続きの実
態から刑罰の本質にアプローチするのは倒錯した議論であるように思われる。
　以下ではこのような観点のもと，刑法（刑罰）の目的としてしばしばあげら
れる応報と予防につき，順を追って簡潔な検討を加えることとしたい。

1.1.2 応　　報

　応報とは，第1に，犯罪という作用に対するいわば形而上学的な反作用とし
て刑罰を科することを意味する。壁を押したら同じ力で押し返されるのと同じ
ように，犯罪へと歩みを進めた者は同じ力でそれとは反対方向に押し戻される，
つまり，他人の権利や自由を侵したのと同じ分だけ自分のそれも制限されるの
だ，と説明するのである。しかし，かりにこのような関係が抽象的には成り立
ちうるとしても，こと，国家が人に対して課する独自の負担である刑罰の説明
にはなりえないであろう。
　応報の第2は，いわゆるドイツ観念論をその淵源とするものである。自由で
対等な人格どうしのうち，一方が他方を侵してしまったとき（犯罪），一方に
刑罰を科することにより犯罪を否認し，そうして人格の対等性とそれによって
構成される共同体の統合を回復するのだ，と説明するのである。しかし，その
ような発想が前提とする主体や国家のとらえ方に対して根本的な疑問があるこ
とはさて措くにしても，現行刑法のあり方との間に重大な不整合が生じてしま
うであろう。たとえば，現行刑法には，みずからの意思の実現として他者を害
するわけではない過失犯を処罰する規定も，また，そもそも他者人格への攻撃
とはとらえられない偽造罪などを非常に重く処罰する規定も存在しているので

ある。

応報の第3は，われわれが生来的に有している応報感情をいいあらわしたものである。他人から理由もなく殴られたら腹が立って殴り返したいと思う，そういった感情のことであり，同じ集団に属する他のメンバーが同様の目に遭っても応報感情は生じうる。これを合理的に制度化して，国家が「殴り返」すことにしたのが刑罰だ，と説明するのである。たしかに，このような発想はあまりにも原始的であるとともに，先述した，人を殴ることと異なり，応報感情を直接に引き起こすわけではない偽造罪などが重く処罰されていることと整合しないであろう。しかし，応報感情が生じる条件や，応報感情が事後的には不合理なものである——たとえば，たとえ殴り返しても殴られた痛みは消えないばかりか，新たに自分のこぶしが痛むというマイナスが付け加わる——ことを慎重に考慮するならば，そこには 1.1.3（1）で述べる一般予防と同根の発想を見出しうるように思われる。

1.1.3 予　防

1. 一般予防

予防とは，大きく一般予防と特別予防に分けることができる。

まず**一般予防**とは，事前に「一定の不法を犯せば一定の害悪（刑罰）を加える」旨を告知しておくことにより，合理的な判断をなしうる主体（人格）に対し，不法を犯すことを避けさせようとするメカニズムを指す（英米では，一般予防の代わりに**抑止**という表現を用いるが，その実体は同じである）。

この定義からも分かるように，もし一般予防が完全な効果を発揮していれば，合理的主体に刑罰を科するという事態は出現しえない。裏返していうと，刑罰とは一般予防の失敗に際して登場する概念なのである。たとえば，ふつうの人がつい出来心で万引きをしたり，あるいは「警察に捕まってもいいからあいつを殴りたい」と思い，実際に行動に出たりすることもあるであろう。このような場合，一般予防が奏功していないからそうなっているわけであるが，だからといって刑罰を科するのをやめると，事前の告知に応じて不法を犯すことを避けさせうるであろう人々から，実際に不法を犯すことを避けようとするインセンティブを奪い去ることになってしまう。具体的にいうと，前者の場合には，

必ずしも合理的な説明がつかないまれな現象であるからこそ「出来心」と表現
されるのであり，そのような現象があるとしても，刑罰と一般予防効果との合
理的関連性が失われるとまではいえないであろう（100％の関連性が科学的に証
明されなければ違憲になる，とまではいえない）。また，後者の場合には，刑罰の
重さが比例原則の枠内で立法裁量に基づき決せられる以上，抑止力の不足する
相手が存在しうることははじめから織り込み済みであって，そこで刑罰を科さ
ないとすることは本末転倒である。このようにして，事後的には無駄（それど
ころか，刑罰を科するのにかかるコストの分，赤字）であったとしても，事前的
な有用性，つまり，将来における人々へのインセンティブ付与という観点を考
慮して刑罰を科するのである。

【刑罰を求める犯人？】

　一般予防を目指す刑罰はあくまで人々の規範心理の層，すなわち，合理的な思考・
判断にはたらきかけて不法を犯すのをやめさせようとするのであり，人々の（知識
を含めた）生理的な条件はもちろんのこと，刑罰リスクをどの程度のマイナスとと
らえるかにかかる価値観もまた，刑罰が関わろうとする対象ではない。もっとも，
そうであるとすれば，刑罰をさほどのマイナスととらえない人々を処罰すること
では本文で述べたように正当化しうるとしても，むしろ「早く刑務所に入りたくて
仕方がない」人々を処罰することは正当化するのが困難である。このような人々に
対しては，ちょうど，生理的な原因により規範心理に基づく不法の回避を期待しえ
ない人々に対するのと同様，一般予防を目指す刑罰とは別の措置がとられるべきで
あろう。現実にそのような措置が考慮されないのは，それが刑罰よりも緩和された
内容となった場合，「刑罰を科されたくてやった」という詐言を誘発するおそれが強
い，という実践的な理由によるものと解される。

　以上の内容をもう少し抽象的に表現すると，一般予防は刑罰を**コミットメン
ト**（いまの自分が将来の自分を縛るという約束ごと）の一種ととらえている，と
いうことである。すなわち，事後的には不合理であるような行動であっても，
これをとることをあらかじめ宣言しておき，将来の自己を拘束することによっ
て，インセンティブの付与という事前的な合理性を生み出すのである。そして，
とくに，そこにいう事後的には不合理な行動が不法を犯したことに対する害悪

の付加であるとき，これを（**法的**）**制裁**とよぶ。こうして，制裁の要件として不法を犯したことと，合理的な判断に基づき不法を犯すことを避けるべく自己の行為を制御しえたこと，すなわち責任が求められることになる。さらに，これらの要件は刑罰に限らず，すべての制裁に同じく求められることになろう。

　ところで，1.1.2 で述べた応報の第 3 もまた，究極的にはこの一般予防と同様の発想を根底においていることが分かる。応報感情とは，他者に「殴り返されたら痛いから殴るのをやめよう」と思わせ，結果として身を守るものとしてわれわれのうちに植えつけられた適応プログラムともいうべきものであって，これを制度化したのが一般予防であり，その効果を果たす制裁であるとも解されるのである。応報感情の生じる条件が，一般予防の要請が生じる条件（不法と責任）と実質的に見て同一であることは，このことを如実に物語っているように思われる。たとえば，われわれは他人から現実に殴られてはじめて腹が立ち，殴り返してやろうと思う一方，実際に殴ってきたのが責任能力のない幼児や重度の精神病者であると分かれば，他の感情はいざ知らず，少なくとも応報感情そのものは湧いてこないであろう。

【消極的一般予防と積極的一般予防】

　これまで述べてきたような一般予防の発想は，刑罰をもっぱら「合理的な人間であれば避けたいと思うであろう痛み」としてのみとらえ，「不法を犯せば痛みを与えるぞ」と威嚇することにより不法を抑止する，というプロセスを基礎においている。つまり，刑罰をネガティブなものと理解しているため，これを**威嚇予防**とか**消極的一般予防**などとよぶこともある。

　反対に，刑罰をポジティブなものと理解する立場もあり，それは**積極的一般予防**とよばれる。すなわち，刑罰は家庭におけるしつけや学校教育，社会教育，宗教団体による信仰強化などと並び，たとえば，「人を殺してはならない」という広く受容された規範を市民により強く内面化させる媒体である，ととらえるのである。殺人が起きたとき，犯人に刑罰を科することによって，「やはり規範は厳然として妥当しているのだな」と市民が再確認し，規範意識はいっそう強化されることになる（林幹人『刑法総論〔第 2 版〕』〔東京大学出版会，2008〕14 頁以下を参照）。

　刑罰の説明として説得力のある内容であるが，厳密に考えると，それは応報や消極的一般予防により正当化された刑罰が現実に科せられることとなった暁に，社会心理学的観点からどのような効果が生じうるかを経験的に記述する方法のひとつに

すぎないように思われる。したがって，刑罰の目的，その正当化根拠として消極的一般予防と同じ次元で対立するものではなく，積極的一般予防という名称は非常にミスリーディングであろう。

2. 特 別 予 防

　次に**特別予防**とは，行為者の不法に対する傾向性（不法を犯しがちな性向）を取り除こうとする考え方を指す。もう少し具体的にいうと，そのような傾向性を伝染病などと同質の危険ととらえ，原理的には行為者が現実に不法を犯していなくても，さらに合理的な判断能力を欠いていたとしても，なお刑罰を介入させようとする発想を基礎においているのである。したがって，そこでは，刑罰が治療や隔離，教育などの無害化措置を本質とすることになる。そして，このような措置のことを，制裁に対置する意味で**処分**とよんでいる。

　かつて，刑罰を制裁ととらえる**旧派**に対し，これを処分ととらえる**新派**が有力になったことがあったが，今日においては多くの支持を失っている。その理由は大きく分けて 3 つあり，第 1 に，ある人間が危険であるかどうかを，現実に不法を犯す以前に判定する科学的知見がいまだ存在しないこと，第 2 に，危険な人物でありさえすればいつまでも閉じ込めておく，という発想は人権侵害につながること，第 3 に，刑罰を科すにあたり，「行為者がその自由な意思に基づいて不法を犯したことに対する非難」という観点を捨象すると，刑罰が動物をしつけるための杖と同じになり，人格の本質に反すること，である。

　もっとも，厳密に考えると，いずれも，刑罰から処分としての側面を排除する決定的な理由とはなりえないように思われる。第 1 の理由については，現実に不法を犯したことまで認められてはじめて，処分の介入を許すことにすれば足りる。第 2 の理由については，処分といえども比例原則のもとにおかれるのであるから，たとえば，盗癖が治らないからと永遠に施設に隔離しておくことはできない。第 3 の理由については，刑罰が非難の観点を内包しなければならない，というのは特定の刑罰観や主体観を前提にしてはじめていいうることであるし，また，かりにこの点を措くとしても，刑罰が制裁の観念をベースとしながら，必要に応じて処分の要素を取り込むことは認められてよいであろう。

　そして，詳細は犯罪論の具体的な内容を解説するところで述べるが，刑法そ

のものもその支配的な解釈も，実際には，処分の観点を抜きにしては整合的に説明しえないように思われる。たとえば，確定的な故意までもつ者に対する刑罰は，未必的な故意を有するにすぎない者に対する刑罰よりも一般に重いが，相手に死んでほしいと強く願っていればより殺してはいけなくなるとか，刑法が殺すのをやめさせようとよりはたらきかけやすくなるなどといった関係は存在しないであろう。むしろ，処分の観点を容れ，相手の死を強く願って行為に出るような人間はより危険であるから，いっそうの矯正・再社会化措置が必要である，と説明するほうが整合的なのではなかろうか。

　なお，わが国においては現在，**医療観察法**が治療処分に似た性質を有する実定法として存在している。また，実際の行刑においても特別予防に多くの考慮が払われているが，これらの詳細については刑事学（刑事政策学）の教科書類を参照されたい。

【一般予防と特別予防の関係】

　教科書類においてはときおり，一般予防とは一般人を抑止の対象とする考え方であるのに対し，特別予防とは当該行為者を抑止の対象とする考え方である，などといった説明がなされる。もっとも，これまで述べてきたところからも明らかなように，そのような説明は厳密には正しくない。そもそも抑止自体が一般予防と同じ意味なのであり，制裁によって不法を犯さないようその行為を制御されうる人を対象とするのに対し，特別予防は不法への傾向性を備えた人を対象とし，その傾向性を除去しようとする考え方である，という違いがあるにすぎない。したがって，あえて対象となる人をグループ分けするのであれば，一般予防はまさに制裁が科されるその人ではなく，爾後，不法を犯そうとするインセンティブが過剰となりかねない人々に対して効果を発揮するのに対し，特別予防はまさに処分が科されるその人に対して効果を発揮するのだ，とでも説明すべきであろう。

【医療観察法】

　心神喪失等の状態で重大な他害行為を行った者の医療及び観察等に関する法律（平成 15 年法律第 110 号，医療観察法）とは，心神喪失または心神耗弱の状態で重大な他害行為（殺人，放火，強盗，強制性交等，強制わいせつ，傷害）を行った人に対して適切な医療を提供し，社会復帰を促進することを目的としたものである（この

法律が成立する以前は，精神保健福祉法に基づく**措置入院**が可能であるにすぎなかった）。もっとも，この法律に基づく強制医療が保安的な観点からする国家による危険な行為者に対する侵害的な作用（本来の意味における処分）であるのか，それとも，治療可能な疾病により社会共同生活が困難な行為者に対して国家がパターナリスティックな観点からサービスを提供しているのか，あるいは，両者が複合したものであるとしてその複合の仕方はいかなるものであるのか，などといった根本的な問題についてはいまだ見解の一致を見ていない。

1.2　刑法（刑罰）の基本原理

1.2.1　法益保護主義

　刑法（刑罰）の基本原理が何であるか，という名称のレベルでは学説上ほぼ争いがないものの，そのような原理の根拠や原理間の相互関係については複雑な問題が潜んでいる。

　まず**法益保護主義**とは，刑法は法益以外を保護してはならない，という考え方である。法益とは法によって保護されるべき生活利益のことであり，生命や身体，自由，財産等，個人の主観的な利益である**個人的法益**，不特定多数者の主観的利益の集合体や文書の真正に対する公共の信用等，制度的な利益である**社会的法益**，公務の円滑な遂行等，制度的利益のなかでも国家の作用にかかわる**国家的法益**がある。そして，それらに共通する特徴は，どのような信仰や思想，価値観を有するのであれ，国家を設立し，これによる保護を受けようとするにあたって等しく重要性をもっている，ということである。

　このように考えると，法益保護主義とは，刑法は特定の価値観等に依拠してはじめて重要となるような利益を保護してはならない，という発想に帰着する。たとえば，ある宗教の教義において，ある食べ物が不浄でありこれを食しないことが功徳を積むうえで重要なものとされているとき，それを食べることを刑法が禁止し，違反に対して刑罰を科することは許されない。そして，従来，特定の価値観等に依拠してはじめて重要となるような利益のことを道徳と称し，「**法と道徳の峻別**」を法益保護主義の別表現として用いることが一般的であった。また，このことからも分かるように，道徳を保護することになってはならないのは法一般であり，必ずしも刑法に限られないことに注意を要する。

　問題は，なぜこのような法益主義が妥当しなければならないかであるが，それは憲法の基礎となっている個人の尊厳（自律）に根拠をおいている。すなわち，国家が法を定め，特定の価値観等に依拠してはじめて重要となるような利益を保護するということは，とりもなおさず，国家がそれ以外の価値観等はくだらない，価値が低いと評価しているということである。それはひっきょう，それ以外の価値観等を有する人々を対等な人格として尊重していないということであるから，個人の尊厳（自律）の背景にある根源的平等に反してしまうのである。

　もちろん，今日の社会的，政治的状況において，国家が正面から特定の価値観等の擁護を掲げて立法を行う，などといった事態はあまり考えられないであろう。しかし，人は自分にとって善いものは他人にとっても善いものであると考え，これを押しつけようとする本性的な欲求を有している一方，立法は究極的には多数決によって決せられるものである。それゆえ，多数派が公共性を標榜して，その実，社会において事実上支配的であるにすぎない価値観等を少数派に押しつける立法を行わないよう，注意深く監視していく必要がある。法益保護主義を高唱することには，このような監視の必要性をリマインドするという実践的な意義も存在しているのである。

1.2.2　人 権 保 障

　人権保障もまた，古くから刑法の基本原理のひとつとしてあげられてきたものである。もっとも，今日の目から見ると，人権保障というだけではあまりにも抽象的であり，もう少し内容を具体化したかたちで提示されるべきであろう。たとえば，最も狭い意味においては，人権保障とは 1.2.1 で見た法益保護主義，すなわち，特定の価値観等を押しつけるために刑罰を用いてはならない，という発想と，自律の物質的な基盤をも奪い去るような刑罰を科してはならない，という発想を指すものとして理解しえよう。こうして，たとえば，後者の発想からは，死刑や仮釈放のない無期自由刑に対して疑念が差し向けられることになる。殺されたり，狭い場所に死ぬまで閉じ込められたりするのは，自律の物質的な基盤を奪われることだからである。

　これに対して，たとえば，人権保障の内実が「窃盗に無期懲役を科してはな

らない」というように過剰に重い刑罰を禁止するものであったり，あるいは，「他人に迷惑をかけたら処罰する」というように不明確な刑罰法規を禁止するものであったりする場合には，それらをいいあらわすより具体化された原理が存在するのであるから（前者は罪刑均衡や比例原則，後者は明確性の原則などとよばれている），むしろ人権保障などという抽象的な表現は差し控えるべきであろう。つまり，人権保障の語はもっぱら狭い意味においてのみ用いるべきであると思われる。

1.2.3　責 任 主 義

　責任主義とは，責任がなければ刑罰を科されない，という考え方である。ここにいう責任とは，刑罰の制裁としての性格を前提としつつ，行為者が事前の刑罰予告に感応し，合理的な判断に基づいて不法を犯すのをやめようと自己の行為を制御しうる，ということを意味している（**行為制御可能性としての責任**ないし**規範的責任**）。それは刑罰の有する一般予防効果を主眼においたものであり，反対に，特別予防効果を主眼にすえる場合には，そこにいう責任とは行為者のもつ不法への傾向性を意味することになる。こちらはとくに社会的責任とよばれるが，新派の衰退とともに，ことば自体がほとんど用いられなくなっている。

　（行為制御可能性としての）責任の具体的な内容としては，不法を予見する能力（予見可能性），予見した不法を前に，これを犯すのをやめようと自己の動機づけをコントロールする能力（弁識・制御能力），そして，不法を犯すのをやめようとする動機づけに従い，自己の行為に意思的なコントロールを及ぼす能力（意思能力），の3つがあげられる。さらに，これらは刑罰の制裁としての性格から導かれるものであるから，他の（法的）制裁においても等しく要求されることに注意を要する。たとえば，各種行政制裁や労働法上の懲戒処分もまた刑罰と同様に，2つ目の能力を欠く責任無能力（心神喪失）者に対しては科することができないのである。

【責任主義のさまざまな意味】
　責任主義の語は，本文で述べた以外にもさまざまな意味に用いられることがある。第1に，行為者がその自由な意思に基づいて実現した不法についてのみ刑罰が科

せられうる，という意味である。もっとも，そこにいう自由な意思が「現実の意思
内容に不法が取り込まれている」という趣旨であれば過失犯の処罰を説明しえない
し，また，「何物にも規定されない」という趣旨であれば刑罰を科して犯罪を減らそ
うとする努力自体が無意味なものとなってしまうであろう。むしろ，自由な意思と
は「刑罰によってその行為を制御されうる」という意味における合理的な思考能力
を指すものと解すべきであり，そうであるとすれば，結局のところこの第1の意味
も本文で述べた責任主義のそれと同一に帰することになろう。

　第2に，刑罰の重さは責任に相応するもの，あるいは責任を超えないものでなけ
ればならない，という意味である。ここにいう責任とは実務でしばしば使われる**犯
情**を指しており，犯罪の一般理論に従って行為そのものに客観的・主観的に帰属さ
れうる諸事情から構成されている。放火を例にとると，どのくらい火災が拡大したか，
どのくらい人が死傷したか，放火に際してどのくらい危険な手段を用いたか，出火
を積極的に意図して行為に出たのか，などといったことがこれにあたろう（他方，
行為者がのちに反省して被害者に進んで賠償金を支払った，両親が今後の行状監督
を確約している，などといったことは**一般情状**とよばれる）。もっとも，この第2の
意味は裁判官がその合理的な裁量に基づいて行うべき量刑の判断に関する準則で
あって，そもそも犯罪の成否にかかわる体系的な原理とされてきた責任主義の語を
用いていいあらわすのはあまり適当ではない。

1.2.4 補充性・謙抑性

　刑法ないし刑罰の**補充性**とは，刑法ないし刑罰以外の手段によっても同程度
の法益保護が図れる場合には刑法ないし刑罰を用いてはならない，という考え
方である。刑法ないし刑罰の最終手段性ともいう。その実質的な根拠は，刑法
ないし刑罰が死刑まで擁する国家の最も峻烈な侵害作用である，という点に存
する。

　同じく**謙抑性**とは，刑法ないし刑罰による場合にもこれを安易に拡張的に使
用することがあってはならず，法益保護にとって必要最小限度にとどめなけれ
ばならない，とする考え方である。その実質的な根拠もまた，刑法ないし刑罰
はわずかに拡張されるだけでも侵害の程度が深刻なものとなりかねない，とい
う点に存する。

　これらの説明からも分かるように，あくまで理論的には，いずれの考え方も
比例原則の適用例にすぎない。もっとも，一時的で偏った世論の影響から，十

分な検証もなく安易に犯罪化や厳罰化が進められてしまう可能性が遍在している以上，とくに独立した原則としてこれらの考え方を提示しておくことには大きな実践的意義が認められよう。あるいは，さらに進んで，すでに犯罪とされている行為が実は行政的措置によっても十分に抑止等されうるのではないか，という観点が非犯罪化論において重要な意味をもつことも考えられる。

1.2.5　罪刑法定主義

1.　総説——罪刑法定主義の2種類の基礎

　罪刑法定主義とは，犯罪と刑罰があらかじめ法律で定められていなければならない，とする考え方である。そして，この罪刑法定主義には，発想を異にする2種類の基礎があるといわれている。

　1つ目は**自由主義的基礎**である。これは罪刑法定主義の定義中，「あらかじめ」という部分に関連しており，どのような不法を犯す行為が処罰されることになるのかを事前に国民が知ることができなければ行動の自由が大きく害されてしまう，という発想である。もっとも，厳密に考えると，国民に対する事前告知が欠けた場合には刑罰を恐れてさまざまな社会的活動を断念することになるのか，それとも，処罰されないよう行動することをあきらめ好き勝手にふるまうことになるのかは確言しえない。したがって，自由主義的基礎というネーミングは必ずしも適切ではなく，むしろ，そもそも事前告知がなければ刑罰が国民の行為を合理的に制御しえない，という観点が重要であろう。このことからも分かるように，罪刑法定主義の自由主義的基礎は刑罰の制裁としての性質から導かれるものであり，責任主義と同様，刑罰以外の（法的）制裁にも等しく妥当しうることに注意を要する。

　2つ目は**民主主義的基礎**である。これは罪刑法定主義の定義中，「法律で」という部分に関連しており，どのような不法を犯す行為が処罰されることになるのかは民主主義的に決定されなければならない，という発想である。もっとも，国家が国民の権利や自由を侵害するためには法律の根拠が必要であり，それは刑罰に限った話ではない。たしかに，刑罰はとりわけ峻厳な侵害作用を有するから強調する必要があるというのは理解しうるが，その反面，一般に罪刑法定主義の埒外とされる処分もまた当然に法律の根拠を要請するのであるから

（たとえば，行為者が不法を犯したのち，新たに危険性を除去する方法が科学的に解明された場合，その方法をとることは許容されうるが，行為者の権利や自由の侵害となる以上は立法が必要になる），慣習的な用語例に従うのであれば，厳密には，この民主主義的基礎のほうは罪刑法定主義から切り離しておくのが賢明であるかもしれない。

2.　類推解釈の禁止

　罪刑法定主義の派生原理にはいくつかのものがあるが，その１つ目は**類推解釈の禁止**である。この類推解釈とは，刑罰法規の文言上はＡのみが処罰の対象とされているところ，規制の趣旨をより合理的に実現するためにはＡだけでなくＡ′をも処罰の対象とすべきである，と裁判所が判断したとき，そのＡ′をも当該刑罰法規に基づいて可罰的とするような解釈手法を指す。たとえば，日曜日の早朝から掃除機をかけることが近所迷惑であるとして刑罰法規により処罰（！）されているとき，裁判所が「祝日も同じだろう」と考えて祝日の早朝から掃除機をかけることをも当該刑罰法規により処罰する，というような場合である。そして，このような類推解釈が禁止される理由は２つある。

　１つ目の理由は罪刑法定主義の自由主義的基礎に抵触するからである。国民は刑罰法規の文言を見てどのような行為が処罰されることとなるのかを知り，処罰を避けるためにそのような行為をやめようと自己を制御するものであるし，まさにそのような事態こそが刑罰法規の企図した一般予防の効果にほかならない。にもかかわらず，国民が刑罰法規により処罰されていないと考えて行為をなしたあと，裁判になった段階ではじめて，裁判所が「あなたの行為はたしかに刑罰法規には書かれていないが，実質的に見て同じくらい悪いことであるから刑務所に行ってもらう」などといってよいことになったら，国民はどうしてよいか分からなくなり，一般予防の効果も失われてしまうであろう。

　２つ目の理由は罪刑法定主義の民主主義的基礎に抵触するからである。法文に類推解釈を許す趣旨の一般条項でもあればともかく，刑罰法規にそのようなものはないのであるから，立法者が処罰の対象外としたＡ′を裁判所がそうしたほうが合理的であるという政策的な判断に基づいて可罰的と解するのでは，実質的に見て裁判所が犯罪化立法を行っているのと同じことであろう。裁判所に許されるのはあくまで立法提言にとどまる。

　なお，類推解釈に似た概念として**拡張解釈**とよばれるものがある。これは，刑罰法規の文言を一般的な用語例に従って読めばAのみが処罰の対象とされているように解されるが，当該文言がもつ可能な意味の範囲内において規制の趣旨をより合理的に実現すべく目的論的な解釈を施すことにより，実はaまでもが処罰されているのだ，という帰結を導くような解釈手法を指す。たとえば，261条は他人の物を「損壊」することを処罰しているところ，一般的な用語例に従って読むと，それは食器をたたき割るような行為だけを捕捉しているように解される。しかし，それでは食器に放尿するような行為（大判明42・4・16刑録15輯452頁を参照）が処罰されなくなってしまうため，「損壊」ということばがもつ可能な意味の範囲内で目的論的解釈を施し，物理力を作用させて効用を侵害することなどと理解し直すのである。

　このように，「類推解釈は禁止されるが拡張解釈は許容される」というのが刑法の原則であるが，重要なのは解釈手法につけられた名前ではなく，そこで行われている判断の実質的な中身である。したがって，実質的に見ればことばのもつ可能な意味を超えているにもかかわらず，拡張解釈という判断の形式をとりながら，実際には類推解釈により裁判所が有罪判決を出したりすることのないよう常に警戒すべきであろう。そして，その際には，ことばのもつ可能な意味もまた文脈から離れて限界まで広げてよいというわけではなく，あくまで条文全体の整合性という観点からあらかじめ一定の限定をかけられていることに注意を要する。

　なお，判例には，①電気は有体性を欠くけれども，可動性と管理可能性を併有するから窃盗罪（旧刑法366条）の客体である物にあたるとしたもの（大判明36・5・21刑録9輯874頁），②過失往来危険罪（129条）の客体である「汽車」にはガソリンカーも含まれるとしたもの（大判昭15・8・22刑集19巻540頁），③カモをねらいクロスボウで矢を射かけた行為が（鳥獣保護法の委任を受けた環境庁告示が禁止する）弓矢を使用する方法による捕獲にあたるとしたもの（最判平8・2・8刑集50巻2号221頁）などがある。もっとも，いずれについても批判が強く，①どのような客体であっても可動性と管理可能性を併有しうるのであるから，刑法がわざわざ客体を物とそれ以外とに書き分けた意味が失われてしまう（実際，その後に電気を財物とみなす趣旨の規定〔245条〕がおかれる

こととなった），②刑法がわざわざ動力に着目して「汽車，電車」などと客体を書き分けているにもかかわらず，解釈と称して動力の違いを捨象するのは実質的には文言の書換えである（ただし，汽車とは動力が内燃機関によるものを指称すると解することもできるから，この批判は必ずしも本質的ではない），③「捕獲」はいかにことばを分解しても客体を自己の実力支配内に入れることを含意している（実際，その後に未遂犯処罰規定がおかれることとなった），などといわれている。

【許される類推解釈？】

どの刑法の教科書にも「刑法において類推解釈は禁止される」と書かれているが，例外的に許される場合が考えられないではない。学説では，そのような場合として次の2つがあげられている（佐伯仁志「類推解釈の可否と限界」現代刑事法31号〔2001〕34頁以下を参照）。

1つ目は被告人に有利な類推解釈である。たしかに，この場合には国民の行動を萎縮させるという事態は生じないであろう。もっとも，あくまで刑罰法規が禁止される行為を事前に告知しておくという機能は阻害されてしまっている。また，裁判所による（今度は）非犯罪化立法となりかねない，という問題も残されたままである。むしろ，被告人に有利な類推解釈とされるケースはそれ以外の解釈手法によって説明されるべきであろう。

2つ目は立法者の許容した類推解釈である。すなわち，立法者が十分な例示列挙のうえ考慮すべき事情と判断の基準を明確に示し，裁判所に対して類推解釈を許す規定を法文上設けたならば，罪刑法定主義の自由主義的基礎にも民主主義的基礎にも実質的に抵触しない，というのである。しかし，裁判所の能力にかんがみたとき，行政権による命令への委任の場合と異なり，そのようなことをする実践的な必要性がどの程度あるかははなはだ疑わしいであろう。

3. 事後法の禁止

実行のときには処罰されなかった行為を事後的な立法により処罰することは，罪刑法定主義の自由主義的基礎，したがって，刑罰の制裁としての性質に抵触するために許されない。これを**事後法の禁止**という。たとえば，たばこのポイ捨てが社会問題化しているため，これを犯罪化するとともに，過去にポイ捨てを行った者についてもさかのぼって処罰する（これを遡及処罰という），という

旨の立法をなすことは禁止される。国民に対して処罰すると事前に告知していない行為については，たとえこれに刑罰を科しても一般予防の効果が生じえないのである。

　遡及処罰の禁止を規定するものとされる憲法 39 条は，直接には「刑事上の責任」のみに言及している。もっとも，前述した禁止の趣旨にかんがみれば，その射程は必ずしも刑罰に限定されず，制裁としての性質を有する限りにおいて，すべての国家による侵害行為に広く及ぶべきであろう。また，同条はあくまで，明文上は「実行の時に適法であった行為」についてのみ規定している。しかし，制裁は特定の類型化された不法と結びついてはじめて国民の行為を制御する効果をもちうるのであるから，たとえば，不貞行為のような一般的違法性を備えるにすぎない行為をさかのぼって処罰することもまた許されないと解すべきであろう。

　さらに，刑法 6 条は「犯罪後の法律によって刑の変更があったときは，その軽いものによる」と定め，遡及処罰が禁止される趣旨を徹底させている。刑罰は重ければ重いほど抑止効果が強まるのであって，より重い刑罰を科することが正当化されうるためには，事前にそのような刑罰威嚇からくるより強い行為制御を受けていなければならないはずだからである。ただし，判例によれば，労役場留置期間の延長は刑の変更にあたるものの（大判昭 16・7・17 刑集 20 巻 425 頁），刑の執行猶予の条件変更（最判昭 23・6・22 刑集 2 巻 7 号 694 頁）や刑の一部執行猶予の新設（最決平 28・7・27 刑集 70 巻 6 号 571 頁）はこれにあたらないとされている。他方，公訴時効期間については，実行時の（軽い）法定刑に基づいて計算されるべきものとされる（最決昭 42・5・19 刑集 21 巻 4 号 494 頁）。また，公訴時効の廃止や公訴時効期間の延長は，公訴時効が完成していない罪に適用される限りは憲法 39 条（，31 条）に違反しないとされている（最判平 27・12・3 刑集 69 巻 8 号 815 頁）。いまだ告訴可能な罪の非親告罪化についても同様である（最判令 2・3・10 裁判所ウェブサイト）。

　判例法や**慣習法**による処罰は，たとえそれらが事実上定着しており国民の予測可能性を害しない場合であったとしても，そもそも罪刑法定主義の民主主義的基礎に抵触するために許されない。したがって，反対に国民の予測可能性を害することがあっても，単なる判例変更は憲法 39 条の埒外であると解すべき

であろう（最判平 8・11・18 刑集 50 巻 10 号 745 頁＝岩教組事件を参照）。変更前の確定判例に対する行為者の信頼は，せいぜい違法性の意識の可能性を欠如させる余地があるにすぎない（前掲最判平 8・11・18 に付された河合伸一裁判官の補足意見を参照）。すなわち，刑罰法規の正しい解釈によれば行為は違法との評価を免れえないものの，解釈を誤ってそのことを認識せず，かつ，既存の確定判例を信じたせいで誤ったのだからまことにやむをえない，という関係が行為の責任を阻却することがあるのである。

4. 明確性の原則

　法は，その内在的要請において明確なものでなければならない（たとえば，「日本人は日本人らしくふるまわなければならない」などといった，何がいいたいかよく分からない法はそもそも法の名に値しない）。また，制裁を定める法の文言は，それによって犯すのをやめさせようとする不法の内容を合理的に解釈可能なかたちで記述していなければならない。しかし，そういった一般的な要請を超えて，濫用された場合に最も重大な人権侵害を引き起こす刑罰権の行使条件および効果はいっそう明確なものでなければならない。そして，以上のようなもろもろの要請を包括して**明確性の原則**とよぶ。

　ところで，この原則はとくに（政治的）表現の自由を制約する立法の文言について議論されることが多い。すなわち，（政治的）表現は人々の私利私欲ではなく公共精神のあらわれとして行われることが多いため，そのインセンティブは一般に必ずしも強いものではなく，処罰されるかもしれないというディスインセンティブにより容易に挫けてしまう。この（政治的）表現に特有の脆弱さを**萎縮効果**とよび，これをできる限り避けるために，（政治的）表現の自由を制約する立法の文言は――ことに，それが刑罰法規である場合には――可罰性の限界をより明確に提示しうるものでなければならないのである。

　判例によれば，犯罪に関する規定があいまい不明確であれば憲法 31 条に違反して無効であるが，無効となるか否かは「通常の判断能力を有する一般人の理解において，具体的場合に当該行為がその適用を受けるものかどうかの判断を可能ならしめるような基準が読みとれるかどうか」によって決すべきものとされる（最大判昭 50・9・10 刑集 29 巻 8 号 489 頁＝徳島市公安条例事件）。一般論としてはそのとおりであろうが，たとえば，青少年保護育成条例が処罰する青

少年との「淫行」について，「青少年を誘惑し，威迫し，欺罔し又は困惑させる等その心身の未成熟に乗じた不当な手段により行う性交又は性交類似行為のほか，青少年を単に自己の性的欲望を満足させるための対象として扱っているとしか認められないような性交又は性交類似行為」と限定的に解釈する（最大判昭 60・10・23 刑集 39 巻 6 号 413 頁＝福岡県青少年保護育成条例事件）のは，「一般人」には不可能なのではなかろうか（さらに，限定解釈の後半部分はそもそも法と道徳を混交しているのではないか，という疑問がある）。

　なお，判例においては，条例による罰則の文言についても，実質的には同様の基準に基づき明確性の審査が行われている（最決平 20・7・17 判時 2050 号 156 頁〔意味するところが明らか〕，最決平 20・11・10 刑集 62 巻 10 号 2853 頁〔柱書とあいまって，日常用語としてこれを合理的に解釈することが可能〕などを参照）。

5. 過度に広汎な規制の禁止

　1.2.5（4）で述べたように，明確性の原則とは，そもそもいかなる不法を処罰しているのかが読み取りえない刑罰法規を禁止するとともに，たとえ読み取りえたとしても，そのままでは処罰が過大なものとなってしまうために限定解釈が必要とされる場合において（これを**合憲限定解釈**という），そのような限定解釈が法文から容易には導きえないものであるときは刑罰法規自体を違憲無効とする，という考え方であった。この明確性の原則の後半部分のうち，処罰が過大，つまり，規制される行為の範囲が過度に広汎なものである場合に，これを禁止する発想を**過度に広汎な規制の禁止**とよぶ。このような説明からも分かるように，過度に広汎な規制の禁止は比例原則のひとつの適用例ということができる。

　判例には，旧柔道整復師法 12 条で禁止される（業として行う）医業類似行為に関し，「人の健康に害を及ぼす虞のある業務行為に限局」されていると解したもの（最大判昭 35・1・27 刑集 14 巻 1 号 33 頁），旧福岡県青少年保護育成条例 10 条 1 項，16 条 1 項の「淫行」処罰規定に関し，「青少年を誘惑し，威迫し，欺罔し又は困惑させる等その心身の未成熟に乗じた不当な手段により行う性交又は性交類似行為」と，「青少年を単に自己の性的欲望を満足させるための対象として扱っているとしか認められないような性交又は性交類似行為」をいうと限定解釈したもの（前掲最大判昭 60・10・23），広島市暴走族追放条例の規制

対象を，2条7号にいう「暴走行為をすることを目的として結成された集団又は公共の場所において，公衆に不安若しくは恐怖を覚えさせるような特異な服装若しくは集団名を表示した服装で，い集，集会若しくは示威行為を行う集団」よりも限定解釈したもの（最判平 19・9・18 刑集 61 巻 6 号 601 頁＝広島市暴走族追放条例事件），旧国家公務員法 102 条 1 項にいう「政治的行為」を，公務員の職務の遂行の政治的中立性を損なうおそれが実質的に認められるものに限定したもの（最判平 24・12・7 刑集 66 巻 12 号 1337 頁＝堀越事件，最判平 24・12・7 刑集 66 巻 12 号 1722 頁＝世田谷事件）などがある。

6. 罪刑の均衡

　犯罪の重さとそれに対して科される刑罰の重さは均衡がとれたものでなければならない。このような原則のことを**罪刑の均衡**とよぶ。もっとも，1.2.5（5）で述べた過度に広汎な規制の禁止と同様，その実質は比例原則の一適用例にほかならないのであるから，罪刑法定主義の派生原理とすることは理論的に厳密に考えれば正しくない。たとえば，刑罰そのものとは異なる治療・改善処分などであっても，それが処分を受ける者の権利自由を侵害するものである以上，処分の重さと処分が取り除こうとする危険性は均衡がとれていなければならないと思われる。

　なお，判例も「刑罰規定が罪刑の均衡その他種々の観点からして著しく不合理なものであって，とうてい許容し難いものであるときは，違憲の判断を受けなければならない」としている（最大判昭 49・11・6 刑集 28 巻 9 号 393 頁＝猿払事件）。

7. 法 律 主 義

　法律主義は 1.2.5（1）で述べた民主主義的基礎から導かれる考え方であり，犯罪と刑罰は法律により制定されていなければならないという。このような観点から判例法や慣習法が認められないことは 1.2.5（3）で述べたが，そのほかにも，法律ではなく命令や条例によって犯罪と刑罰を制定することが許されるか，許されるとしてどの範囲においてかが議論されている。

　まず，**命令**による罰則の制定は法律の委任がある場合に許されるにすぎない（憲法 73 条 6 号但書）。そして，その場合にも一般的，包括的な委任であってはならない（具体例として，最大判昭 27・12・24 刑集 6 巻 11 号 1346 頁，前掲最大判

昭 49・11・6，最決平 22・9・27 判時 2126 号 144 頁などを参照）。たしかに，規制対象の細目を強大な情報収集・分析能力を有する行政機関に「詰めさせる」実際上の必要性は大きいが，行政権による（刑事）立法とならないよう，あくまで法律により事項を特定し，考慮すべき事情と判断の基準を定めておかなければならないのである。

　これに対して**条例**は，それ自体として地方議会という民主主義的基礎を有しているから，命令の場合におけるような特定委任は不要である。というより，地方自治はその本旨（憲法 92 条）を実現するためはじめから刑事立法の権能を内包していると解すべきであり，ただ，法律による具体化を待たなければ現実にその権能を行使することができないというにすぎない。したがって，厳密にいえば，「委任」という表現を用いること自体が必ずしも適切ではない。現に，地方自治法は普通地方公共団体に条例制定権を付与し，条例に違反した者に対して 2 年以下の懲役もしくは禁錮，100 万円以下の罰金，拘留，科料または没収の刑を科することを認めており（14 条 1 項，3 項），委任とよぶにはあまりにも包括的な定めとなっている。

　一方，判例は民主主義的正当性に関して法律と条例を区別し，条例によって刑罰を定める場合には相当程度具体的で限定された法律の授権を要求している（最大判昭 37・5・30 刑集 16 巻 5 号 577 頁，さらに前掲最決平 20・7・17 も参照）。法律と条例がその民主主義的基礎を異にするのはたしかであるが，命令によって刑罰を定める場合とは一線を画すべきであろう。実際，先に引用した地方自治法の規定が相当程度具体的で限定された法律の授権であるかは大いに疑わしい。

1.3　**犯罪論の体系**

　犯罪の概念および成立要件，さらに，それらを合理的に整合するかたちで理論化したものが**犯罪論の体系**である。そして，そのような体系化の作業は，1.1，1.2 で述べた刑罰の目的および刑法の基本原理をよりよく実現しうるかたちで行われなければならない。以下ではこのような基本的発想のもと，わが国において広く受容されている犯罪論の体系を概観しておくこととしたい。

　そもそも犯罪とは，「①構成要件に該当し，②違法かつ③有責な④行為」と

定義される。

　まず，犯罪は④**行為**でなければならない。その含意は2つあり，第1に思想処罰を排すること，第2に人間の外側にある自然現象を刑罰の対象から除くこと，である。もっとも，厳密に考えると，天皇を批判する日記をつけるという明らかな行為であってもこれを処罰することは思想処罰に帰するのであるから，第1の含意はあまり本質的なものとはいえない。あるいは，「頭の中で考えていることは処罰できない」という趣旨であるのかもしれないが，単なる思考は不法を引き起こしようがないのであるからさほど重要な意味があるとも思われない。こうして第2の含意のほうが肝要であり，行為の具体的な定義もまた，この第2の含意をよくあらわすものでなければならないことになる。

　次に，構成要件該当性，違法性および責任（有責性）は，刑罰が制裁としての性質を基礎とし，一般予防の効果を果たさなければならないところから導かれる要件である。したがって，どのような制裁であっても，同じ用語を使うかどうかは別として，実質的にはこれら3つの要件が課されることになる。このことを以下にもう少し敷衍しよう。

　①**構成要件該当性**とは，刑罰法規が禁止し，処罰の対象にすると事前に国民に対して告知した不法を実現することである。たとえば，人を死亡させることは刑法が禁止する不法にあたるから構成要件該当性を備える。反対に，室内を飛んでいる蚊をたたき殺すことは，これを処罰する刑罰法規が存在しない以上，構成要件該当性を有しないことになる。

　②**違法性**とは，構成要件に該当する行為について，これに対する禁止を解除する特別の事情が存在しないことである。このように，違法性の判断はその存在を積極的に見出すのではなく，その存在を失わせる事情がないかを消極的にチェックするという形態をとるため，むしろ**違法性阻却事由の不存在**の判断と表現されることもある。たとえば，人を死亡させることは構成要件に該当するとしても，「殺されそうになったからやむをえず反撃したのだ」という主張がとおれば正当防衛により例外的に違法性が阻却され，禁止の対象から外れる（つまり，法的に許容される）ことになる。たとえ例外的であっても許される以上，刑法が抑止すべき対象から外れるのであるから刑罰を科することはできない。

③**責任（有責性）**とは，構成要件に該当し違法な行為について，これをやめようと制御しうることである。責任主義にいう責任と同義であり，このような規範的責任が刑罰の制裁としての性質から要請されることになる。もっとも，刑罰は必ずしも制裁に純化されなければならないわけではなく，制裁としての性質を基礎としながらも，これに処分としての性質が付け加わることは理論的に排除されないし，また排除すべきでもないであろう。実際，現行の刑罰法規自体が処分の観点を容れなければ整合的に説明しえない。たとえば，同じく覚せい剤の密輸であっても，営利の目的による場合は刑が重いが（覚せい剤取締法41条を参照），それは制裁の観点のみからは十分に理解されえないであろう。どのような目的によるのであろうと，密輸をやめようとその行為を制御できる可能性は変わらないからである。むしろ，金が欲しいというしばしば頭をもたげがちな欲望に屈してしまっている，という点でより長期の十分な矯正を要するのだ，と説明するほうが自然であろう。こうして，責任は規範的責任を基礎としつつも，これに処分（特別予防）の観点からくる責任が付け加わることがあるのである。

　わが国において支配的な犯罪論の体系は大要，以上に述べたようなかたちで理解することができる。もちろん細かな用語法には異なるところもあるが，その実質的な内容においては共通しているといえよう。

【そのほかの犯罪論の体系】

　あくまで支配的な犯罪論の体系は本文に述べたようなものであるが，学説ではこれと本質的に異なる主張を行うものも皆無ではない。

　まず，本文で述べたような犯罪論の体系を（構成要件該当性，違法性，責任の三段階から成り立っているという意味において）**三段階（ないし三元的）犯罪論体系**とよび，これに対して不法と責任のみから成り立つ**二段階（ないし二元的）犯罪論体系**を主張するものがある（違法性阻却事由の不存在を構成要件要素ととらえる，という意味において**消極的構成要件要素の理論**ともよばれる。井田良『講義刑法学・総論〔第2版〕』〔有斐閣，2018〕384頁を参照）。その実践的な根拠は，不法を基礎づける事実のすべてを故意の対象にすると同時に，故意をもっぱら不法の要素とするためである。もし三段階犯罪論体系を採用すれば，違法性阻却事由が存在すると誤信した場合にも故意を否定しようとする限り，論理的に考えて，故意を違法性以

降の段階において（も）観念しなければならなくなってしまうのである。しかし，本文で述べたように，構成要件該当性と違法性とはその判断構造を本質的に異にするのであるから，無理やりに統合することはかえって犯罪の構造を分かりにくくしてしまうおそれが強い。むしろ，端的に故意を責任の要素とするのが賢明な方法であろう。

　次に，犯罪論の体系を一元化してしまうという極端な主張もなされている（松宮孝明［編訳］『ギュンター・ヤコブス著作集（第1巻）犯罪論の基礎』〔成文堂，2014〕1頁以下［松宮訳］を参照）。自由な意思をもつ主体がその意思内容を現実化させ，新たな「世界」を形成していく過程に取り込まれた他者人格の否認が犯罪の本質を構成する，ととらえるのである。しかし，自由な意思すなわち責任の有無は，犯罪の他の構成段階から区別しておくことではじめて困難な事例における適切な解決を導くことができる。また，犯罪の成立を阻却する事由も，独立の構成段階として集約しておくことで他の構成段階との理論的な関係が明確になり，裁判所による恣意的な判断を防ぐことが可能となるのである。さらに，以上の点をさて措くとしても，一元的な犯罪論体系は個人的法益に対する故意作為犯しか念頭においておらず，今日における犯罪の諸形態を説明しきれないという根本的な欠陥がある。

【客観的処罰条件】

　各則の条文に掲げられた処罰の要件のなかには，行為者が行為に出たことやそれによって引き起こしたことに関するもののほかにも，ただ客観的に一定の事実が発生したことが含まれていることがある。これを**客観的処罰条件**という（この概念に関する最も詳細かつ重要な研究として，松原芳博『犯罪概念と可罰性──客観的処罰条件と一身的処罰阻却事由について』〔成文堂，1997〕がある）。たとえば，事前収賄罪（197条2項）においては「公務員となった」ことが処罰の要件とされているが，それは賄賂の収受等の行為に出たことやそれによって引き起こしたことに関するものではなく，ただ公務員への就任という客観的な事実が生じてさえいればよいのである。

　犯罪の概念とは行為を抑止するという発想をベースラインとして形成されたものであるから，このような客観的処罰条件は犯罪の概念それ自体には含まれない。もっとも，そもそもなぜ客観的処罰条件が処罰の要件とされたかと問えば，それは客観的処罰条件が備わることにより法益侵害・危殆化が現実性を増したり，あるいは実質的に拡大したりするものと評価しうるからではなかろうか。事前収賄罪においても，行為者が公務員となることによりはじめて，買収された職務が実際にねじ曲げられたかたちで遂行されるリスクが現実化するのである。したがって，たとえ犯罪

の成否自体にはかかわらないとしても，一定の社会的害悪が発生したことを根拠と
する刑罰的介入には，その局面を問わず客観的処罰条件の具備されることが必要と
解すべきであろう。

第**2**章

構成要件論——総説

2.1 構成要件の概念とその機能

2.1.1 構成要件の概念

　構成要件とは刑法が禁止する不法を類型化したものであり，それゆえ**不法類型**ないし**違法行為類型**ともよばれる。たとえば，人を死に至らしめることは典型的な構成要件のひとつである。それは厳密にいえば条文そのものや**犯罪類型**（**罪名**）と同一ではない。条文には犯罪が成立した場合の法的効果である刑罰まで規定されていることがある（刑法典ではそうなっている）し，また，複数の条文が共通するひとつの構成要件に基づくものであったり，より上位のひとつの構成要件を形成するものであったりすることもある。さらに，犯罪類型（罪名）は歴史的経緯や立法技術的な考慮など，構成要件そのものとは異質の観点から決定されることも多い（たとえば，261条に規定する器物の損壊と動物の傷害を同一の罪名でよぶかどうかは学者によって差があるが，同一の構成要件に基づくことについては争いがない）。もちろん，実務的には構成要件の語は条文や犯罪類型（罪名）の意味に用いられることも多いが，それは裁判実務に定着した実践的な用語法として尊重すれば足り，あくまで理論的には異なる意味を有して

いることに十分な注意が必要であろう。

　以上に対して学説には，構成要件を不法・責任類型ないし違法・有責行為類型と解するものも多い。しかし，構成要件該当性と違法性との間には，前者が類型的に見て後者を備える，いいかえれば，前者があれば特別の事情が存在しない限り後者もある，という関係が認められるのに対し，構成要件該当性と責任との間にはそのような関係が認められない。たとえば，人を死に至らしめるという表現は，それ以上の情報を与えられなければ「わざと殺したはずだ」とか，「行為者には責任能力があったはずだ」などといった含意をもつ，というわけでは決してない。やはり，責任は構成要件該当性が肯定されたとしても，一から積極的に認定されなければならないのである。

　なお，構成要件をどのような性質を有する類型ととらえるかとは別に，故意が構成要件の要素であるかも学説においてはさかんに議論がなされている。そして，この点を肯定する見解の狙いは，故意犯と過失犯をすでに構成要件の段階において区別するところにある。しかし，このような見解をとると，違法性阻却事由の存在を誤信した場合にも故意犯が成立しうることになってしまい不当である。そこで，故意を**構成要件的故意**と**責任故意**に二分し，そのような場合には前者は肯定されるが後者が否定されるのだ，と説明される。もっとも，たとえそのように説明したとしても，成立しうる犯罪を画定するために改めて構成要件の段階に戻ると再び故意犯の構成要件該当性が認められ，同じ作業が永遠に続くことになってしまう（これを**ブーメラン現象**とよぶ）。こうして，故意は構成要件の要素ではなくもっぱら責任の要素と解するべきであろう。

【構成要件に属する責任要素？】

　学説には，構成要件に属する責任要素を完全に否定し去ることはできない，と主張するものも多い。その例としてあげられるのが，証拠隠滅罪（104 条）における証拠の他人性や常習賭博罪（186 条 1 項）における常習性，領得罪における利用処分意思，意思能力などである。もっとも，詳細は各論にゆだねざるをえないが，最初のひとつはそもそも不法要素ととらえるほうが妥当である。他方，それ以外はすべて責任要素ととらえるほかないが，だからといって，それらが同時に構成要件の要素でもなければならない必然性などまったくない。たしかに，たとえば，条文には「常習として」と書かれているし，罪名にも「常習」ということばが入ってはいる。し

かし，構成要件は条文そのものや罪名とは理論的に異なったものである，という点に改めて注意を要する。

2.1.2 構成要件の機能

2.1.1 で述べた構成要件の概念は，主に犯罪論の体系上，次のような機能を果たすものといわれている。

第1に，構成要件に該当しない行為を違法性の判断に立ち入る以前に，そもそも刑法的禁止の対象から外す機能である（**保障機能ないし罪刑法定主義的機能**）。たとえば，不貞行為は違法性阻却事由の有無や責任の存否を問題とする以前に，そもそも構成要件に該当しないことから犯罪論体系の入り口ではじかれてしまう。もっとも，このような機能は構成要件の定義からして当然のことであり，特段の論証を要しないであろう。

第2に，すでに構成要件の段階において，その成否が問題となる具体的な犯罪を確定ないし区別する機能である（**犯罪個別化機能**）。たとえば，人を死に至らしめる罪が成立しうるのか，それとも他人の所有する物を損壊する罪が成立しうるのか，などといった区別はすでに構成要件の段階において行われることになる。ただし，構成要件はあくまで不法類型としての性質を有しているのであるから，責任の段階においてはじめて行われるべき区別や，立法技術的な考慮等を多分に含む罪名の区別までは犯罪個別化機能の埒外であることに注意を要する。

第3に，故意の対象となる事実の範囲を画定する機能である（**故意規制機能**）。故意とは犯罪事実を認識していることであるが，それはなんらかの「悪いこと」だと分かっているなどといったあいまい不明確な概念ではなく，あくまで構成要件に該当する事実が実現されると予見しているという意味なのである。もっとも，構成要件要素のなかには行為者の一定の主観面も含まれており，その場合には認識予見を論ずることが不合理である（自分の頭の中のことがらを自分で認識する，というのは背理であろう）。さらに，たとえ構成要件該当事実を認識していたとしても，同時に違法性阻却事由に該当する事実を予見していれば故意が欠けることになる。このように考えると，故意規制機能とは「少なくとも客観的構成要件要素を認識していなければ故意が阻却される」という限定

的な趣旨において理解すべきであろう。

　第 4 に，構成要件に該当する行為についてその違法性を推定する機能である（**違法推定機能**）。もっとも，構成要件が違法行為の類型であり，それにあたれば特別の事情すなわち違法性阻却事由が存在しない限り違法である，というのはそもそもの定義からして当然のことであろう。反対に，学説には構成要件に責任推定機能まで認めるものもあるが，構成要件において責任まで類型化されているわけではないから失当である。

　第 5 に，狭義の共犯の従属対象を示す機能である（**共犯の従属対象明示機能**）。すなわち，狭義の共犯（教唆犯〔61 条〕と幫助犯〔62 条〕の総称）は従属的共犯をその中核としており，正犯に従属して，いいかえれば，正犯が一定の要件をみたしてはじめて成立しうるものと解されている。そして，支配的な見解はそのような要件の具体的内容として構成要件該当性をあげるのである。ただし，構成要件該当性のみで足りるか，それとも，違法性まで要求されるかについては見解の激しい対立がある。

　第 6 に，刑事手続において「罪となるべき事実」を構成する機能である（**訴訟法的機能**）。もっとも，何が「罪となるべき事実」にあたるかはあくまで手続法の観点から決せられるべきことがらであり，理論的に厳密な意味において構成要件該当事実と一致するわけではない。たとえば，故意や営利の目的，常習性などは必ずしも構成要件の要素ではないが，「罪となるべき事実」に記載しなければならないと解するのが一般である。ただし，少なくとも構成要件該当事実は「罪となるべき事実」に記載しなければならない，という消極的な関係だけは成立するといってよいであろう。

2.2　主　　体

2.2.1　身 分 犯

　つづいて，構成要件を実際に実現しうるのはどのような主体であるか，という点が問題となる。ここではとくに，身分犯と法人処罰が論争の対象となっている。

　まずは身分犯である。多くの犯罪においては，いかなる者であっても構成要件を実現することができる。たとえば，殺人罪（199 条）の不法を基礎づける

「人を死に至らしめる」という構成要件は，誰もが人を撃ち殺すことによって実現することができる。ところが，これに対して秘密漏示罪の不法を基礎づける構成要件は，あくまで 134 条に規定する特別の地位，職業についている者しか実現することができない。このように，主体に関して一定の属性が要求されており，そのような属性を備えた者のみが構成要件を実現しうるとされているとき，当該属性のことを**身分**，当該構成要件のことを**身分犯**（の構成要件）とよんでいる。

　判例の定義によれば，身分とは「男女の性別，内外国人の別，親族の関係，公務員たるの資格のような関係のみに限らず，総て一定の犯罪行為に関する犯人の人的関係である特殊の地位又は状態を指称する」（最判昭 27・9・19 刑集 6 巻 8 号 1083 頁）。さらに，そのような定義から，「営利の目的」という**継続性**を欠く心理状態までが身分にあたるとされている（最判昭 42・3・7 刑集 21 巻 2 号 417 頁）。

　身分ということばは刑法典では 65 条において使われているが，同条は身分のある者とない者とが協働した場合の規律を定めたものである。その具体的な内容および解釈論上の問題については 9.6.1 を参照されたい。

【擬似（表見的）身分犯】

　身分犯と似て非なるものに**擬似（表見的）身分犯**という概念がある。これは，他人を介して間接的にであれば誰でも実現することができるが，みずからの手で直接実行するためには主体に事実上の制限がかかるような犯罪のことである。たとえば，（旧）強姦罪（旧 177 条）は女性のみを客体としていたため，みずからの手で直接実行しうるのは男性だけであったが，たとえ女性であっても，男性を道具のように用いることで間接的に実行することは可能であった。もっとも，刑法において直接実行と間接実行が区別されているわけではない以上，このような犯罪を擬似（表見的）身分犯として括り出すことにはあまり意味がないように思われる。端的に非身分犯と位置づけるべきであろう。

【身分犯の構成要件と責任要素としての身分（責任身分）】

　身分犯の構成要件は，厳密に考えると，非身分犯として立法し直したほうが妥当であることが多い。たとえば，本文で見た 134 条は医師等がその業務上取り扱った

ことについて知りえた人の秘密を漏らすことを処罰しているが，そのせいで，たとえば，一般人が被害者である患者の受持医に「あの患者はカルテを公開することに同意している」などと虚偽を述べ，これを信じた受持医がカルテを公開したという場合にも，その一般人を正犯として処罰することに困難を生じてしまっている。むしろ，何人であっても「医師等がその業務上取り扱ったことについて知りえた人の秘密」を漏らしたら処罰する，という規定に改変すべきであろう。

次に，責任要素としての身分（責任身分）とされるものについてであるが，身分が構成要件したがって不法類型の要素として位置づけられている以上，理論的に厳密に考えれば責任身分などという観念は成立する余地がないというべきであろう。もっとも，多くの学説は身分が構成要件の要素であるという建前をとりながら，実際には責任にかかわるにすぎない主体の属性をも身分とよぶことがある。常習性や営利の目的などがその典型例といえよう。混乱を生じがちであるから気をつけていただきたい。

2.2.2 法 人

1. 法人処罰の理論

刑法各則に定める「……した者」とは本来，自然人のみを指すが，**法人**を処罰する「特別の規定」（8条）があるときは法人にも刑罰を科することができる（現実には，罰金を科する，強制的に解散させる，保護観察類似の措置に付する，などが考えられる）。法人とは一定のルールを充足することにより自然人以外にも権利・義務の主体を創り出す法技術にほかならないが，このように法人処罰が行われるべき場合には，法人自身が犯罪を実行したものと評価するための同じく一定のルールの体系が必要となる。そして，このルールの体系を構成する発想として，大きく分けて次の2つが主張されている。

1つ目は，一定の自然人の一定の行為を法人の行為とみなす，という発想である（**個人モデル**，**同一視理論**）。法人が行為するといっても，実際に法人という実在が手や足を動かすわけではなく，あくまで自然人の行為をもって法人の行為と評価する「決まりごと」が存在するだけである。ちょうど，権限を有する会社の従業者が契約書にサインすれば会社自身が契約したものとみなされる，というのと同じである。これは犯罪においても異ならず，当該従業者が権限の行使に関して犯罪を行えば会社自身が犯罪を行ったものとみなされる，という

わけである。

　もっとも，このような発想に依拠するだけでは，それ自体として犯罪成立要件を充足する自然人の行為を一定の範囲から見つけ出してこない限り，法人が犯罪を実行したものとは評価しえなくなり実態にそぐわない。たとえば，社会でしばしば見られる，「誰かがはっきりと悪いわけではないが，ともかくも談合が企業風土になってしまっている」ような場合にも，企業こそが主体的に談合したものと評価すべきであろう。このように，1つ目の発想は理論的には十分に成り立ちうるものの，それのみでは法人処罰の要請に対して十分に応えることができないのである。

　2つ目は，法人が組織全体として犯罪を実行した，との評価を可能にしようとする発想である（**組織モデル**）。こちらは前述した個人モデルの欠点を直截に承認しつつ，それ自体としては犯罪成立要件を充足しない寄与であっても，それらが多数集積することで総合すれば法人自身が犯罪を実行したものと評価しうる，という点をその根拠にしている。もっとも，このような発想も単独で用いるには不十分なところがあり，たとえば，個人事業主が法人成りしたような場合には法人自身を処罰しえなくなってしまうであろう。これまた，法人処罰の要請に対して十分に応えたものとはいいがたい。

　このように，いずれの発想もそれ自体としては十分な理論的基礎を有しているにもかかわらず，法人による犯罪の実行を単独で説明し尽くすには不十分といわざるをえない。もっとも，ひるがえって考えてみると，いずれの発想も究極的には「自然人を念頭において構築された刑法の一般理論を，その趣旨にまでさかのぼることにより法人にも適用していこうとする試み」として統合することが可能である。したがって，これら2つの発想を事案に応じて適切に使い分けることはもちろん，刑法の一般理論の趣旨に沿うかたちで修正を加えることもまた許されるものと解すべきである（このような立場からの詳細かつ重要な研究として，樋口亮介『法人処罰と刑法理論』〔東京大学出版会，2009〕がある）。

2. 現行法規定

　2.2.2（1）で述べたのは，法人に対して刑罰を科する際，これを規律する理論モデルがどのようなものであるべきか，という立法論にもかかわることがらであった。これに対し，現行法には法人自身が犯罪を実行したことを直接に処

罰する規定は存在しない。すなわち，法人処罰を定める「特別の規定」はあくまで**両罰規定**（ないし三罰規定）の形態をとっており，従業員の違反行為が存在することを前提に行為者を処罰する一方，それとあわせて業務主としての法人をも処罰しているのである（三罰規定とは，これに加えて法人の代表者をも処罰するものである）。

　もっとも，厳密に考えると，法人にまで処罰を拡張するということと業務主にまで処罰を拡張するということとは論理的にはまったく別のことがらであるから，後者が行われる場合にのみ前者を行うという現行法の規定ぶりにはなんらの必然性もない。それどころか，そのような規定ぶりに従う限り，法人が従業員の選任・監督につき責任を負うにとどまる場合（**選任・監督責任**）と，（当該従業員が同一視主体であることにより）自身の行為についてまで責任を負う場合（**行為責任**）とで同一の法定刑が用意されていることになり，その合理性にも大きな疑問が残るものといわなければならない。

　判例においては，かつて大審院が業務主処罰規定を無過失責任ととらえていた（大判昭 17・9・16 刑集 21 巻 417 頁）。法人の犯罪能力を否定し受刑能力のみを承認するとともに，業務主処罰規定を他人の犯罪の責任を代位して負う転嫁罰規定ととらえる立場と親和的なものといえよう。しかし，そのような解釈は責任主義ひいては個人責任の原則に違反するとの論調が強まるにつれ，最高裁は判例を変更して**過失推定説**を採用するに至った（最大判昭 32・11・27 刑集 11 巻 12 号 3113 頁）。さらに，その趣旨は自然人業務主にとどまらず法人業務主にまで及ぼされている（最判昭 40・3・26 刑集 19 巻 2 号 83 頁）。もっとも，たとえそのように解しても前述した現行法における法人処罰規定のもつ不合理性は解消されていないほか，「疑わしきは被告人の利益に」の原則が支配する刑事手続においてなぜ突如として過失を推定してよいのか，という点にも疑問が残る。

2.3　構成要件の種類

2.3.1　侵害犯と危険犯

　次に，構成要件はいくつかの異なる分析軸に基づき，複数のカテゴリーに分けられることが多い。以下では，その主要なカテゴリーを紹介・説明すること

としたい。

まず，その充足にとり法益の侵害まで要求される構成要件を**侵害犯**とよぶ。たとえば，殺人罪（199条）はその成立にとり生命の侵害が要求されるから侵害犯である。これに対し，法益の侵害までは要求されない構成要件を**危険犯**とよぶ。そのなかでも，少なくとも法益の現実の危殆化，すなわち，法益に対する具体的な危険の発生が要求されるものを**具体的危険犯**，そうでないものを**抽象的危険犯**とよぶ。たとえば，建造物等以外放火罪（110条）は「公共の危険を生じさせた」ことを要するから具体的危険犯である一方，現住建造物等放火罪（108条）はそうでないから抽象的危険犯である。

具体的危険犯においては有罪の認定に際して実際に危険の生じたことが証明されていなければならないから，検察官にとっては高いハードルを形成することになる。反対に，抽象的危険犯においては被告人がその種の行為を行ったという証明だけで有罪の認定を得られるのが原則である。もっとも，個別具体の事例においてまったく危険の発生しなかったことが明らかになれば（正確にいうと，合理的な疑いが生じれば），実質的な意味で不法を看取しえないのであるから，抽象的危険犯といえども成立しえないものと解すべきであろう。その際，書かれざる構成要件要素としての危険の発生を否定するか，それとも，なんらかの書かれた構成要件要素を否定するかはあまり本質的ではない。

このことの傍証として，実は，そもそも前述したような構成要件の区別自体が必ずしも条文の文言に対応していない。すなわち，条文上は侵害犯の形態で規定されていても解釈により抽象的危険犯とされることもあれば（争いはあるが，名誉毀損罪〔230条〕，業務妨害罪〔233条後段，234条〕など），同じく抽象的危険犯の形態で規定されていても具体的危険犯とされることもあるのである（争いはあるが，遺棄罪〔217・218条〕など）。そして，このような点に関する議論の詳細は各論のほうにゆだねられることになる。

【蓄 積 犯】

近時の学説には，非個人的法益に対する危険犯をさらに公共危険犯と蓄積犯に分類するものもある。このうち**公共危険犯**とは，不特定多数者の個人的法益に対する危険の惹起を束ねてひとつの構成要件としたものであり，究極的には個人的法益に

対する危険犯とその理論構造を同じくする。これに対して**蓄積犯**とは，これを実現する行為を単体で取り出して観察するだけではいかなる意味においても危険の惹起を認定することができないものの，そのような行為が多数蓄積することにより社会的厚生が大きく損なわれることから，そのような行為をあらかじめ一括して禁止しておき，その違反を処罰する構成要件を指す。

　たとえば，電車の無賃乗車を考えてみよう。ある行為者が運賃を支払わずにこっそり電車に乗り，移動の便宜を得たとする。このとき，厳密には誰も損をしておらず（乗客がひとりくらい増えても鉄道会社に余計なコストはかからないし，また，他の乗客が混雑により疲労する度合いも変わらないといってよいであろう），ただ行為者だけが得をしているという関係が成立するのであるから，当該行為を単体で取り出し，その社会的有害性を精査するだけでは処罰の根拠となる不法を見出すことができない。しかし，だからといって当該行為を禁止しないことにすると，みなが同じことをし始め，今度は電車を走らせる原資がなくなってしまう。これは，「たとえ運賃を支払うことになろうと，電車で高速，安全かつ簡単に移動できる」ことを重要な利益とみなす公共的な決定の趣旨を根底から掘り崩す事態といえよう。そこで，そのような行為をあらかじめ一括して禁止しておき，その違反を処罰することが合理的なものとなりうるのである。蓄積犯の不法がしばしば「**ただ乗り（フリーライディング）**」と表現されるのは，まさにこのようなケースを想定したものである。

　現行刑法において蓄積犯としての性質を有していると考えられる犯罪は，国家的法益に対する罪全般と，社会的法益に対する罪のうち偽造罪などである。前者については，国家を設立する社会契約それ自体が国家の作用を重要な利益とみなす公共的な決定の典型例であるから当然のことである。これに対して後者については，たとえば，偽造文書が1通存在するだけでは（それが詐欺に用いられて財産という別個の法益を脅かす，などといった場合でない限り）現実に困る人はおらず，ただそれを作成・行使した行為者が便宜を得るだけであるが，だからといってこれを処罰せずにおくと，みなが同じことをし始める結果，文書に対する公共的な信用はがた落ちになり，これを証拠として用いる制度というきわめて重要な公共的利益が消失してしまう，という関係が存在するのである。このように，社会的法益に対する罪のうち一定の信頼や制度を保護するものは，蓄積犯としての性質を有していることになる。

　このような蓄積犯というカテゴリーを観念することは，実践的には次の2つの含意をもつ。第1に，犯罪の不法には法益侵害ないしその危険の惹起という図式では説明しきれないものが含まれているが，それは法益の性質によって攻撃の仕方が異なるからである。したがって，蓄積犯の存在を根拠として，たとえば，不法の本質

は法益侵害ないしその危険の惹起ではなく行為規範の違反である，などと主張することは的外れである。第2に，蓄積犯はその成立にとって法益侵害ないしその危険の惹起を要請しないことから，国家権力は往々にして刑事立法に際し蓄積犯の形態を用いてしまいがちである。したがって，われわれは，蓄積犯として立法され，あるいはされようとしている犯罪の保護法益が真にそれにふさわしいものであるかを，常に警戒の目をもって観察し続けなければならない。

2.3.2　結果的加重犯

　結果的加重犯とは，基本犯からさらに重い結果（加重結果）が発生した場合をとくに重く処罰する犯罪をいう。基本犯のみをとらえて処罰したのでも，加重結果を生じさせた過失犯として処罰したのでも不十分と考えられる場合において，適正な処罰を実現するために考案された犯罪形態ということができる。傷害致死罪（205条）などがその典型例といえよう（なお，傷害罪〔204条〕それ自体が暴行罪〔208条〕の結果的加重犯としての性質を有しているから，傷害致死罪は**二重の結果的加重犯**ということができる）。たとえば，被害者の頭部を鉄パイプで殴って死亡させておきながら，「死ぬとは思わなかった」という抗弁を完全には排斥しえないというだけで，暴行・傷害罪と（重）過失致死罪（210条，211条後段）の観念的競合（54条1項前段）としてのみ処断するのでは，刑が軽すぎて不当と考えられたのである。

　判例は加重結果につき**予見可能性**を不要としているが（最判昭26・9・20刑集5巻10号1937頁，最判昭32・2・26刑集11巻2号906頁など），責任主義に反するものであって不当である。加重結果を引き起こしたことを不法として処罰するためには，「基本犯をやめさえすればよかったではないか」というのでは足りず，あくまで，加重結果を避けようと思って避けられたことまで要求するのが責任主義の本旨なのである。また実質的に見ても，たとえば，口論の末，被害者の頬を軽く張ったところ隠れた脳疾患のために即死してしまった，という場合に傷害致死罪が成立しうるというのが妥当な結論であるとは思われない。そこでは，たしかに，まさに暴行が被害者の素因と適合して死亡の結果をもたらしたという点で因果関係は否定しえないとしても，被害者が現に死亡することまで行為者に予見可能であったとはいえないために同罪の成立を否定すべき

であろう。

　基本犯と加重結果との関係について，基本犯のどのような部分と加重結果との間に因果関係が必要であるか，および，その因果関係は通常の場合と異なる限定されたものでなければならないか，という点が争われている。立法者が限定された犯罪についてのみ結果的加重犯を設け，しかも非常に重く処罰することとしている以上，いずれの点に関してもそのような立法者の趣旨を反映させるかたちで解決すべきであろう。もっとも，その具体的な方法は結果的加重犯ごとに異なりうるため，詳細は各論のほうを参照されたい。

2.3.3　継続犯と即成犯・状態犯

　構成要件は犯罪の終了時期に着目して区分することもできる。まず，ひとたび成立したのちにも終了せず，継続して成立する犯罪を**継続犯**とよぶ。

　従来，この継続犯は実行行為それ自体が継続する場合と解されていたが，それは必ずしも的確でない。あくまで，継続犯にとって本質的であるのは構成要件該当性が継続的に存在することだけである。したがって，被害者を部屋に押し込み，入口で凶器を携え見張り続けるといったような，監禁罪（220条）の実行行為そのものが継続している場合だけが継続犯となるのではない。そうではなく，たとえば，部屋の外から鍵をかけ旅行に出かけてしまったことから，爾後，鍵を開けないという不作為が継続しているとも評価しえない場合であっても，なおこれを継続犯と評価することは可能というべきである。というのも，実行行為が終了したのちも被害者の移動の自由は刻一刻と侵害され続け，それが当初の実行行為に対して客観的に帰属され続けることによって，監禁罪の構成要件該当性もまた継続して存在することとなるからである。

　また，このように継続犯が構成要件該当性の継続的な存在から特徴づけられる以上，それは特定の犯罪とア・プリオリに対応するわけではない。たとえば，傷害罪は通常，継続犯ではないと解されているが，内臓を傷害し続ける寄生虫を被害者の食べ物に混入したような場合においては，これを継続犯に分類することが可能であろう。というのも，傷害が拡大し続け，それが当初の混入行為に対して客観的に帰属され続ける限りにおいて，傷害罪の構成要件該当性もまた継続的に存在することとなるからである。

次に，継続犯と異なり，ひとたび成立すればただちに終了する犯罪のうち，終了と同時に法益自体が消滅してしまう犯罪を**即成犯**（殺人罪〔199条〕など），法益侵害（ないし危殆化）の状態が残るにすぎない犯罪を**状態犯**（窃盗罪〔235条〕など）とよぶ。

もっとも，厳密に考えると，状態犯とされる窃盗罪においても，行為者が財物に対する占有を奪取したのちはもはや被害者のもとにその占有は存在しないのであって，あとに残されるのは被害者の財物に対する利用可能性の継続的侵害という，同罪の保護法益とは別の利益が損なわれた状態にすぎない。つまり，定義上は即成犯に分類することも十分に可能である。にもかかわらず，あえて支配的な見解が同罪を状態犯に分類するのは，定義そのものとは別のところに区別の実際上の意味を見出しているからであろう。すなわち，ある犯罪を状態犯に分類することによって，犯罪終了後の状態に対する違法評価に包摂可能な新たな構成要件該当行為を，当初の犯罪により包括的に評価され，独立に犯罪を構成しない共罰的事後行為と位置づけるのである。たとえば，被害者の財物を窃取したのち不要になった段階でこれを廃棄した場合，爾後の器物損壊行為（261条）は当初の窃盗罪により包括的に評価され，独立に犯罪を構成しないことになる。

しかし，ひるがえって考えてみると，共罰的事後行為をいかなる範囲で認めるべきであるかというのは，ある犯罪の不法に対する違法評価が実質的にはいかなる利益侵害までを取り込むことができるかという問題であって，犯罪の終了時期に着目した構成要件の区分とは理論的に関係がない。したがって，共罰的事後行為の成否はそれとして論ずれば足り，即成犯と状態犯を区別する解釈論上の実益は存在しないものというべきであろう。

【犯罪の終了時期がもつ実践的な意義】

犯罪の終了時期それ自体は，次のような解釈論的意義を有するものと解されている。

第1に，ひとたび犯罪が終了すればこれに対する正当防衛（36条1項）はなしえない，とされる。もっとも，正当防衛の可否はもっぱらその正当化根拠に照らして決せられるべきであり，犯罪の終了時期とは理論的に関係がないというべきであろう。実際，財物を盗まれて間がなく，その場ですぐに取り戻そうとするときは，た

とえ窃盗罪が終了していたとしても正当防衛は成立しうると解すべきである。

　第2に，(犯罪の既遂と終了を区別したうえ，)ひとたび犯罪が終了すればこれに対する共犯は成立しえない，とされる。たしかに，そのこと自体は正しいであろう。問題はその裏返し，すなわち，いまだ犯罪が終了していなければこれに対する共犯が成立しうる，という命題もまた成り立ちうるかであるが，これは否定されるべきであろう。共犯とは犯罪の不法をすべて第一次的に引き起こすのではなく，あくまで第三者の行為を介して第二次的に引き起こすことであって，そのような第三者の行為が終了してしまえば，たとえ犯罪そのものがいまだ終了していなくても共犯の成立する余地は失われるからである。

　第3に，ひとたび犯罪が終了すれば公訴時効が進行する，とされる(刑訴法253条1項は，公訴時効が「犯罪行為が終つた時から進行する」ものと定める)。解釈論上，犯罪の既遂時期とは別にその終了時期をとりあげて議論しなければならないのはまさにこのためであり，たとえば，過失により被害者に寄生虫を摂取させ，その寄生虫が傷害を生じさせたときは過失傷害罪が成立しうるものの，その寄生虫が除去されずに傷害を拡大し続けている間は公訴時効が進行しない(事案は異なるが同旨に理解しうる判例として，最決昭63・2・29刑集42巻2号314頁を参照)。あるいは，建造物に火を放って独立燃焼に達し，それゆえ放火罪が既遂に至ったとしても，いまだ延焼が続いている間は公訴時効が進行しないことになる(事案は異なるが同旨に理解しうる判例として，最決平18・12・13刑集60巻10号857頁を参照)。さらに，たとえ告訴権者が犯人を知っても(刑訴法235条本文を参照)，犯罪が終了しない限り告訴期間は起算されないと解するのであれば(一般論として最決昭45・12・17刑集24巻13号1765頁，とくに議論がさかんな名誉毀損罪に関して大阪高判平16・4・22判タ1169号316頁を参照)，この点においても犯罪の終了時期は類似の解釈論的意義を有するものといえよう。

　なお，以上の3つがしばしばあげられるものであるが，そのほかにも，犯罪終了後に施行された刑罰法規を遡及適用しえない，犯罪が終了するまでは包括一罪であり数罪とはならない，などといわれることがある。もっとも，まず前者については，遡及処罰の禁止が罪刑法定主義の要請である以上，犯罪が終了しなくても行為が終了しさえすれば禁止の趣旨が及ぶはずである。次に後者についても，それだけでは当然のことを述べたものにすぎず，反対に，いったん犯罪が終了しても，後続する犯罪とともに包括一罪を構成する余地は十分に存在するというべきであろう。

2.3.4 自 手 犯

他者を介することなくみずから直接実行しなければならない，いいかえれば，

間接正犯の形態によっては実行しえない構成要件を**自手犯**とよぶ（それ以外の犯罪を非自手犯とよぶ）。たとえば、酒気帯び運転罪（道交法117条の2第1号、65条1項）は、運転席に座り、みずからの手で車両等のハンドルを握る者しか実行することができないから自手犯とされる（無免許運転罪を自手犯とした裁判例として、岡山簡判昭44・3・25刑月1巻3号310頁を参照）。

　もっとも、厳密に考えると、たとえば、「運転」を「実際にハンドルを握る」ことと同視しなければならない必然性は存在しない。むしろ、ことばがもつ可能な意味の範囲内で目的論的解釈を施すならば、「運転」とは車両等が（酒気を帯びた）人によって操縦され、走行させられる事態を引き起こすことと理解するほうが妥当ではなかろうか。そして、このように解することが許されるならば、酒気を帯びた者を脅したり、「これは非常に精巧にできたドライブシミュレーターにすぎない」とだましたりして自動車を運転させた背後者には、酒気帯び運転罪の間接正犯が成立しうることになる。つまり、同罪は実は自手犯ではない。

　さらに、このような解釈は従来、自手犯とされてきたすべての構成要件について可能であるから（たとえば、危険運転致死傷罪に関して小林憲太郎「危険運転致死傷罪の共同正犯」研修855号〔2019〕8頁以下を参照）、自手犯などというカテゴリーは存在しないというべきであろう。もちろん、なんらかの政策的な考慮から、ある構成要件を間接的に実現する場合だけを取り出し、独自の構成要件とすることが論理的に排除されるわけではない。その際には、残された構成要件が結果的に自手犯を形成することになる。もっとも、現行の刑罰法規中にそのような立法例は見当たらない。

2.3.5　目的犯、表現犯、傾向犯

　構成要件のなかには、行為者の特別な主観面をその要素として含むものがある。このような主観面のことを、**主観的超過要素**ないし**超過的内心傾向**とよぶ。さらに、このような主観面を含む構成要件は、その内容に応じて次の3つに分類されている。

　1つ目は**目的犯**であり、「行使の目的」を要求する偽造罪（148条など）がその例である。もっとも、この目的犯という範疇化は一定の目的が要求される犯

罪を一括りにしたものにとどまり，その法的性質に着目したものではないから理論的にはあまり意味がない。たとえば，目的が次に新たな行為に出ることによりさらなる不法を実現しようとする意思である場合には主観的違法要素と評価しうる一方，その先どうするつもりであるかが動機の悪質さを徴表する場合には責任要素ととらえるのが整合的であろう。あるいは，148 条 1 項に定める通貨偽造罪でいえば，作製された偽貨が真正なものとして流通におかれる予定がある，という不法の認識こそが「行使の目的」を基礎づけるのであるから，それは端的に故意の内容に解消するのが一貫しているように思われる。

　2 つ目は**表現犯**であり，行為が行為者の内心における精神的経過の表現（またはその不作為）としてあらわれる構成要件を指す。たとえば，偽証罪（169 条）の構成要件（虚偽の陳述）は，証人の陳述がそれと齟齬する記憶の存在を前提としてはじめてみたされるから表現犯である（ただし，詳しくは各論を参照されたいが，陳述が客観的な真実と齟齬することを「虚偽」ととらえる少数説を前提とすれば，表現犯とはいえないことになる）。一方，学説では，爆発物を発見したり爆発物犯罪を認知したりしたとき，これを警察官吏等に告知しないことを処罰する不告知罪（爆発物取締罰則 7・8 条）をも表現犯に分類することが多い。もっとも，不告知がもたらす公共の危険は行為者の内心によって変化するものではないから，このような分類は不正確である。端的に，故意の真正不作為犯を定めたものと理解すべきであろう。

　3 つ目は**傾向犯**であり，行為者の一定の心情または内心の傾向を必要とする構成要件を指す。かつて，判例は強制わいせつ罪（176 条）を傾向犯ととらえ，「犯人の性欲を刺戟興奮させまたは満足させるという性的意図」を要求していた。すなわち，「婦女を脅迫し裸にして撮影する行為であつても，これが専らその婦女に報復し，または，これを侮辱し，虐待する目的に出たときは，強要罪その他の罪を構成するのは格別，強制わいせつの罪は成立しない」というのである（最判昭 45・1・29 刑集 24 巻 1 号 1 頁）。もっとも，その後，そのような性的意図は同罪の不法を構成する被害者の性的自由の侵害とはなんら関係がない，という学説からの批判を受け，最高裁は判例を変更するに至った（最大判平 29・11・29 刑集 71 巻 9 号 467 頁）。すなわち，行為の性的性質が明確である場合には性的意図など必要でない，というのである。たしかに，これは大きな

進歩であるが，その一方で，性的性質が不明確である場合には依然として，性的意図が要請される余地があるかの言い回しが用いられている点は不徹底である（詳しくは，小林憲太郎「最高裁平成 29 年 11 月 29 日大法廷判決について」判例時報 2366 号〔2018〕138 頁以下を参照）。行為者の悪しき心情が不法に影響する，という**心情刑法**の発想は法と道徳を混交し，ひいては，単なる内心を処罰するものであり断固として拒否すべきであろう（学説には，他人の性欲をみたす手段とされないことを法益ととらえるものもあるが，行為者の秘められた内心の動機いかんでその侵害性が決まる法益など，法益保護主義にいう法益の名に値しない）。このことからも分かるように，同罪を傾向犯と解すべきでないというだけでなく，そもそも傾向犯というカテゴリー自体を放棄すべきであると思われる。

第**3**章

構成要件論——各説

3.1 行　為

　行為とは，有機的統一体としての人の内部に統合されうる身体の動静ととらえるべきである。したがって，自由落下や絶対強制は行為とは評価しえない反面，反射運動や夢遊病者の行動はなお行為のカテゴリーに包摂することが可能である。後者について罪責を問われないのは，意思能力したがって責任が欠けるからであるにすぎない。裁判例には，殺されようとする夢を見て極度の恐怖感に襲われ，半覚半醒の意識状態のもと相手の首を絞めるつもりで傍らに寝ていた妻の首を絞め殺害した，という事案でそもそも行為該当性を否定したものもあるが（大阪地判昭37・7・24下刑集4巻7＝8号696頁），意思により行動を支配しうることは必ずしも行為の要件ではないと思われる。端的に責任を否定すべきであろう。

　これに対して学説には，行為の概念を異なって理解するものもある。まず，**自然的行為論**は行為を単に人の身体の動静とのみとらえ，自由落下や絶対強制さえ行為にあたるものと解する。もちろん，そのように解したところでどのみち責任が否定され可罰性が阻却されることになるから，そこまで推し進めるこ

とが実際上の不都合をもたらすわけでは必ずしもない。しかし，そのように解すると行為が動物の活動や無機的な物体の物理的な動きと原理的に等置されることになり，刑法が人間のみに向けて制裁による抑止効果をあげようとしていることが説明できなくなってしまうであろう（動物であっても，たとえば，合図の前にえさを食べると叱る，という作業によりコントロールを及ぼすことが可能である）。

　次に，**有意的行為論（因果的行為論）**は意思能力をも行為の要件に加え，行為を意思に基づく身体の動静と定義する。したがって，そこでは意思能力が行為能力ともよばれる。もっとも，刑法が制裁をもって国民に不法を犯さないようはたらきかけるとき，これに感応して不法を犯すのをやめようと自己を制御するために必要な能力のうち，一部だけを行為の要件に，残りを責任の要件にと分属させるのでは恣意的にすぎる。ひとたびそのような発想を導入すると，責任に属すべき要素が行為のほうへと流入してくるのを原理的に止められなくなり，ひいては不法と責任が有意に区別されえなくなってしまうであろう（このように，不法と責任を区別しない，あるいは，責任なき不法を観念しない立場を**主観的違法論**という）。

　さらに，**目的的行為論**は行為の本質を人が一定の目的を設定し，これを実現するためにさまざまな因果的手段を外界へと投入していく過程に見出そうとする（ハンス・ヴェルツェル［著］福田平［編訳］『目的的行為論の基礎』〔有斐閣，1967〕1頁以下などを参照）。たしかに，刑法学的考察を加える以前に，そもそも人が実態としてそのように行動していることが多い，というのはそのとおりであろう。しかし，そのなかから刑罰を科するにあたって重要な要素を引き出してくるのはあくまで刑法それ自体であり，行為もまたそのような要素のひとつにほかならない。しかも，実際問題としてそのように考えないと，たとえば，不作為犯や過失犯もまた行為であることを説得的に説明しえないように思われる。前者においては行為者がなんら因果的手段を投入していない一方，後者においてはそもそも行為者が引き起こすこととなる帰結を頭に思い描いていないからである。

　なお，以上で見てきた行為のとらえ方は歴史的にかなり古くから主張されたものであるが，その後の学説の多くは，そのようなとらえ方を根底から覆すわ

けではないものの，同時に，行為のもつ**社会的な意味**の観点を捨象しすぎているとの批判を投げかけてきた。たとえば，名誉毀損行為は人が自分の声帯を震わせ一定の振動を外界に伝えることである，という理解はあまりにも自然主義的であり刑法学における基底的な概念としてはふさわしくない，といわれるのである。しかし，すでに述べたように，伝統的な定義においてもあくまで刑法学的観点が行為の外延を決しているのであり，単純な自然主義的発想とは一線を画している。また，そのような定義によったとしても，「名誉」や「毀損」の解釈において十分に社会的な意味の観点が参酌されうるように思われる。

3.2 結　　果

　刑法解釈論上，**結果**という概念は次の2つの意味に用いられる。

　1つ目は行為客体の変化という意味である。これを要求する犯罪を**結果犯**，そうでないものを**挙動犯**とよぶことがある。たとえば，殺人罪（199条）は，行為客体が（生きている）人から死体へと変化してはじめて成立しうるから結果犯である。これに対して住居侵入罪（130条前段）は，人の身体を他人の住居内に入れさえすれば成立しうるのであり，別段，住居そのものに変化が生じることは要請されていないから挙動犯ということができる。

　2つ目は結果無価値ないし結果不法という意味である。いいかえれば，保護法益の侵害ないし危殆化を引き起こした行為に対する刑法による否定的評価のことであり，蓄積犯を除くすべての犯罪に要求されている。たとえば，住居侵入罪は1つ目の意味における結果をもたないものの，あくまで，他人の住居権の侵害という2つ目の意味における結果は有しているのである。

　ところで，2つ目の意味における結果とは既述のように，保護法益の状態が行為により刑法の否認する方向に変更されたり，その可能性が生じたりすることである。それはひっきょう，行為がなされた場合となされなかった場合とを比較して，前者のほうが保護法益の状態が悪いかその可能性がある，という趣旨である。一方，行為をやめることにより結果を回避しうるという関係を講学上**結果回避可能性**とよび，それが（とくに故意作為犯においても）要求されるか否かが争われているが，この定義を見れば分かるように，この結果回避可能性の判断構造は2つ目の意味における結果の概念とまったく同じである。した

がって，結果不法が刑法上不法の必須の要素とされている以上，結果回避可能性もまた当然に要求されるものといわなければならない。

3.3 因 果 関 係

3.3.1 事実的因果関係

　犯罪の構成要件上，行為が一定の事態を引き起こすことが要求される場合において，行為と当該事態との間に存在すべき関係を**因果関係**とよぶ（以下では，とくに行為と結果〔保護法益の侵害ないし危殆化〕との間の因果関係を念頭において説明する）。そして，この因果関係の内容として，事実的因果関係と法的因果関係があげられる。

　事実的因果関係とは，行為と結果との間の合法則的な結合を意味する（したがって，**合法則的条件関係**ともよばれる。この関係が争われた〔裁〕判例として，最決昭 57・5・25 判時 1046 号 15 頁＝千葉大チフス菌事件，福岡高判昭 57・9・6 高刑集 35 巻 2 号 85 頁＝熊本水俣病事件控訴審判決などを参照）。たとえば，ある工場が廃液を河川に流出させていたところ，その河川でとれる魚を食した人々に傷病が発生した，という場合において，かりにその廃液に含まれる有害物質が生物濃縮を起こし，魚が有毒なものとなり人々に健康被害をもたらしたのだ，ということが科学的に証明されれば，この事実的因果関係は肯定されうる。反対に，単なる疫学的な関係が看取されうるだけであり，法則的なつながりまでは明らかでない，というのであれば事実的因果関係は否定されることになる。

　これに対して学説には，このような事実的因果関係が煎じ詰めれば「工場が廃液を流さなければ人々は病気になっていなかったであろうか」という，行為を消去した仮定的な世界に関する判断に帰着するところから，**仮定的消去**の関係（conditio sine qua non〔**あれなければこれなし**〕の関係）とよぶものもある。しかし，厳密に考えると，別の工場が河川のさらに上流でもっと濃度の高い有害な廃液を流していたため，かりに下流の工場が廃液を流していなくても人々に同様の健康被害が生じたであろう，という事実が判明した場合，突如として事実的因果関係が否定されるというのは奇妙である。このように，行為に代わって結果を引き起こしえたであろう仮定的代替原因が控えていたり（これを**仮定的代替原因事例**という），独立に結果と合法則的条件関係を有する択一的原

因が存在したりする（これを**択一的競合事例**ないし**択一的因果関係事例**という）場合にもなお事実的因果関係を肯定すべきであることから，その内容として仮定的消去の関係はふさわしくないように思われる。

　もっとも，ひるがえって考えてみると，仮定的消去の関係は「行為をやめれば結果を回避しえたであろうか」を問題とする結果回避可能性の判断と理論的な構造を一にしている。したがって，仮定的消去の関係は事実的因果関係の内容としてふさわしくないというだけであり，あくまでも結果不法の構成要素としてはなお要求されるべきものである。そして，さらに進んで考えると，合法則的条件関係を内容とする事実的因果関係とは別に結果回避可能性と法的因果関係を要求する以上，究極的には事実的因果関係を独立の要件として立てておく意味自体が失われてしまうであろう。というのも，結果回避可能性と法的因果関係がみたされれば常に事実的因果関係は存在する一方，事実的因果関係のみが存在するだけではなんらの法的効果も生じないからである。それゆえ事実的因果関係は，科学者による鑑定の結果，それさえ存在しない場合には因果関係の判断から門前払いする，というまさに事実的な意味を果たすにすぎないものと解すべきであろう。いいかえれば，事実的因果関係とは結果回避可能性や法的因果関係を判断する際，その前提となる事実認定の問題に解消されうるのである。

【付け加え禁止説，結果の具体化，共除公式】

　以上に対し，事実的因果関係の内容をあくまで仮定的消去の関係に求めようとする古い見解は，仮定的代替原因事例や択一的競合事例においても同関係を肯定するためにさまざまな方策を考案した。

　まず仮定的代替原因事例に関し，たとえば，「XがAを射殺したが，そうしなくてもどのみち同時刻にYがAを射殺したであろう」という場合にXの行為につき仮定的消去の関係を判断するにあたっては，いまだ現実化していない仮定的な代替原因にすぎないYの行為を付け加えてはならない，といわれることがあった（これを**付け加え禁止説**という）。もっとも，「行為がなければ」というかたちで仮想世界を構築する以上，たとえ行為の時点ではいまだ現実化していない事情であってもこれを考慮するのが当然であって，付け加え禁止説などというのは概念矛盾である。したがって，もし先の場合に仮定的消去の関係を肯定したいのであれば，それは考慮す

べき仮定的代替原因を規範的観点から制限するという手続きによるしかないであろう。

　そこで，代わって考え出されたのが**結果の具体化**という手法である。すなわち，「行為がなくても被害者はどのみち寿命でいつかは死ぬであろう」というように，抽象化された結果に対する仮定的消去の関係を問題とし，これを否定していたのでは同関係のみたされるケースが極端に減少してしまう。そうすると結果を具体的に記述する必要が生じることになるが，その際，「仮定的代替原因によってもたらされるであろう死の態様」を「行為によってもたらされた死の態様」から区別されるかたちで記述しさえすれば，仮定的代替原因事例においても問題なく同関係を肯定することができる。このように考えるのである。もっとも，結果の具体化というのはあくまで問題となる構成要件が有意と判断する限りにおいて行われるべきものであり，それを超えて前述のような「超」具体化ともいうべき作業を許容すると，今度は同関係をはじめから要求しないのと変わらなくなってしまうであろう。

　次に択一的競合事例に関し，たとえば，「XとYが相互に意思連絡なく先後して，Aの飲むコーヒーに致死量100gの毒薬をそれぞれ100gずつ混入した」という場合にXとYの行為につき仮定的消去の関係を判断するにあたっては，おのおのの行為が独立にAの死亡を引き起こしうる以上，「XもYも毒薬を混入しなければ」というように両者をともに取り除かなければならない，といわれることがあった（これを**共除公式**という）。しかし，共犯でもないのにひとまとめにして取り除いてよい合理的な根拠は見当たらない。

　そこで，択一的競合事例においてもはじめに述べた考慮すべき仮定的代替原因を制限する手続きを採用することが考えられなくはないが，たとえそうであるとしても，少なくとも後行するYの行為についてはそもそも仮定的消去の関係を否定するほうが妥当ではなかろうか。Aの死はXが行為を終えた時点ですでに決定づけられており，そののちにYが毒薬を何g混入したか，あるいは，そもそも混入しなかったかは侵害経過に有意な差をもたらさないからである。学説には，XとYが毒薬をそれぞれ50gずつ混入した**重畳的因果関係事例**において，双方の行為につき仮定的消去の関係が問題なく肯定されうることとの不均衡を指摘するものもあるが，同事例においてはYの行為が侵害経過を本質的に変更しているのであるから，このような指摘はピントがずれているように思われる。

3.3.2　法的因果関係

　結果回避可能性を前提として，行為が結果を引き起こしたと刑法上評価しう

る関係のことを**法的因果関係**とよぶ。そして，結果回避可能性が結果不法その
ものの構成要素である一方，事実的因果関係のほうは表見的な要件であるにす
ぎない以上，厳密にいえば，この法的因果関係こそが刑法において因果関係と
よぶべき唯一の存在であることになる。

　さて，このような法的因果関係の具体的な内容を明らかにするためには，そ
もそもなぜそのような関係をもって行為が結果を引き起こしていなければなら
ないのか，つまり，いかなる理由から刑法が（多くの）構成要件をそのような
かたちで記述しているのかを考察する必要がある。それは，簡単にいえば次の
ようなことであろう。

　刑法が法益を保護しようとするとき，たとえば，「人を死に至らしめたら（刑
罰という）苦痛を与える」とあらかじめ告知しておく，という現在とられてい
る方法しか論理的にありえないわけではない。ほかにも，実際に人を死に至ら
しめるかどうかとは無関係に，人の死を最適に抑止しうるような行動基準を強
制するだけ，という方法も考えられる。しかし，実際に人を死に至らしめるか
どうかはわれわれの道徳感情にとって無視しえない違いがある――人が実際に
死んでこそ激しい応報感情が生じうる――一方，現実に被害が発生していない，
いわば目立たない場合にまで網羅的に刑法が介入していくのはコストがかかり
すぎる。しかも，そうであるからといって無作為に介入事例を限定しようとす
ると，今度はわれわれの公平感覚に深刻な程度に抵触してしまう（運が悪い人
だけ処罰される，ということを正面から是とするのは直観に反する）。

　このようにして，現在の方法は道徳的な応報感情の点からも効率的な抑止の
点からも望ましいものと評価しえよう。さらに，このことを裏返して要件のか
たちで示すなら，たとえば，問題となる行為がまさに人の死を引き起こしたと
いいうるかどうかは，①当該行為に対して人を死に至らしめたかどで応報の要
請が生じうるかどうか，それと同時に，②人を死に至らしめることに対して予
告されていた制裁を科することが合理的な抑止に適合するかどうか，という観
点から決せられなければならない，ということになる。そして，両観点がいわ
ば鶏と卵の関係にあることは 1.1.3（1）で述べたとおりである。

　もちろん，「応報感情が生じるか」，「制裁が合理的な範囲に収まっている
か」などと抽象的に問うだけでは，個別の具体的な事案において法的因果関係

が肯定されうるか否かについての一義的な回答は与えられないであろう。そこで，従来の法実践（判例や学説）の積み重ねを事例類型ごとに体系化し，その背景にある道徳的直観の体系と照応させつつ，当該体系を修正したり個別の判例や学説を棄却したりする，という解釈作業を行うほかはない。このような視線の往復による体系化とその修正作業は，厳密にいえば刑法解釈のあらゆる場面において必要なものであるが，法的因果関係というわれわれの道徳的直観がとくに「ものをいう」場面においては，いっそう重要性を増すのである。

　そこで次に，判例において問題となった具体的な事例類型をいくつかとりあげ，このような解釈作業を実際に行ってみることとしたい。

【条件関係と相当因果関係】

　これまで，事実的因果関係と法的因果関係という対概念を用いて刑法における因果関係の内容を分析してきたが，従来，長きにわたって条件関係と相当因果関係という対概念を用いるほうが支配的な立場であった。

　このうち，**条件関係**のほうは事実的因果関係とほぼ同一の役割及び内容を与えられており，古くは仮定的消去の関係と同一に解されていたところ，近時においては合法則的条件関係と同視するのが一般的になっている。また少数ではあるが，条件関係の内容を結果回避可能性に求める見解も主張され，**論理的関係説**などとよばれていた。

　これに対して**相当因果関係**とは，条件関係の存在を前提としながらこれを規範的な観点から限定する，という基本的な発想においては法的因果関係と共通するものの，その具体的な内容を因果関係の**経験的通常性**に純化する点に特徴をもつ。また，この経験的通常性の具体的な中身についてもいくつかのヴァリエーションがあり，①行為が現実の（でき死，焼死，脳出血死などといった）具体的な態様における結果を引き起こすことの経験的通常性を問題とする立場，より抽象的に，②行為が現実の（そのころの死亡などといった）構成要件的結果を引き起こすことの経験的通常性を問題とする立場，③行為がおよそ構成要件的結果を引き起こすことの経験的通常性（**広義の相当性**）と，行為から現実の構成要件的結果に至る具体的な因果経過の経験的通常性（**狭義の相当性**）を対概念として問題とする立場，などが主張されてきた（議論の詳細については，たとえば，小林憲太郎『因果関係と客観的帰属』〔弘文堂，2003〕130 頁以下を参照）。そして，刑法における因果関係が条件関係のみで足りるとする見解を**条件説**，相当因果関係をも要求する見解を**相当因果関係（相**

当性）**説**とよぶ。

　このような相当因果関係という発想が廃れてしまった最大の原因は，3.3.3 で見る
ように，社会に生起する事案が多種多様であり，刑法の立場から因果関係の存否を
決する着眼点もさまざまでありうるところ，同発想は経験的通常性という単一の着
眼点のみですべての事案を一刀両断にしてしまうところにある。そこで，今日にお
いてはこれら複数の着眼点を包括する趣旨で，**危険の現実化**ということばを使って
法的因果関係の内容を説明する立場が支配的になっている。

　もっとも，厳密に考えると，相当因果関係という発想が誤っているのはそれを唯
一の着眼点とするからなのであり，複数の着眼点のひとつとしてであれば成り立つ
余地は十分にある。具体的にいうと，経験的通常性とは一定の判断者を想定し，そ
の者の認識能力に従って判断の資料（これを**判断基底**という）を限定したうえで，
その資料だけを見て「日常生活経験に照らしてありうる／ありえない」を決める手
続きを意味している。そうすると，誰をそのような判断者とするかにより経験的通
常性の存否がはっきり異なるとともに，そのことが同時に法的因果関係の存否をも
左右すべきであると考えられる事例類型においては，相当因果関係という発想を重
要なものとして維持することも十分に可能であろう。

3.3.3 いくつかの事例類型

1. 行為時に特殊事情がある場合

　まず，行為の時点で一般には認識不可能な特殊事情が存在し，そのせいで，
通常ならば考えられないような結果が発生した場合である。たとえば，口論の
末，立腹して被害者の頬を軽く張ったところ，被害者には隠れた重度の脳疾患
があったため，脳組織が急激に崩壊して死亡してしまった，という事例におい
ても因果関係を肯定すべきか，という問題である。

　このような場合，特殊事情は事後的な鑑定によって明らかになったにすぎず，
行為者ひいては平均的な認識能力を備えた一般人にさえまったく想定外のこと
がらなのであるから，偶然に対して責任を問うことを避けるという観点から因
果関係を否定すべきだ，という立場も主張されている。3.3.2 で見た相当因果
関係ということばを用い，行為者の認識能力を超えていることを根拠とする立
場を**主観的相当因果関係説**，一般人の認識能力を超えていることを根拠とする
立場を**折衷的相当因果関係説**とよぶ（ただし，いずれの立場も，行為者がたまた
ま特殊事情を知っていた場合には，偶然責任とはいえないとして因果関係を肯定す

る）。

　たしかに，一見しただけでは誰も分からない特殊な事情があってはじめて発生した結果についてまで，行為者に罪責を問うことは許されないであろう。しかし，行為者の可罰性を否定するためには責任主義の要請に基づき責任を否定すれば足りるのであって，何も因果関係まで否定しなければならない必然性はない（冒頭の事例においても，たとえ因果関係を肯定したところでどのみち死亡の結果については予見可能性が欠けるのであるから，傷害致死罪〔205条〕の成立を否定して暴行・傷害罪〔208・204条〕の罪責にとどめることが可能である）。むしろ科学的・客観的な観点からすれば，まさに行為の作用が確実性に近い蓋然性をもって結果をもたらしている以上，応報の要請が生じることは十分に合理的なものといわなければならない。このように，すでに行為時に存在したことが科学的・客観的に確定しうる限り，行為者または一般人には認識不可能な特殊事情であっても，判断基底に含めて相当因果関係を肯定する立場を**客観的相当因果関係説**とよぶ。

　このように，客観的相当因果関係説を採用して因果関係を広く肯定したうえで，責任を否定することにより可罰性の限定を図る見解に対しては，たとえば，行為者が殺意をもち被害者の心臓めがけてけん銃を発射したところ，弾が外れてかすり傷を負わせるにとどまったものの，被害者には重度の血友病という隠れた疾患があったため，出血が止まらずに失血死した，という事例においては殺人罪（199条）の成立を否定することができなくなる，との批判もなされている。しかし，このような事例においては，現実に行為者がそれと分かって被害者を死亡させる危険性の高い行為に出ており，実際にも行為の作用が直接的に作用して被害者の死をもたらしている以上，「当たり所」は本質的でない，として同罪の成立を肯定するほうがむしろ妥当なのではなかろうか。

　なお，判例においても，行為時の特殊事情を当然に考慮して因果関係を肯定するのが一般的な傾向である。もっとも，そこで同時に責任主義の要請が貫徹されているかには疑問の余地がある。たとえば，被告人が被害者の左眼を右足で蹴りつけたところ，被害者は脳梅毒にり患しており脳組織が崩壊して死亡するに至った，という事案において因果関係を肯定したもの（最判昭25・3・31刑集4巻3号469頁＝脳梅毒事件），被告人が被害者のシャツ襟を両手でつかん

で強く首を締めつけたうえ，突き飛ばして転倒させたところ，被害者は心臓に高度重篤な病変があったために心筋梗塞により死亡した，という事案において因果関係を肯定したもの（最決昭 36・11・21 刑集 15 巻 10 号 1731 頁），被告人が被害者を仰向けに倒して左手で頸部を絞めつけ，右手で口部を押さえ，さらにその顔面を夏布団で覆い鼻口部を圧迫するなどしたところ，被害者には重篤な心臓疾患があったために急性心臓死を遂げた，という事案において因果関係を肯定したもの（最判昭 46・6・17 刑集 25 巻 4 号 567 頁＝布団むし事件）がある。

【不法と責任の混同？】

　主観的相当因果関係説や折衷的相当因果関係説は従来，客観的相当因果関係説から「不法と責任を混同するものである」という批判を受けてきた。そして，これに対しては，主観説から「判断基底の限定には行為者の認識可能性を用いるけれども，経験的通常性の判断基準そのものには科学的知識を用いている」，折衷説から「あくまで一般人は責任の標準である行為者個人とは異なる」などといった反論がなされてきた。

　たしかに，主観説や折衷説に基づく相当性の判断が責任主義の要請である行為者自身による不法の予見可能性とは異なる，というのはそのとおりであろう。もっとも，「不法と責任の混同」という批判は，それだけでは反駁しきれない内容を有している。すなわち，責任主義の要請を貫徹しないせいで生じてしまった可罰性の不合理な拡大を，不法すなわち因果関係の内容を限定することによりいびつなかたちで抑えようとしている，ということなのである。

　第 1 に，結果的加重犯において，加重結果につき予見可能性を要求しないせいで生じる可罰性の拡大である。たしかに，たとえば，冒頭の事例で傷害致死罪を認めるというのは非常識であろうが，死亡結果についての予見可能性が不要であるとなれば，あとは因果関係を否定するしかない，というわけである。しかし，そもそも，加重結果について予見可能性を要求しない，という解釈自体が責任主義違反である。

　第 2 に，故意犯において思いがけない客体に結果が発生した場合，当該結果について予見可能性を要求しないせいで生じる可罰性の拡大である。たとえば，X が殺意をもち，屋内で眼前の B めがけてけん銃を発射したところ，弾がそれて天井に命中したものの，たまたま天井裏に潜んでいた泥棒の A を死亡するに至らしめた，という事例で A に対する殺人罪の成立を認めるのは非常識であろう。とはいえ，認識しえない客体に対しても故意の転用を肯定するとなると，あとは因果関係を否定するしかない，というわけである。しかし，こちらについても，そもそも認識しえない

客体に故意の転用を認める，というその前提自体が責任主義に違反するように思われる。

　第 3 に，過失犯において認識しえない客体に結果が発生した場合，当該結果について予見可能性を要求しないせいで生じる可罰性の拡大である。たとえば，X が助手席に B を乗せてトラックを運転中，スピードの出しすぎで交通事故を起こしたが，その際，いつの間にか勝手に荷台に乗り込んでいた A が死亡した，という事例で A に対する過失犯（過失運転致死罪）の成立を認めるのは非常識であろう。とはいえ，およそ死亡事故一般が起きることの予見可能性さえあれば過失犯が成立しうる，という前提を採用する限り，因果関係を否定しておくほかない，というわけである。しかし，ここでも，その前提自体が責任主義に違反しているように思われる。

【被害者の素因の特殊性？】

　学説には，行為時の特殊事情のうち，被害者の素因のみを特別に扱おうとするものもある。すなわち，原則として折衷的相当因果関係説を採用しつつも，特殊事情が被害者の素因である場合にのみ，客観的相当因果関係説と同様の結論を得ようとするのである（佐伯仁志『刑法総論の考え方・楽しみ方』〔有斐閣，2013〕75・76 頁などを参照）。たとえば，行為者が被害者に向かって投石したところ，届かずに手前の地面に落下したが，そこには予想外にも地雷が埋まっており，石が落下した衝撃で爆発し被害者を死に至らしめた，という事例においては因果関係が否定される。これに対し，行為者が被害者に小さな切り傷を負わせたところ，被害者は予想外にも重度の血友病に罹患していたため，出血が止まらずに失血死した，という事例においては因果関係が肯定されることになる。そして，このような結論の違いは，特殊な素因をもつ人々をありのままの姿で保護することにより，その行動の自由が委縮させられてしまわないようにしよう，というバリアフリーの発想に根差している。

　このような学説は，民事不法行為法において，過失相殺の基礎に被害者の素因を含めることに反対する見解から着想を得たものであり，非常に興味深い。もっとも，因果関係を肯定するだけでは責任が阻却される余地を排除しえず，ただちに犯罪が成立しうるわけではないから，刑法上の法的効果は弱いものである。また，かりにこの点を措き，行為者に犯罪が成立しうるとしたところで，そのことと行為者からの損害賠償額が減らないこととの間には，被害者の行動の自由を促進する程度において重大な差が認められる。このように見てくると，前記学説の主張にはさほどの合理的な根拠がなく，刑法上の因果関係を判断する際に被害者の素因を特別扱いする必要はないように思われる。

2. 結果に直接的，物理的に現実化した危険を行為が設定している場合

　次に，結果に直接的，物理的に現実化した危険を行為が設定している場合である。このような場合には，そのような直接的，物理的現実化を妨げない**寄与度**の低い介在事情を規範的に見て無視することができ，因果関係を肯定しえよう。したがって，当該介在事情が経験上通常であるかどうかは問うところではない。

　判例には，たとえば，被告人が被害者に暴行を加えて死因である内因性高血圧性橋脳出血を生じさせたのち，これを放置して立ち去ったところ，第三者がさらに暴行を加えた結果，当該死因に基づく被害者の死期が幾分早まった，という事案において因果関係を肯定したもの（最決平 2・11・20 刑集 44 巻 8 号 837 頁＝大阪南港事件），被告人が被害者に左後頸部刺創による左後頸部血管損傷等の傷害を負わせ，その後，被害者は緊急手術を受けていったんは容体が安定したものの，被害者がその日のうちに無断退院しようとして暴れ，その直後，容体が急変して同刺創に基づく頭部循環障害による脳機能障害により死亡した，という事案において因果関係を肯定したもの（最決平 16・2・17 刑集 58 巻 2 号 169 頁＝患者不養生事件）がある（そのほか，類似の構造を有すると解される裁判例として，大阪地判平 5・7・9 判時 1473 号 156 頁などを参照）。

　以上に対し，被害者の直接的な死因を形成したのが行為後の介在事情である第三者の行為である疑いが排除しえない場合には，当該介在事情が経験上通常である等，特別の事情が認められてはじめて因果関係を肯定することができよう。判例には，被告人が普通乗用自動車を運転中，過失により被害者の運転する自転車に衝突し，被害者を自車の屋根にはね上げたが，そのことに気づかずそのまま運転を続けるうち，同乗者がこれに気づいて被害者の身体をさかさまに引きずりおろし，アスファルト舗装道路上に転落させた結果，被害者は頭部打撲に基づく脳出血により死亡したが，死因となった頭部の傷害が被告人と同乗者のいずれの行為から生じたものか確定しがたい，という事案において，同乗者の行為が経験上普通予想しえられるところではないとして因果関係を否定したものがある（最決昭 42・10・24 刑集 21 巻 8 号 1116 頁＝米兵ひき逃げ事件。そのほか，被害者に暴行を加えて重篤でない傷害を負わせたのち，救護のため被害者を布団に寝かせようとした際，バランスを崩して被害者を床の上に落とし，自分

も被害者の上に覆いかぶさるように倒れた結果，被害者は重大な傷害を負い死亡した，という事案において，介在事情が通常ありうべきものとはいいがたいから危険が現実化していない，と述べて因果関係を否定したものとして福岡高判平27・8・28公刊物未登載を参照）。

【相当因果関係説の危機？】

　前掲最決平2・11・20およびその調査官解説（大谷直人「判解」最判解刑（平2）232頁以下）が出されたのち，学説・実務においては**相当因果関係説の危機**が叫ばれるようになった。すなわち，同説は因果関係の経験的通常性を唯一の判断基準とするところ，それだけでは，介在事情の寄与度などといった明らかに法的因果関係の存否に影響すべき要素を十分にしん酌できない，というのである。そして，これに対して当時の多数の学説は相当因果関係説を維持するため，因果経過そのものの経験的通常性（狭義の相当性）を問題にするのではなく，「行為により形成された死因に基づく死」などといった（具体的な態様における）結果が発生することの経験的通常性を問題にすべきである，などと反論したのであった。

　もっとも，そもそも相当因果関係説は，判断主体を誰に求めるかにより経験的通常性の基礎とすべき事情が変わってくるような事例類型（典型的には，行為時に特殊事情がある場合）を念頭においた発想であり，ここで扱っているような，行為ののちに（異常な）介在事情が発生したような事案ははじめから埒外であるともいえる。現に，そのような事案においては前掲最決平2・11・20以前の段階から，判例は因果関係の経験的通常性のみをもって法的因果関係の存否を決するような立場をとっていない（たとえば，最決昭63・5・11刑集42巻5号807頁＝柔道整復師事件に関する永井敏雄「判解」最判解刑（昭63）256頁以下を参照）。むしろ，さまざまな事例類型に応じて微妙に異なる観点から，行為のもつ危険が結果に現実化したものと評価しうるかを判断しているのである。したがって，ある時点で突如として相当因果関係説が危機に陥ったと騒ぎ立てるのは大仰にすぎよう。

3.　被害者をことさらに脆弱な状態においた場合

　つづいて，行為により被害者が一定の危険に対してとくに脆弱な状態におかれた場合である。このような場合には，そのような危険が社会に遍在しており，それゆえ，その現実化した事態に対して行為が原則として因果関係を有しないと判断すべきであるとしても（このような危険のことを，民事不法行為法の用語

を借りて**一般的生活危険**とよぶ。刑法学における重要な研究として，林陽一『刑法における因果関係理論』〔成文堂，2000〕がある），まさにその脆弱さが認められるせいで危険が現実化したものと評価しうる例外的な事例においては，なお因果関係を肯定すべきであろう。

　たとえば，被害者を普通乗用自動車後部のトランク内に監禁して道路上に停車していたところ，後方から走行してきた普通乗用自動車の運転者が前方不注意のために停車中の前記車両の後部に追突し，これによってトランクの中央部がへこみ被害者は死亡した，という事案においてはこのような考慮から因果関係を肯定することができる（同様の事案において因果関係を肯定し，逮捕監禁致死罪の成立を認めた判例として，最決平18・3・27刑集60巻3号382頁＝トランクルーム事件を参照）。追突事故のリスクそのものは一般的生活危険ということができるが，トランクルームは衝撃に対してきわめて弱く作られており，それゆえにこそ乗車も禁じられているのであるから，トランク内に閉じ込められた被害者は追突事故のリスクに対して許されないほど脆弱な状態におかれたものと評価しえよう。このことを裏返すと，かりに被害者が後部座席に両脇を固められて監禁されていたとすれば，ただちに因果関係を肯定することは困難であるように思われる。

　そのほか，およそ車にひかれるという抽象的なリスク自体は一般的生活危険の一ということができようが，たとえば，行為者が被害者を車ではねたのち，そのまま道路上に無意識で横たわる被害者を放置して走り去ったところ，後続する自動車がこれをひき殺してしまった，という二重れき過事故の事案においては，被害者が前記リスクに対してことさらに脆弱な状態におかれたものと評価しえ，因果関係を肯定することができよう（最決昭47・4・21判時666号93頁〔ただし，対向車にひき殺された事案〕などを参照）。ここでも，かりに被害者が歩道上に跳ね飛ばされ，にもかかわらず，後続車の運転者のはなはだしい過失により同車が歩道に突っ込み被害者をひき殺した，という事案であれば因果関係を否定する余地がある。

　なお，一般的生活危険という発想はもともと，客観的相当因果関係説が条件説に近い帰結をもたらしかねないことから，これを修正するために考案されたものである。もっとも，これまで述べてきたところからも分かるように，客観

的相当因果関係説と一般的生活危険の観念との間には必ずしも有機的な関連性が存在しない。おのおのが実質的に異なる事例類型を想定しつつ，そこで因果関係の存否を判断するための視角を提供するものと見るべきであろう。

4. 介在事情を誘発した場合

さらに，行為が介在事情を誘発した場合である。このような場合には介在事情が独立の現象として生じているわけではなく，あくまで行為の影響下におかれているものと評価しうるのであるから，たとえ介在事情を単体で取り出して見ればその通常性に疑いが残るような事例においても，なお因果関係を肯定することが可能であろう。問題は「誘発」ということの具体的な中身であり，端的にいえば，行為によって介在事情の発生チャンスが高められているということであるが，あえて類型化するならば，行為が積極的に介在事情を一定の方向に引きつける場合と，行為が介在事情以外のオプションを消すことで消極的に一定の方向へと追いやる場合とが考えられる。

判例には，被害者から風邪気味であるとして診察治療を依頼された柔道整復師である被告人が，熱を上げたり水分や食事を控えたりするなどの誤った治療法を指示し，これに忠実に従った被害者が病状を悪化させて死亡した，という事案において被告人の行為それ自体の危険性を根拠に因果関係を肯定したもの（前掲最決昭 63・5・11），潜水指導者である被告人が夜間潜水の講習指導中，被害者を含む受講生らの動向に注意することなく不用意に移動して受講生らのそばから離れ，同人らを見失うに至った結果，被害者は海中で空気を使い果たし，ひいては適切な措置を講ずることもできないままでき死した，という事案において不適切行動が被告人の行為から誘発されたことを根拠に因果関係を肯定したもの（最決平 4・12・17 刑集 46 巻 9 号 683 頁＝夜間潜水事件），被告人らから公園およびマンション居室において長時間にわたり暴行を受けた被害者がすきを見て逃走したが，被告人らに対して極度の恐怖感を抱いており，逃走を開始してから約 10 分後，被告人らによる追跡から逃れるため高速道路に進入し，自動車にひかれて死亡した，という事案において被害者の行動が著しく不自然，不相当であったとはいえないことを根拠に因果関係を肯定したもの（最決平 15・7・16 刑集 57 巻 7 号 950 頁＝高速道路進入事件），被告人がトレーラーの運転者に文句をいい謝罪させるため，夜明け前の暗い高速道路の第 3 通行帯上に自

車およびトレーラーを停止させたのち，降車してトレーラーの運転者に暴行を加えるなどし，しばらくして現場から走り去ったが，トレーラーの運転者はみずからエンジンキーをズボンのポケットに入れたことを失念し，周囲を探すなどして，被告人車が現場を走り去ってから7，8分後まで自車を停止させ続けるなどしたことから，後方から走行してきた普通乗用自動車がこれに衝突し，同車の運転者および同乗者が死傷した，という事案において誘発の関係を根拠に因果関係を肯定したもの（最決平16・10・19刑集58巻7号645頁＝高速道路上停止事件），航空管制官である被告人らが航空機に対して言い間違いによる誤った降下指示を出したところ，むしろ航空機衝突防止装置（TCAS）は上昇を指示していたのにもかかわらず，機長が降下の操作を継続したため他の航空機との間でニアミスを起こして多数の乗客らが負傷した，という事案において危険の現実化を根拠に因果関係を肯定したもの（最決平22・10・26刑集64巻7号1019頁＝日航機ニアミス事件）などがある。

【あおり運転と危険運転致死傷罪】

　前掲最決平16・10・19においては高速道路上に自車および相手方車を停止させた行為が業務上過失致死傷罪に問われているが，近年においては，あおり運転から自車および相手方車を停止させることを危険運転行為ととらえ（ただし，停止行為それ自体が危険運転にあたらないのは当然である），引き続いて生じた衝突事故による死傷の結果について危険運転致死傷罪（自動車運転死傷行為処罰法2条4号）が成立しえないかが議論されている。

　妨害運転は直接的には接触や接触回避動作から死傷の結果が生じることを因果関係の内容として想定しているが，接触回避動作とは何もとっさの転把や減加速に限られなければならないわけではなく，たとえば，執ような妨害運転が停止の強制を意図したものであるときはいったん停止してさしあたりの難を逃れる，という態様もまた含まれてよいはずである。そうすると，危険運転致死傷罪が業務上過失致死傷罪（や過失運転致死傷罪）のような単純な結果犯と異なり，因果関係の内容が限定されると解したとしてもなお冒頭の場合に危険運転致死傷罪の成立を認めることが可能であろう（なお，横浜地判平30・12・14公刊物未登載〔東京高判令元・12・6公刊物未登載により破棄・差戻し〕は通常の因果関係で足りるとしつつ，前掲最決平16・10・19と同様の言い回しを用いて因果関係を肯定している）。

5. その他の考慮

3.3.3　(4)までの論述においては，暗黙の前提としてきたことが3つある。最後に，この点について補足しておくこととしたい。

第1に，因果関係の経験的通常性は決して「悪者」なのではない。たしかに，因果関係の経験的通常性が認められなくても因果関係を肯定すべき事例類型は複数存在しうるが，反対にいうと，はじめから因果関係の経験的通常性が認められる場合には文句なく因果関係を肯定することができる。というのも，そもそも介在事情が日常ありがちな，しばしば起こる現象である場合には，これを利用して結果を引き起こすことが容易だからである。たとえば，夜になると急激に気温が下がる場所があるとして，被害者を昏倒させたのち，その場所に放置して凍死させたら問題なく因果関係が肯定されよう。このとき，昏倒させる行為により死因が形成されたかや，気温の低下がそれ以前の行為により誘発されたかなどといったことは問うところではない。

第2に，因果関係という表題のもとで，実は正犯性が議論されている場合がある。たとえば，**道具の知情**とよばれる事例類型がある。すなわち，医師Xが以前から恨みのある患者Aを殺害しようと考え，看護師Yに対し，治療薬入りと偽って毒薬入りの注射器を交付して注射を指示したところ，Yは途中で毒薬であると気づいたものの，同じくAを恨んでいたため，素知らぬ顔をしてAに注射を行った結果，Aは死亡したものとしよう。このとき，Xの行為とAの死亡との間の因果関係が問題とされることがあるが，そこでは，①Yが殺意をもってAに毒薬を注射するなどという介在事情はあまりにも異常ではないか，という点と，②そのような介在事情こそがAの死に対する第一次的な責任を構成すべきではないか，という点が意識されているのである。もっとも，これら2点は犯罪論の局面を異にしており，①は因果関係の問題と評価しうるけれども，②はむしろ（Xの）正犯性の問題として理解するほうが整合的であろう。

なお，判例には，禁制品輸入罪に関し，税関検査により貨物に大麻の隠匿が判明したことから，配送業者が捜査当局と打合せのうえ，宛先である，被告人が共同経営する居酒屋に貨物を配達するというコントロールド・デリバリーが実施された，という事案において，配送業者らの行為が道具としての性質を

失っていないとして既遂を認めたものがある（最決平 9・10・30 刑集 51 巻 9 号 816 頁 = CD 事件）。こちらは因果関係ではなく（それは特段の問題なく肯定されている），正面から正犯性という主題設定を行っている点で妥当であるが，具体的な結論として，情を知る配送業者らの行為を本当に道具と評価しうるかは疑問であろう。

　第 3 に，因果関係という表題のもとで，実は罪数が議論されている場合がある。たとえば，過失により被害者を自動車でひいたのち，いったん停止したものの，やはり怖くなって逃走しようと考え，「被害者を再度ひいて死亡させてしまうかもしれないが，それでもかまわない」と思いつつ再発進したところ，実際に被害者をひき殺してしまった，という事例を考えてみよう。このとき，当初の行為と被害者の死亡との間の因果関係が問題とされることがあるが，そこでは，①殺意をともなう再れき過は経験上通常の事態とは評価しえないのではないか（否定的に解される裁判例として，東京高判昭 63・5・31 判時 1277 号 166 頁，大阪地判平 3・5・21 判タ 773 号 265 頁などを参照），という点と，②再れき過を殺人罪として処罰すべきである以上，これとあわせて当初のれき過につき過失運転致死罪の成立を認めると，被害者の死の結果を二重に評価することとなってしまうのではないか（そのような二重評価の回避を根拠に，因果関係を否定した裁判例として東京高判昭 37・6・21 高刑集 15 巻 6 号 422 頁を参照），という点が意識されているのである。もっとも，これら 2 点は犯罪論の局面を異にしており，①は因果関係の問題と評価しうるけれども，②のほうはむしろ，かりに因果関係が肯定されたとしてもなお解決しなければならない罪数の問題を照射したものといえよう。

　判例には，被告人が被害者を熊と誤認して猟銃を発射し瀕死の重傷を負わせたのち，被害者の苦悶の状況から同人を殺害して早く楽にさせたうえ逃走しようと決意し，さらに 1 発を発射して被害者を即死させた，という事案において，業務上過失傷害罪と殺人罪が併合罪の関係にあるとした原判決の結論を正当としたものがある（最決昭 53・3・22 刑集 32 巻 2 号 381 頁＝熊撃ち事件）。ここでも，かりに最初の誤射が被害者の直接的な死因を形成しており，続く射撃が死期を幾分早めたにとどまるものとすれば，因果関係を肯定して業務上過失致死罪の成立まで認めることが理論的に不可能ではない。しかし，そうすると被害者の

死亡につき被告人に二重の罪責を問うことになってしまうから，業務上過失傷害罪の成立を認めるにとどめるという操作が行われるのである（なお，これは併合罪として処理する場合の話であり，殺人罪のみで包括的に評価するという立場もありえなくはない）。

　これとは逆に，最初の行為が故意，これに続く行為が過失，というパターンも考えられる。たとえば，殺意をもって被害者の頸部を絞扼したところ，身動きしなくなったので死亡したものと誤信し，犯行の発覚を防ぐ目的で被害者を砂浜に放置した結果，被害者は砂末を吸引して死亡した，という事例を考えてみよう（大判大 12・4・30 刑集 2 巻 378 頁＝砂末吸引事件を参照。このように，最初の行為で結果を発生させたと誤信したものの，実際には後続する行為により結果が引き起こされたようなケースを**遅すぎた構成要件の実現**とか**ヴェーバーの概括的故意の事例**などとよぶ）。ここでも同じく，絞扼行為が被害者の死亡と因果関係をもつ限り殺人罪と過失致死罪の成立が考えられるが，二重評価を避けるという観点から後者は過失傷害罪にとどめられることになる。さらに，このような事例では往々にして犯跡隠ぺい行為が実質的に新たな決意に基づくものと評価されにくいため，殺人罪の包括一罪として処断すべき場合が多いように思われる。

3.4　不 作 為 犯

3.4.1　不作為犯の意義

　不作為とは，法的に要請された一定の作為，すなわち，「○○する」という形態で記述される行為をしないことを意味する。たとえば，殺意をもって赤子を刺突し失血死させるのは作為である一方，親が赤子にミルクを与えず餓死させるのは不作為である。そして，このような不作為が構成要件に該当して犯罪を構成する場合を**不作為犯**という。

　このような不作為犯はさらに 2 種類に分けられ，1 つ目は，刑法が国民に対して一種の公共的な義務を課し，他者の利益を積極的に擁護すべく刑罰によって強制する場合である。これを**真正不作為犯**とよび，政策的な観点から新たに可罰性を創設するわけであるから，当然，これを処罰するためには特別の規定を設けることが必要である。これに対して 2 つ目は，刑法が他者の利益を侵害

することを禁止する一環として，作為のみならず一定の範囲の不作為をも処罰する場合である。これを**不真正不作為犯**とよび，もともと他者の利益を侵害することを処罰する規定が存在する限り，当該不作為を処罰するのに特別の規定を設ける必要はないことになる。

以上に対して学説では，刑法が不作為を処罰する旨や，そのための条件を明文で規定している場合を真正不作為犯とよぶ用語法も主張されている。具体的な結論にさほどの違いはないが，厳密にはやや不正確であろう。たとえば，130条後段は不退去罪を規定し，要求を受けたにもかかわらず人の住居等から退去しないことを処罰している。たしかに，そのような行為は130条後段がなければ処罰しえないものであろう。しかし，より精密に観察すると，そのような行為にも2種類あり，たとえば，眠っているうちに第三者により勝手に人の住居に運び込まれ，目が覚めたら家人から退去要求を受けたケースと，うっかり人の住居に立ち入ってしまったのち，家人から退去要求を受けたケースが考えられる。このうち，前者は真正不作為犯とよぶにふさわしいが，後者は人の住居権を侵害することの一態様であるにすぎず，ただ，130条前段にいう「侵入」の語義に包摂しえない不法滞留を（退去要求という）限定要件のもとで処罰することにしたのだ，というようにも理解することができる。このように，後者を規律しているのはむしろ不真正不作為犯の原理であるといえよう。

真正不作為犯をいかなる範囲で処罰すべきであるかは，最終的には個々人にどの程度の公共的な負担を負わせるべきかに関する議会の判断にゆだねられるから，刑法解釈論の立場から述べられることは少ない。これに対して不真正不作為犯は，まさに，たとえば，「人を殺した」（199条）という他者の利益の侵害がいかなる範囲の不作為により実現されうるか，という刑法解釈論上の重要問題を投げかけている。以下では，この問題を詳しく説明することとしよう。

【作為による不作為】

医師が患者に人工呼吸器を取りつけて治療を継続してきたところ，もはやいかなる治療効果も期待できず死期が目前に迫る段階に立ち至ったため，患者の事前の強い意思に従って人工呼吸器を取り外した結果，患者は死亡した，という事例を考えてみよう。このとき，かりに医師の行為が作為であるとすればただちに構成要件に該当し，違法性阻却事由も常に認められるとは限らないことから殺人罪が成立しか

ねないが，それでは医師に対してあまりにも酷であるとも考えられる。そこで，一部の学説は**作為による不作為**という観念を考案し，医師による人工呼吸器の取外しは形式的に観察すれば作為であるかもしれないが，実質的には治療を継続しないという不作為であると評価し直し，それによって可罰性を制限しようとするのである（井田良『刑法総論の理論構造』〔成文堂，2005〕29・30 頁などを参照）。

　このような理論構成は実に巧妙であり説得力もあるが，やはり，人工呼吸器の取外しを（以前から患者のことを憎んでいた）第三者が行えば突如として作為になる，というのはやや不自然であろう。むしろ，医師の行為もあくまで作為ではあるものの，先行するみずからの治療行為を含めて全体的に観察するならば，実質的には不作為と同じだけの危険しか実現していない，と説明するほうが整合的であるように思われる。ただし，このように説明したところで実体はなんら変わっておらず，あくまで説明の仕方にとどまることに注意を要する。

3.4.2　2 つの罪刑法定主義違反？

　不真正不作為犯はあらゆる不作為によって実現されうるのではなく，あくまで一定の限定された範囲にとどまる。たとえば，親が殺意をもって赤子にミルクを与えずに餓死させれば殺人罪の不真正不作為犯といってよいかもしれないが，ある朝，自分の庭に見知らぬ赤子が捨てられており，放っておけば餓死するかもしれないが自分は関係ないと思って世話をしなかったところ，実際に餓死してしまった場合にまで殺人罪だといわれたのではあまりにも酷であろう。もちろん，後者の場合を処罰することが明らかに不合理であるとはいえないが，それは殺人罪という他者の利益を侵害することを処罰する規定によってではなく，あくまで「見知らぬ人でも死にそうなら助けてあげろ」という，他者の利益を積極的に擁護することを義務づける（真正不作為犯の）規定によってでなければならない。

　ここからも分かるように，不真正不作為犯は一定の限られた主体が作為を怠る場合にのみ成立しうるのであり，このような主体のことを**保障人**（さらに，保障人としての属性を**保障人的地位**という），保障人が作為に出なければならない関係のことを**作為（保障人的）義務**とよぶ。いいかえると，保障人の作為義務違反だけが構成要件に該当して不真正不作為犯を構成しうることになる。もっとも，このような解釈に対しては古くから，罪刑法定主義に違反するとの批判

が2つの異なる方向から投げかけられてきた。

　1つ目は**類推解釈の禁止**に違反するというものである。すなわち，不真正不作為犯とは本来，作為のみを処罰する構成要件に該当しえないはずであるにもかかわらず，保障人の不作為がそれと同等の当罰性を有するとの一事をもって当該構成要件により処罰しようとするものだ，というのである。しかし，これまで述べてきたところからも分かるように，不真正不作為犯を包摂する構成要件は何も作為のみを想定しているのではなく，あくまで他者の利益の侵害を禁止しているだけであって，不作為がそのような禁止に違反するものと評価しうる場合，当該不作為が構成要件に該当しうるのは当然のことである。したがって，類推解釈の禁止に違反するという批判は失当であろう。

　これに対して学説には，①条文に「○○した」と動詞が作為の形態で記述されている以上，不作為はこれに該当しえないとか，②不作為は命令規範違反であり，禁止規範違反である作為と同一の構成要件によっては捕捉されえない，③不作為は目的を設定して，その実現に向け因果的手段を投入するという行為の本質的構造に反する，あるいは，④不作為を処罰する場合にだけ主体が限定されるのは作為と異なる構成要件であることを示している，などと反論するものもある。しかし，①赤子をナイフで刺し殺すことだけでなく，親がミルクを与えずに餓死させることもまた「殺した」(199条) に該当しうる，②「他者の利益を侵害することの禁止」という上位の規範に個々の命令規範が含まれていると解すれば足りる，③目的的行為論自体が前提として不当である，④他者の利益を侵害したものと評価しうるために，おのおのの行為に課せられる条件が異なってくるのは自然である，などと再反論することができよう。

　2つ目は**明確性の原則**に違反するというものである。すなわち，たとえ不真正不作為犯の処罰それ自体が類推解釈の禁止には違反しないとしても，処罰するための具体的な要件を通常の判断能力を有する一般人が条文から読み取ることができない，というのである。具体的にいうと，保障人の不作為のみが構成要件に該当しうるといっても，いったい誰が保障人であるのかはただちには明らかでない。先ほど，親が赤子にミルクを与えずに餓死させるケースをあげたが，親以外の，たとえば，託児施設の職員やベビーシッターであればどうか。あるいは反対に，親であっても赤子が生まれてから一度も会っておらず，ある

日たまたま自分の子どもに会いたいと思い立ち，別れたパートナーの家を訪問したところ，そのパートナーが育児放棄をして家を空けており，自分がミルクを与えないとその赤子が餓死してしまいそうである，という場合はどうであろうか。

たしかに，保障人の範囲は条文を一読するだけではただちに明らかとはならないであろう。しかし，他者の利益を侵害している，つまり，他人を積極的に刺し殺すのと実質的に同じであると評価しうるのはいかなる範囲か，という観点から目的論的解釈を施すことは一般人にも不可能ではない。すなわち，自己の先行する行為によって許されない危険を創出しており，そのままでは結果に現実化してしまうという関係が認められる場合には，そこで手をこまねいていることは事態を全体として観察したとき，はじめから積極的な行為により結果を引き起こすのと実質的に同じことであろう。こうして，自己の先行する行為により結果に現実化しうる危険を創出していることが保障人の要件であるといえよう。これを**危険創出説**という。

【作為可能性と作為容易性】

一般に，不作為犯が成立しうるためには作為可能性や作為容易性が必要であると解されている。

まず**作為可能性**であるが，これは厳密にいえば作為犯における不作為可能性の裏返しであり，行為に対して意思的なコントロールを及ぼしえたこと，すなわち意思能力をいいかえたものにすぎない。したがって，それは責任主義の観点から要求される責任要素である。

これに対して**作為容易性**とは，作為に出ることが行為者その他にとり特段の負担となる場合において例外的に作為義務を免除する，という発想を指す。たとえば，隣人の旅行中に世話を頼まれたペットが海でおぼれてしまったが，これを救助するにはみずからの生命を危険にさらして海に飛び込むしかない，という事例があげられよう。この場合には作為義務そのものが欠けるのであるから，そもそも（器物損壊罪〔261条〕の）構成要件該当性が否定されることになる。

このように，作為可能性と作為容易性は名前こそ似ているものの，その内容や犯罪論体系上の位置づけが大きく異なっていることに注意を要する。もっとも，実務においてはこのような区別が必ずしも十分に行われておらず，たとえば，過失不真正不作為犯を認定する際，注意義務履行の容易性を確認するのが一般的であるが，それは常に作為容易性を企図しているわけではない。

【義務衝突】

　その違反が作為犯を基礎づける不作為義務や，同じく，その違反が不作為犯を基礎づける作為義務が複数観念される場合において，それらを同時に履行することができない状態を**義務衝突**という。たとえば，自分の子どもが海でおぼれているが，これを助けるには他人の浮き輪を奪取するほかないとか，おぼれている自分の子どもが2人いるが，浮き輪が1つしかないためその一方しか救助しえない，などといった事例が考えられよう。

　まず前者の事例について，作為義務を優先した場合には緊急避難（37条1項本文）が問題となる一方，不作為義務を優先した場合には作為容易性の問題となる。他方，後者の事例では，いずれの義務を優先した場合にも作為容易性の問題となろう。そして，緊急避難においては単純に利益の大小が勝敗を決する一方，作為容易性においてはより政策的な判断が要求されることになる。すなわち，作為を強制されるときは他の行動選択の余地が完全に奪われ，国民の行動の自由に対する大きな脅威となりかねないことから，作為に出ることにともなう負担が必ずしも擁護される利益以上でなくても，なお作為容易性を否定する余地を残すべきであろう。

3.4.3　保障人の要件ないし作為義務の発生根拠に関する他説の検討

　このように，保障人の要件ないし作為義務の発生根拠は危険創出説に従って決せられるべきであり，3.4.5で見るように判例も実質的には同様に解していると思われるが，学説では異なる見解も有力に主張されている。

　なかでも最も古い見解が，作為義務の発生根拠を法令，契約・事務管理，慣習・条理に求めるものである（**形式的三分説**）。もっとも，可罰性の限界を直接的に，慣習や条理などといった不安定かつ不明確な概念に求めることは許されない。また，法令のようにはっきりしたものであれば作為を義務づける根拠とすることはできようが，ここで問題となっているのはあくまで不真正不作為犯における作為義務，すなわち，それに違反して赤子にミルクを与えず餓死させることがこれを刺し殺すことと等置されるようなものなのであるから，単に法令というだけでは明らかに不十分であろう。そして，そこでなんらかの付加的な要件を立てて等置性を確保しようとするのであれば（学説では，このような要件のことを**作為との構成要件的同価値性**という），はじめから当該要件のほうを作為義務の発生根拠として前面に出すべきであろう。

　次に考えられるのが，作為義務の発生根拠を自己の先行する作為に求める見解である（**先行行為説**。これを詳細に展開した重要な作品として，日髙義博『不真正不作為犯の理論〔第2版〕』〔慶應通信，1983〕がある）。この見解は素朴な発想のレベルにおいては危険創出説に近いが，先行行為に故意・過失などの類型的な不法を超えた要件を課するところに特徴がある。しかし，先行行為そのものを処罰するわけではないのであるから，このような加重要件を課するのは失当であろう。

　また，行為者が事実上ある法益の保護を引き受け，これを継続してきたことを，当該法益を保護すべき作為義務の根拠とする見解もある（**具体的依存性説**。これを詳細に展開した重要な作品として，堀内捷三『不作為犯論——作為義務論の再構成』〔青林書院，1978〕がある）。しかし，当該法益の側から見れば，たとえ途中で保護をやめられてしまうとしてもはじめからいっさい保護してもらえないよりははるかにましなのであるから，そのような「善行」を理由に保護の懈怠を処罰すべきではない。もしこれを処罰するなら，永遠に保護を継続しなければならなくなることを恐れて人々は他者を助けようとしなくなり，その結果として，保護を要すべき法益にとってはむしろ不都合な事態が生じてしまいかねないように思われる。もちろん，たとえば，道端に捨てられた赤子を自宅に連れ帰った者は，殺意をもって十分な保護をせず死亡させた暁には不作為による殺人罪で処罰されるべきであろう。しかし，それは自分が連れ帰らなければ差し延べられたであろう他所からの救いの手を遮断するという先行する危険創出が認められるからであり，決してその赤子の世話をいったんは開始したからではない。実際，はじめから世話するつもりなどなく連れ帰ったとしても，まったく同様に作為義務を発生させるべきであろう。

　さらに，危険源や法益の脆弱性など，結果の原因に対して支配を及ぼしていることを作為義務の根拠とする見解もある（**結果原因支配説**。わが国における代表的な業績として，山口厚「不真正不作為犯に関する覚書」小林充先生佐藤文哉先生古稀祝賀刑事裁判論集刊行会［編］『小林充先生・佐藤文哉先生古稀祝賀刑事裁判論集（上）』〔判例タイムズ社，2006〕22頁以下がある）。しかし，あくまで結果を引き起こしたことについての責任が問われているにもかかわらず，単なる結果原因に対する支配性をもって構成要件該当性を肯定することには方法論的な疑

問がある。また実質的に見ても，結果原因を支配しているというだけで作為義務を発生させることは妥当でなく，むしろ，支配を設定・継続することにより他者が結果原因の適切な管理を行う余地を排除した，という消極的ではあれ危険創出の関係を要求すべきであろう。反対に，この見解は結果原因の支配がない限り，結果を生じさせる危険のある先行行為が認められても作為義務を否定するが，それでは不真正不作為犯の成立範囲が不当に縮小してしまうように思われる。

　ところで学説においては，以上で述べてきた作為義務の発生根拠に加え，結果に至る因果経過をみずからが（あるいは，共同正犯においては複数者が一体となって）排他的に支配していた，という**排他的支配**の関係を不真正不作為犯の構成要件該当性に要求する一般的な傾向が見られる。たしかに，保障人による不作為ののち第三者が登場して故意・有責に結果を引き起こした，という場合には当該結果について不作為犯の成立を否定すべきであろう。しかし，それは当初の行為が作為であっても同じであり，排他的支配は不作為犯に固有の作為義務とは理論的位置を異にしている。むしろ，排他的支配は侵害経過の第一次的な責任主体であることを基礎づける要素であり，その意味で正犯性をいいかえたものと解すべきであろう（島田聡一郎「不作為犯」法学教室263号〔2002〕113頁以下などを参照）。学説には，同時（正）犯の存在を指摘して排他的支配は正犯性の要件とはなりえないと批判するものもあるが，そこで実際に想定されている，おのおの単独で結果を防止しうる複数者が意思連絡なくともに拱手傍観していたため結果が発生した，という事例はそもそも同時犯の構造を有していないことに注意を要する（反対に，複数者がともに作為に出てはじめて結果を防止しうる事例であれば同時犯といえるが，そこでははじめから排他的支配が備わっている）。

3.4.4 **不作為の因果関係**

　不作為に結果との間の因果関係を観念することができるであろうか。このような問いが立てられるのは，因果関係を作用因，すなわち，行為から発する積極的なエネルギーが結果へと作用することととらえる立場や，そもそも作為のみが本来的な意味における行為であり，因果関係とは行為者が一定の目的を実

現するため外界に投入する手段である，と解する立場（目的的行為論）が前提
とされているからである。しかし，刑法における不作為とは，行為が「〇〇し
ない」というかたちで記述される場合，いいかえると，期待された一定の作為
をしないことであるにすぎない。そうすると，事実的因果関係についても法的
因果関係についても，行為に相当する内容が積極的な条件であるか，それとも
消極的な条件であるかという違いがあるにすぎないのであるから，不作為の因
果関係もまた，作為におけるのとまったく同じ意味において観念することが可
能であろう。

　たとえば，被害者を救命するのに甲と乙，2 種類の薬剤を投与する必要があ
る場合において，（保障人である）行為者が甲を投与しないことは被害者の死亡
との間に事実的因果関係を有する。というのも，甲を投与しないことは，被害
者を死亡させるのに十分な法則的条件のうち，最小の単位を構成するために必
要な要素だからである（同様に，第三者が乙を投与しないこともまた，被害者の死
亡との間に事実的因果関係を有する）。そして，かりに行為者が甲を投与したと
しても，どのみち第三者が乙を投与しなかったであろうから被害者の死亡は避
けられない，という事情は結果回避可能性を認定する際に意味をもつ。さらに，
たとえば，通常は甲など投与しなくても大丈夫であるところ，被害者には隠れ
た疾患があったために甲を投与しなければ助からないとか，ふつうなら甲を投
与しようがしまいが被害者の死期には有意な影響がないものの，投与していれ
ば多少は身体を動かせるようになるから直後に生じた落雷により即死すること
はなかったであろう，などといった場合においては法的因果関係が争われるこ
とになると思われる。

　判例には，被告人がホテルの部屋において 13 歳の女性（被害者）に覚せい
剤を注射したところ，被害者は重篤な心身の状態に陥ったが，被告人は被害者
を放置してホテルを立ち去った結果，被害者が覚せい剤による急性心不全によ
り死亡した，という事案において，被告人がただちに救急医療を要請していれ
ば被害者の救命は合理的な疑いを超える程度に確実であった，と述べ，不作為
と被害者の死亡との間の因果関係を認めて保護責任者遺棄致死罪の成立を肯定
したものがある（最決平元・12・15 刑集 43 巻 13 号 879 頁）。

【不作為の因果関係の限定】

　作為犯においては，行為者が許されない態様で作り出したもろもろの危険が，ひとつでも結果に現実化しさえすれば因果関係を肯定することができる。これに対して（不真正）不作為犯においては，保障人に対して結果への現実化を防止することが義務づけられる危険とは，あくまで先行してみずからが許されない態様により作り出したものにとどまる。したがって，保障人が作為に出ればそれとは別の危険が結果へと現実化することを防止しえたであろう，という理由により不作為と結果との間の因果関係を肯定してはならない。このことは判例においても明示的に承認されており，たとえば，自動車会社の品質保証部門の部長等の地位にあった被告人らが，強度不足のおそれがあるハブを装備した車両のリコール等，改善措置を実施するために必要な措置をとらなかった結果，交通事故が発生して被害者らが死傷した，という事案において，被告人らに課される注意義務があくまで強度不足に起因するハブの輪切り破損事故がさらに発生することを防止すべき業務上の注意義務であって，交通事故がハブの強度不足に起因するとは認められないというのであれば，交通事故は義務違反に基づく危険が現実化したものとはいえないから因果関係を認めることはできない，と述べたものがある（最決平 24・2・8 刑集 66 巻 4 号 200 頁＝三菱リコール隠し事件）。

3.4.5　関連する（裁）判例

1.　放　火　罪

　（裁）判例においては，不真正不作為犯は事実上限られた犯罪類型についてのみ問題とされてきた（葬祭義務の欠如を理由に不作為による死体遺棄罪を否定した先駆的な判例として，大判大 13・3・14 刑集 3 巻 285 頁がある）。放火罪はその一例であるが，いずれの（裁）判例も作為義務の発生根拠を明示的には論じていない。たとえば，被告人が養父とけんかになりこれを殺害したが，たまたま養父がけんかの際に投げつけた燃え木の火が庭に積んであった藁に飛散し，そこから燃え上がったのを認めたものの，むしろ住宅とともに死体その他を焼損して罪責を隠滅しようと考え，そのまま放置した，という事案において不作為による放火罪を認めたもの（大判大 7・12・18 刑録 24 輯 1558 頁），火災保険に付された自己の家屋の神棚に供した燭台に点火して立てられたろうそくが傾斜しているのを認識しながら，火災になったら保険金を得られると考えて外出した結果，家屋が延焼した，という事案において放火罪を認めたもの（大判昭

13・3・11刑集 17 巻 237 頁），被告人が営業所事務室内自席の木机の下，ボール箱との距離が接近している位置に，大量の炭火がよくおこっている木製火鉢を置き，そのままほかに誰も居合わさない同所を離れ，営業所内工務室において休憩仮眠した結果，炭火の過熱からボール箱や木机に延焼発燃したが，被告人は営業所建物への延焼を予見しながら，自己の失策の発覚を恐れるあまり，そのまま営業所を立ち去った，という事案において不作為による放火罪を認めたもの（最判昭 33・9・9 刑集 12 巻 13 号 2882 頁）がある（そのほか，大阪地判昭43・2・21 下刑集 10 巻 2 号 140 頁，広島高岡山支判昭 48・9・6 判時 743 号 112 頁などを参照）。

【既発の火力を利用する意思？】

　かつて，大審院は不作為による放火罪を認めるにあたり，同時に**既発の火力を利用する意思**を認定していた（戦後の下級審裁判例でも，たとえば，福岡高判昭 29・11・30 高刑裁特 1 巻 11 号 509 頁を参照）。あるいは不作為が消極的な態度にとどまることから，その不足を補うために主観面における積極性を要求しようとしたのかもしれない。しかし，そもそも不真正不作為犯とは，不作為が作為という積極的な態度と実質的に同視しうる場合にのみ成立しうるのであるから，主観的要件を加重するなどして不足分を補うという発想自体が不当前提であろう。現に，最高裁は前掲最判昭 33・9・9 などにおいても，「その既発の火力により右建物が焼燬せられるべきことを認容する意思をもってあえて」という，未必の故意を認定する際の一般的な言い回しを用いるにとどめている。

2．殺 人 罪

　他方，殺人罪に関してはいくつかの事例類型が存在する。

　まず嬰児に対するものとして，おそらく，継続的保護関係ないし保護の引受けが作為義務の発生根拠とされた判例がある。たとえば，被告人が契約により6 カ月未満の嬰児を預かったが，これに食事を与えずに死亡させた，という事案（大判大 4・2・10 刑録 21 輯 90 頁）があげられよう。次に，母子という制度的関係を念頭においたと解されるものもあり，たとえば，妊娠していることさえ家人に秘していた被告人が，仮死状態の嬰児を分娩したままの状態で便所の板敷の上に放置し，かつ，新聞紙や風呂敷に包んでこれを水中に投げ込んだが，

蘇生手段をとれば十分に蘇生の機会があった，という事案（東京高判昭 35・2・17 下刑集 2 巻 2 号 133 頁），被告人が便所において嬰児を分娩し，便槽内に産み落としたことに気づいたが，とっさにこれを殺害しようと決意し，救助の処置をしないでこれを便槽内に放置し，窒息死させた，という事案（福岡地久留米支判昭 46・3・8 判タ 264 号 403 頁）があげられる。なお，もちろん父子という関係でも同様であるが，被告人が乳児である長男を預け先から受け取り，その後，これに飲食物を与えずに急性飢餓死させた，という事案（名古屋地岡崎支判昭 43・5・30 下刑集 10 巻 5 号 580 頁）においては，保護の引受けだけからでも作為義務の発生を肯定しえよう。

　つづいて，ひき逃げの事案が散見されるが，それらにおいては，たしかに先行行為が重視されているものの，被告人がいったん被害者を自車内に引き入れた，という事実も無視しえないであろう。たとえば，被告人らの同乗する大型貨物自動車が運転者の過失により自転車に乗った被害者に衝突し，重傷を負わせたため，ただちに同人を救護すべく助手席に乗せしばらく進行したが，その後，犯行の発覚を免れるため，同人が死に至ることを予見しつつ，容易に人に発見される見込みのない路上に放置し逃走した，という事案（横浜地判昭 37・5・30 下刑集 4 巻 5 = 6 号 499 頁。ただし未遂），過失により自動車事故を起こした被告人が，重傷を負った被害者を，当初は最寄りの病院に搬送すべく自車の助手席に乗せ出発したが，途中で翻意してそのまま病院に搬送することなく走行を続けたため，被害者は死亡した，という事案（東京地判昭 40・9・30 下刑集 7 巻 9 号 1828 頁），自己の運転する軽乗用自動車を被害者に衝突させて重傷を負わせた被告人が，被害者を自車に乗せて運び，これが死亡することを予見しつつ，朝まで人の通行を期待しえない場所に降ろして放置した，という事案（東京高判昭 46・3・4 高刑集 24 巻 1 号 168 頁。ただし未遂）がある。

　そのほかの類型としては，小児まひのため歩行困難な被害者から所持金を奪おうと企て，これを自動車で厳寒期に深夜人気のない山中に連行したうえ，共犯者とともに被害者から現金を奪い，これを置去りにして立ち去った，という事案（前橋地高崎支判昭 46・9・17 判時 646 号 105 頁。ただし未遂），被告人らが自宅に住まわせていた従業員である被害者に暴行を加えて重傷を負わせたが，犯行の発覚を恐れて適切な治療を受けさせず死亡させた，という事案（東京地

八王子支判昭 57・12・22 判タ 494 号 142 頁）などがある。また，不作為による殺人罪を認めたはじめての最高裁判例として，被告人が自己を信奉する被害者の家族に対し，重篤な患者である被害者を入院中の病院から運び出してくるよう指示したうえ，被害者の容態を見てそのままでは死亡する危険があることを認識したにもかかわらず，「シャクティパット」と称する独自の治療を施すにとどまったため被害者は死亡した，という事案において，被告人が自己の責めに帰すべき事由により被害者の生命に具体的な危険を生じさせたことと，被告人を信奉する被害者の親族から重篤な患者に対する手当てを全面的にゆだねられた立場にあったこと，の 2 点を指摘して作為義務を肯定したものがある（最決平 17・7・4 刑集 59 巻 6 号 403 頁＝シャクティパット事件）。

【ひき逃げと不真正不作為犯】

　本文で述べたように，判例実務においてはひき逃げにつき不作為による殺人罪を認めるにあたり，いったん被害者を車内に引き入れたことが重視されているようにも思われる。もっとも，実質論からいえば，被害者を閉鎖空間に移行させたことは，そうでなければ介入したであろう救助的因果——たとえば，通行人が発見して 119 番通報するなど——を遮断した，という許されない危険の創出に意味をもつのであって，被害者を自分と 2 人きりの狭い排他的な領域においたことそれ自体には規範的な意味がない。したがって，たとえば，被害者を自動車ではねたあと，発見されないよう落ち葉をかぶせて立ち去ったのでも，車内に引き入れたのと同じことであろう。あるいは，そのような救助的因果の遮断などという消極的な危険創出に頼らずとも，そもそも自車で被害者をはねて重傷を負わせた時点で積極的な危険創出が認められるのであるから，はねた場所がまったく人気のない山道であり，被害者をただちに救助すれば確実に助かるがそうしなければ死亡するであろう，と予見しながらそのまま走り去った結果，被害者が死亡すれば不作為による殺人罪の成立を肯定することが不可能ではない。自動車で人をはねたあとそのまま走り去った，といういわゆる単純ひき逃げが実務的に殺人（未遂）罪として処理されにくいのは，前記予見すなわち故意を現場にいないひき逃げ犯人について認定しにくい，という事実上の理由によるものと解すべきであろう。

3. 詐欺罪

　つづいて詐欺罪である。もっとも，不作為による詐欺罪に関しては，伝統的

に各論のほうで詳細にとりあげられてきたことから，ここでも，あくまで概括
的な説明をなすにとどめることとしたい。

　まず確認しておくべきなのは，積極的に虚偽の事実を述べていなくても，行
為者の挙動そのものが作為による欺罔，したがって，詐欺罪を構成しうる場合
がある，ということである。これを**挙動による欺罔**とか**推断的欺罔**などという。
たとえば，手持ちがないにもかかわらず，食い逃げをするつもりでラーメン屋
に入り，店主に「ラーメンひとつ」と注文をする行為は，別段，積極的に「私
には手持ちがあり代金を支払うつもりです」と虚偽の事実を述べているわけで
はないが，それでも作為による欺罔と評価することができよう。というのも，
前記注文行為は，ラーメンの提供と代金の支払いという2つの債務が対になっ
た双務契約の申込みととらえられ，それゆえ，当然に「代金を支払う」という
メッセージを含むものと解釈されうるからである。

　このように，すでに挙動による欺罔を認定しうる事案においては，不作為に
よる欺罔を検討する必要がない。もっとも，詳しくは各論における議論を参照
する必要があるが，不作為による詐欺罪の成立を認めた裁判例の事案には，す
でに挙動による欺罔を認定しうるものも含まれている。おそらく，ある事実に
関する交付行為者の不知・誤信につき，交付行為者と行為者のいずれがこれを
解消する責務を負うべきであるか，という問題設定が分かりやすいと判断され
るケースが多いためであろう。

　次に重要であるのは，単に交付行為者の誤解を取り除かないことが，ただち
に不作為による欺罔と評価されうるわけではない，ということである。かりに
そのように評価することを認めれば，たとえば，交付行為者の畏怖状態を取り
除かないまま客体の交付を受けた，というだけで不作為による恐喝罪が成立し
うることになってしまうであろう。やはり，不作為による欺罔と評価するため
には，あくまで，交付行為者が錯誤に陥り，錯誤が強化され，あるいは，少な
くとも錯誤からの回復が妨害されるのを止めなかった，という関係が必要であ
るように思われる。

　近時の最高裁判例には，被告人が自己名義の普通預金口座に誤って振り込ま
れた金銭の払戻しを銀行の支店窓口において請求し，窓口受付係員から現金の
交付を受けた，という事案において，誤った振込みがあった旨を銀行に告知す

べき信義則上の義務があることや，社会生活上の条理，実質的な権利の不存在
などから作為義務（告知義務）を認めたものがある（最決平 15・3・12 刑集 57 巻
3 号 322 頁＝誤振込み事件）。詐欺罪が取引犯罪であるためか，作為義務を認定
する際にも民事法解釈論上の概念が前面に出されているが，その反面において，
作為と不作為の同置という刑法解釈論上のフィルターが軽視されすぎているよ
うに思われる。

4.　過　失　犯

　最後に，厳密には犯罪類型というにはふさわしくないが，学説においては，
過失不真正不作為犯という法形象を観念しうるかが議論されている。具体的に
いうと，過失犯とは，一定の行動準則，たとえば，自動車を生産する際にはこ
の程度の衝突安全性をもたせなければならない，とか，自動車を運転して左折
する際には左後方の死角を目視確認しなければならない，などといったルール
（これを**注意義務**という）に違反したことによって基礎づけられるところ，不真
正不作為犯における作為義務もまたそのような行動準則の一態様にすぎないの
であるから，過失犯においてことさらに不真正不作為犯というカテゴリーを観
念する必要はない，という主張が有力になされているのである（このような主
張を詳細に展開した重要な作品として，稲垣悠一『欠陥製品に関する刑事過失責任
と不作為犯論』〔専修大学出版局，2014〕がある）。

　もっとも，詳しくは第 6 章を参照されたいが，その違反が過失犯を構成する
ような注意義務の内容は一枚岩ではなく，理論的に観察すればさまざまな性質
を有するものが折り重なって，注意義務という包括的な呼び名を形成している
にすぎない。具体的にいうと，前述した衝突安全性の程度などは，コストとベ
ネフィットの衡量によって決すべき不法の問題である（自動車を安全にしよう
とすればするほど，値段が高くなって市民が買いにくくなる）。他方，目視確認な
どは，それを怠った場合に実際上，予見可能性が生じるという責任の問題であ
る（漫然と左折して巻込み事故を起こしたときには，「そこに自転車乗りがいるかも
しれないと思うべきだろう」と責められる）。これらに対して作為義務とは，その
ような不法ないし責任の有無が問題とされる行為がそもそも積極的な動作であ
るのか，それともむしろ積極的な動作を怠ったことであるのか，後者であると
してそのような動作を行為者に強制するために必要な特別の事情が存在するの

か，を問題とする法形象にほかならない（自動車の生産も左折も原則として前者，すなわち作為である）。

このように見てくると，たしかに，過失犯において不真正不作為犯が問題となる場合に作為義務を注意義務とよぶことは論理的には可能であるが，それによって他の注意義務との理論的に重要な相違が覆い隠されることのないよう十分に警戒しなければならない。実践的にとくに深刻であるのは，故意犯であれば作為義務なしとして可罰性を否定するのが自然であるような客観的状況において，結果の発生を容易に予見することができ，これを防止するのも容易であるというだけの理由により，どのみち過失犯は刑が軽いからと安易に「注意義務違反があるから過失犯が成立しうる」と即断してしまうおそれである。そして，「過失犯の本体は注意義務違反である」と端的に表現できるメリットよりも，このようなおそれのもたらすデメリットのほうが重大であるとすれば，はじめから作為義務を注意義務に統合することを断念し，「過失不真正不作為犯における作為義務」として主題化するのが妥当であるように思われる。

実質的には過失不真正不作為犯の成立を認めた判例は多数に上るが，近年のものとしては，たとえば，温泉施設の建設工事を請け負った建設会社の設計部門に所属していた被告人が，ガス抜き配管からの結露水の水抜き作業の意義や必要性等に関する情報を不動産会社の担当者に対して説明することを怠ったため，配管内に結露水が滞留してメタンガスの漏出に起因する温泉施設の爆発事故が起き，従業員らが死傷した，という事案において，建設会社における被告人の職掌と，ガス抜き配管に取りつけられた水抜きバルブの開閉状態に関する先立つ指示変更を理由に（実質的には作為義務に相当する）業務上の注意義務を認めたものがある（最決平 28・5・25 刑集 70 巻 5 号 117 頁＝温泉施設爆発事故事件）。そのほか，危険な製品の回収等が問題とされた事案においては，たとえ注意義務の語が用いられていたとしても，その実体が作為義務に求められることはいっそう明らかであるように思われる（大阪高判平 14・8・21 判時 1804 号 146 頁＝薬害エイズ事件ミドリ十字ルート，最決平 20・3・3 刑集 62 巻 4 号 567 頁＝薬害エイズ事件厚生省ルート，東京地判平 22・5・11 判タ 1328 号 241 頁＝パロマガス湯沸器事件，前掲最決平 24・2・8 などを参照）。

第**4**章

違法性とその阻却

4.1 総　説

4.1.1 違法性の概念

　違法性とは，構成要件に該当する行為に対して刑法が与える否定的な評価の
ことである。もっとも，構成要件に該当する行為は特別の例外的事情がなけれ
ばただちに違法と評価されるのであるから，違法性の判断はそれがあることを
積極的に発見するのではなく，前記例外的事情がないことを消極的に確認する
という形態において行われることになる。そして，この前記例外的事情のこと
を**違法性阻却事由**ないし**正当化事由**とよぶ。

　学説においては，このような違法性という評価が法分野によって異なりうる
のか（**違法多元論**，**違法の相対性**），それとも，すべての法分野において共通で
あるのか（**違法一元論**，**違法の絶対性**）が争われてきた。もっとも，厳密に考え
ると，このような問いの立て方は短絡的にすぎる。たとえば，制裁としての性
質を有する法形式は，それがいかなる法分野におけるのであれ，違法性が阻却
された行為に対して科することは許されないであろう。正当防衛に対して刑事
制裁は科しえないが，行政制裁や民事制裁なら科してよい，などということは

ありえない。反対に，違法性が阻却された行為であるために法的制裁は科しえ
ないとしても，通常は違法性を要件とする法的効果，たとえば，損害賠償義務
を負わせることが不可能であるとまではいえない。また，刑法上は違法である
行為が実質的な損害を生じさせていないために，民法上，損害賠償義務の要件
となる違法性は認められない，ということもありうる。あるいは，違法状態と
いう観念が承認されている法分野においては，特定の行為に対する違法性とい
う評価がはじめから埒外とされているのである。

　さらに，刑法上の違法性に限ってみても，従来，その具体的な内容をどのよ
うにとらえるべきかに関してさまざまな論争が繰り広げられてきた。その第1
の対立軸が，主観的違法論と客観的違法論である。すなわち，**主観的違法論**が
責任なき違法性という観念を承認しないのに対し，**客観的違法論**は違法性と責
任を峻別する。もっとも，ごく一部の学説を除き，このような対立軸はすでに
過去のものとなっている。というのも，今日においてはもはや，違法性と責任
とが犯罪論においてまったく異なる理論的な役割を担っている，ということが
共通了解を形成しているからである。つまり，客観的違法論のほうがほぼ定説
の位置にある。

　つづいて第2の対立軸は，客観的違法論を前提としつつ，違法性の本質を行
為規範違反に求めるのか，それとも法益の侵害ないし危殆化に求めるのか，と
いうものである。前者を**行為無価値論**，後者を**結果無価値論**とよぶ。たとえば，
医師が故意に大量の薬剤を患者に投与して殺害した場合と，うっかり規定量を
超えた（故意による場合と同量の）薬剤を投与して死亡させてしまった場合とで，
行為無価値論によれば違法性そのものが異なるとされる。というのも，故意に
よる場合に行為者が違反した行為規範は「人を殺すな」という社会の基底をな
すものであるのに対し，過失による場合には「薬剤投与の都度，必ずカルテと
ラベルを指差し確認して規定量を守れ」という辺縁的なものにすぎないからで
ある。これに対し，結果無価値論によれば違法性は同じであり，単に責任にお
いて差が生じるにすぎないことになる。というのも，患者の生命が正当な理由
なく規定量を超えた特定量の薬剤の投与により侵害された，という点では故意
による場合も過失による場合もなんら異ならないからである。

　それでは，行為無価値論と結果無価値論のいずれが妥当であろうか。まず大

前提として，たとえ行為無価値論を主張するとしても，行為規範の内容は故意犯と過失犯とで共通であると解すべきであろう。たとえば，かりに規定量のとおりの薬剤を投与しても副作用により相当の確率で患者は死亡するものの，それを上回る薬効が合理的に期待されるという場合には投与が行為規範に合致して適法になるであろうが，そのことは医師が薬効のほうに賭ける楽観主義者である過失犯の事例と，副作用のほうを慮る悲観主義者である故意犯の事例とで異なるべきではない。そうすると，行為無価値論と結果無価値論の対立は「故意犯と過失犯とで違法性が異なるか」という点に存在するのではない。そうではなく，むしろ「そもそも行為規範という観念を承認すべきか」，「すべきであるとしてそれはいかなる範囲においてか」という点に存在するのである。

　たしかに，規定量のとおりの薬剤を投与する行為は，たとえ副作用により患者が死亡することとなったとしても，なお適法というべきであろう。より大きなメリットであるはずの薬効が本当に現れるかは神のみぞ知るところであり，たまたま運悪く副作用のほうが強く出たという後知恵によって裁かれたのでは，本来，患者にとって望ましいはずの（規定量に従った）投与さえ萎縮させられてしまうであろう。そこで，少なくともこのような意味においては，行為規範という観念を承認すべきであるようにも思われる。しかし，ここで真に問題となっているのは，法益の侵害や危殆化には解消されない行為者への期待可能性という視点ではなく，あくまで，薬剤投与のメリットとデメリットを合理的に比較衡量するという客観的な視点である。したがって，このような客観的な視点を導入するのに行為規範などという必要はない。

　むしろ，いったん行為規範という観念を承認すると，客観的な視点を超え，単に行為者が認識しえないというだけの理由により違法性が否定されてしまいかねない。たとえば，誰かがこっそり薬瓶の中身を毒物に入れ替えておいたため，医師がラベル等をきちんと確認したうえ，そこに表示された規定量を投与したものの患者は死亡した，という場合には行為規範違反が否定され，適法とされてしまいかねないのである。しかし，投与される患者＝被害者の目から見れば，薬剤か毒物かはきわめて重要な違いであって，ただ行為者には分からないというだけの理由により，この違いを無視すべきではない。このような場合にはあくまで違法であり，可罰性の阻却は責任を否定することによって図るべ

きであろう。

　このように見てくると，やはり結果無価値論のほうが妥当であり，ただ，メリットとデメリットの衡量という客観的な視点に基づき，行為が適法とされる余地は必ずしも排除されないことになる。

4.1.2　違法性阻却（正当化）の原理

　違法性がどのような場合に阻却されうるかについて，刑法はその35条以下にいくつかの定めをおいている。もっとも，罪刑法定主義が厳格に妥当する構成要件該当性のレベルにおけるのとは異なり，違法性阻却のレベルにおいては必ずしも個別的な明文の規定がなくても，刑法によって実質的に承認された違法性阻却の原理が妥当する限り超法規的事由の存在を肯定してよいであろう。そこで，次に重要となるのはそのような違法性阻却の原理を明らかにすることである。

　第1の見解は違法性阻却の原理を，正当な目的を実現するための相当な手段であることに求める（**目的説**）。しかし，正当な目的や相当な手段というだけでは結論の先取りであり，そこでなされている実質的な価値判断の内容を明らかにする必要があろう。そして，そのような観点から考察すると，この第1の見解は続く第2・第3の見解に実質的に帰着するように思われる。

　第2の見解は違法性阻却の原理を，全法秩序に照らして承認されうる社会的に相当な行為であることに求める（**社会的相当性説**）。しかし，全法秩序の観点などという大上段の抽象的な判断枠組みによる限り，具体的な結論が非常に不安定になるとともに，そこに法とは峻別されなければならないはずの道徳的価値判断が混入してくる危険性が高い。また，この点をさて措くとしても，この第2の見解によると「少なくとも刑事制裁を科するに値するだけの違法性はない」という事態が観念しえなくなり，処罰の範囲が不当に拡大してしまうように思われる。従来，この第2の見解は行為無価値論のコロラリーであると理解されてきたが，たとえ行為無価値論を前提にしたとしても，このような難点の多い見解を採用しなければならないわけでは決してない。

　第3の見解は違法性阻却の原理を，利益欠缺原理と優越利益原理の2つに求める（**二元説**）。まず**利益欠缺原理**とは，ある法益の主体が当該法益を処分な

いし放棄しようとする意思決定を行うことにより，当該法益が実質的に要保護性を失う，という発想である。たとえば，Aが買ったばかりの新しい洋服のデザインが急に気に入らなくなり，これを破り捨ててほしいとXに依頼したところ，Xがいわれたとおりにした，という場合には，Xの行為は器物損壊罪（261条）の違法性を有しない。というのも，Aが洋服の所有権を放棄することにより，同罪の保護法益としての要保護性を失うからである。次に**優越利益原理**とは，ある法益を侵害する以外にそれ以上の価値をもつ他の法益を保全する方法がないという状況（これを補充性という）において，当該法益侵害は社会全体の利益状況を維持ないし向上させているから許容すべきである，という発想である。たとえば，あるとき前例のない異常な豪雨により用水路の水が急増し，そのままではXの畑に大量の水が流れ込んで稀少な果物の木が2本とも倒れてしまうという事例において，これを避ける唯一の方法としてXが用水路をせき止め，その結果としてAの畑に水が流れ込んで同様の木が1本倒れてしまったとすれば，Xの行為はやはり器物損壊罪の違法性を有しない。というのも，倒れてしまう木がその行為により1本減った，という意味において社会全体の利益状況が改善しているからである。

【利益欠缺原理と優越利益原理の限界】

　利益欠缺原理も優越利益原理も，一見すると無限定に大きな説得力を有するように思われるかもしれないが，実は，そこには一定の制約をかけなければ不合理な帰結が生じてしまう。

　まず利益欠缺原理についてであるが，自分の法益であるからといって，常に完全に放棄できるとは限らない。たとえば，202条は承諾殺人や自殺への関与を処罰しているが，これなどは，少なくとも生命はその持ち主であっても完全に自由には処分しえないことを物語っている。さらに，明文の規定はないけれども，生命に比肩する他の重要な法益についても同様に考えることができるのではないか，という点が学説において議論されているところである。

　次に優越利益原理についても，いくら社会全体の利益状況が改善しているからといって，育てている木の本数が少ないというだけの理由により，Aのみが豪雨の特別な犠牲を強いられたのでは公正を欠くであろう。そこで，（現行民法に完全に対応する規定はないものの）適法行為に基づく損害賠償という法制度を併用し，XはAに

対して木 1 本分の損害を賠償しなければならないものと解すべきである。そうすると，社会全体としてより多くの果物を享受できるというにとどまらず，X・A 間の公平性も確保しうることになる（「X は木 1 本分の得をし，A には得も損もない」という状況が現出する）。

　そして，このことからも分かるように，事後的な金銭的補償によっては本質的に利害調整が行いえない場合，たとえば，重篤な内臓病で死期の迫っている Y と Z が生きながらえる唯一の方法として，移植の適合性を有する A を殺害してそこからおのおの臓器移植を受けた，という事例においては，殺人罪（199 条）の違法性を優越利益原理に基づき阻却することはできない（「あとで金を払うから，とりあえず死んでくれ」とはいえない）。問題は，前記利害調整が行いえない場合とはどこまで及ぶのか，生命等の重要な法益の侵害であっても，優越利益原理に基づき違法性を阻却しうる例外的な場合は存在しないのか，かりに違法性を阻却しえないとして，窮境にある行為者の可罰性を阻却する他の理論的方法はないのか，などといった点であり，学説においても古くからさかんに議論されているところである。

　この第 3 の見解は，明快かつ合理的な基礎を有する原理を提供しようとするものであり，高い説得力を有する。さらに，この見解はもともとは結果無価値論に基づいて主張されたが，行為無価値論であってもその基本思想を援用しうる，という意味において広い射程を有している。たとえば，それを守れば優越利益が実現されるような行為規範に合致することが違法性を阻却する，などということが可能である。

　もっとも，ここで注意を要するのは，この第 3 の見解が掲げる 2 つの原理があくまで代表的なものであるにすぎず，違法性阻却の原理はほかにも観念することができる，ということである。たとえば，4.3 で見る正当防衛（36 条 1 項）などは，利益欠缺原理にも優越利益原理にも基づかない独自の違法性阻却事由ととらえるほうが整合的である。そうすると，あくまで厳密には，違法性阻却原理はより多元的に構成されるべきであることになる（**多元説**）。

4.2　正　当　行　為

4.2.1　総　　説

　刑法が違法性阻却事由を定めたものと解される最初の条文として，35 条は

「法令又は正当な業務による行為は，罰しない」と規定している。それは形式的に見れば法令行為と正当業務行為のみを想定しているようにも思われるが，**「正当行為」**という条文の標題からも分かるように，違法性阻却の一般原理に従い，必ずしもそれら2つに該当しなくても正当化されうるような行為（**一般的正当行為**）を広く捕捉している。もっとも，かりにこのような解釈が刑法の明文を軽視しすぎていると考えるのであれば，このような一般的正当行為は35条に包摂されない超法規的違法性阻却事由である，ととらえても差し支えないと思われる。反対に，法令行為と正当業務行為についても，単なる形式的な考察によってそれらへの該当性を判断することはできず，その背景にある実質的な違法性阻却原理に照らして解釈されなければならない点は，一般的正当行為と同様である。

4.2.2 法 令 行 為

　法律それ自体が一定の行為を正当なものと定めているときは，違法性が阻却される。これを**法令行為**という。もっとも，そのような法律の定めはなんらかの実質的な考慮に支えられているはずであり，法令行為該当性もまた，究極的にはそのような考慮に基づいて判断されなければならない。問題はそのような考慮の具体的な中身であるが，それは多くの場合に優越利益原理と同根のものであると思われる。

　まず，裁判所に一から生の利益衡量を行わせることが適切でないと判断した議会が，あらかじめ一定の範型的な事例を想定したうえ，そこにおける利益衡量の帰結を示しておく，という場合が考えられる。たとえば，母体保護法14条は一定の堕胎行為を人工妊娠中絶として違法性阻却しているが，それは，議会が（場合によっては強大な情報収集・処理能力をもつ行政機関の助力も得たうえ）通常想定されうる事案における諸利益を衡量した帰結を，正当化の基準というかたちで明らかにしたものと解されるのである。

　次に，その行為だけを単体でとりあげたのでは，具体的に優越する利益を実現したものとは評価しえないが，同様の行為をあらかじめ一括して許容しておくことにより，全体として見ると社会の利益状況が改善している，という場合も考えられる。これは，蓄積犯に関する議論を裏返したものということができ

よう。たとえば，刑事訴訟法は一定の逮捕行為を違法性阻却しているが，それは，範型的な事例における利益衡量の帰結を示しておく，という観点だけからは説明しきれない。というのも，ある被疑者が移動の自由を大きく侵害されるというマイナスは，その被疑者が逃亡したり罪証隠滅したりするおそれを減少させることにより，これに対して将来刑罰を科するチャンスを確保しておく，というプラスに比して明らかに大きいからである。しかし，だからといって，およそ逮捕を許容しないことにすると，全体として刑罰が過少になり，市民生活の安全が十分に守られなくなってしまうであろう。このような点を考慮して，議会は法律を定めることにより，一定の逮捕をあらかじめ一括して許容しているものと解される。

　以上のいずれも，究極的には優越利益原理と同様の発想を基礎においているが，多くの情報収集・処理や広い視野に立った高度の政策的判断が要請されることから，裁判所ではなく，まずは議会がイニシアティブをとっていることになる。

4.2.3　正当業務行為

1. 医 療 行 為

　正当な業務による行為は違法性が阻却される。これを**正当業務行為**という。その趣旨は，一定の業務に従事する者（医療行為でいえば医師等）の業務権を保護するものではなく，あくまで重点は「正当な」という部分に存するのであり，より実質的な違法性阻却の原理に支えられていなければならない。

　まず，**治療行為**は往々にして傷害罪等の構成要件に該当しうる。かつては治療行為非傷害説も有力に主張されたが，たとえ手術により患者の病巣が取り除かれ健康が回復することとなったとしても，まさに患者の身体にメスを入れることは傷害にあたるといわざるをえないであろう（現に，同説の一部はその射程を軽微な傷害に限定している）。したがって，医療行為が原則として処罰されないと解されているのは，主として違法性が阻却されるからであるにほかならない。もっとも，それは医師の正当業務行為であるからだ，と説明するだけでは問いをもって問いに答えたにすぎないであろう。ここではその背景にある，より実質的な違法性阻却原理を明らかにする必要がある。

　かつては，そのような原理として利益欠缺原理があげられることが多かった。患者自身が自分の身体にメスを入れられたがっているのであるから，その限りにおいて身体という法益はその要保護性を失うのだ，というわけである。しかし，このような説明は正鵠を得たものとはいえないであろう。というのも，患者は自暴自棄になり，自分の身体などどうでもよく，ただ切られたがっているだけである，などというわけでは決してなく，あくまで，「病気を治して長く生きられる」という自身にとってより重要な利益を実現する唯一の方法として，「医師が自分の身体にメスを入れる」という相対的に軽微な利益侵害を甘受しているにすぎないからである。したがって，医師による手術が構成すべき傷害行為の違法性を阻却する際，実質的に機能している違法性阻却の原理もまた原則として優越利益原理である，と解するほうが適切であるように思われる。

　治療行為の正当化においては**患者の自己決定権**が重要な意義を有するといわれるが（この問題に関する古典的作品として，町野朔『患者の自己決定権と法』〔東京大学出版会，1986〕がある），それもまた利益欠缺原理の妥当性を述べたものではなく，あくまで，利益衡量の際に患者の価値体系，ライフスタイルを重視しなければならないことをいうものととらえるべきであろう。すなわち，手術を受ければ延命効果が期待できるものの，それはわずかな期間にとどまるとともに，重大な痛苦をともなうことが予測されるとき，手術を受けるか，それとも，受けずに短いままであれ安静で苦しみのない余生を過ごすか，というのは患者自身の価値観に基づいて決せられるべきである。医師が「自分ならどれほど苦しかろうと，そして，どれほどわずかであろうと余命が延びさえすればそれでよいから，患者も同じように考えるはずである」などとして，自分の価値観を押しつけてはならない。しかし，そのことと，患者が実際に延命のほうを重視する価値観を採用している場合において，患者の法益放棄によりメスを入れられる身体の要保護性が失われることとはまったく異なる。あくまで利益衡量こそが手術を正当化しているのであり，ただ，どちらの利益が大きいかを判断する際に患者の価値序列が決定的なものとされているにすぎない。

　このように見てくると，医師が患者の価値体系を無視し，治療と称して専断的に医術的侵襲を行う**専断的治療行為**は原則として正当化されえない。もっとも，202 条の存在にもあらわれているように，自律の基盤となる重要な法益，

たとえば，生命や身体の枢要部分については，まさにその法益主体の自律を保全するという観点から処分することが認められていない。そうすると，自律の核心にかかわるものとは必ずしも評価しえない利益を犠牲にして，生命等のほうを保全する医師の行為については，たとえ患者の価値体系に反していても，それは規範的に見て保護に値しないものとして，例外的に違法性を阻却する余地もあるように思われる。問題は何が自律の核心にかかわるかであるが，信仰やこれに準ずる強度の倫理的確信はそうであると解してよいであろう。したがって，たとえば，信仰に基づき輸血を絶対的に拒否している患者の意思に反し，輸血の必要な手術を実施する医師の（傷害）行為は，たとえ患者の生命を救うためであっても，違法と評価されざるをえないように思われる（宗教上の信念から輸血を拒否する患者に対し，担当医が輸血をともなう手術を行った場合に人格権を侵害したものとして，その精神的苦痛を慰謝すべき義務を負うと判示したものとして最判平12・2・29民集54巻2号582頁がある）。

　ところで，学説においては，**失敗した治療行為**がいかにして正当化されうるかもさかんに議論されている。たとえば，手術には不可避的に一定のリスクがともなうものであり，事前の検査も含めて十分に慎重に行ったとしてもなお，手術中に3%の確率でショック死してしまうおそれがあるとしよう。このとき，そのようなリスクも含めて患者の価値体系に基づき利益衡量を行った結果，手術を敢行することそれ自体が優越利益原理により正当化されえたとしても，実際にリスクが現実化して患者が死亡してしまえば結果的にはなんらの優越利益も実現されていないのであり，手術がさかのぼって違法とされてしまうのではないかが問題とされているのである。

　たしかに，最終的な結末だけを見る限りはマイナスしか存在しないのであり，失敗した手術を優越利益原理そのものによって違法性阻却することは困難であろう。しかし，ある行為の遂行を許容する際，あらかじめ参酌されていたはずのリスクがそのまま現実化したからといって，さかのぼってその行為を禁止するのは悪しき結果論，後知恵の類であろう。そのようなことをひとたび認めれば，爾後の経緯いかんで処罰されることを恐れ，本来遂行するほうが望ましい行為であっても，これを実際に遂行する者はいなくなってしまう。それは要するに，望ましい手術であっても医師が実施してくれなくなるということであり，

患者にとってはむしろ重大なマイナスであるといわなければならない。

このように考えると，一定のリスクを参酌してなお問題となる行為の遂行を許容すべきである場合には，実際に行為に出た暁にそのリスクが現実化してしまったとしても，なお許容の効果を維持すべきである。このような発想は，多元的な違法性阻却の原理のうち**不可避的正当化原理**とでもよぶことができるが，重要なのは原理の名前ではなく，むしろその実体のほうである。そして，このような原理は失敗した治療行為にとどまらず，結果だけを見れば他の違法性阻却の原理がはたらかない場合に，広くその射程をもつことになるのである。

2. 取 材 活 動

取材活動は往々にして，公務員に対する秘密漏示のそそのかし罪の構成要件に該当しうる（国家公務員法100条1項，109条12号などを参照。今後は特定秘密保護法との関係でも問題になりうると思われる）。もっとも，そのような取材活動が国民の知る権利に奉仕すべき報道活動を実質的に支えていることに照らすと，たとえば，一定の範囲で国家機密の保持という利益が国民による政治的討議の基礎となる情報の流通という利益に劣後することとなる結果，利益衡量すなわち優越利益原理の適用により違法性が阻却されるものと解すべきである。このように，取材活動においても正当業務行為という形式的な括りが本質的なのではなく，むしろ，その背景にある実質的な違法性阻却の原理のほうが重要な役割を果たしている。

判例には，新聞社の外務省担当記者であった被告人が，当初から秘密文書を入手するための手段として利用する意図で外務事務官の女性と肉体関係をもち，これが肉体関係のために被告人の依頼を拒みがたい心理状態に陥ったことに乗じて秘密文書を持ち出させた，という事案において，被告人は取材対象者の個人としての人格の尊厳を著しく蹂躙したものといわざるをえず，このような被告人の取材行為はその手段・方法において，法秩序全体の精神に照らして社会観念上，到底是認することのできない不相当なものであるから正当な取材活動の範囲を逸脱している，と述べて正当業務行為該当性を否定したものがある（最決昭53・5・31刑集32巻3号457頁＝外務省機密漏洩事件）。

取材活動について違法性の阻却される余地が認められている点，および，正当業務行為が違法性を阻却する実質的な根拠を明らかにしようとしている点は

妥当である。もっとも，法秩序全体の精神などといった抽象的な基準を掲げる
だけでは，なんらかの法律違反が認められただけでただちに正当業務該当性が
否定されてしまいかねない。また，どのような動機から女性と肉体関係をもつ
かは道徳が規律するところであって，「きちんと」付き合うつもりがなかった
ことを，違法性を基礎づける一資料とするのは法と道徳の混交であろう。本件
において，被告人の行為によりはじめて可能となった報道活動が秘密の保護を
上回る社会的有用性を実現したのであれば，端的にそのことをもって違法性を
阻却すべきであるように思われる。

3.　争議活動

　今日においてはそれほど実践的な重要性が認められないが，かつては，**争議
活動**がエスカレートして構成要件に該当する行為を含むこととなったとき，い
かなる理論的根拠に基づき，また，どのような範囲で違法性が阻却されうるか
がさかんに議論された。

　そもそも争議権は憲法上保障されたものであるが（憲法 28 条），他方におい
て，それは私人に対する無制限な暴力行使まで許容する趣旨ではもちろんない
（労働組合法 1 条 2 項但書を参照）。もっとも，そうであるからといって，争議活
動の過程で形式的には構成要件に該当しうる行為がなされた場合において，そ
の侵害性や具体的な状況を総合的に勘案し，違法性が阻却される余地を完全に
遮断してしまうのは適当でない。むしろ，諸般の事情を考慮に入れ，全体とし
て優越利益を実現し，または，少なくとも総合的なマイナスが刑罰を科するに
ふさわしいほど大きなものでない行為については，例外的に違法性を阻却する
ことを承認すべきであろう（「法秩序全体の見地」を援用し，実際にも違法性阻却
を否定した判例ではあるが，最大判昭 48・4・25 刑集 27 巻 3 号 418 頁＝久留米駅事
件を参照）。

　ただし，そのように解する場合であっても，かつての一部の判例のように，
行為態様の粗暴性を過度にしん酌することは許されるべきではない。そもそも
暴行罪等の構成要件に該当する行為について，それがなんらかの社会的に重要
な利益を実現しているのではないかが問題とされているのであるから，そこで
保護法益の侵害と行為態様の粗暴性をともにマイナスに算入するのは不当なダ
ブルカウントであろう。

4.3 正 当 防 衛
4.3.1 総　　説

　36条1項によれば，「急迫不正の侵害に対して，自己又は他人の権利を防衛するため，やむを得ずにした行為は，罰しない」。これを**正当防衛**とよび，支配的な見解によれば違法性阻却事由である。

　正当防衛の違法性阻却原理は，利益欠缺原理でも優越利益原理でもない。まず，利益欠缺原理でないことは明らかであろう。被害者は何も，殴り返されたいから行為者に襲いかかっているわけではない。これに対して，優越利益原理でないことについては若干の説明を要する。具体的には，次の2点において正当防衛は優越利益原理とは異質であると思われる。

　第1に，正当防衛においては**補充性**，すなわち**退避義務**が要求されない。優越利益原理はともに正当な利益のうち一方を守るために他方を犠牲にするという発想であるから，両方の利益を同時に擁護する方法があれば迷わずそれをとるべきである。これに対して正当防衛においては，行為者が退避することにより殴られることも殴り返すことも避けられる――つまり，行為者の身体も被害者の身体も同時に守ることができる――という場合であっても，退避せず果敢に殴り返してよいという発想が前提とされている。

　第2に，正当防衛においては**利益衡量**（利益の権衡）が要求されない。優越利益原理は当然，プラスのほうがマイナスよりも大きいか，または，少なくとも同等であってはじめて妥当しうるものである。これに対して正当防衛においては，退避することなく小さな利益を守るのに必要である限り，反撃によって大きな利益を侵害することもまた当然に許容されうる。

　それでは，正当防衛が違法性を阻却する実質的な原理はどのようなところに求めればよいのであろうか。それは端的にいえば，国民が社会契約により国家を設立し，国家に実力を独占させることにより国民の利益を守らせることにした，まさにその趣旨に求めるべきであろう。すなわち，国家は刑罰をはじめとするさまざまな手段を講ずることにより国民の利益が不正に侵害されることを防ぐとともに，かりに防ぎきれなくても，国民がただちに実力に訴えて自力救済を図ることが社会の安全を著しく損ねる点に着目し，これを禁止したうえで原則として裁判手続等を利用することを強制している（正当防衛を否定した最

決昭57・5・26刑集36巻5号609頁〔使用者側による団体交渉の拒否に対して〕，高知地判昭51・3・31判時813号106頁〔工場による20年余にわたる廃液の放流に対して〕などを参照）。これを裏返して見れば，国家が不正の侵害を実効的に防ぐことができず，なおかつ，すでに侵害者の実力による現状変更が開始されることで反撃が新たに社会の安全を損ねるものとは評価しがたい場合においては，国家を設立した趣旨に照らし，その反撃を国家が違法であるとして禁止することは許されない。

　このように考えるならば，前述した2点の違いもまた容易に理解されうるであろう。まず第1の点についてであるが，正当防衛においては正当な利益どうしが対等に対立しているわけではないのであるから，正当な利益を担う者のほうが反撃以外の手段を模索するという負担を課せられるいわれはない。次に第2の点についても，不正の侵害を排除するのに必要な反撃であることが決定的なのであって，その結果として生じたマイナスの大小が反撃の評価に影響を与えるというのは一貫性を欠くであろう。

【正当防衛の違法性阻却原理の制限？】
　正当防衛が違法性を阻却する実質的な原理が本文で述べたようなものであるとしても，そこには一定の制限がかけられるべきではないかが学説上議論されている。
　制限の1つ目は反撃が被害者の生命に対する重大な危険をともなう場合であり（これを**致命的防衛行為**という），そうした場合においては例外的に行為者に退避義務が課されるとともに，保全利益と侵害利益の大まかな均衡性が要求される（あるいは，極端にアンバランスであるときは反撃に出てはならない）との主張がなされている（佐伯・前掲『刑法総論の考え方・楽しみ方』140頁以下などを参照）。たしかに，そのような主張は妥当であるが，それは正当防衛の違法性阻却原理に内在するものではなかろう。すなわち，社会の安全と同様，（たとえ不正の侵害者のものであっても）生命はできる限り維持されることが望ましいという基底的な価値観がひとつの公共的な利益を形成しており，そのような利益を侵害せずに済ますために退避義務が生ずるとともに，そのような利益の侵害を埋め合わせるためにこそ保全利益の重大性が要求されることになるのである。
　制限の2つ目は反撃が些末な利益を守るためのものである場合であり（これを**些事防衛**という），たとえば，豆腐一丁を守るために泥棒を撃ち殺してはならないといわれる。もっとも，厳密に考えると，そのような撃ち殺しが許されないのはむしろ制限の1つ目が及ぶ，つまり反撃が致命的な威力をともなうからであって，保全利

益が些末であるからではないように思われる。その証拠に，たとえば，行為者が着用している非常に安価な服を被害者が正当な理由なく破こうとするため，行為者がこれを防ごうと被害者の非常に高価な服の袖口を引っ張った結果，それが破けてしまった，という場合には保全利益が小さく侵害利益と大きくバランスを失しているかもしれないが，行為者の器物損壊行為が正当防衛により違法性を阻却されうることに疑いはないであろう。

　制限の3つ目は被害者の責任が低減ないし阻却されうる場合であり，たとえば，重度の精神病者や年少者による不正の侵害に対しては退避義務が課される等，正当防衛が限定的にしか認められないといわれることがある。これを正当防衛権の社会倫理的制限という。もっとも，本文で述べた正当防衛の違法性阻却根拠に照らせば，不正の侵害が責任をともなうものであるか否かは**正当防衛の成立範囲**に影響を与えないはずである。また具体的な結論の妥当性にかんがみても，被侵害者がより重度の精神病者あるいはさらなる年少者であるとき，これらを守るための正当防衛が制限されてしまうというのは明らかに不当であろう。

4.3.2　急迫不正の侵害

1. 侵害の急迫性

　「**急迫**」とは，判例によれば「法益の侵害が現に存在しているか，または間近に押し迫つていること」（最判昭 46・11・16 刑集 25 巻 8 号 996 頁＝くり小刀事件）を意味する。それは不正の侵害が安定した現状を変更し，それゆえ社会の安全を脅かしていることを基礎づける要件であって，有力な見解によれば未遂に近接する予備の段階に求められるとされる。すなわち，そのような段階に至れば国家が不正の侵害を実効的に防ぎえなかったことを前提として，私人が実力により現状を維持しようと対抗行為に出ることはむしろ社会の安全を保全することにつながるのである。

　より論争的であるのは，むしろ急迫性が失われる**侵害の終了時期**のほうである。もちろん，あくまで理論的には，不正の侵害によるものとはいえ，一応は安定した現状が新たに出現したときに急迫性が失われる，と説明することはできようが，それが具体的にどのような事案においてであるのかは必ずしも明らかではない。この点について判例は，侵害者の実力による現状変更を細切れに観察するのではなく，いったん急迫性が認められればたとえ一時的に侵害が中断したように見えてもなお実質的には侵害が継続している，と評価して緩やか

に急迫性を肯定している。これを**侵害の継続性**という。具体的には，被害者が文化住宅の2階において被告人に対し（鉄パイプを用いた）執ような攻撃に及び，そのあげくに勢いあまって手すりの外側に上半身を乗り出してしまったが，その姿勢でなおも鉄パイプを握り続けていたため被告人が被害者の片足を持ち上げて地上に転落させ傷害を負わせた，という事案において急迫不正の侵害が継続していたものと認めて過剰防衛の成立を肯定したもの（最判平9・6・16刑集51巻5号435頁）などがある（なお，リーディングケースとして最判昭26・3・9刑集5巻4号500頁を参照）。

【正当防衛類似状況】

　学説においては，**正当防衛類似状況**という概念が議論されている。これは，不正の侵害が通常の基準に基づけば急迫していないと評価されるものの，いま防止措置を講じずに急迫するまで待っているともはや被侵害者の利益を保全することができなくなってしまう，という事例類型である。たとえば，山奥で民宿を経営するXが，客であるAらが数時間後に自己に対する強盗を行うことを計画していると知り，警察に通報する等していては手遅れになることから，強盗を防ぐ唯一の手段として，まさにいまAらが飲もうとしているコーヒーに睡眠薬を入れ，眠ったところでこれらを縛り上げた，というケースが考えられよう。

　このようなケースにおいて一部の学説は，不正の侵害が時間的に差し迫ることを要求するのはXに酷であるとして，例外的に逮捕等の行為につき正当防衛の成立を肯定する。しかし，Xが強盗を防ぐのにほかに手立てがないことや，強盗という侵害の性質上，Xの重大な利益が脅かされかねないことを考慮するならば，たとえXの行為が社会の安全を揺るがすものであったとしても，優越利益原理に基づいて違法性を阻却することが可能であろう。したがって，わざわざ理論的な無理を犯してまで，正当防衛を認める実践的な必要性はないように思われる。

2.　侵害の不正性

　不正とは，原則として違法であることを意味している。もっとも，違法とはあくまで人の行為に対する評価であることから，侵害が物に発するものである場合に，これに対して反撃することは正当防衛を構成しえないのかが争われている。このような，物からの侵害に対する反撃を**対物防衛**とよぶ。

　ここで，最初に確認しなければならないことが2点ある。第1に，人からの

侵害であっても，それが行為によるものでない場合には対物防衛に分類される。たとえば，頭上から自由落下してくる人に対する反撃は，対物防衛の一というべきであろう。第2に，物からの侵害であっても，それが人の行為に客観的に帰属されうる場合には対物防衛という必要がない。たとえば，マンションの2階で盆栽いじりをしていた者が，うっかり手を滑らせて鉢植えを下に落としてしまったとき，通行人が自己の生命・身体を守るためにこれをはたき，地面にぶつかった鉢植えが粉々になってしまった（器物損壊。通行人が下敷きになっていれば，クッションとなり鉢植えは割れずに済んだであろう），というのは通常の正当防衛である。

さて，それでは，対物防衛もまた正当防衛と同様に違法性を阻却すると解すべきであろうか。否定説は，法概念を統一すべきであるという観点から，あくまで不正を違法と同義に理解しようとする。しかし，まったく同一の文言でさえ，文脈やその背景にある原理に照らして異なる意味を与えられることはいくらでもある。ましてや，正当防衛においてはわざわざ不正という違法とは異なる文言が用いられているのであるから，これらをまったく同一に理解しなければならないという要請はさほど強いものとは思われない。さらに，実質的に考えてみても，人が襲いかかってくれば正当防衛により広範囲に反撃が許容されうるにもかかわらず，人の飼っている猛獣が檻を破って襲いかかってくれば優越利益原理の妥当する範囲でしか反撃しえない，というのは著しくアンバランスであろう。

ひるがえって考えてみると，正当防衛が違法性を阻却する趣旨は，国家が実効的に法益を保護しえなかった場合には，私人が社会の安全を乱さない範囲で実力によりこれを守ってよい，という点に存在するのであった。そうすると，そのような趣旨は対物防衛にも及ぶと解するのが一貫しよう。こうして，肯定説が妥当であると思われる。

4.3.3 **自己または他人の権利**

36条1項は，「**自己又は他人の権利**」と規定している。後者の，「他人の権利」を守るための正当防衛をとくに**緊急救助**とよぶが，正当防衛の違法性阻却原理に照らせば自己防衛と同じく扱ってよい。また，条文上は「権利」と規定

されているものの，必ずしも「○○権」などといった名称が付されている必要
はなく，法律上保護に値する利益でありさえすれば足りる。裁判例には，労働
組合員が抗議行動のため会社事務室から退去しなかったところ，会社側の者が
組合員を撮影したため，カメラを取り上げようとして軽微な傷害を負わせた，
という事案において誤想防衛の成立を認めたもの（東京高判昭45・10・2高刑集
23巻4号640頁），被告人の妻の不倫相手である被害者が，夫婦の住居にまで
来て妻を連れて行こうとしたばかりか，被告人がこれを制止しようとするのを
抱きついて妨害する行為に及んだため，被告人は被害者を投げ倒したうえ，殺
意をもって出刃包丁をその胸部に突き刺し死亡させた，という事案において殺
人罪の過剰防衛を認めたもの（福岡高判昭55・7・24判時999号129頁），被害者
が被告人宅の玄関戸を5〜10分間にわたって足蹴りするなどしたことを住居
の平穏に対する不正の侵害と認めたもの（福岡高判昭60・7・8刑月17巻7＝8
号635頁。ただし，結論としては，自招侵害であることを理由に過剰防衛にさえあ
たらないとしている）などがある。

　それでは次に，「他人の権利」にいう「他人」に国家ないし社会が含まれる
であろうか。このような超個人的存在，とくに，国家の利益を守るための正当
防衛を**国家緊急救助**とよぶ。もちろん，放火のような社会的法益に対する攻撃
であっても，それが同時に個人の生命・身体・財産等に対する攻撃を構成する
場合には，「他人」に社会を含めようが含めまいが緊急救助を肯定しうる。ま
た，国家的法益に対する攻撃としかとらえられない場合であっても，国家が公
法人として所有する財産などが問題となっているのであれば，同じく緊急救助
を肯定することに理論的な支障はなかろう。懸案事項であるのはむしろ，たと
えば，私人が通貨偽造の現場を目撃してこれを実力で阻止するなどといった
ケースなのである。

　このようなケースであっても，私人が現行犯逮捕することは可能であろうが，
そうであるからといって，常に実力により犯罪を阻止してよく，それによって
犯罪者に生じる被害は正当化される，などと短絡することはできない。むしろ，
正当防衛が社会契約により委譲された実力行使の権限を一定の範囲で取り戻す
という性質を有している以上，通貨偽造のような，国家が設営する制度に対す
る「ただ乗り」による攻撃にまで正当防衛の趣旨が及ぶと解することはできな

いのである。したがって，もし私人が実力により通貨偽造を阻止する行為が違
法性阻却される余地があるとすれば，それは優越利益原理によるしかないであ
ろう。すなわち，警察をよんでいたのでは間に合わず，いままさに機械を破壊
しておかないと大量の偽札がばらまかれて社会に重大な被害が生じるであろう，
などといった補充性と，（機械の所有権および社会の安全の侵害を埋め合わせる）
重要なプラスが要求されることになるのである（国家緊急救助を例外的に許容し
た最判昭 24・8・18 刑集 3 巻 9 号 1465 頁も，実質的には優越利益原理を展開したも
のであろう）。

4.3.4　防衛するため

1. 防 衛 効 果

「**防衛するため**」の要件に関しては，次の 2 点が争われている。

　第 1 に，現実の**防衛効果**が必要であるか，という点である。もちろん，対抗
行為が不正の侵害を終局的かつ完全に防止する効果を有していなくても，侵害
を遅らせたり，弱めたり，あるいは少なくともそれらの可能性を生じさせたり
していれば，現実に防衛効果そのものが存在したといってよいであろう。さら
に，いまだ現実に防衛効果を生じさせていないものの，将来においてこれを生
じさせるであろう行為もまた許容しておく必要があるから，同じく「防衛する
ため」にあたるといってよいように思われる（加えて，実際には防衛効果が生じ
なくても許容の効果が持続されうるのは，「失敗した手術」の場合と同様である）。

　もっとも，防衛効果の要否をめぐる真の問題はそのようなところには存在し
ない。そうではなく，むしろ，いかなる反撃を行っても不正の侵害は「ビクと
もしない」ことが確実であるというとき，無駄ではあれ不正の侵害者を傷つけ
ることが「防衛するため」の行為と評価しうるか，という点がまさに俎上に載
せられているのである。たとえば，屈強な男性から押し倒され，強制的に性交
させられそうになった女性が，不正の侵害を排除するのにまったくの無駄であ
ると知りながらも，その男性を引っかいて傷をつける行為が正当防衛を構成し
うるか，という点が争われることになる。

　一部の学説は，不正の侵害者の法益が一定の限度で要保護性を失うと解する
結果，およそ防衛効果を生じさせえない行為であっても「防衛するため」とい

える，とする。しかし，正当防衛は何も，これによって侵害される法益ははじめから要保護性がない，などと主張するものではない。たとえば，Y がたまたま近くで寝ていた乳飲み子である A を X に投げつけたため，X が身を守ろうととっさに A をはたき落とした結果，これに傷害を生じさせたという場合，X の傷害行為は正当防衛により違法性阻却される余地があるが，だからといって，A の身体という法益が要保護性を失わないのは明らかである。正当防衛もまた他の違法性阻却事由と同様，それ自体としては要保護性のある法益を侵害することを，「やむをえない」ものとして例外的に許容する観念にほかならない。ただ，正当防衛においては，許容の根拠が独自の違法性阻却原理に基づくというだけである。

　このように見てくると，およそ防衛効果を生じさせえない行為は「防衛するため」にあたらず，それゆえ，正当防衛を構成しえないものと解すべきである。たしかに，先の事例において犯人を引っかいた女性は無罪にすべきであろうが，それは責任阻却等，他の理論的手法によるべきであるように思われる。

2.　防衛の意思

　第 2 に，**防衛の意思**が必要であるか，という点である。防衛の意思ということばは文脈に応じてさまざまな意味に用いられることがあるが，ここではとくに，正当防衛の客観的要件を行為者が認識していることを指す。そして，このような意味における防衛の意思が欠ける場合を**偶然防衛**とよび，そのような場合においてもなお正当防衛が成立しうるかが議論されているのである。

　たとえば，X が狩猟中に，たまたま以前から対立関係にあった A を茂みの向こうに見つけたため，殺意をもってこれを射撃し死亡するに至らせたが，茂みが邪魔になって X からはよく見えなかったものの，実は A もまた X を射殺しようと銃をこちらに向けており，X の射撃が一瞬でも遅れていれば反対に自分が射殺されていたであろう，という事例を考えてみよう。このとき，X には防衛の意思がないが，それでもなお，A を射殺したことは「防衛するため」にあたりうるであろうか。

　有力な見解は，これを否定する。その根拠は大きく分けて 2 つあり，第 1 に，「防衛するため」という日本語の自然な解釈によれば，それは「身を守ろうと考えて」という意味であるから，防衛の意思を要求するのが当然であること，

第2に，偶然防衛の事例においては不正の侵害者どうしが違法な抗争を繰り広げているだけであり，実質的に見ても，たまたま不正の侵害に出るのが一瞬早かった者だけを正当と評価するのは不合理であること，である。たしかに，これらの根拠は一見する限りではかなりの説得力を有しよう。しかし，より精密に観察するならば，むしろ防衛の意思を不要と解するほうが妥当であることが分かる。

まず第1についてであるが，客観的に見ればXの射撃は自身の身を守るのに役立っているのであり，そのことをもって，「防衛するため」にあたるということも日本語として明らかにおかしいとまではいえない。次に第2についてであるが，不正の侵害者どうしであるとか，一方だけが正当というのは不合理であるなどというのは，あくまで正当防衛の違法性阻却原理に照らしてはじめていいうることであって，ただ，Xの認識や動機を垣間見ただけで直感的に判断を下してよいことがらではない。そして，この事例では，まさにAが正当な理由もなく実力で現状を変更し，Xを死亡させようとしているのであるから，これを妨げる効果をもつXの反撃は正当防衛の違法性阻却原理に十分に合致するのであり，それゆえ，「防衛するため」にも該当しうるものと解すべきであろう。

こうして，「防衛するため」と評価するのに防衛の意思は不要であり，偶然防衛の事例においても正当防衛の成立を肯定することが可能である。もっとも，それだからといって，たとえば，先の事例におけるXの行為をただちに不可罰としなければならないわけではない。というのも，AがXを見つけて狙いをつけるより先にXのほうが発砲するなど，正当防衛の要件がみたされない事実関係が出来していた可能性も十分に存在するのであり，そのことを根拠に，Xを殺人未遂罪で処罰することができるからである。他方，偶然防衛の事例で問題となっている犯罪が未遂犯処罰規定をもたないものである場合には，無罪とせざるをえないであろう。

【防衛の動機としての防衛の意思？】

本文で述べたように，「防衛するため」というのに防衛の意思は必要でない。それは正当防衛の違法性阻却原理に照らし，正当化の効果を生ずるのに正当防衛の客観

的要件を行為者が認識している必要がないからであった。もっとも，このようなこととは別に，過剰防衛（36条2項）における刑の減免の要件として，「身を守ることが主たる動機であった」という意味における防衛の意思が要求されることがある。いいかえると，もっぱらあるいは主として不正の侵害者に積極的に攻撃を加えることを動機として，反撃をやりすぎた場合には過剰防衛による刑の減免がなされえない，というのである。

　たしかに，このような解釈であれば成り立つ余地があろう。というのも，過剰防衛において刑が減免される実質的な根拠によっては，行為者の動機にかかる側面が理論的に重要な意味をもつ可能性があるからである。もっとも，これは前記根拠を明らかにしてからでなければ確言しえないが，ただ行為の動機に宥恕すべき性質があるというだけでは，刑の免除まで行くのは無理であろう。また，過剰防衛における刑の減免に防衛の意思が必要であるからといって，そこからただちに，正当防衛の成立にも防衛の意思が必要であるなどと短絡してはならない。繰り返す必要もないことであろう。

　これに対して判例は，正当防衛の成立そのものにとっても，動機にかかる防衛の意思を要求するかの口吻を漏らしている。具体的には，「攻撃を受けたのに乗じ積極的な加害行為に出たなどの特別な事情」（前掲最判昭46・11・16）があるとき，あるいは，「防衛に名を借りて侵害者に対し積極的に攻撃を加える行為」（最判昭50・11・28刑集29巻10号983頁）である場合には防衛の意思が認められず，正当防衛は成立しないというのである。もっとも，判例を読む場合には単にその言葉尻を捕らえるのではなく，そこで行われている実質的な価値判断を，具体的な事案とのからみで浮き彫りにしなければならない。そして，判例が実際に防衛の意思を否定した事案は，そもそも急迫不正の侵害が欠けるなど，正当防衛の客観的要件自体の充足されていないものがほとんどである。

4.3.5 やむを得ずにした行為

1. 防衛行為の必要性と防衛行為の相当性

　「**やむを得ずにした行為**」とは，不正の侵害から退避することなく，その現実化を防止しうる必要最小限度の対抗行為をいう。**防衛行為の必要性**と表現されることもある。他方，判例によれば，「反撃行為が，自己または他人の権利を防衛する手段として必要最小限度のものであること，すなわち反撃行為が侵害に対する防衛手段として相当性を有するものであることを意味する」（最判昭44・12・4刑集23巻12号1573頁）ものとされる。つまり，「防衛行為の必要

性」イコール「**防衛行為の相当性**」だ，というわけである。

　もっとも，これに対して，学説においては異なる用語法も提案されている。その1つ目は，防衛行為の必要性が侵害を排除するのに一般に適していることを意味する一方，防衛行為の相当性は侵害を排除するのに必要最小限度のものであることを意味している，というものである。たしかに，通常は侵害を排除するのにまったく役立たないと思われる対抗行為がきわめて偶然にもこれを排除しえた，という場合には，単なる結果論から対抗行為を正当防衛として違法性阻却すべきではないであろう。しかし，そのことはむしろ「防衛するため」にあたらないと説明すべきであり，わざわざ「必要性」などという誤解を招きかねない表現をあてるべきではない。

　2つ目の用語法は，防衛行為の必要性のほうは文字どおりの意味に理解する一方，防衛行為の相当性は被保全法益と被侵害法益とが極端にアンバランスでないことを意味している，というものである。こちらは一般的な法学的概念である必要性と相当性のもともとの意味に忠実な用語法であり，その意味で「防衛行為の必要性」イコール「防衛行為の相当性」と解する判例のほうがおかしなことばの使い方をしている。しかし，正当防衛の違法性阻却原理に照らすならば，致命的防衛行為等の場合でない限り，被保全法益と被侵害法益とが大きく均衡を失していても，そのことからただちに正当防衛の成立が否定されると解すべきではない。

　以上を総合すると，「やむを得ずにした行為」のもとでは文字どおりの意味における防衛行為の必要性のみを要求し，防衛行為の相当性などという概念は不要であると解すべきである。

2. 事前判断と事後判断

　さらに，学説においては，4.3.5（1）で述べた「防衛するため」や防衛行為の必要性を事前判断すべきであるのか，それとも事後判断すべきであるのかが争われている。たとえば，Aから襲いかかられたXが身を守るためこれを右方に突き飛ばしたところ，真っ暗闇で認識しえなかったがその背後が崖になっており，落下したAは足を骨折してしまったが，XはAを左方に突き飛ばして身を守ることも同程度に容易であり，そうしていればAは転倒してかすり傷を負うだけで済んだであろう，という事例を考えてみよう。このとき，もし

事前判断を行うのであれば，崖の存在など考慮しえない以上，Xの傷害行為は防衛行為の必要性をみたし，正当防衛により違法性が阻却される。これに対し，事後判断を行うのであれば，防衛行為の必要性をみたすのはXがAを左方に突き飛ばすことだけであり，ただ，崖の存在を認識していないXは誤想防衛として故意が阻却されうるにとどまる（さらに，注意しても崖に気づけなかったのであれば，過失も否定されることになろう）。

　ここでも，事前判断と事後判断のいずれが妥当であるかを決するのは行為無価値論と結果無価値論の対立軸である。そして，違法性の判断において「ふつうの人がまさにXの立場におかれたらどうするであろうか」ということよりも，むしろ「Aの身になってみれば突き飛ばされる方向でどれくらい被害に差があるか」ということこそが決定的に重要であると考える結果無価値論を前提とするならば，事後判断のほうを採用すべきだということになる。

3. 判　　例

　判例には，左手の指をねじ上げられた被告人が，これをふりほどこうとして右手で被害者の胸を強く突き飛ばしたところ，その後頭部をたまたま付近に駐車していた自動車のバンパーにぶつけさせ，治療 45 日間を要する頭部打撲傷を負わせた，という事案において，反撃行為が防衛手段として相当性を有するものであれば，「その反撃行為により生じた結果がたまたま侵害されようとした法益より大であつても，その反撃行為が正当防衛行為でなくなるものではない」としたもの（前掲最判昭 44・12・4），被害者と口論になった被告人が，被害者が暴行の意欲を示しつつ素手で接近して来たのに対して自車内から菜切包丁を取り出し，それを構えて被害者に対峙した，という事案において，被害者が被告人よりも若く体力にも優れていたこと，被告人が被害者からの危害を避けるための防御的な行動に終始していたこと，などを重視して防衛行為の相当性を肯定したもの（最判平元・11・13 刑集 43 巻 10 号 823 頁），アパート 2 階の通路で鉄パイプを振り回して被告人を殴打した被害者が，勢い余って通路の手すりの外側に上半身を前のめりに乗り出した姿勢になったため，被告人が被害者の左足を持ち上げて道路上に転落させた，という事案において，被害者が手すりに乗り出した時点ではその攻撃力が減弱していたこと，2 階から転落させる行為は死亡結果すら発生しかねない危険なものであったこと，を考慮して防

衛行為の相当性を否定したもの（前掲最判平 9・6・16），被告人宅への違法な看板の設置を阻止しようとして，被害者 A の胸を強く押し転倒させた行為について，権利侵害行為が継続的に行われていたことや当事者間の体格差などを指摘しつつ，「財産的権利を防衛するために A の身体の安全を侵害したものであることを考慮しても，いまだ A らによる上記侵害に対する防衛手段としての相当性の範囲を超えたものということはできない」としたもの（最判平 21・7・16 刑集 63 巻 6 号 711 頁）などがある（そのほか，防衛行為の相当性の肯定例として千葉地判昭 62・9・17 判時 1256 号 3 頁＝西船橋駅事件，大阪高判平 16・10・5 判タ 1174 号 315 頁，大阪地判平 24・3・16 判タ 1404 号 352 頁，否定例として東京地八王子支判昭 62・9・18 判時 1256 号 120 頁，東京高判昭 63・6・9 判時 1283 号 54 頁などを参照）。

　かつては，（とくに下級審裁）判例の分析として**武器対等の原則**という概念が主張され，侵害者と被侵害者の保有する武器の攻撃力が実質的に同等である場合に防衛行為の相当性が認められる，と解されていたことがあった。もっとも，少なくとも今日においては，判例もそのようなバランスをあまり重視しておらず，むしろ，両者の武器や身体的条件等の具体的な事情を前提としつつも，対抗行為が不正の侵害を排除するのに必要最小限度のものであったか，という点を実質的に判断しているように思われる。そして，その際には，従前の経緯からくる侵害者の侵害意思の強さ等もあわせて考慮されているようである。基本的には妥当な方向性であると思われるが，その一方で，事前判断と事後判断が本質的に対立する事案が俎上に載せられていないため，この点について判例が現実にどのように考えているのかは必ずしも明らかではない。

4.3.6　**防衛行為と第三者**

　学説においては，急迫不正の侵害に対する防衛行為が**第三者**に影響を及ぼした場合の刑法的規律がさかんに議論されている。もっとも，そのような場合にもいくつかの異なる事例類型を観念することができるため，おのおのについて簡単な検討を加えることとしたい。

　第 1 に，B が A の所有するバットを用いて X に殴りかかってきたため，X は身を守るためにそのバットを叩き折った，という事例である。ここでは，そ

のバットが不正の侵害を構成しているため，X の器物損壊行為については正当
防衛が成立しうることになる。一部の学説は，不正の侵害についてなんら責任
のない A が正当防衛による損害を甘受させられるいわれはない，として優越
利益原理による違法性阻却のみを肯定しようとする。しかし，正当防衛の違法
性阻却根拠に照らせば，対物防衛におけるのと同様，正当防衛の成立を認める
ことが理論的には一貫するであろう。

　第 2 に，B が X に殴りかかってきたため，X は傍にあった A の所有するバッ
トを用いて応戦し，そのせいでそのバットが傷ついてしまった，という事例で
ある（対抗行為にともなう刃物の不法携帯〔前掲最判平元・11・13，最決平 17・
11・8 刑集 59 巻 9 号 1449 頁などを参照〕も同じ構造を有している）。ここでは，そ
のバットが不正の侵害を構成していないために正当防衛は認められず，せいぜ
い優越利益原理に基づく違法性阻却が考えられうるのみである。しかも，その
ことは，たとえそのバットの所有者が実は B であったとしても変わらないで
あろう。一部の学説は，ひとたび不正の侵害に出た者は一定の範囲でその法益
の要保護性が否定され，あるいは法的保護の外におかれるものと解することに
より，バットが B の所有にかかる場合には例外的に器物損壊行為についても
正当防衛が成立しうる，と主張する。しかし，4.3.4（1）でも述べたように，
そのような解釈は正当防衛の違法性阻却原理と相容れないように思われる。

　第 3 に，B が X に殴りかかってきたため，X は身を守ろうと傍に落ちていた
石を投げつけたところ，狙いが外れて B の隣にいた A に命中してしまった，
という事例である。正当防衛の違法性阻却原理に照らすと，不正の侵害と無関
係な A に対する攻撃を正当化することはできず，せいぜい優越利益原理によ
るほかない。もっとも，この事例においては B による攻撃が重大であり，かつ，
X が袋小路にいて退避することができないなど，狙いが外れて A に命中する
リスクを勘案してなお，石を投げることが優越利益原理により許容されうるよ
うな事情を想定することも可能である。そして，ひとたび石を投げることを許
容したならば，そのようなリスクがそのまま現実化してしまったとしてもなお
許容の効果を持続すべきであることは，「失敗した手術」の場合と同じである。

　こうして，X の A に対する暴行行為は（正当防衛によるものではないが）違法
性阻却される余地がある。学説には，X が A に命中するとは思っていなかった，

という事実を前提として故意を阻却するものもあるが，かりに違法性が阻却されたならば，故意を否定するなどという迂遠な方法をとる必要はない。反対に，正当防衛を萎縮させてはならないという考慮から，前記暴行行為を正当防衛それ自体によって違法性阻却すべきだというものもある。しかし，もしAにまでリスクを生じさせることが優越利益原理によって正当化されえないならば，そもそもそのような正当防衛は萎縮させられるべきなのではなかろうか。

　なお，裁判例には，Bらから攻撃されている実兄のAを助けるため，被告人がBらの方向に自動車を急後退させたところ，Bの右手に自車を当て，さらにAをひき殺してしまった，という事案において，Aの死亡結果につき誤想防衛の一種として故意責任を否定したものがある（大阪高判平14・9・4判タ1114号293頁）。具体的な状況にもよるが，もしそのような急後退が（かえってAをひき殺してしまうリスクを勘案しつつも）最も合理的にAを救助しうる手段であったならば，故意責任を否定する以前にそもそも違法性を阻却する余地もあるように思われる。

【ハイジャックされた航空機の撃墜，救助のための拷問】

　近時においては，ドイツで実際に問題となったケースを素材として，正当防衛の効果が第三者に及んだ場合の処理が議論されることがある（このようなアクチュアルな問題に緊急避難の観点から取り組んだ重要な作品として，深町晋也『緊急避難の理論とアクチュアリティ』〔弘文堂，2018〕がある）。大きくは次の2つである。

　1つ目は，ハイジャックされた航空機が都市部に墜落させられそうであるため，機先を制してこれを撃墜する，というケースである。罪のない多数の一般乗客が死亡させられることになるが，それは正当防衛によって違法性阻却されうるのであろうか。これは非常に難しい問題であり，乗客のせいで侵害の強度が高まるなどといった関係が認められない以上，乗客は不正の侵害そのものを構成しておらず，それゆえ優越利益原理によってしか違法性阻却されえない，と解することにも一理ある。しかし，問題となる具体的な状況において，乗客なしの不正の侵害を観念しえないこともまた事実であり，そうであるとすれば，乗客は不正の侵害を構成しているということも絶対に不可能なわけではない。ただし，たとえ正当防衛による違法性阻却を検討するとしても，撃墜行為が典型的な致命的防衛行為であり，そのために厳格な要件が課せられることには十分な注意が必要であろう。

　2つ目は，人質を殺害しようとしている誘拐グループの一員を確保しえたものの，アジトをいわないため拷問を加えて口を割らせ人質を助ける，というケースである。

もっとも，そこでは「拷問の絶対的禁止」という特別な要請の射程があわせて問題となっており，純粋に正当防衛の限界が俎上に載せられているわけではない。したがって，たとえば，脅してアジトをいわせる強要行為やアジトが書かれたメモを奪い取る窃盗行為，その際にけがをさせる傷害行為などの違法性阻却を端的に問題とすべきであろう。そして，それらにおいては，人質の生命に対して許されない危険を創出した者がこれを除去しない，という**不作為に対する正当防衛**の成否が問われるべきところ，その限界は「不作為者に負わせることができる作為の負担」という意味における作為容易性と一致すべきである。したがって，作為義務者といえども，みずからの命を捨ててまで相手の命を守ることは要求されない以上，ここでも，アジトをいわせるために生命を危険にさらすことまでは正当化されえないように思われる。

4.3.7　相互闘争状況における正当防衛の制限

1. 総　説

　正当防衛の規定は，理念的には，善良な市民が道を歩いていたところ，突然暴漢に襲われたためこれに反撃した，というようなケースを想定して作られている。もっとも，よほどけんか慣れしているか，あるいは格闘技経験を有するのでもない限り，急迫不正の侵害に直面して適時・的確な反撃を加えられる人物など，実際には存在しないであろう。そうすると，現実の事案において被告人がそのような反撃に出られている場合には，往々にして，それまでの対立抗争関係に照らして自分が襲われそうであると事前に分かる，という事情が存在しているのである。

　しかし，もしそうであるとすれば，今度は，正当防衛の成立を肯定することそれ自体に疑問の余地が生じてくる。というのも，反撃の瞬間だけをとらえれば正当防衛の規定が完全にあてはまりそうにも見えるが，視野を広くとってそれ以前の事情まで考慮に入れるならば，その反撃もまた違法な相互闘争状況（けんか）のひとこまにすぎず，ただ，殴るのが相手より一瞬遅かっただけであるとも評価しうるからである。このように，もともとの正当防衛の規定があてはまりそうな状況より以前の事情をもしん酌しつつ，実質的な考慮に基づき正当防衛の成立を制限する解釈を**相互闘争状況における正当防衛の制限**という。

　この問題を解決する手法に関し，大きく分けて次の3つの発想が主張されて

いる。

第1は**侵害回避義務論**であり，不正の侵害を予期しつつ，特段の負担なくこれを回避しうるにもかかわらずそうしなかったのであれば，もはや緊急状況における行為とはいえない，と説明する（橋爪隆『正当防衛論の基礎』〔有斐閣，2007〕305頁以下などを参照）。たしかに，このような解釈は枠組みとしては明快であるが，特段の負担というだけではその内実が必ずしも明らかではなく，理論的な分析軸がさらに示されるべきであろう。たとえば，被侵害者がわざわざ侵害者のもとへおもむく（**出向き型**）のと，被侵害者がただその場にとどまっていたところ侵害者のほうからやって来る（**待受け型**）のとでは，侵害回避にともなう負担が類型的に見て明らかに異なるが，特段の負担というだけでは，そのことを説得的に説明しえない。あるいは，被侵害者が責任無能力であり侵害の回避を動機づけられえないとき，特段の負担の有無がどのように判断されるのかも判然としない。

第2は**自招侵害論**であり，被侵害者が不正の先行行為により，これと密接して引き起こした同等の強度をもつ不正の侵害に対する反撃は，もはや客観的に見て違法な相互闘争状況の一環としての行為ととらえるのが相当であるから正当化されえない，と説明する（山口厚『刑法総論〔第3版〕』〔有斐閣，2016〕126頁以下などを参照）。たしかに，自分から先に手を出してけんかを始めておきながら，相手が殴り返してきたので正当防衛するというのは虫が良すぎる，という感覚は大方の納得しうるところであろう。しかし，そのような直感をそのまま理論として主張するのでは粗すぎ，限界的な事例においてどのように判断すべきであるのかを説得力をもって示すことはできない。具体的には，先行行為が過失による場合，たとえば，混雑した駅のホームで前をよく見ずに走っていたため，明らかに粗暴な雰囲気がある乗客の靴を強く踏んでしまい，その乗客が「おい，待て」といって首根っこをつかんできた，という事例では正当防衛できるのであろうか。あるいは，不正の先行行為が責任無能力下でなされた場合はどうなるのであろうか。これらの場合を説得的に解決する理論的な力が，侵害回避義務論以上に欠けているように思われる。

そこで，第3の発想である**制裁論**が妥当である。それは大要，次のような考え方である。

　第三者が被害者である赤子を投げつけてきたため，行為者がやむをえずこれ
をはたき落としてけがをさせた，という事例を想定すれば明らかなように，あ
る法益侵害が正当防衛により違法性阻却されるといっても，その法益の要保護
性が失われ，無価値なものとなってしまうわけでは決してない。ただ，正当防
衛の違法性阻却原理に照らし，本来であれば重要な価値をもつはずの法益を侵
害することを，仕方なく許容しているにすぎないのである。このことが見えに
くくなっているのは，われわれが正当防衛といわれたとき，真っ先に「悪人が
襲ってきたからやっつけてやった」という構図を思い浮かべるからであろうが
（だからこそ，優越利益原理によりある法益侵害を違法性阻却する際，その法益の要
保護性が失われると考える者はいない），たとえそうであるとしても，悪人だか
らといってその手や足が無価値物になってしまうのではない。

　このように見てくると，正当防衛の違法性阻却原理があてはまる状況が出現
した，まさにその段階だけに焦点を当てればある法益の侵害を正当化するのが
合理的であるが，そもそもそのような状況の出現自体を防ぐ合理的な方法が存
在するのであれば，これを採用することにより本来は要保護性があるその法益
もまた侵害されずに済むから，万事うまくいくはずである。問題は，その合理
的な方法としてどのようなものが考えられるかであるが，通常の刑罰が制裁と
して法益侵害を抑止していることのアナロジーから，ここでは「正当防衛状況
を引き起こした者の利益を保全するための行為につき，正当化を制限する」と
いう制裁を科することにより，正当防衛状況を引き起こすことを抑止するのが
最も整合的ではなかろうか。先の例でいうと，行為者が第三者を挑発してわざ
と赤子を投げつけさせたときは，これをはたき落とすことが正当防衛により違
法性阻却されない（つまり，赤子に対する傷害罪で処罰する），という制裁を科す
ることにより行為者にそのような挑発をやめさせ，結果として赤子の身体とい
う立派に要保護性のある法益を守るのである。

　こうして，具体的な事案においてどのような根拠に基づき，いかなる範囲で
正当化が制限されるべきであるのかも説得的に示しうることになる。たとえば，
不正の侵害者のもとにおもむいたり，先行行為に出たりした場合には作為によ
り侵害を招致しているから，その余の制裁の要件がみたされれば正当化を制限
しうるのに対し，単に侵害を事前に回避する積極的な行動に出ておかなかった

場合には不作為と評価されるから，あらかじめ侵害が現実化するリスクを高めたなどの危険創出が必要となろう。また，たとえ侵害を招致したものと評価しえても，侵害が現実化するリスクを勘案してなおそうしてよい，正当な理由——典型的には，粗暴な債務者のもとに債権の取立てにおもむくなど——があれば正当化は制限されえない。さらに，侵害の招致が責任無能力下で行われていても，同じく正当化は制限されえない。他方，故意犯のほうが過失犯よりも刑が重いのとパラレルに，侵害の予期がある場合のほうがそうでない場合よりも正当化が制限されやすいことになろう。

さらに，以上の説明においては，正当防衛状況のうち不正の侵害を引き起こした場合を主として念頭においてきたが，もちろん，制裁論の射程はそれに限られない。たとえば，Aが襲いかかってくることをあらかじめ予期したXが，手元にある鉄の棒と木の棒のうち木の棒を捨ててしまうことにより，侵害が現実化した暁には鉄の棒による反撃が必要最小限度の対抗行為となるようにした（素手では撃退しえないものとする），という場合には，鉄の棒を使うことにより生じたAの重大な傷害についてまで正当防衛とすべきではないと思われる。これは，正当防衛状況のうち防衛行為の必要性を引き起こした場合である。

なお，罪刑法定主義の自由主義的側面に照らすならば，制裁を科するためにはあらかじめその旨を告知しておくことが要請される。そうすると，厳密に理論的に考えるならば，正当防衛状況を招致したことを理由に正当化を制限するという点に関しても，なんらかのかたちで刑法に規定しておくほうが望ましいであろう。

【制限・否定される具体的な要件】

侵害を招致したことを理由に正当化が制限されうるとして，具体的にはいかなる要件が欠けることになるのであろうか。この点についてはさまざまな見解が対立しているが，考慮すべきポイントは次の2つであろう。

第1に，過剰防衛の余地さえ排除してしまうのか，それとも過剰防衛になる可能性は残しておくのか，である。侵害の予期まであれば前者が相当であると思われるが，その場合には，急迫性や「防衛するため」を否定するのが一貫するであろう。あるいは，そもそも行為が正当化されるような状況ではない，などと概括的に示すにとどめることも考えられる。反対に，後者を相当とする場合には，「やむを得ずにした」を制限的に解釈するのが自然であるように思われる。

　第 2 に，正当防衛以外の正当化状況を招致した場合における正当化の制限と平仄を合わせるのか，である。このことを重視するのであれば，正当防衛固有の要件を否定するのは整合性を欠くことになろう。もっとも，正当化状況を招致したことを理由に正当化を制限するという制裁を科する，という発想はその理論的な構造に照らして非常に広い射程をもっている。そうすると，このような発想が妥当しうる限り，すべての正当化事由に共通する要件を制限・否定しなければならない，というのはあまりにも強すぎる要請であろう。したがって，この第 2 のポイントはさほど重視する必要がないように思われる。

【原因において違法な行為の理論】

　本文で述べたのは，反撃（対抗行為）の正当化そのものを制限しようとする発想であった。しかし，もう少し視野を広げると，たとえ反撃の正当化それ自体は制限しえないとしても，なおそのような事態を引き起こした原因行為にさかのぼって違法性を肯定することは理論的に十分に可能である。たとえば，X が以前から仲の悪かったカッとなりやすい A を痛めつけてやろうと計画し，Y のメールアドレスを不正使用してこれになりすまし，A にきわめて侮辱的な内容のメールを送信したところ，これを読んだ A が Y のところにやってきて襲いかかったため，そこで X が正当防衛と称して介入し，A を殴打して退散させ Y を守った，という事例を考えてみよう。ここでは，A の殴打それ自体について成立しうる正当防衛（緊急救助）を制限することはできない。というのも，A からの不正の侵害の招致になんら関わっていない，Y を守るための正当防衛が制限されるいわれはないからである。しかし，そうであるからといって，X を（A に対する暴行に関して）無罪放免にすることもまた正義に反する。

　そこで，次のように考えてみてはどうであろうか。すなわち，正当防衛による違法性阻却の効果は，まさにその違法性阻却原理が妥当しうる状況において発生し，法益を侵害する行為に対していわば「勝ち」を宣言するものであるが，正当な理由もないのにわざわざそのような状況を作り出す背後の行為にまで，その効果を及ぼすことは許されない。そのような背後の行為は，単に，「法益を適法に侵害されざるをえない状況に追い込む」という形態においてなされた違法な法益侵害行為であるにすぎない。このような発想を**適法行為を利用する違法行為**という（今井猛嘉・小林憲太郎・島田聡一郎・橋爪隆『リーガルクエスト刑法総論〔第 2 版〕』〔有斐閣，2012〕403 頁［島田］などを参照）。そして，このような発想を，背後の行為者が正当防衛行為者と一致する場合に推し及ぼすこともちろん可能であり，その場合をとくに**原因において違法な行為の理論**とよんでいる。この理論を適用すれば，X が事

態を見とおしつつメールを送信した原因行為をとらえて，Aに対する暴行罪で処罰することができる。また，けんかが強いY自身に反撃させた，というように事例を修正すれば，この理論は適用しえないが，今度は，親理論である適法行為を利用する違法行為の発想を用いて同様の結論を採用することが可能である。

原因において違法な行為の理論はしばしば誤解され，相互闘争状況における正当防衛の制限にかかる他の見解と並置されたうえ，技巧的であるとして批判されることが多かった。もっとも，この理論はあくまで，正当防衛を制限しえない場合をも射程に含んだより上位の原理を展開するものであり，その意味において，他の見解のうちいずれを採用しようと，別途，この理論の採否について検討しなければならない。先の誤解の理由はおそらく，どのみちXをAに対する暴行罪で処罰できるのなら，正当防衛自体を否定しようがしまいが大差ない，と考えられたからであろう。しかし，もし正当防衛それ自体を否定するとなると，Yがけんかの強い健常者なら自分で反撃できるからよいかもしれないけれども，そうでなければ，何も悪くないYに対して「黙ってAから殴られておけ」と法が命じることとなってしまうのである。これは到底納得できる結論ではない。

2. 判 例
(a) 積極的加害意思論

かつて，判例は「喧嘩両成敗」という格言のもと，けんか闘争中の双方の行為はいずれも正当防衛を論ずる余地がない，と解していた（大判昭7・1・25刑集11巻1頁）。しかし，それは明らかに違法行為の応酬としか評価しえない典型的な事例を説明しうるだけであり，限界的な事案において説得的な結論を示しうる「理論」とまではいえない。実際，けんかといっていえなくはないが，なお正当防衛の余地を承認すべき例外的なケースも存在しうるのであり，このことを明言する判例（最判昭32・1・22刑集11巻1号31頁）が出されたのはいわば当然のことであった。

もっとも，同判例をはじめとして，これに続く下級審裁判例が正当防衛の余地を否定する際，被侵害者が事前に不正の侵害を予期していたことを重視する傾向が見られたものの，現実問題として，そのことだけで被侵害者に「お前のほうが逃げておけ」と命じたのでは，あまりにも行動の自由が侵害されてしまう。そこで，侵害があらかじめ予期されていたものであるとしても，そのことからただちに正当防衛の余地（ここでは急迫性）を失うものと解すべきではな

い，という判例（前掲最判昭46・11・16）も現れた。ただ，それではいったい
いかなる場合に失われるのか，という点に関してはついに明快な基準が示され
ることはなかった。

　このような状況のもとで登場し，一躍脚光を浴びたのが最決昭52・7・21刑
集31巻4号747頁＝内ゲバ事件である。すなわち，政治集会の開催を準備し
ていた被告人らが反対派の来襲を撃退したが，再度の攻撃があることを予期し
てバリケード等を準備して待機し，再度の襲撃に対して迎撃的暴行を加えた，
という事案において，正当防衛が侵害の急迫性を要件としている趣旨から考え
て，単に予期された侵害を避けなかったというにとどまらず，その機会を利用
し積極的に相手に対して加害行為をする意思で侵害に臨んだときは，もはや侵
害の急迫性の要件をみたさないものと解するのが相当である，と判示したので
ある。このような考え方を**積極的加害意思論**という。この判例は相当のインパ
クトをもち，爾後の下級審裁判例を刻印づけることとなったが，当然，問題が
ないわけではなかった。それは大きく分けて次の2点である（なお，本件は待
受け型ではあるが，先行する事情にかんがみれば侵害を事前に回避する行動に出て
おくべき作為義務を肯定しうるから，この点については問題がない）。

　第1に，積極的加害意思などという内心における悪しき動機が正当防衛と完
全な違法行為の分水嶺を形成する，というのでは判断が不安定になりすぎる。
また，かりにそのような動機をはっきりと認定しうる事案であったとしても，
そのことだけからただちに正当化の余地を排除してしまうのが本当に妥当であ
るのかは疑問である。たとえば，粗暴な相手のもとへ示談交渉におもむくよう
なケースにおいては，そのこと自体が客観的に正当な行為と評価されうる限り，
たとえ内心において「普段から練習している護身術を試してみたい」と強く
願っていたとしても，相手から殴りかかられた際の対抗行為はなお正当化され
るべきであろう。

　第2に，反対に，かりに積極的加害意思を認定することが困難であったとし
ても，他の事情を考慮することにより正当化の余地を否定する理論的な可能性
を残すべきである。たとえば，けんかが非常に強く天下無双の称号を有する行
為者がいたとして，ある日，（勝っても武名が上がらない）明らかに格下の被害
者からけんかの呼び出しを受け，あまり乗り気ではないが断る理由もないから

とこれに応じたようなケースにおいては，実際に被害者から殴りかかられたとき行為者が行う反撃については正当化を否定すべきではなかろうか。

　もちろん，これら2点にわたる問題をふまえたうえで，むしろ「実は第1のケースでは積極的加害意思がなく，反対に第2のケースではあるのだ」と強弁することは絶対に不可能ではない。実際，一部の下級審裁判例にはそのような傾向が見られた。しかし，そこで真に正当化の可否を決しているのは侵害回避義務論や制裁論の発想なのであるから，積極的加害意思論などというもっぱら動機に本籍があるかの呼称はやめるべきであろう。

(b) 近時の判例

　その後の重要な最高裁判例としては次の2つがある。

　1つ目は最決平20・5・20刑集62巻6号1786頁＝ラリアット事件である。これは典型的な自招侵害論を展開したものであり，被害者と言い争いになった被告人がいきなり被害者の左ほおを手けんで1回殴打し，直後に走って立ち去ったところ，自転車で追いかけてきた被害者が被告人の後方からラリアットをし，これによって前方に倒れた被告人が起き上がり，護身用に携帯していた特殊警棒で被害者を殴打して傷害を負わせた，という事案において自招侵害論の要件を認定したうえ，被告人においてなんらかの反撃行為に出ることが正当とされる状況における行為とはいえない，と締めくくっている（それ以前に自招侵害論を展開したものと解される下級審裁判例として，前掲福岡高判昭60・7・8，東京地判昭63・4・5判タ668号223頁などを参照）。

　もっとも，すでに4.3.7 (1) で述べたように，自招侵害論は「先に手を出しておきながら正当防衛させろというのは虫が良すぎる」という直感をそのまま理論化したものであり，正当化を制限するための具体的な要件や効果がそこから内在的に導かれうるわけではない。また，そうであるがゆえに積極的加害意思論との理論的な関係も不明のままであり，たとえば，両理論の中間的な形態が存在しうるのかも争われているところである。さらに，否定される具体的な要件としても，「急迫性がない」といわないことにいかなる理論的な意味があるのか——たとえば，過剰防衛の余地は残るのか，「反撃行為」とまではいいにくい防御的防衛ならば許されるのか——は判例を読む者がただ想像するほかはない。

　2 つ目は最決平 29・4・26 刑集 71 巻 4 号 275 頁である。これは，被告人が自宅にいたところ，以前から身に覚えのない因縁をつけられ立腹していた被害者からマンションの前に降りてくるよう電話で呼び出されたため，包丁を隠し持って自宅マンション前の路上におもむいたところ，被告人を見つけた被害者がハンマーをもって被告人のほうに駆け寄ってきたが，被告人は被害者に包丁を示すなどの威嚇的行動をとることなく歩いて被害者に近づき，ハンマーで殴りかかってきた被害者の攻撃を防ぎながら包丁を取り出し，殺意をもって被害者の左側胸部を強く突き刺して殺害した，という事案において，侵害の急迫性が要求される趣旨を明らかにしたうえ前掲最判昭 46・11・16 を参照させつつ，侵害を予期していたことだけでなく対抗行為に先行する事情を含めた行為全般の状況に照らして急迫性を検討すべきである，と判示して急迫性を否定したものである。そして，そのうえで事案に応じてさまざまな考慮要素を掲げ，積極的加害意思論もまた急迫性の趣旨に合致しない一例であると理解するのである。

　すでに 4.3.7（2）（a）で述べたように，積極的加害意思論において実際に機能しているのは侵害回避義務論や制裁論の発想にほかならない。にもかかわらず，一部の下級審裁判官の間で「急迫性を否定するには文字どおりの積極的加害意思，すなわち内心における悪しき動機を認定するほかない」という誤解も見られないではなかったことから，最高裁としてはそのような誤解を取り除いておこうと考えたのであろう。基本的には妥当な方向性を示すものと思われ，今後は判例実務においても積極的加害意思論の存在感が薄まっていくことが予測される。ただ，依然として自招侵害論との理論的な関係は不明のままであり，おそらくはこの先も裁判例において両理論の並立する状態が続くであろう。それは，しかし，両理論の中間的な形態は存在しうるか，などといった当然に生じてくる疑問に対し，的確に答えるすべをもたないがゆえにあまり望ましくない（中間的な事案において，中間的なことば遣いにより正当防衛・過剰防衛の成立を否定した〔前掲最決平 29・4・26 以前の〕裁判例として，東京高判平 21・10・8 判タ 1388 号 370 頁を参照）。

【公的救助要請義務？】

　前掲最決平 29・4・26 が 36 条の趣旨を説明する際，「公的機関による法的保護を

求めることが期待できないときに」という一節を挟んだことから，学界においては**公的救助要請義務**の存否がさかんに議論されている（代表的な業績として，山本和輝『正当防衛の基礎理論』〔成文堂，2019〕がある）。すなわち，侵害を予期した者が事前に警察に通報する等してその現実化を防ぎうる場合において，そうせずに侵害が現実化した段階でその者が正当防衛に出ることは許されないのかが争われているのである。

　たしかに，最高裁の言い回しを表面的に眺めるだけでは，事前に警察に助けを求められる場合には正当防衛を許さない，その意味で公的救助要請義務を課しているようにも思われる。しかし，このような定型的な一節をもってそこまでの読み込みを行うことは，判例の読み方としてはかなり不自然であろう。むしろ，国家が実効的に不正の侵害を防止することができず，かつ，そこで私人に対して実力による対抗行為を許しても社会の安全が害されない――つまり，安定した現状の実力による変更とは認められない――場合には正当防衛の違法性阻却原理が妥当しうるのであり，事前に警察に助けを求めるチャンスがあったかどうかは重要ではないはずである。いいかえれば，一般的な公的救助要請義務など存在しない。そして，判例もまた基本的には同様の違法性阻却原理を出発点としているであろうから，先の一節は単に，「公的機関が十分な法的保護を提供できなかった」という同原理の前提条件を述べたにとどまるものと理解すべきであろう。

　ただし，公的救助要請義務そのものではないにせよ，警察に助けを求められたことが正当防衛の成立を排除する理論的余地がまったくないわけではない。たとえば，制裁論の立場から侵害を事前に回避する行動に出ておくべき作為義務が課せられるとき，その具体的な義務内容が状況に応じて警察に通報することである場合は十分に考えられる。あるいは，現に侵害が差し迫っているとしても，すぐ近くの警察官に頼んで侵害者を組み伏せてもらえるにもかかわらず，あえて手元にある金属バットで侵害者を殴打し，重傷を負わせることは過剰防衛となるであろう。これは，必要な防衛行為が「警察官を使う」ことである場合である。

【防御的防衛の別枠化？】

　同じく，前掲最決平29・4・26が侵害の急迫性を否定する際，その考慮要素のなかに「行為者が侵害に臨んだ状況及びその際の意思内容」を含め，実際にも，被告人が「包丁を示すなどの威嚇的行動を取ることもしないまま被害者に近づき，被害者の左側胸部を強く刺突した」ことをことさらに認定していることから，これまで述べてきた相互闘争状況における正当防衛の制限にかかる議論は**防御的防衛**には及ばないのではないか，という点が議論されている（中尾佳久「判解」法曹時報71巻

2 号〔2019〕253 頁，橋爪隆「侵害の急迫性の判断について」高橋則夫ほか［編］『日高義博先生古稀祝賀論文集（上）』〔成文堂，2018〕256 頁などを参照）。ここにいう防御的防衛にも正確な定義があるわけではないが，一般には，退避可能性がないわけではないが，相手を取り押さえるなどの重大な侵害性がない対抗行為に終始する場合，を意味しているようである。要するに，最高裁がわざわざ防御的防衛でないことを確認してから急迫性を否定しているということは，もし防御的防衛であったならば正当防衛を肯定する余地を残しているのではないか，そうであるとすればそれは理論的に支持しうるのか，などといったことが争われているのである。

　たしかに，防御的防衛にとどまる人間は，そこだけを取り出して見れば「攻撃性のない善良な市民」としての印象を与えるかもしれない。しかし，防御的防衛といえども，あくまで法益侵害性を有するからこそ構成要件該当性が肯定され，その正当防衛による違法性阻却が俎上に載せられているのであり，しかも，そこで侵害される法益もまた十分な要保護性を備えている。そうすると，正当な理由もなくあえて不正の侵害を招致し，そこで正当防衛と称してその法益を侵害する，という事態はやはり抑止の対象とすべきであろう。また実質的に見ても，たとえば，女性の身体に触りたいからと，泥酔して暴れている女性にあえて近づき，たたかれそうになったので防御的防衛と称してその身体を押さえつける，という事例を考えれば明らかなように，防御的防衛にとどまる人間が善良な市民だというのは錯覚である。

　このように見てくると，防御的防衛を埒外にしようとする近時の議論には賛成しがたい。もちろん，現実に「防御的防衛ならば許される」という事案が観念しうるのは事実であるが，それは単に，侵害の予期までは存在しないことなどにより正当防衛を制限する効果が緩やかにしか発生しない，などといった理由によるものと解すべきであろう。実際，前掲最決平 20・5・20 の事案においては侵害の予期に疑いがあったため，防御的防衛ならば正当化されうるという立場が有力に主張されているのである。したがって，前掲最決平 29・4・26 が防御的防衛でなかったことを重視しているかに見えるのも，あくまで，正当防衛状況に先立つ事情を推認するための間接事実とする趣旨に理解すべきであろう。たとえば，もし積極的加害意思論に立つのであれば，防御的防衛でなかったことは事前の積極的加害意思の存在を強く推認させることになる。あるいは，もし防御的防衛ならば正当化するという趣旨であったとしても，それは被害者がすでに被告人の自宅マンション前の路上にまで迫ってきており，水際で食い止めようとすることが不法や責任の観点から見てそれほど重い制裁を基礎づけえない，つまり，正当防衛を制限する効果が緩やかにしか発生しないという理由によるものと解すべきであろう。

4.3.8 過剰防衛

1. 過剰防衛の減免根拠

　36条2項は，「防衛の程度を超えた行為」について刑の任意的減免を定めている。これを**過剰防衛**という。それでは，なぜそのような法的効果が生じるものとされているのであろうか。

　まず，過剰防衛というからには，本来，不正の侵害への対抗行為としての性質を有していることが大前提であり，ただ，それが行き過ぎてしまったというのが概念の本質を構成しているはずである。そして，そうであるとすれば，実際に生じた法益侵害のうち，少なくとも一部は正当防衛により適法に引き起こされえたわけであるから，行為の違法性を実質的に基礎づけているのは残部の法益侵害のみである。いいかえれば，実際に生じた法益侵害を，何もない状態で引き起こした場合よりは違法性が減少しているのである。これを**違法減少**という。

　もっとも，ひるがえって考えてみると，違法性が少しくらい減ったからといって，刑が減免されるというのは明らかに不合理である。たとえば，人を殺したとして，その人に多少のけがを負わせるくらいまでは正当防衛により正当化されえたというだけで，違法性が減っているから殺人罪の刑が減免されうるというのはおかしな判断であろう。したがって，これに加えて，責任までもが減っていること，すなわち**責任減少**をも考慮すべきである。防衛の意思が正当防衛そのものの要件ではなく，あくまで過剰防衛における刑の減免の要件にすぎない，というのも，防衛の意思があってはじめて責任減少が認められるからである。そして，この責任減少には，大きく分けて次の2つの内容がある。

　1つ目は，違法減少の認識による責任減少である。自分が襲われていると分かって反撃している，という通常のケースでこの責任減少があるのは当然であるが，偶然防衛が過剰にわたったような場合には例外的に責任減少が認められないことになる。

　2つ目は，恐怖・驚愕・狼狽等，**非強壮性情動**に基づくことによる責任減少である。すなわち，その人物がもともと有している弱さ，非攻撃的性格のあらわれとしてやりすぎてしまった，という場合には，むしろ行為者の危険性の低さが徴表されている。もしその人物がけんか慣れしていれば，かえって過剰に

わたらなかったかもしれないが，けんかなどしたことがないからこそ，怖く
なってつい行き過ぎたのだ，というわけである。反対にいうと，憤激してやり
すぎたとか，冷静に意図してやりすぎたような場合には，責任減少が認められ
ないことになる。

　これら 2 つの責任減少が相当程度に認められれば刑が減軽され，また，非常
に大きな程度に認められれば刑が免除されることになろう。さらに，学説にお
いては，過失犯に過剰防衛による刑の減免が認められうるかも議論されている
が，これまで述べてきたことが妥当しうる限りで，肯定的に解すべきであろう。
たとえば，急に襲いかかられたことにより狼狽し，とっさに近くにあった鉄の
棒で殴り返してけがを負わせたが，よく見ればその横には木の棒もあり，それ
で殴り返していればけがまでは負わせずに済んだであろう，という事例におい
ては，違法減少も責任減少も認められるから過剰防衛による刑の減免を肯定し
てよいように思われる。

【適法行為の期待可能性】

　学説やかつての一部裁判例においては，行為者に適法行為を期待しえなかったこ
とが超法規的に責任を阻却しうる，という発想が採用されてきた。これを**期待可能
性**の理論という。もっとも，今日においては，期待可能性はそれ自体が責任の大小
を左右する実体的な原理ではなく，他の責任の大小を規律する実体的な原理がどの
程度妥当しうるかを決定する，より上位の**規制原理**であるという理解が有力になっ
ている。古い教科書類では，過剰防衛における刑の減免が期待可能性の減少に基づ
くと説明されていることもあるが，それは，本文で述べたような違法減少や責任減
少がどの程度認められるかにより刑の減免が決定される，という趣旨に理解すべき
であろう。

　ただし，期待可能性の欠如が責任阻却をもたらすと解されてきたのに対し，過剰
防衛に与えられている法的効果はせいぜい刑の免除までである。この点においては，
期待可能性を独自の実体的な責任原理として残しておく実践的な意義があるかにも
見えるが，必ずしもそうとはいえないであろう。というのも，たしかに条文に明定
されているのは刑の免除までであるが，違法減少と責任減少があわさることにより，
当罰的と評価される最下限を下回った場合には超法規的に可罰性を阻却する，とい
う解釈も十分に成り立ちうるからである（これを**免責**とか**答責性**阻却，**可罰的責任**
阻却などとよぶことがある）。そして，もしこのように解釈することが許されるので

あれば，明文規定の有無にかかわらず，緊急状況を想定したものと解される他の違法性阻却事由が過剰にわたった場合にも，同様に処理することが可能となるであろう。

2. 質的過剰と量的過剰

過剰防衛は，次の2つの類型に分けて議論されるのが一般である。

まず**質的過剰防衛**とは，不正の侵害に対抗する行為が必要最小限度を超えた場合である。たとえば，木の棒で襲いかかってくる被害者を，同じく（右手の）木の棒で確実に撃退しうるにもかかわらず，（左手の）けん銃で射殺したような事例がそれにあたる。

次に**量的過剰防衛**とは，複数の対抗行為を包括してひとつの防衛行為と評価し，それが不正の侵害を排除するのに必要最小限度を超えた場合である。たとえば，被害者が襲いかかってきたのでこれを殴り倒したが，恐怖心から，うずくまる被害者をさらに上から蹴りつけたような事例がそれにあたる。学説には，この量的過剰防衛を「不正の侵害が終了したのちもさらに反撃を加え続けた場合」と定義するものもある。もっとも，量的過剰防衛をも過剰防衛と評価する実質的な根拠が対抗行為の一体的把握に求められる以上，たとえ侵害が継続していたとしても別異に扱わなければならない理由はない。先の定義は狭すぎるというべきであろう。

さて，質的過剰防衛が過剰防衛にあたることについて争いはないが，量的過剰防衛に関しては，これがそもそも過剰防衛の埒外であるとの有力な主張もなされている（**分断説**）。すなわち，不正の侵害が終了したあとも反撃を続けた場合を念頭におくと，そのような反撃はなんら不正の侵害に向けられたものではないただの犯罪行為であり，その刑を減免すべき実質的な根拠が欠けるというのである。

もっとも，もし一連の反撃を包括してひとつの行為ととらえることが理論的に許されるならば，それが全体として不正の侵害に向けられたものであることは否定しがたい。こうして違法減少が認められることに加え，そのような一連の反撃が違法減少を認識しつつ，急に襲われたことによる非強壮性情動に基づいてなされた「行き過ぎ」であったならば，責任減少もまた肯定することが十分に可能であろう。こうして，量的過剰防衛をも過剰防衛として扱うのが妥当

である。問題はひとつの行為とする包括的評価がどのような場合に許されるか
であるが，おそらく，（身を守るという）同一の動機に基づく時間的・場所的に
近接した類似態様の行為であることが要請されよう。

　判例には，被害者から暴行を受けた被告人が被害者の顔面を右手で殴打した
ところ（第1暴行），被害者が転倒して後頭部を地面に打ちつけ，仰向けに倒
れたまま意識を失ったように動かなくなったが，被告人は憤激のあまり，被害
者の状況を十分に認識しながら「おれを甘く見ているな。おれに勝てるつもり
でいるのか」などといい，さらに強度の暴行を加えた結果（第2暴行），被害
者は傷害を負い，その後，クモ膜下出血により死亡するに至ったが，死因とな
る傷害は第1暴行により生じたものであった，という事案において，第1暴行
は正当防衛であるが第2暴行はそうでないとしつつ，両暴行は時間的・場所的
には連続しているものの，被害者による侵害の継続性および被告人の防衛の意
思の有無という点で明らかに性質を異にする，と述べて両暴行の一体的把握，
したがって量的過剰防衛を否定したものがある（最決平20・6・25刑集62巻6
号1859頁。他方，量的過剰防衛を肯定したリーディングケースとして，最判昭34・
2・5刑集13巻1号1頁を参照）。

【被告人に不利益な量的過剰防衛？】

　量的過剰防衛という観念を承認することは通常，これを否定して分断説を採用し
た場合よりも被告人に有利な結論をもたらす。しかし，例外的な事案においては必
ずしもそうならない。たとえば，被害者が襲いかかってきたため被告人が反撃して
暴行を加え（第1暴行），そこまでは正当防衛の要件をみたしうるものの，被害者の
攻撃がやんだのちも被告人は恐怖心からさらなる暴行を加えた結果（第2暴行），被
害者は死亡するに至ったが，死因となる傷害は第1暴行により発生していた（ある
いは，少なくともその合理的な疑いを排除しえない），という事例を考えてみよう。
このとき，分断説によれば被告人は端的に第2暴行をもって暴行罪で処断されるこ
とになるが，量的過剰防衛という観念を導入した途端，今度は傷害致死罪（205条）
の過剰防衛として処断されることになってしまう。これでは，そもそも過剰防衛な
ど主張しないほうが被告人には有利だ，ということになりかねない。もちろん，裁
判所が必ず刑を免除してくれるというのであれば問題は生じないが，当然そのよう
な保証はないし，また，刑を減軽してくれるだけでは暴行罪の法定刑の上限に近い

宣告刑とならざるをえず，第2暴行がそれほど重大なものでなかった場合には正義に反しよう。

　それでは，この問題をどのように解決すべきであろうか。有力な学説は，このような例外的な事案においては分断説を採用すればよいという。しかし，それでは本質的な解決にならないであろう。というのも，そのような事案においても依然として過剰防衛と評価すべき実体が存在するのであり，にもかかわらず，安易に分断説に回帰して刑の減免（とくに免除）の余地を排除してしまうべきではないからである。そこで，このような場合には暴行罪の過剰防衛とすればよいのではなかろうか。すなわち，あくまで第1暴行と第2暴行を包括的に評価したひとつの行為について量的過剰防衛が成立しているのであるが，そのうち第1暴行から生じた不法については正当化され犯罪を構成しえないことから，その事実を明示するひとつの方法として「暴行罪の」と表記するわけである。むろん，「傷害致死罪の過剰防衛であるが暴行の点のみを可罰性の根拠としてよい」という但書を付する方法でもかまわないが，それではやや煩瑣であろう。

　判例には，拘置所内の居室において被害者が折り畳み机を押し倒してきたため，被告人がその反撃として同机を押し返したうえ（第1暴行），同机に当たって押し倒され反撃や抵抗が困難な状態になった被害者に対し，その顔面を手けんで数回殴打したが（第2暴行），被害者の傷害は第1暴行によって生じていた，という事案において，被告人が被害者に対して加えた暴行は急迫不正の侵害に対する一連一体のものであり，同一の防衛の意思に基づく1個の行為と認めることができるから，全体的に考察して1個の過剰防衛としての傷害罪の成立を認めるのが相当であり，傷害が違法性のない第1暴行によって生じたものである点は有利な情状として考慮すれば足りる，と判示したものがある（最決平21・2・24刑集63巻2号1頁）。「情状」ということばが，処断刑まで左右しうる先の「但書」の意味に用いられているのであれば内容に異論はないが，通常の用語法からは外れるのでミスリーディングである。端的に暴行罪の過剰防衛とすべきであろう。

3. 誤想防衛と誤想過剰防衛

(a) 誤想防衛

　誤想防衛とは，正当防衛の客観的な要件がみたされていないにもかかわらず，これをみたされているものと誤信した場合をいう。たとえば，被害者が挨拶の趣旨で手をあげたのを襲いかかってくるものと誤信し，反撃のためにこれを殴打してけがを負わせた事例（急迫不正の侵害を誤想）や，被害者が襲いかかっ

てくるのを排除するのになんらかの武器が必要であるとき，すぐ右に木の棒があるのにこれを見落とし，左にある鉄の棒で応戦して被害者に余計なけがを負わせた事例（防衛行為の必要性を誤想）があげられる（後者において，被告人の認識を基準に防衛行為の相当性自体を肯定した裁判例として，大阪地判平3・4・24判タ763号284頁がある）。

　この誤想防衛をどのように処理すべきかについては見解の対立がある。すなわち，**厳格責任説**は目的的行為論を基礎としながら，まさに行為者が被害者を殴ってけがをさせようと考えている以上は故意が存在するのであり，同時に違法性阻却事由が存在すると誤信していることは故意に影響しないと解する。ただ，もし違法性阻却事由が実際に存在すれば行為が適法となることから，行為者が十分に注意しても違法性阻却事由が現実には欠けていたことを認識しえなかったならば，**違法性の意識の可能性**がないため責任が阻却されるというのである。

　たしかに，このような見解は理論的には一貫したものであるが，誤想防衛が原則として故意犯になるというのは直観に反する（最高裁判例はないが，下級審裁判例の趨勢も故意を否定している）。むしろ，厳格責任説に至りかねないからこそ目的的行為論は不当である，ともいえるのではなかろうか。そして，故意は行為者がそれと認識しつつ不法を実現する行為に出たことに徴表される行為者の危険性（不法への傾向性）を本質とする，と解すべきである以上，誤想防衛においてはただちに故意が阻却されることになろう。というのも，みずからが正当防衛状況にあると思って適切な反撃手段を選んだ人物は，何もなしにただ被害者を傷害しようと殴りかかった人物と異なり，危険ではないからである。こうして，誤想につき過失が認められる限りで，せいぜい過失犯が成立しうるにとどまる。

(b) 誤想過剰防衛

　誤想過剰防衛とは，客観的には通常の犯罪が実現されているものの，誤信した事実が過剰防衛を構成する場合をいう。たとえば，被害者が挨拶の趣旨で手をあげたのを襲いかかってくるものと誤信し，しかも，かりに実際に襲いかかられているとしても短い棒で応戦すれば足りるにもかかわらず，周章狼狽して持っていた短剣で被害者を刺し殺した事例があげられる。ここでは誤想防衛と

異なり故意を否定することはできないが，過剰防衛と同様の心理状態にあることから 36 条 2 項を準用ないし類推適用し，刑を任意的に減免することができないかが争われているのである。

4.3.8（1）で述べたところからも分かるように，誤想過剰防衛においては違法減少がなく，それゆえ，過剰防衛の規定をそのまま適用することはできない。もちろん，どれほど注意しても実は襲いかかられているわけではないことを認識しえなかった，という例外的な場合においては責任主義の観点から違法減少と同様の扱いをしなければならないが，それはまさに例外的な場合であって一般化はできない。もっとも，他方において，現実に刑を減免すべきであるという価値判断を導く原動力となるのは，むしろ責任減少のほうである。そして，責任減少ならば誤想過剰防衛においても過剰防衛と同様に認められるのであるから，誤想過剰防衛に過剰防衛の規定を準用ないし類推適用することは可能ではなかろうか。

ただし，誤想過剰防衛においても過剰防衛と同じく刑を減免しうるとしても，そもそもの誤想について過失がある場合に過失犯による処罰の余地まで排除すべきではなかろう。学説には，過失がある場合には刑の減軽にとどめるべきであるとか，そのうえで過失犯に相応する刑を下回っては処断すべきでないなどというものもあるが，基本的には同旨を述べたものと評価することができる。

判例には，酩酊した女性を被害者がなだめていたのを暴行を加えているものと誤解した被告人（英国人で空手 3 段の腕前を有する）が，女性を助けるべく両者の間に割って入ったうえ女性を助け起こそうとし，ついで被害者のほうを振り向き両手を差し出して被害者のほうに近づいたところ，被害者はこれを見て防御するため手を握って胸の前辺りに上げたが，被告人はこれを自分に殴りかかってくるものと誤信し，とっさに被害者の顔面付近に回し蹴りをして被害者を路上に転倒させ，頭蓋骨骨折等の傷害を負わせて死亡させた，という事案において，傷害致死罪につき誤想過剰防衛として 36 条 2 項により刑を減軽した原判決を是認したものがある（最決昭 62・3・26 刑集 41 巻 2 号 182 頁＝英国騎士道事件。それ以前に誤想過剰防衛につき 36 条 2 項により処断した判例として，最決昭 41・7・7 刑集 20 巻 6 号 554 頁を参照）。

4.4 緊急避難

4.4.1 総　説

1. 法 的 性 質

　37 条 1 項本文は，「自己又は他人の生命，身体，自由又は財産に対する現在の危難を避けるため，やむを得ずにした行為は，これによって生じた害が避けようとした害の程度を超えなかった場合に限り，罰しない」と規定している。これを**緊急避難**という。もっとも，その法的性質については争いがある。

　責任阻却事由説は，自分の身に降りかかった運命は自分が甘受すべきであり，これを他人に転嫁することは違法といわざるをえないが，緊急状況において合理的な判断をなしえなくなっていることが責任を阻却するのだ，と解する。この説に対しては，自分に近しくない第三者のための緊急避難まで同様の要件のもとで認められていることと整合しない，という批判がなされてきた。しかし，見ず知らずの人であれ，危難に襲われていればこれを助けようと必死になり，合理的な判断をなしえなくなる事態は十分に観念しうるから，この批判はそれほど深刻なものではない。むしろ，この説の最も本質的な欠点は，自分の身に降りかかってきた危難といえども，いったんはこれを他人に転嫁することを許容し，あとは，事後的な損害賠償によりその他人が特別な犠牲とならないよう利害調整を図る，という社会的に見て望ましい解決法をはじめから遮断してしまうところにある。

　これに対して**二元説**は，①被保全利益が非侵害利益を上回っていれば違法性が阻却されるが，両者が同等であれば責任が阻却されるにとどまる，とか，②被侵害利益が自律の基盤を構成しない程度の利益であれば違法性が阻却されるが，生命やこれに比肩する重大な利益であれば責任が阻却されるにとどまる，と解する。しかし，まず①については，両者が同等であっても社会的にマイナスが生じていないという点はたしかなのであるから，違法性を阻却しないという決定的な根拠は見出しがたいであろう。次に②についても，たしかに，「自分が助かりたいからお前は死んでくれ」というのを一律に違法性阻却する，というのは明らかに不当であろう。もっとも，他方で違法性阻却すべき場合も厳然として存在するのであるから，違法性阻却すべきでない場合については 4.4.1 (2) で述べる外在的な制約として説明すべきであろう。

こうして，条文に規定されたとおりの要件がみたされれば原則として違法性が阻却される，と解する**違法性阻却事由説**が妥当である。そして，その構造は「被保全利益に危難が降りかかり，これを擁護するにはそれ以下の保護価値を有する被侵害利益を犠牲にするほかなかった」というものなのであるから，まさに優越利益原理を体現した違法性阻却事由であるといえよう。

2. 攻撃的緊急避難と防御的緊急避難

緊急避難は次の2種類に区分することができる。

第1は**攻撃的緊急避難**であり，危難を避けるためにその危難を構成するのとは別の利益を侵害する場合である。危険源以外の者に危険を転嫁する場合といってもよい。通常，緊急避難として想定されているのはこちらであり，たとえば，前方から突っ込んでくるトラックを避けるためにやむをえず隣の人を突き飛ばす，という事例をあげることができよう。

もっとも，この攻撃的緊急避難の場合に優越利益原理を無制限に推し及ぼし，常に違法性阻却を肯定していたのでは明らかに正義に反する帰結に至る。たとえば，XとYが臓器移植によってしか死が避けられない病気にり患しているとして，助かるために適合臓器をもつ唯一の人間であるAを殺害し，そこからおのおのに必要な臓器の移植を受けた，という事例において，殺人行為を違法性阻却するのが妥当であるとは到底思われない。このように見てくると，優越利益原理には一定の外在的制約が存在するものと解すべきであろう。

そもそも，優越利益原理とは社会全体の利益状態を改善する行為を許容し，それによって生じかねない特別な犠牲は事後的な損害賠償によって救済しようという発想であった。そうであるとすれば，社会全体のために供出させられることを国家が是認し，あとは経済的な保障によって利害調整が済まされたものと評価することができるような利益だけが同原理の適用を受けることとなるはずである。反対にいうと，個人の自律の物質的な基盤を構成するような重大な利益については，そもそも社会全体にとって役立つかどうかという観点に基づき，これを侵害することを国家が是認するのは憲法違反にあたるというべきであろう。

こうして，先述したような重大な利益を侵害することは優越利益原理の埒外であり，それゆえ，攻撃的緊急避難によって違法性阻却することは許されない

と解すべきである。問題は何がそのような利益にあたるかであるが，生命やその侵害が生命を脅かすような身体の枢要部分，その喪失が不可逆的にライフスタイルの重大な制約をもたらすような身体の部分（眼球や腕，脚など），さらには，誰と性交するかを決める性的自己決定権などはこれに含まれると考えてよいであろう。最後の利益は理解しにくいかもしれないが，かつて，ある地域において，死に至るある重い病気を治すには小児と性交するしかない，という迷信に基づきレイプが行われたことがあった。かりにそれが迷信ではなく科学的事実であったとしても，そのような行為を適法とすべきではない。

　ただし，同一人に属する利益どうしが衝突しているにすぎない場合には，たとえ攻撃的緊急避難の論理構造を有しているとしても，なお重大な利益の侵害まで優越利益原理により違法性阻却する余地がある。そこでは，ある人の利益が社会全体のために供出させられているという観点を容れずとも，その人自身の利益状態を改善するという観点から違法性阻却を基礎づけることができるからである。そして，たしかに，原則的には，ある人に属する複数の利益の保護価値の大小はその人自身が自由に決することができるはずである。しかし，202 条にもあらわれているように，その人自身であっても，生命をはじめとする重大な利益をそれ以外の利益の劣位におくような価値判断をなすことは許されない。そこで，重大な利益の侵害を違法性阻却するためには，同じく，重大な利益を保全する唯一の手段であることを要求すべきであろう。たとえば，わずかに残された余命が深刻な肉体的苦痛をともなうものである一方，苦痛を緩和する薬剤の投与がさらに余命を短縮する効果をもつというとき，患者の価値観に従って後者を選択する医師の殺人行為は違法性阻却されるべきである。

【トロリー問題】

　道徳哲学の分野で，しばしばトロリー問題というものが議論される。これは，暴走トロリーがそのままでは多数の人々が滞留する市街地に突っ込んでいってしまうため，これを避ける唯一の方法として線路のポイントを切り替え，数人の作業員が線路工事に従事している現場に突っ込ませた，という事例においてポイントを切り替えた行為が正義にかなっているか，という問題である。刑法においては，多数の人々の生命を救う唯一の方法として数人の作業員を犠牲にした殺人行為が違法性阻

却されうるか，というかたちで議論が行われている。

　先の，臓器移植のために被害者を殺害した事例と異なり，このトロリーの事例においては違法性阻却を肯定する見解もそれなりに見られる。その根拠は，前者の事例においてはまさに被害者の生命を他人の生命擁護のための手段として収用しているのに対し，後者の事例においてはあくまでトロリーの走行する軌道を変更することが手段なのであり，たまたまその結果として被害者が死亡したにすぎない，という点に求められている。

　もっとも，本文で述べたように，優越利益原理の外在的制約となるのは「社会全体の利益状態が改善するからという理由で人の命を奪うことを国家が是認する」ことの（憲法による）禁止であり，人の生命そのものが直接的な手段として用いられたかどうかは重要でないはずである。したがって，このトロリーの事例もやはり優越利益原理の埒外であり，攻撃的緊急避難として違法性阻却することは許されないと解すべきであろう。

　第2は**防御的緊急避難**であり，危難を避けるためにその危難を構成する利益を侵害する場合である。危険源である者に危険を差し戻す場合といってもよい。たとえば，妊娠の継続や出産が母体の生命に危険を及ぼすため，これを避ける唯一の方法として堕胎を行う，という事例をあげることができよう。

　この防御的緊急避難の最大の特徴は，社会全体の利益のためにある危難をそれとは無関係の者に押しつける，という図式が成立していないことである。そこではむしろ，まさに危難を押しつけてきた者に対峙し，対等な立場でこれを押し戻そうとする公平な競争が行われているにすぎないのであるから，たとえ自律の基盤を構成する重要な利益を侵害することとなったとしても，なお違法性阻却を肯定することが許されるであろう。しかも，対等な「勝負」であれば敗者に対して損害をてん補するなどの利害調整は不要であるから，防御的緊急避難においては適法行為に基づく損害賠償義務も存在しないというべきである。

　このような考え方に対しては，たとえば，ひとり分しか支える浮力がない浮き板にある海難者がつかまろうとしているとき，別の海難者が同じく浮き板につかまろうとしてきたためこれを蹴飛ばしてでき死させてしまった（カルネアデスの浮き板事例）とか，ある洞窟で崩落事故が起き，取り残された2人で洞窟内の空気を消費すると12時間しかもたないが救助隊が岩盤に穴を開けられ

るのは 24 時間後であるとき，2 人のうち一方が他方を殺害して 24 時間分の空気を手に入れたなどといった事例を念頭におきつつ，それらの殺人行為が適法だというのではただの弱肉強食であり正義に反する，との批判も投げかけられている。

　しかし，そのようなことを言い始めれば，優越利益原理そのものが弱肉強食を容認するものであり正義に反することとなってしまう。むしろ，形式的に見れば弱肉強食ともいえそうなケースのうち，いかなる範囲において違法性を阻却することが合理的かつ個人の自律を損ねないものであるかを慎重に検討することが必要であろう。そして，そのような検討によれば，先の殺人行為が適法であるということも十分に可能であるように思われる。

【危険共同体論？】

　学説では，厳密には攻撃的緊急避難の類型にあてはまるにもかかわらず，例外的に生命侵害まで違法性阻却されうる場合として**危険共同体**という観念が主張されている。これは，複数者が同時に同一の危難に襲われ何もしなければ全滅が避けられないとき，一部の者を殺害することを唯一の手段として残部の者が生き残る，という事例を想定したものである。たとえば，船が難破してそのままでは乗員全員の餓死が避けられないというとき，一部の者を殺害して残部の者がこれを食するようなケースが考えられよう（実際にも，ミニョネット号事件という類似の事件が起きたことがある）。

　もっとも，厳密に考えてみると，全員が同じ危難に襲われているといっても，法理論的には，あくまで個々人の利益がそれぞれに危険にさらされているというにすぎない。したがって，同じような境遇の人が集まっているという，単なる現象面を根拠に法的な扱いを変えるべきではない。また，何もしなければ全滅が避けられないといっても，それはいくらか先のことなのであり，いま，ただちに特定の人を殺害することと同一には論じられないであろう。そうでないと，死期が迫っている人はいますぐに殺してもかまわない，ということになってしまいかねない。こうして，危険共同体という観念は否定すべきである。

　ただし，これにやや似た場合として，事情が少し違えば被保全利益を脅かしている危難が被侵害利益を脅かすことも十分にありえた，という事例において攻撃的緊急避難の例外を認め，生命侵害等まで違法性阻却することは考えられるであろう。というのも，そのような事例においては，被保全利益の運命を被侵害利益の運命と

すり替えられるかが問題になっているというよりも，いまだ確定していない不運の行く先を被保全利益と被侵害利益とで押しつけあっているという構図のほうがよくあてはまる。そうであるとすれば，それはむしろ防御的緊急避難に近い論理構造をもつこととなるからである。このような場合を**準危険共同体**とよぶことができよう。たとえば，落石から生命を守る唯一の手段として近くの人を突き飛ばして逃げ，代わりにその人が犠牲になったというような事例においては，落石がはじめから犠牲者のほうに向かっていた可能性も十分に存在するのであるから，準危険共同体が形成されているとして傷害致死行為の違法性を阻却すべきである。

4.4.2 緊急避難の成立要件

1. 現在の危難

「**現在の危難**」とは，法益に対する危険が切迫していることを意味し，正当防衛における不正の侵害の急迫性とほぼ同義であると解されている。もっとも，厳密に考えると，現在の危難が要求される根拠と急迫不正の侵害が要求される根拠とはまったく異なるため，日常用語的には近い意味を有しているとしても，法的な意義は必ずしも同一ではない。すなわち，侵害の急迫性は私人による自力救済が例外的に社会の安全を害しないことを基礎づけるのに対し，現在の危難のほうにはそのような理論的負荷が存在しない。むしろ，優越利益原理を体現した違法性阻却事由である緊急避難においては，大きな利益を擁護するにはいま小さな利益を侵害する以外に途がない，という補充性と大きさ比べだけが重要なのであるから，現在の危難そのものにはほとんど規範的な意義がないというべきであろう。このことを，もう少し詳しく見てみる。

まず，「現在」性についてであるが，いま被侵害利益を害する行為に出ておかなければ被保全利益が損なわれてしまう，という状況自体は「危難」と補充性によってあらかじめ保障されている。そうすると，「現在」性をことさらに要求する意味を見出すためには，被保全利益がすぐにでも損なわれてしまいそうである，という時間的切迫性まで必要と解するほかない。しかし，いま1の利益を侵害しておかないと明日には別の10の利益が損なわれてしまう，という場合であっても優越利益原理が妥当しえ，それゆえ緊急避難が成立しうる以上，そのような時間的切迫性まで求めるのは過剰というものであろう。こうして「現在」性は理論的に不要であり，条文に書かれてはいるが表見的な要件に

すぎないと解すべきである。

　次に，「危難」についてであるが，これは，放っておけば被保全利益が損なわれてしまう，という事態の変更する方向性を指し示す機能的な概念にすぎない。要するに，新たに被保全利益を獲得するためにはいま被侵害利益を害する行為に出ておくほかない，などといった状況は緊急避難の想定するものではないのである。しかも，このような被保全利益の危機的状況もまた，煎じ詰めれば優越利益原理が適用されるための前提条件にほかならない。したがって，緊急避難が優越利益原理をそのまま条文化した違法性阻却事由であるとすれば，「危難」もまた厳密には表見的な要件にすぎないというべきであろう。

　以上のように，「現在の危難」は，優越利益原理を決定的なものととらえる場合には，究極的にはなくてもよい要件ということになる。ただし，単にこの要件を条文から削除するだけでは日本語として不自然になるから，条文を改正する場合には全体として手を入れる必要があろう。

　判例には，豪雨により被告人の耕作する水田に水があふれ，田植えをしたばかりの稲苗が増水のため水没して枯死するおそれがあったため，排水を妨げていた水利組合の管理する川の板堰を損壊した，という事案において財産に対する現在の危難を肯定したもの（大判昭 8・11・30 刑集 12 巻 2160 頁），反対に，村所有の吊橋が腐朽し車馬の通行が危険になったことから，被告人らは村当局に対して再三架替えを要請したが実現の運びに至らず，日常著しく不便を感じていたため，雪害によって落橋したように装い災害補償金の交付を受けて架替えを容易にすることを企図し，ダイナマイトを爆発させて橋を損壊するとともに往来を妨害した，という事案において，具体的な橋の（利用）状況を考慮して現在の危難を否定したもの（最判昭 35・2・4 刑集 14 巻 1 号 61 頁＝関根橋事件）などがある。

2. 避 難 行 為

　失敗した**緊急避難**の擬律や**避難の意思**の要否については，正当防衛の場合と基本的にパラレルに考えてよい。詳細は 4.3.4 を参照されたい。

3. やむを得ずにした行為

　「**やむを得ずにした行為**」というためには，第 1 に，被保全利益を擁護する唯一の手段であったこと，すなわち**補充性**が必要である。正当防衛を規定する

36条1項でも同じ文言が用いられているが，そこでは補充性すなわち退避不可能性が必ずしも要請されていないのであるから，緊急避難を規定する37条1項本文におけるのとは意味が異なることに注意を要する。補充性の要否に関する両者のこのような違いは，正当防衛の違法性阻却根拠と緊急避難の違法性阻却根拠とが本質的に異なるところに由来している。

つづいて，一部の学説は「やむを得ずにした行為」というための第2の要件として，（避難行為の）**相当性**という観念を主張する。それは，緊急避難の違法性阻却原理を優越利益原理ではなく，**連帯性の原理**に求める発想を基礎にしている（松宮孝明『刑法総論講義〔第5版補訂版〕』〔成文堂，2018〕161頁などを参照）。この連帯性の原理とは，人々が国家の法によって規律される公共空間以外においては原理的にバラバラの個人として存在している，というそもそもの出発点を拒絶し，人間というものはあくまで基本的な価値観を共有する共同体の構成員としてはじめて観念しうるのだ，と考える。そして，そのうえで，そのような基底的価値観に照らして「このくらいはお互いさまだから，他人に降りかかった危難も自分が甘受してあげよう」と判断されうる限りにおいて，違法性を阻却しようとしたのが緊急避難だ，と理解するのである。この連帯性の原理によれば，緊急避難により正当化されうるためには，避難行為が「お互いさま」と共同体の判断する範疇に収まっていることが必要であり，このことをいいあらわしたのが相当性であることになる（したがって，防衛行為の相当性と同様，利益衡量をあらわす法学の一般的概念としての相当性とは意味が異なる）。

この相当性が否定されるべきケースとして学説のあげるのが，①1人を殺害して移植可能な臓器をすべて摘出し，それぞれをそうしなければ延命できない複数の患者に移植した場合，②緊急に輸血しなければ患者が死亡するというとき，たまたま通りかかった人から強制的に採血した場合，③紙でできた高価なドレスを着た人が急な雨にあったため，通りすがりのぼろをまとった人の古びた雨傘を奪い取った場合，④娘を誘拐された父親が誘拐犯から「銀行から1億円を強奪してこないと娘を殺す」と脅され，実際にそうした場合，などである。現実にはあまり考えられないが，いずれにおいても補充性はみたされているものとする。

もっとも，結論からいえば，この相当性は不要と解するのが妥当であろう。

そもそも，個々人は自律的な存在として善き生の構想を他者からの干渉なく自由に選択してよいはずであり，ただ，国家という約束ごとを介してはじめて享受しうる公共の便益もまた重要なものとして観念しうるというにすぎない。したがって，相当性の要件が前提とする連帯性の原理自体がその基本的な発想において支持しえない。また，相当性の要件を導入することではじめて（緊急避難が否定されるという）適切な解決を導きうるとされる①〜④のケースにおいても，厳密に考察すればさらに説得的な解決を他の方法により導きうるように思われる。

　たとえば，①優越利益原理に対する外在的制約として，自律の基盤を構成する利益に対する攻撃的緊急避難は許容されない，と説明すれば足りる。②この場合にはむしろ緊急避難を肯定するほうが妥当であり，現に，強制採血は犯罪捜査という生命保全より小さな目的のためであっても許容されうる。③雨などというしばしば起きる自然現象は当然計算に入れて行動すべきであり，これを怠って緊急避難状況をみずから招いたときはこれに対する制裁として正当化を制限すれば足りる。④強盗行為は往々にして相手方の生命や身体の枢要部分に現実的な危険をもたらすものであり，①と同様の観点から緊急避難による正当化を否定すれば足りるし，かりに「強奪」というのが深夜の金庫破り等の窃盗を意味しているにすぎないのであれば，むしろ緊急避難を肯定するほうが理に適うであろう（④には避難行為を強要されているという特徴も看取しうるが，そのことは相当性の存否とは関係がない）。

4. 害 の 衡 量

　害の衡量とは，被保全利益と被侵害利益の大小比較を意味するが，単に，たとえば，身体＞財産という抽象的な価値序列が決定的なのではない。そうではなく，むしろ，おのおのの利益の具体的な保護価値や，それらに及ぶこととなる危険の大きさ，範囲などが重要な意味をもつ。このような考え方を，法益衡量説に対して**利益衡量説**とよぶことがある。たとえば，落石による破壊から守るために家宝の壺を押し，それが人にわずかにぶつかったというだけであれば，財産を守るために身体を攻撃するものであっても害の衡量をみたすであろう。反対に，壺が極めて頑丈であり落石がぶつかっても破壊される可能性は低いにもかかわらず，これを押せば人にかなり強くぶつかり当たり所によっては骨折

しかねない，というのであれば害の衡量はみたされないものと考えられよう。

　次に問題となるのは，害の衡量において考慮される利益の範囲である。この点について一部の学説は，プラスの方向ではすべての利益が算入されるが，マイナスの方向に算入されるのは問題となる構成要件該当事実に限られる，と主張する（山口厚『問題探究　刑法総論』〔有斐閣，1998〕98・99頁などを参照）。たとえば，自分の手と腕時計を守るために被害者の手と腕時計と指輪を傷つけた，という事例で被害者の手を傷つけた傷害行為につき緊急避難の成否を判断するにあたり，プラスの方向では自分の手と腕時計が守られたことを算入するが，マイナスの方向では被害者の手が傷ついたことだけを算入して緊急避難の成立を肯定すべきだ，というのである。しかし，総合的に観察して社会的厚生が増大させられたかを問題にするのが優越利益原理の本質であり，またこれを体現したのが緊急避難であると解する以上，このような学説は適切でないというべきであろう。具体的には，マイナスの方向に被害者の腕時計と指輪が傷ついたことをも算入し，指輪の分だけマイナスのほうが大きいとして緊急避難の成立を否定すべきである。

　最後に問題となるのは生命の衡量方法である。まず，同一人の内部で生命の長短を衡量しうるのは当然である。たとえば，放置すれば3カ月で死亡する重病を治し，余命を10年に延ばす唯一の手段として手術をする，という傷害行為は優越利益を実現するものといえる。つづいて，防御的緊急避難においては別人間の生命の衡量を行わなければならないこともあるが，その際には，反対に，生命の長短を問題とすべきではない。人の生命は，おのおののライフスタイルに応じて一瞬一瞬が至高の価値をもっており，病気や障害がある者の短い命は価値が低い，などということはありえないからである。ただ，そうであるとしても，別人間の生命をおよそ衡量しえないわけではなく，純粋に人数を標準とすることは許されてよいであろう。2人の命が1人の命より重い，と評価することがただちに人格の根源的平等に反するものとは思われない。以上を要するに，たとえば，救出まで生存するのに必要な酸素が1人分しかない洞窟において，余命の短い老人が余命の長い若者を殺害することをマイナスのほうが大きいとして違法と評価することはできない。これに対し，酸素が2人分ある洞窟において，体躯が大きく酸素を多く消費する者が通常の体格をした残り2

名を殺害することは，マイナスのほうが大きいため違法と評価されることになる（ただし，責任が阻却される余地は否定されない）。

5. 特別義務者の例外

　37条2項は，「前項の規定は，業務上特別の義務がある者には，適用しない」と定める。警察官，消防士など，一定のリスクの受忍を職務上義務づけられている者が，そのようなリスクを一般市民に転嫁することを許容していたのでは制度自体が成り立たないため，このことを禁止する趣旨で設けられた規定である。たとえば，被疑者が警察官を突き飛ばして逃走しようと向かってきたため，隣にいた無関係の一般市民を押し倒してこれをかわした場合には，緊急避難が成立しえないことになる。

　もっとも，職務上その受忍が義務づけられている程度を超えたリスクについては，警察官等も「業務上特別の義務が」ない「者」と規範的に見て同等の立場にある。したがって，そのようなリスクに対しては，例外的に緊急避難をなしうるものと解すべきであろう。たとえば，逆上した被疑者が隠し持っていたけん銃を警察官の胸元に突きつけ，発砲しようとしたため，警察官がとっさに被疑者を突き飛ばしたところ，一般市民がこれにぶつかって転倒し負傷した，という場合には緊急避難の成立をただちに否定すべきではない。

4.4.3 緊急避難をめぐる諸問題

1. 強要による緊急避難

　かねてよりAのことを恨んでいたYが，Xにけん銃を突きつけ，「死にたくなければAの大事にしている盆栽を叩き割れ」と命じたため，Xがこれに従った，という事例において，Xの器物損壊行為は緊急避難により違法性が阻却されうるか。このように，危難の転嫁が背後者の強要による場合であっても緊急避難を構成しうるか，という問題が**強要による緊急避難**という表題のもとでさかんに議論されてきた。

　この問題について一部の学説は，たとえば，XがYの不法な目的に加担していることを理由に緊急避難の成立を否定しようとする。しかし，適法行為を利用する違法行為という法形象が観念しうる以上，Yの行為が違法であることからただちにXの行為も違法であることは導けないはずである。むしろ，Yがど

のようなことを意図していたのであれ，あるいはまた，Xに自身の意図を告げようが告げまいが，Xにとっては「Aの盆栽を損壊することが自分の生命を保全する唯一の方法である」という点になんら変わりはないのであるから，Xの行為は緊急避難として違法性阻却するのが一貫するであろう。こうして，強要による緊急避難という特別な主題化は不要であり，端的に緊急避難の一般的成立要件をあてはめれば足りるものと解すべきである。

　なお，裁判例には，被告人が教団代表者や幹部の前に連れ出され，被告人を解放する条件として被害者を殺害するように教団代表者からいわれ，被告人が殺害を拒んでもすぐに殺害される危険性はなかったが，拒否し続ければ殺害される危険性はあり，また，身体は拘束されている状態にあったことから，被告人は解放されて自宅に帰るために被害者を殺害した，という事案において，生命に対する現在の危難は否定しつつ過剰避難を認めたものがある（東京地判平8・6・26判時1578号39頁）。事実認定や生命に対する攻撃的緊急避難についてやや問題を残すものの，少なくとも，強要による緊急避難にも通常の緊急避難の要件をあてはめようとしている点は支持できる。

2. 自招危難

　緊急避難状況をみずから招いた場合，いかにして避難行為の正当化を制限しうるか。この問題は**自招危難**とよばれるが，基本的には，正当防衛に関して4.3.7（1）で述べた制裁論の発想がここでも妥当しうるであろう。すなわち，緊急避難においても被侵害利益は十分な要保護性を有するのであり，ただ，より大きな利益を保全するためにやむをえず犠牲に供されているだけである。そうであるとすれば，必要もないのに緊急避難状況を招致することに対しては，招致者の利益を保全するための避難行為の正当化を制限するという制裁を科し，そういった招致行為を抑止することにより被侵害利益をも守ることが合理的である。このように考えるのである。

　ただし，他人に対する危難を引き起こしたうえ，その他人を守るために避難行為に出る，という類型においては制裁論の発想が妥当しえない。危難の惹起と無関係な他人の利益を保全するための避難行為の正当化が制限されるいわれはないからである。したがって，このような類型においては原因において違法な行為の理論を適用し，避難行為の正当化そのものは肯定したうえ，そもそも

危難を引き起こした原因行為について犯罪の成立を肯定すべきであろう。

　（裁）判例には，自動車運転者である被告人が前方から来る荷車の背後等に十分注意することなく，漫然と急速力でこれとすれ違おうとしたところ，荷車の背後から突然 A が現れ道路を横切ろうとしたため，急遽これを避けようとして進路を右に転換した結果，A の祖母に自車を衝突させ死亡させた，という事案において緊急避難を否定したもの（大判大 13・12・12 刑集 3 巻 867 頁），被告人が降雨のなか，漫然と時速約 45km で自動車を横断歩道に向かって走行させていたところ，横断歩道を横断していた被害者を認めたにもかかわらず，警音器を鳴らしただけで進行を続けた結果，自車を被害者に衝突させて負傷させたが，かりに被告人が急ブレーキをかけていれば自車が滑走して横転等し，歩道上の歩行者や対向車に危険が生じたであろう，という事案において緊急避難を否定したもの（東京高判昭 45・11・26 東高刑時報 21 巻 11 号 408 頁），被告人が警察官らからの依頼を受けて捜査対象者に接触するため，同人が所属する暴力団組織の事務所に会いに行ったところ，やり取りののち，同人がけん銃を持ってきて被告人の右こめかみに突きつけ，覚せい剤を自分に注射するよう脅迫したため，被告人はやむをえずこれに従った，という事案において，被告人が捜査対象者に接触した経緯，動機や，前記強要行為が被告人に予測不可能であったこと等を考慮して緊急避難を肯定したもの（東京高判平 24・12・18 判時 2212 号 123 頁。強要による緊急避難という側面もある）などがある。

　これらの（裁）判例のうち，はじめの 2 つは，緊急避難状況を引き起こした者の利益を保全するための避難行為が問題となっているわけではないため，緊急避難の成立それ自体を制限することは許されず，原因において違法な行為の理論を適用し，緊急避難状況を引き起こした原因行為をとらえて処罰するほかない。これに対して，最後の 1 つは，まさに緊急避難状況を引き起こした者の利益を保全するための避難行為が俎上に載せられているが，裁判所は，緊急避難状況を引き起こしたことにつき正当な理由があり，また，そもそも引き起こすこととなる点を予見しえなかったから責任もない，という理由をあげて正当化の制限を否定したものと解釈しうる。制裁論と非常に親和的な判示ということができよう。

4.4.4 過剰避難

　37条1項但書は，「ただし，その程度を超えた行為は，情状により，その刑を減軽し，又は免除することができる」と定める。これを**過剰避難**という。この法的性質および具体的な成立要件・効果は，基本的に過剰防衛（4.3.8）と同様である。ただし，緊急避難においては，正当防衛と異なり退避不可能性すなわち補充性が要求されることから，退避可能であるにもかかわらず被侵害法益を損なう行為に出た場合にもなお過剰避難が成立しうるか，という点が正当防衛には存在しない独自の問題として議論されている（これに対して，①1の利益を擁護するのに2の利益を侵害するほかない場合，②1の利益を擁護するのにAの1の利益を侵害すれば足りるところ，Aの2の利益まで侵害してしまった場合，③1の利益を擁護するのにBの利益なら1を侵害すれば足りるところ，2まで侵害しなければならないAの利益を標的にしてしまった場合，④③においてAの3の利益まで侵害してしまった場合，などにおいて過剰避難が成立しうることにはそれほど争いがない）。

　たしかに，退避可能性があるにもかかわらず被侵害法益を損ねた場合には，正当な利益をともに擁護する手段が存在したわけであるから，「正当化されうる部分を超えた法益侵害」という意味における違法減少がないから，過剰避難の範疇に含まれない，というのはそのとおりであろう。しかし，過剰防衛に関して述べたように，実際に刑を減免すべきであるという価値判断を支えているのは，むしろ責任減少のほうである。したがって，過剰避難そのものとまではいえないとしても，37条1項但書を準用ないし類推適用して類似の法的効果を付与すべきであろう。ただし，責任減少といっても，行為者が退避可能性の存在を認識している場合には，違法減少の認識という意味における責任減少は認められない。したがって，顧慮しうるのは，パニック状況からくる処分（特別予防）の必要性の減少という意味における責任減少だけである。そうすると，刑を免除するのは行き過ぎであり，せいぜい減軽にとどめるべきであるとも考えられよう。

　なお，裁判例には，被告人がかねて不仲であり，酒乱で粗暴癖のある弟から鎌を持って襲われ，自動車の中に逃げ込みしゃがんで隠れていたが，これに気づいた弟が自分の自動車に乗ってエンジンをかけたため，被告人は自分の身を

守るために酒気帯び運転で自動車を乗り出し，運転を継続して警察署に到着し，警察官に助けを求めた，という事案において過剰避難を認め，刑を免除したもの（東京高判昭 57・11・29 刑月 14 巻 11 = 12 号 804 頁），被告人が自動車を運転中，後部座席の次女の熱がかなり高く，一刻も早く医師の手当てが必要な状態にあることを発見し，救急車を呼ぶことも考えたものの，かかりつけの病院がさほど遠くないところにあったため，そこで手当てを受けようと考え，急いで運転を続け最高速度超過運転を行った，という事案において過剰避難を認め，刑を免除したもの（堺簡判昭 61・8・28 判タ 618 号 181 頁），暴力団組事務所内で監禁状態におかれていた被告人が，監禁から脱出するため組事務所 1 階室内に放火し，同室の一部を焼損した，という事案において，より平穏な態様での逃走手段が存在したことや，放火行為が条理上是認しえないことを理由に過剰避難さえ否定したもの（大阪高判平 10・6・24 高刑集 51 巻 2 号 116 頁）などがある。

　これらの裁判例のうち，最後の 1 つは，退避可能性が存在する場合における過剰避難の余地を否定したものといえる。もっとも，被告人がより平穏な態様での逃走手段を一応は認識しつつも，恐怖心から冷静な判断能力を失い，とっさにより確実に感じた放火の手段に出た，という場合であってもなお，刑を減軽する余地さえ排除してしまうのは妥当でないように思われる。

　最後に，誤想避難および誤想過剰避難に関しては，誤想防衛および誤想過剰防衛（4.3.8（3））を参照されたい。裁判例には，被告人が，駅のコンコースから逃げ出せば 2 人の男性から暴行を受けることになるに違いない，と思い込み，護身用にと理容室内に飛び込み，散髪ハサミを勝手に持ち出した，という事案において，誤想過剰避難を認めて過剰避難と同様に処断したものがある（大阪簡判昭 60・12・11 判時 1204 号 161 頁）。

4.5 被害者の同意

4.5.1 総　　説

　被害者の同意とは，利益欠缺原理に基づいて，法益の侵害ないし危殆化を実質的に否定する法形象である。その理論的な構造は，次のようなものである。

　ある利益を（社会や国家ではなく）個人に帰属させる，という判断それ自体

はさまざまな考慮に基づいて行われうるが，いったん個人に帰属させると判断されたならば，その利益を個人がどのような価値体系に基づいて処分するかに法が口を挟んではならない。というのも，そこで法がある処分だけを制限したり禁止したりするというのは，とどのつまり，国家が特定の価値観のみを「誤っている」，「尊重する価値がない」と評価することに帰するからである。それは個人の根源的平等に反する事態であり，そのような評価が社会の多数派的価値観に基づいて下されがちであるからこそ，「法と道徳の峻別」が強く謳われるのである。

　もちろん，以上に述べたことは直接的には，個人が自身の利益を自分の手で処分する場合を想定している。しかし，個人がなんらかの理由により自分自身では利益を処分せず（できず），他者を使って処分してもらうという場合も十分に想定することができる。そして，そのような場合に他者による処分を違法と評価して禁止することもまた，究極的には個人の価値観を尊重していないことに帰着する。したがって，個人に使われた他者による法益処分もまた適法といわざるをえず，これこそが利益欠缺原理の神髄にほかならない。

　これに対して判例には，被告人が被害者と保険金詐欺を共謀したうえ，過失を装って自動車による追突事故を故意に引き起こし，被害者らに傷害を負わせた，という事案において，被害者の承諾が違法な目的に利用するために得られた違法なものであるから，傷害行為の違法性が阻却されない，と判示したものがある（最決昭 55・11・13 刑集 34 巻 6 号 396 頁＝保険金詐欺事件。そのほか，やくざの指詰めに関し，被害者の承諾があっても行為が社会的に不相当であり違法性が阻却されない，と判示したものとして仙台地石巻支判昭 62・2・18 判時 1249 号 145 頁を参照）。たしかに，保険金詐欺は違法であるが，それはそれとして処罰すればよいのであって，保険金詐欺を目的としていることから，個人が自分の身体を処分することの是非に刑法が口を出してよいということにはならない。

　ただし，202 条にもあらわれているように，生命をはじめとして，いったん失われれば爾後の自己実現が本質的に阻害されてしまう，という意味で自律の基盤を構成する重要な利益については，これを処分することが個人の根源的平等の基礎にある自律そのものを損ねてしまう，という関係が認められる。そこで**パターナリズム**の観点から，そのような利益はその主体であっても自由に処

分することができないと解すべきである（性交中に相手方の承諾を得て，その首を寝間着のひもで絞め窒息死させた，という事案において，生命に対する危険性を強度に含んでいることから暴行の違法性を阻却せず，傷害致死罪の成立を認めた裁判例として大阪高判昭 40・6・7 下刑集 7 巻 6 号 1166 頁を参照）。したがって，202 条の法定刑が 199 条より軽いのも有効な生命処分が認められるからではなく，単に意思侵害の要素が欠けているからであるにすぎない。また，重要な身体利益をその主体の承諾に基づいて侵害する等の場合に 204 条を適用しうるとしても，202 条の法定刑を超えては処断しえないと解すべきであろう。

　最後に，被害者の同意が行為の不可罰を導く場合において，それが犯罪のいかなる構成段階を阻却すべきかも争われている。この点について有力な見解は，原則として構成要件該当性を阻却しつつも，傷害罪においてだけは違法性を阻却するにとどまる，という。その理由は大きく分けて 2 つあり，第 1 に，たとえ被害者が承諾してもけがをしたという事実は消せないこと，第 2 に，傷害が重大である場合には処罰の余地を残す，などといった個別具体的な事情の考慮は違法性阻却のほうになじむこと，である。しかし，厳密に考えればいずれの理由にも説得力がない。

　まず第 1 についてであるが，たとえば，被害者の同意が構成要件該当性を阻却することに争いがない動物傷害罪（261 条）においても，飼い主が承諾しているからといって動物がけがをしたという事実は消せないはずである。次に第 2 についても，そのような個別具体的な事情の極致である生命侵害の場合においては，202 条の創設という構成要件レベルの考慮が払われているのであるから一貫性を欠く。このように見てくると，被害者の同意はもっぱら構成要件該当性阻却にかかわるものと理解するのが妥当であろう。

【被害者の同意に関する利益衡量説】

　被害者の同意は通常，利益欠缺原理に基づくものと理解されているが，学説には，被害者の同意をも優越利益原理のもとに統合しようとするものもある。これを**利益衡量説**という。すなわち，たとえ被害者の同意に基づいて侵害したとしても，法益が客観的に見て保護価値を有していることは否定しがたい。新品同様のバッグは，たとえその持ち主がデザインが気に入らないからと捨ててしまったとしても，なお

十分な社会的有用性を備えているのである。そうすると，被害者の同意に基づく行為が違法でないのは，そもそも要保護性のある利益の侵害がないからではなく，それはあるのだけれども，それを埋め合わせて余りあるプラスが実現されているからなのである。そのプラスとは，被害者が自分自身で法益の処分に関して判断を下した，という自己決定の利益が実現されていることである。自己決定権が非常に重要な権利である以上，それが行使されたことは重大な利益を構成するのだ。このように考えるわけである。

たしかに，被害者の同意をも優越利益原理のもとに統合しえれば，違法性阻却原理がシンプルなものとなり分かりやすい，という利点はある。しかし，バッグがあくまで個人の所有物としての側面に着目して保護されるときは，他人がそれを使いたいと思うかや市場において高値がつくかは本質的ではなく，所有者が無価値と判断しさえすれば保護すべき実体は失われると解するのが一貫しよう。また，自己決定権が重要な権利であることは当然であるが，それはまさに国家や法が価値が高いとも低いとも評価してはならない領域に関するものであるから，自己決定の利益が実現されているというプラスを観念するのは概念矛盾のきらいがある。こうして利益衡量説は妥当でなく，被害者の同意はやはり利益欠缺原理に基づくものと解すべきであろう。

4.5.2 同意の有効要件

1. 同意の主体

一般には個人的法益に関し，その法益主体である個人が同意をなしうるものと解されている。もっとも，社会的法益であっても公共危険罪の保護法益のように，実質的には多数の個人的法益が包括されているにすぎない場合には，被害者の同意を観念することが不可能ではない。たとえば，火災の危険が及びうる人々の全員が承諾した場合には，放火行為は被害者の同意により構成要件該当性を失うと解すべきであろう。

2. 同意能力

被害者には，法益の処分に関して自律的に決定しうる能力，すなわち**同意能力**が必要である。ただし，同意能力の存否は年齢等の一義的な基準に基づいて判断することはできず，より実質的な成熟の程度に目を向けなければならない。また，法益の種類によっても同意能力の存否が異なることがありえ，身体の処分については同意能力があるが高価な財産についてはそれがない，という事態

も考えられなくはない。

　なお，判例には，被告人が長男である 5 歳 11 カ月の幼児らを刺殺し，みず
からも自殺しようとしたがその目的を遂げなかった，という事案において，長
男には殺害への承諾や嘱託の適格がないとして殺人罪で処断したもの（大判昭
9・8・27 刑集 13 巻 1086 頁），精神病者である被害者に通常の意思能力がなく，
自殺の何たるかを理解せず，しかも，被告人の命ずることは何でも服従するの
を利用して，これに被告人が縊首の方法を教えてみずから縊死せしめた，とい
う事案において殺人罪の成立を認めたもの（最決昭 27・2・21 刑集 6 巻 2 号 275
頁）などがある。

3.　同意の対象

　被害者の同意とは，自分の法益を処分することを意味しているのであるから，
同意の対象もまた法益そのものでなければならない。法益に対して危険を有す
る行為の遂行に同意を与えたからといって，ただちに法益が失われることその
ものについてまで同意したことにはならない。たしかに，被害者が危険の大き
さを十分に認識しつつこれを引き受け，それにより行為の遂行が許されること
となった場合には，たとえその危険が現実化して法益が実際に失われてしまっ
たとしても，なお許容の効果を持続すべきであろう。しかし，それは被害者の
同意そのものではない。同じく被害者の自律に根拠をおきながらも，あくまで
被害者の同意とは異なる理論構成なのである。

　なお，被害者が同意したというためにいかなる心情的態度が要請されるか，
という点も争われている。そして，一部の学説は積極的な意欲まで要求し，被
害者が「あまりうれしくはないが，法益が侵害されてもやむをえない」という
消極的な態度（認容的甘受）にとどまっている場合には同意したものとは評価
しえない，と主張している（ただし，今日においては，このような学説の最も有
力な支持者が改説してしまっている。塩谷毅『被害者の承諾と自己答責性』〔法律文
化社，2004〕274 頁を参照）。しかし，被害者の同意の本質に目を向けるならば，
そこで決定的であるのは，あくまで「被害者が法益を処分することもしないこ
とも自由であるのに，あえて前者の選択肢を採用した」ということであり，そ
の過程でいかなる価値体系どうしの葛藤が存在したかは，法が立ち入ってはな
らない私的な領域の問題である。したがって，もちろん，被害者が法益の侵害

されるところを認識していたというだけでは足りないが，法益の要保護性を放棄することもしないことも可能であったのにあえて前者を選択した，と評価できさえすれば，たとえ被害者が法益の喪失を積極的に望んでいなくても有効な同意と認めるべきであろう。

　裁判例には，被害者が死の結果に結びつくことを十分に認識しながら，いわば究極の SM プレイとして下腹部をナイフで刺すことを被告人に依頼し，被告人がこれに従った結果，被害者が死亡した，という事案において，被害者が死の結果に結びつくことを認識している場合には，たとえ死の結果を望んでいなくても真意に基づく殺害の嘱託といえる，として嘱託殺人罪の成立を認めたものがある（大阪高判平 10・7・16 判時 1647 号 156 頁）。

4. 同意の存在時期

　被害者の同意は実質的に見て法益侵害を失わせるものであるから，同意は法益侵害の発生以前に存在することが必要であり，かつそれで足りる，つまり，行為者の行為が終了したあとに存在するのでもかまわない。

　なお，被害者がいったん与えた同意をのちに撤回するのは自由であり，その場合には法益侵害を否定することができない。しかし，たとえのちに撤回される可能性が存在するとしても，現にいま与えられている被害者の同意に基づいて行為することは許されるから，たとえ行為ののちにそのような可能性が現実化して被害者が同意を撤回し，法益侵害が存在することとなったとしても，なお行為に対する許容の効果を持続させるべきであろう。

　被害者がいったん与えた同意をのちに撤回した場合には，法益に対する不正の侵害を観念することが可能であるが，それは同意の付与と撤回というみずからの自由な所為により引き起こしたものであるから，前記侵害を他者に転嫁する等の行為の正当化は（制裁論に基づいて）制限されうることになる。

5. 同意の表示の要否

　被害者の同意が法益侵害を欠如させる根拠は，法益の持ち主自身がその処分を決断したことなのであるから，被害者の同意はあくまで内心において発生する現象である。したがって，被害者がその同意を外部に表示する必要はない（**意思方向説**）。

　これに対して有力な見解は，被害者がなんらかのかたちでその決断を外部か

ら認識可能にしておかない限り，それは人の外部的な態度だけを規制しようと
する法の世界においては無意味である，と主張する（**意思表示説**）。たしかに，
外からうかがい知る契機がまったく存在しない純粋に内心の事情は証拠によっ
て認定しようがないから，それは裁判において前提とされる事実から外れるこ
とになる，というのはそのとおりであろう。しかし，それはあくまで認定論の
話であって，これと要件論とを混同してはならない。

6. 同意の認識の要否

　被害者の同意は法益主体の意思によって法益侵害を失わせるものであるから，
行為者がその意思を知りつつ行為したかどうかは重要でない。同じく，行為者
がその意思を認識可能であったかどうかも重要ではない。4.5.2（5）に関し，
外部からの認識可能性を被害者みずからが作り出していなくても，少なくとも
客観的な手がかりがなんらかのかたちで存在している必要はある，という見解
もあるが，そもそも認識可能性自体が本質的な意味をもっていないと思われる。

　ただし，偶然防衛に関して 4.3.4（2）で述べたように，たとえ客観的には被
害者の同意により法益侵害が失われていたとしても，事実関係がわずかに異な
ることにより法益侵害の存在した可能性も十分に認められる，というケースも
存在しえよう。そうした場合においては，行為者が被害者の同意を認識せず，
かつ，未遂犯処罰規定が存在することを条件として，未遂犯の成立する余地は
ある。

4.5.3　瑕疵ある同意

1. 強制による同意

　強制による同意は，一般に無効と解されている。すなわち，行為者が被害者
に対して重大な危害を差し向け，被害者がこれを避ける唯一の手段としてやむ
をえずより小さな利益を処分した，という場合には有効な処分意思があったと
は評価しえない。というのも，そのような場合においては，被害者の価値体系
を前提として合理的な判断を行う限りその利益を処分するほかないのであって，
処分することもしないことも自由であるのにあえて前者を選択した，という関
係が認められないからである。

　判例には，直接的な法益侵害行為を行為者が担当したケースではないが，被

告人らが被害者に対して執ようかつ強力なリンチを2時間以上にわたって行い，命が助かる唯一の手段として被害者に自分の右手小指をかみ切らせた，という事案において傷害罪の成立を認めたもの（鹿児島地判昭59・5・31判時1139号157頁），被告人が事故を装い，被害者を自殺させて多額の保険金を取得する目的で自殺させる方法を考案し，それに使用する車等を準備したうえ，被告人を極度に畏怖して服従していた被害者に対し，暴行・脅迫を交えつつ車ごと海中に転落して自殺することを執ように要求し，被害者をして被告人の命令に応じて車ごと海中に飛び込む以外の行為を選択することができない精神状態に陥らせていたところ，被害者は自殺する気持ちはなかったものの，命令に従い，車が水没する前に運転席ドアの窓から脱出して泳いで漁船にたどり着き，はい上がるなどして死亡を免れた，という事案において殺人未遂罪の成立を認めたもの（最決平16・1・20刑集58巻1号1頁）などがある。

　ところで，有力な学説は強制による同意が無効であるという命題の射程を制限し，それは行為者自身が被害者を強制している場合に限って妥当するという。裏を返すと，被害者に対して危害を差し向けているのが第三者であったり，あるいは，自然現象であったりする場合には被害者の同意をなお有効なものと評価すべきだ，というのである。たとえば，YがAに対して「殺されたくなければお前の大切にしているこの壺を粉々にしろ」と脅したが，Aは痛風で壺を叩き割るためのハンマーを握れなかったため，XがAの承諾を得て代わりに壺をハンマーで叩き割ってやった，という事例ではAの器物損壊に対する同意が有効であり，それゆえにこそXの行為は適法であるとされる。

　しかし，たとえそのような場合であったとしても，被害者の価値体系を前提として合理的に判断すれば法益を処分するという選択肢しかない，という点についてはなんら変わるところがない。したがって，同意はやはり無効であると解するのが整合的であろう。そして，その場合に行為者の行為を適法と評価するためには被害者の同意ではなく，むしろ，被害者の価値体系を前提として優越利益を実現したことを理由とする緊急避難のほうを用いるべきである。先の事例でいうと，Aの価値体系に照らして生命のほうが器物よりも重要な利益である以上，生命を保全する唯一の手段として器物を損壊したXの行為は緊急避難により適法であることになる。こちらのほうが理論的に一貫するだけでな

く，より実態にかなった解決であるように思われる。

2. 錯誤に基づく同意

(a) 条件関係的錯誤説と法益関係的錯誤説

　錯誤に基づく同意も有効なものと評価しうるであろうか。

　有力な見解は，錯誤がなければ被害者は同意しなかったであろう，といういうる場合には常に同意が無効であるとする。これを**条件関係的錯誤説ないし重大な錯誤説**という。しかし，このような見解は実質面においても形式面においても妥当ではない。

　まず実質面についてであるが，たとえば，ピアスをすれば女性にもてると勘違いしている被害者から嘱託を受け，その耳にピアスの穴を開けてやった，という場合に傷害罪が成立するというのは明らかに不当である。そこで，このような見解の一部は，行為者が意図的に被害者を欺罔している場合に限って自説を妥当させようとする。しかし，そうすると今度は，お腹を壊している被害者が行為者の持っている下剤を下痢止めと勘違いし，「それを飲ませてくれ」と依頼してきたのをいいことに，何食わぬ顔で下剤を飲ませ，被害者の下痢をいっそうひどくした行為者さえ傷害罪で処罰できなくなってしまう。これもまた到底納得のいかない結論であろう。

　次に形式面についてであるが，たとえば，「被害者がどうして法益を処分しようと思ったのか」という動機にかかわる側面に着目し，なおかつそのうちの一部だけを取り出し，さらに，それが行為者の欺罔によって引き起こされたことを前提として，財物ないし財産上の利益を交付させることを処罰する構成要件が詐欺罪である。このように，立法者が法益処分の動機を非常に限定された要件のもとにおいてのみ刑罰で保護しようとしているにもかかわらず，条件関係的錯誤説を採用したとたん，そのような目論見は完全に外れ，動機がきわめて広い範囲で刑法的保護を受けることとなってしまうのである。これでは立法の趣旨に反する解釈といわざるをえない。

　そこで，被害者の錯誤が法益を処分したことそれ自体にかかわる場合にのみ同意は効力をもたない，とする**法益関係的錯誤説**のほうを支持すべきである（佐伯・前掲『刑法総論の考え方・楽しみ方』216頁以下などを参照）。具体的には，自分が処分することとなる法益の種類や大きさを誤解しているとか，法益が失

われるリスクの大きさや範囲について勘違いしている，などといった場合においては被害者の同意が効力をもたないことになろう。たとえば，行為者が持っている塩酸をただの水と勘違いし，「それを私にかけていいよ」と承諾を与えたとか，自己の所有する高価な壺を安価なものと誤解しており，行為者に「この壺を割ってしまっていいよ」と承諾を与えた，あるいは，10連発のエアガンに弾を1つだけ込め，行為者と被害者が交互に相手に向けて引金を引く，という遊びをする際，被害者が行為者に「先に君が引金を引いていいよ」と承諾を与えたが，実は弾はすべて込められていた，などといった事例においては行為者が事情を知悉していることを前提として，それぞれ傷害罪，器物損壊罪，暴行罪が成立しうることになる。

　なお，判例には，被告人が，被害者が自己を熱愛し追死してくれるものと信じているのを奇貨として，追死する意思がないのに追死するものの如く装い被害者に誤信させて，被害者に青化ソーダを飲ませて死亡させた，という事案において，被害者は被告人による欺罔の結果，被告人の追死を予期して死を決意したものであり，その決意は真意に添わない重大な瑕疵ある意思である，と述べて殺人罪の成立を認めたものがある（最判昭33・11・21刑集12巻15号3519頁）。条件関係的錯誤説に近い発想ということができよう。もっとも，たしかに悪質な事案には違いないが，被告人が「これはジュースだ」と被害者をだまし，青化ソーダを飲ませた事案と同一の不法類型まで充足する，というのはやや無理があるのではなかろうか。

(b) 緊急状態に関する錯誤

　以上で述べたように，錯誤に基づく被害者の同意の効力は原則として法益関係的錯誤説に従って決せられるべきである。もっとも，近年においては，同説が適切に機能しえない場合として**緊急状態に関する錯誤**とよばれる事例類型が主張されるに至っている。すなわち，被害者が一定の緊急状態を誤信して承諾を与えた場合においては，たとえ法益関係的錯誤がなくても同意を無効とすべきだ，というのである。たとえば，医師XがAを失明させようと思い立ち，Aに対して「あなたの息子は眼の病気にり患して失明の危険にさらされており，ただちにあなたの角膜を移植してやる以外に危険を回避する方法はない」とうそをつき，これを信じたAの承諾に基づいてXはAの角膜を手術で取り出し，

よってAを失明させた，という事例を考えてみる。ここではAがみずからの処分する法益を正しく認識しており，それゆえに法益関係的錯誤は存在しないものの，やはりその同意を無効と解してXを傷害罪で処罰すべきではないかが議論されているのである。

たしかに，このような事例においてXを傷害罪で処罰すべきであることには疑いがなかろう。しかし，厳密に考えると，それは法益関係的錯誤説によっては適切に処理しえない特殊な錯誤の類型が存在するからではない。そうではなく，そもそも緊急状態に関する錯誤が錯誤の類型というよりも，むしろ強制の類型であるからではなかろうか。先の事例でいうと，眼の病気という自然現象が息子に危害を及ぼすべき旨を相手方に告知し，危害を回避する唯一の方法としてみずからの利益を処分させている，ととらえられるのである。そうすると，そこではむしろ強制による同意のロジックに従って被害者の同意が無効と判断され，しかも，現実には回避すべき危難など存在しないことから緊急避難による違法性阻却もなされえない。こうしてXは傷害罪で処罰されるのである。

このような解決に対し，緊急状態に関する錯誤という観念を維持しようとする一部の見解は，このような解決はせいぜい行為者が被害者自身の利益に危害が及ぶと偽り，これを避ける唯一の手段としてより小さな利益を処分させたというケースにしかあてはまらない，と批判する。しかし，先の事例において二者択一状況におかれている，角膜と「息子の視力を守らなければならない」という信念とは，ともにあくまでA自身の利益にほかならない。そして，前者が自律の基盤を構成しうる重大な利益であるにもかかわらず，後者の利益のほうを優先するAの価値体系が刑法上尊重されうるのは，後者の利益もまた自律の中核にかかわる真摯な選好，すなわち，信仰ないしこれに準ずる強度の倫理的確信に相当するからである。こうして，先述したような一部見解の批判はあたっていないと思われる。

ところで，強制による同意において行為者自身が危害を差し向けている場合に限り被害者の同意を無効とする学説は，論理必然の関係はないものの，ここでも，被害者による危害の誤信が行為者の欺罔による場合であってはじめて被害者の同意は無効になる，と主張している（詳細な論証として，佐藤陽子『被害者の承諾——各論的考察による再構成』〔成文堂，2011〕191頁以下などを参照）。し

かし，強制による同意が無効となる理論的な根拠に照らすならば，ここでもやはり，被害者が第三者により欺罔されあるいは勝手に誤信に陥っている場合であってもなお同意は無効である，と解すべきであろう。むろん，そうすると，ここでは現実に危害が存在するわけではない以上，緊急避難により違法性阻却される余地もなく，行為者が事情を知悉していれば故意犯として処罰されることになる。しかし，それはむしろ妥当な結論なのであり，同意を有効とし，一括して行為を適法としてしまう立場のほうが正義に反するように思われる。たとえば，第三者により欺罔され，命が助かるには眼球を除去するしかない特殊な病気にり患していると誤信している被害者から眼球を取り出す手術を依頼されたのをいいことに，かねてより被害者のことを恨んでいた行為者が事情を知悉しながらここぞとばかりに依頼を引き受け，被害者の眼球を除去して視力を奪ってやった，という事例においては行為者を傷害罪で処罰すべきであろう。

　なお，裁判例には，被告人が 66 歳のひとり暮らし女性である被害者から欺罔的手段によって多額の金を借り，その発覚を防ぐために被害者をして自殺させることを企て，被害者に対し，金を貸したことが出資法違反であり間もなく警察が来るが，罪となれば 3 カ月か 4 カ月刑務所に入ることになるなどと虚偽の事実を述べ，不安と恐怖におののく被害者を警察の追及から逃がすためという口実で連れ出し，17 日間にわたり諸所を連れ回ったりするなどし，その間，体力も気力も弱った被害者をもはやどこにも逃げ隠れする場がないという錯誤に陥らせたうえ，最後は被告人自身も被害者を突き放し，現状から逃れるためには自殺する以外に途はないと誤信させて自殺を決意させ，被害者みずからマラソン乳剤原液 100cc を嚥下させて死亡させた，という事案において，被害者の自殺の決意は真意に添わない重大な瑕疵のある意思でありそれは自由な意思とはいえない，と述べて殺人罪の成立を認めたものがある（福岡高宮崎支判平元・3・24 高刑集 42 巻 2 号 103 頁）。たとえ被害者の価値体系を前提にしたとしても，警察に捕まるくらいならば死を選ぶという判断が合理的なものでありえたかにはやや疑問がある。もっとも，本件においてはそもそも被害者の心身の状態に照らして合理的な判断能力が欠けていたと思われるから，むしろそのような観点から殺人罪の成立を肯定するほうが無理がなかったのではなかろうか。

4.5.4　同意の効果

　被害者の同意は違法性を阻却する以前に，そもそも構成要件該当性を阻却するものと解すべきである。もっとも，他方において，（その処分が不可逆的に爾後の自己実現を大きく制約するという意味で）自律の基盤を構成する重要な利益については，その自由な処分を認めたのではかえって自由な処分の根拠となる自律を損ねることとなってしまうため，被害者の同意を観念することができない。

　このことは実定法上，202 条に生命処分の不可能性というかたちであらわれている。もっとも，同様の発想が妥当するのは必ずしも生命を侵害する場合に限られないであろう。たとえば，傷害の場合であっても，それが四肢や眼球など身体の枢要部分を永続的に奪うものであったり，あるいは，重要臓器を損傷するなど生命に重大な危険をもたらすものであったりすれば，自律的な生の身体的基盤を脅かすこととなりうる。そこで，一定の重大な傷害についても生命侵害と同じく被害者の有効な同意が排除され，ただ，意思侵害の要素が欠けることから違法性が減少するにとどまるものと解すべきであろう（生命侵害ないしそのような重大な傷害を引き起こすおそれの強い暴行についても同様であるが，以下では説明を省略する）。

　問題は，そのような重大な傷害を被害者の承諾を得て行った場合の擬律判断である。承諾傷害や自傷への関与を取り立てて処罰する条文は設けられていないから，かりにこれらを処罰するとすれば傷害罪そのものの条文（204 条）を適用するほかない。ただし，たとえ適用するとしても，202 条の法定刑を超えては処断しえないと解すべきであろう。また，承諾傷害までは傷害罪に包摂しうるが，自傷への関与は共犯的な形態であるから不可能である，と理解するのであれば，202 条におけるのとは異なり，自他の区別が処罰の分水嶺を形成することになるから重要な理論的問題となる。もっとも，承諾傷害であっても，被害者自身が承諾するというかたちで傷害に主体的に関わっている，と考えれば同じく共犯的な形態であるともいいうる。そうすると，承諾傷害を 204 条で処罰する以上は，自傷への関与についても同様に解してよいであろう。

【自他の区別問題】

　承諾殺人（傷害）と自殺（傷）への関与をどのように区別すべきかについては，学説・（裁）判例上も争いがある。もっとも，本文で述べたように，いずれの類型も究極的には行為者が共犯的に関わっているにすぎないと解するのであれば，共犯の一般理論と同様に考え，行為者が侵害経過において果たした役割の重要性等に従って区別を行うべきであろう。具体的には，重要な役割を果たしていれば承諾殺人（傷害），自殺（傷）を唆していれば自殺（傷）の教唆，そもそも軽微な役割しか果たしていなければ自殺（傷）の幇助と評価されるべきことになる。共同正犯と狭義の共犯（教唆犯，幇助犯）の区別に近いといってもよいであろう。もちろん，202条や204条においては処断刑に差が設けられているわけではないが，現実の量刑の判断においては前記区別が意味をもってくるように思われる。

【承諾傷害致死？】

　被害者自身は死を望んでいるものの，行為者はそのことを認識しておらず，ただ，被害者の承諾を得て（生命を深刻な危険にさらすという意味で）重大な（暴行ないし）傷害を加える意思しかなかった，という事案において，被害者が死亡すればどのような擬律判断がなされるであろうか。

　このようなケースにおいて札幌地判平24・12・14判タ1390号368頁は，傷害致死罪の成立を認めると殺意のある嘱託殺人より重い法定刑で処罰されることとなり妥当でない，として嘱託殺人罪の成立を認めた。これに対して控訴審である札幌高判平25・7・11高刑速（平25）253頁は，嘱託殺人罪に関する量刑傾向や酌量減軽の余地に言及したうえ，処断刑の不合理は実際には存在しないとして傷害致死罪の成立を認めたのである。

　本文で述べたことをそのまま推し及ぼせば，傷害致死罪の成立を認めたうえ，202条の法定刑を超えては処断しえないという制限をかける，というのが一貫した解決であろう。ひるがえって両審級の判断を見ると，まず，第1審判決は故意のないところに故意犯の成立を認めるものであって不当であろう。次に控訴審判決は，どうやら，傷害致死罪の成立を認めた以上はその法定刑がそのまま処断刑とならざるをえない，と解しているようである。しかし，本件において202条の法定刑を超えた刑を言い渡すことは類型的に排除しておくべきであろう。また，他に刑を軽くすべき特段の事情が認められるのであれば，傷害致死罪の法定刑の下限を下回る刑を言い渡すことも可能とすべきである。嘱託殺人ならば懲役（ないし禁錮）1年程度が適正な非常に軽い事案において，嘱託傷害致死ならば刑を懲役1年6月以上とせざるをえない，というのは合理性を欠いているように思われる。

【自殺等を阻止する行為の可罰性】

　本文で述べたことを前提とすれば，自殺等を阻止するためになんらかの構成要件該当行為に出た場合，生命を保全するための緊急避難として違法性が阻却される余地がある。ただし，そのために侵害される法益の主体が自殺者自身であったとしても，被侵害法益が自律の基盤を構成する重要な利益である場合には，その者の価値体系に反してそのような重要な利益を侵害することまでは正当化されえないであろう。そのような重要な利益どうしの大小比較は，主体だけに許された自己決定権の一だからである。したがって，たとえば，自殺を止める唯一の手段として大型銃で被害者の下半身を狙撃し，両脚切断のやむなきに至らしめたとか，レイプされるのを回避する唯一の手段として建物の屋上から飛び降り自殺しようとしている被害者がいたとして，屋上に通じるドアの鍵をかけてそうできなくし，レイプされるに至らしめたなどといった事例においては，傷害罪や強制性交等罪（の共犯）の違法性は阻却されないと思われる。

4.5.5　推定的同意

　推定的同意とは，行為時に認識可能な客観的状況に照らせば法益侵害が被害者の意思にかなうと推定されるものの，実際にはそうでなかった，という事例において行為の可罰性をいかにして阻却しうるか，という問題である。

　このような場合においては，実際には被害者の意思に反しており法益侵害の存在自体は否定しえないのであるから，構成要件該当性であれ違法性であれ，そもそも不法を阻却するという解釈はとりえないであろう。そこで視野に入れられるのが責任であり，行為者が被害者の意思にかなうと現に信じていたのであれば，故意を否定することは可能である。もっとも，それでは過失犯として処罰される余地が残ることになるし，また，行為者が被害者の意思に反する事態を未必的にであれ予見していた場合には，故意を否定することもできない。

　そこで，もし行為者の立場に刑法の期待する慎重な人物を置き換えても被害者の意思に反する事態など思い浮かばないであろう，という場合には不法の認識可能性がないとして責任を阻却すべきである。このように，行為者の認識しえない不法については（刑罰を含む）制裁を科しえない，という発想は責任主義の要請するところである。要するに，推定的同意が可罰性を完全に阻却することがあるとすれば，それは責任主義に究極的な根拠があるのである。

　これに対して有力な学説は，推定的同意は行為者が努力しても現実の同意を調達できなかった場合にのみ可罰性を阻却しうる，という。しかし，諸般の事情から見て，わざわざ被害者に尋ねるまでもなくその意思に反することなど考えられない，という場合にもなお責任主義は機能しうるのであるから，そのような限定をかける必要はないと思われる。

【包括的同意，条件つき同意，仮定的同意】

　推定的同意はあくまで，行為が実際にはいかなる意味においても被害者の意思に反している場合において，それでもなお可罰性を阻却しうる法形象を探求する論点であった。これに対して学説においては，行為が実際には被害者の意思に合致していたことを理由に可罰性を阻却する法形象として，被害者の同意そのもののほかに次の3つがあげられてきた。

　第1は**包括的同意**である。すなわち，定型的な行為を行う大量の行為者に対し，いちいち個別の同意を与えていたのでは煩瑣であることから，事前に一括して同意を与えておくのである。もっとも，理論的に厳密に考えれば，それは「個別に尋ねられれば同意したであろう」という通常の被害者の同意が集積したものにすぎないから，とくに包括的同意を規律する何か特別な原理が存在するわけではない。包括的同意が特殊な観念であるかに見えるのは，したがって，むしろ各則の構成要件の特別な不法内容によるものと解すべきであろう（このような特別な不法内容を明らかにしようとする重要な試みとして，たとえば，山内竜太「詐欺罪と窃盗罪における法益侵害の基本構造——相当対価の反対給付事例における両罪の成立範囲を画する際の理論的視座を求めて」法学政治学論究121号〔2019〕1頁以下を参照）。たとえば，無人の農作物販売所に設置されている代金箱に代金を入れたふりをして商品を持ち去ったり，銀行のATMに拾得したキャッシュカードとその暗証番号を入れ，正規の預金者であるふりをして現金を引き出し持ち去ったりする行為は，かりに占有者に対して個別に同意を求めていれば詐欺罪を構成するものといえよう。にもかかわらず実際には窃盗罪のほうが成立するのは，占有者による事前の包括的同意が特殊性をもつからではなく，交付にかかる判断を委譲してみずからはこれを行わないことが社会通念上，要保護性を備えるときは，詐欺罪の受け皿という特別な不法内容が窃盗罪の構成要件に与えられるからである（反対にいうと，窃盗罪の構成要件にこのような特別な不法内容を認めないときは，前記行為は窃盗罪にもならないことに注意を要する）。

　第2は**条件つき同意**である。これは，被害者が同意を与えるに際して一定の条件

を付し，これが充足された場合においてのみ同意が効力を有する，という被害者の同意の特別な形態である。もっとも，もし被害者がまさに任意の条件を付してよいということになれば，立法者が特定の構成要件において特定の条件がみたされた場合に限って法益侵害を処罰することとしている，その謙抑的な姿勢に正面から反することになってしまうであろう。それはちょうど，条件関係的錯誤説が不当であるのと同じことである。したがって，かりに被害者が同意に条件をつけることができるとしても，その条件は処分しようとする法益の種類や大きさ，実際に法益が失われてしまうリスクの大きさや範囲などに関するものに限られるべきであろう。

　第 3 は**仮定的同意**である。これは厳密には被害者の同意とは質的に異なる法形象であり，法益侵害が被害者の実際に行った意思決定の内容には反しているものの，被害者が意思決定をなす背景にある価値体系そのものには合致している，というメタの関係が実質的に法益侵害を失わせるという発想である。被害者の同意が法益侵害を失わせる究極的な根拠に照らすならば，このような発想を承認することも不可能ではないであろう。この仮定的同意は主として医療の場で問題とされており，たとえば，医師が患者に対して十分な説明を行わないまま，その現実の同意を得ずに手術などの侵襲を加えたが，かりに十分な説明を行っていれば患者は同意を与えたであろう，という事例が議論されている。

4.5.6　危険の引受け

　危険の引受けとは，被害者の同意，すなわち，法益を処分するという意思決定までは存在しないが，法益を一定の危険にさらすという意思決定くらいは認められる，という事例において，そのような危険が現実化して法益侵害へと至ったとき，いかにして行為者の可罰性を阻却しうるか，という問題である。この問題はかつて，**過失犯における被害者の同意**という表題のもとで議論された。しかし，被害者の意思決定の内容と，行為者が法益侵害を予見しているかどうかとは論理的にまったく別であるから，このような表題はミスリーディングであってやめるべきであろう。

　この危険の引受けについて，ある見解は被害者の同意そのものとパラレルに処理すればよいという（林 173 頁以下などを参照。これを**準同意論**という）。つまり，被害者が法益に危険の生じることを同意した以上，法益侵害それ自体についても同意したものと扱ってよい，というのである。しかし，被害者が「多少の危険はあるが法益が侵害されることはないだろう」と考えたことと，意識的

に「この法益はもう要らない」と判断したこととの間には大きな懸隔がある。この見解は過度の擬制を行うものといわざるをえない。

そこで別の見解は，被害者がイニシアティブをとって法益の侵害される方向に突き進んでいった，という積極的な態度に実質的な正犯性（これを**自己答責性**という）を見出し，行為者の罪責はせいぜい共犯にとどまるのであり，そのことをとくに処罰する 202 条のような規定がない限りは不可罰である，と主張する（塩谷・前掲『被害者の承諾と自己答責性』369 頁以下などを参照。危険の引受けが問題となる事例においては往々にして行為者に故意が欠けるから，せいぜい過失による共犯として不可罰になるとされる）。もっとも，被害者が自己の法益が失われることについてどの程度の主体性を発揮したかは，もっぱらその意思内容によって測られるのが筋であり，行為者と被害者のどちらが行為をしようと言い出したのかや，行為に出ることを強く主張したのはいずれであるのかなどといったことは本質的でないというべきであろう。またこの点を措くとしても，被害者に現実に法益を処分しようとする意思がないにもかかわらず，法益侵害について行為者の正犯性を否定してしまうのは通常の正犯・共犯論に反するように思われる。

このように見てくると，危険の引受けにおいては被害者が法益を一定の危険にさらすことしか許容するつもりがない，という事実を直截に承認したうえで，そうであるとしても，やはり，行為を不可罰とする究極的な根拠は被害者の同意におけるのと同様，その自律に基づく不法の阻却に求めるべきであろう（そのより基底的な論証については，三代川邦夫『被害者の危険の引受けと個人の自律』〔立教大学出版会，2017〕が重要である）。すなわち，被害者が自己の法益を処分することの是非について，その自律を保障するという観点から国家が口を挟んではならないのであれば，自己の法益を一定の危険にさらすことの是非についても同様であるはずである。そうすると，被害者が行為者を使って自己の法益を処分する際，行為が被害者の同意に基づいて適法となる（構成要件に該当しない）のと同じく，自己の法益を一定の危険にさらす際にも行為は適法となるはずであろう。そして，いったんそのような行為を適法としたならば，危険がそのまま現実化して法益侵害に至ったとしてもなお許容の効果を持続すべきである。このように解されるのである。

　ただし，このように，危険の引受けの根拠が被害者の同意と同じく究極的には被害者の自律に求められるとするならば，202 条の存在にあらわれているようなパターナリズムからくる制約もまた同様に及んでくるはずである。たとえば，行為者に被害者が死亡することの（未必的）認識があることを前提として，被害者が自己の生命に対する重大な危険を引き受け，その危険がそのまま現実化して死亡するに至ったときは，あくまで 202 条の罪が成立しうるのであり不可罰となるわけではない，と解すべきであろう。

　なお，（裁）判例には，有名な食通であった被害者の求めに応じ，長年ふぐ料理を商売としている被告人がとらふぐの肝臓を調理して提供したところ，これを食した被害者がふぐ中毒による呼吸筋麻痺により窒息死した，という事案において業務上過失致死罪の成立を認めたもの（最決昭 55・4・18 刑集 34 巻 3 号 149 頁＝坂東三津五郎ふぐ中毒死事件），ダートトライアルの走行会においてベテランの被害者が初心者である被告人の運転する車両に同乗したうえ，走行中も被告人に対して具体的な指示を出し続けていたところ，被告人が運転操作を誤り事故を起こして被害者は死亡した，という事案において，被害者による危険の引受けと行為の社会的相当性を考慮して違法性を阻却し，業務上過失致死につき無罪を言い渡したもの（千葉地判平 7・12・13 判時 1565 号 144 頁＝ダートトライアル事件）などがある。もっとも，いずれの事案においても被害者に危険の正確な認識があったかは疑わしく，もし可罰性を否定すべきであるとすれば，不法の予見不可能性など他の解釈論的手法によるべきであろう。

【スポーツ事故と危険の引受け】

　危険なスポーツから事故が発生し，人が死傷した場合に他のプレーヤーはどのようにして可罰性を免れうるのであろうか。一部の見解はスポーツの社会的有用性を強調し，違法性がないと主張する。たしかに，スポーツに大きな社会的有用性が認められるというのはそのとおりであるが，それがただちに人の死傷の結果を埋め合わせて余りあるとまではいいがたいであろう。むしろ，プレーヤーどうしが危険を認識しながらスポーツに参加している，という危険の引受けの要素も無視しえない。さらに，ルールの整備や安全基準の確立などにより，危険が絶対的に低く抑えられていることも重要であろう。このように危険が非常に小さいからこそ，それは必ずしも自律の基盤をおびやかすものとまではいえず，それゆえ，202 条のような制限を

かけられることなく危険を引き受けたり，危険をスポーツの社会的有用性など他の
利益と衡量しえたりすることになる。

4.5.7 安楽死・尊厳死

1. 安 楽 死

　安楽死とは，死期が切迫しており肉体的苦痛が著しい患者の意思に基づいて，
その苦痛を緩和・除去して死を迎えさせることをいう。そのなかには，大きく
分けて**直接（積極）的安楽死**と**間接的安楽死**がある。前者は，端的に患者を殺
害することによりこれを苦痛から解放する場合，後者は，患者の苦痛緩和を目
的とした措置が副次的に患者の死期を早める場合を指す。

　学説においては一般に，直接的安楽死は患者の死亡それ自体を追求するもの
であるのに対し，間接的安楽死は患者の苦痛の緩和・除去という有用な結果を
追求するものであることを理由として，原則として前者は違法であるが後者は
適法である，との帰結が導かれている。もっとも，患者の苦痛の緩和・除去と
いう利益の擁護に対して行為が補充性を有するとの前提に立つ限り，直接的安
楽死においてもあくまで患者の苦痛の（緩和・）除去が目指されているのであ
り，ただそのような目的達成の不可避的な帰結として患者の死が生じるのだ，
と説明することが原理的に不可能であるわけではない。したがって，直接的安
楽死と間接的安楽死とで行為の適法・違法に関する原則的な差があるとすれば，
それは「何もいますぐにここで患者を殺害しなくても，たとえ多少なりとも余
命の短縮されるおそれがあるとはいえ，モルヒネを大量投与したり意識レベル
を下げたりする（いわゆる鎮静）などのよりマイルドな措置（要するに間接的安
楽死）によって，患者の苦痛を十分に緩和・除去できることが非常に多いであ
ろう」という事実上の相違に基づくにすぎないと解すべきであろう。

　このように，安楽死が適法になる余地があるとすれば，それは直接的・間接
的の区別を問わず，究極的には，患者の苦痛の緩和・除去というより大きなプ
ラスを実現するためには患者の生命の短縮というマイナスを甘受する以外に途
がない，という優越利益原理に基づくものと解すべきである。ただし，同一の
主体に属する複数の利益の大小を比較する際には原則としてその者の価値体系
を決定的とすべきである一方，生命は自律の基盤を構成するその主体さえ自由

に処分できない利益である。したがって、安楽死は患者の価値体系に従っている必要があり、なおかつ、爾後のさらなる自己実現の余地がほとんど考えられない、という意味で患者の死期が差し迫っていなければならない。

　なお、以上においては安楽死の通常の定義に従い、肉体的な「安楽」、すなわち、苦痛の緩和・除去というプラスを実現するため患者の死を引き起こす行為について論じてきた。もっとも、そのような特段の客観的なプラスを生み出すものでなくても、「死にざま」、すなわち、人生の最終局面におけるライフスタイルの選択を患者自身が行ったのだ、と評価しえればなお行為を適法ととらえる余地もあろう。たとえば、歴史に名を残す偉大なレーシングドライバーが死に直面し、最期はレースカーのコクピットの中で迎えたいと切望したため、死期が多少なりとも早まることを認識しつつも病床からコクピット内に運んでやった、という事例において行為者を嘱託殺人罪とすべきではないと思われる。

　古い裁判例には、父が脳溢血で倒れて全身不随となり、衰弱はなはだしく、身体を動かすたびに襲われる激痛としゃっくりの苦痛に耐えかね、また、医師からももはや施す術がない旨を告げられたため、父の依頼に応じて被告人がこれを殺害しようと決意し、殺虫剤を混入させた牛乳を飲ませて死亡させた、という事案において、安楽死が許容される6つの詳細な要件を示して嘱託殺人罪の成立を認めたものがある（名古屋高判昭37・12・22高刑集15巻9号674頁）。一時はこのような要件が決定的なものとして受け止められたこともあったが、今日においては、法と道徳を混交する内容が含まれているとして一般的な支持を失っている。また実際上も、このような要件は厳格にすぎ、安楽死が適法となるケースはほとんど考えられなくなるであろう。

　なお、その後、医師である被告人が患者の長男から強く要請され、多発性骨髄腫で入院中の末期状態にある患者に薬物を注射して心停止により死亡させた、という事案において、①患者に耐えがたい激しい肉体的苦痛が存在すること、②患者に不可避的に死期が迫っていること、③患者の意思表示、④安楽死の方法、に関する詳細な説示を経たうえ、前掲名古屋高判昭37・12・22にも批判的な検討を加えつつ、積極的安楽死の要件がみたされていないとして殺人罪の成立を肯定したものがある（横浜地判平7・3・28判時1530号28頁＝東海大安楽死事件）。

2. 尊 厳 死

　尊厳死とは，回復の見込みがない患者の意思に基づいて延命治療を中止し，自然な状態で尊厳をもって死を迎えさせることをいう。**治療中止**ともいい，それが処罰されない場合とは実質的に見て，医師に課された治療義務がもはや十分に果たされたことを根拠にしている。すなわち，たしかに，たとえば，レスピレーターのスイッチを切る行為はそれ自体として見れば作為であるが，それによって実現されているのは保障人がその除去を義務づけられているのを超えた危険であるにすぎず，それゆえに人を死に至らしめるという構成要件を充足しえない，ということなのである。したがって，尊厳死においては安楽死におけるのとは異なり，可罰性の限界を画定するために優越利益原理に基づく違法性阻却ではなく，むしろ治療にかかる作為義務の射程を論じなければならない。

　これは非常に困難な作業であるが，まず，末期の患者においてはしばしばそうであるように，そもそも医学的な効果が期待しえなくなった措置を講じる作為義務は存在しないであろう。次に，患者の自己決定権を根拠として，医師の作為義務が解除されることも考えられる。たとえば，副作用が強かったり，患者自身が人間としての尊厳を欠いていると感じたりするような治療については，死期が迫っているとか，もともと治療の延命効果が小さいなどといった条件のもと，患者の選択により医師の作為義務が失われると解すべきであろう。問題は，客観的な費用対効果の観点から，きわめて高額な費用がかかるにもかかわらずわずかな延命効果しか期待できない治療を継続する作為義務が欠如しうるかであるが，いったんそのような治療を開始したことにより他所からの同等の医療的介入を遮断したという関係が認められる限り，やはり作為義務は存続し続けるものと解される。

　なお，判例には，被害者が気管支ぜん息の重積発作を起こして入院したのち，余命等を判断するための検査も実施せず，発症から2週間の時点で回復可能性や余命について的確な判断を下せる状況にはなかったにもかかわらず，被害者の病状等について適切な情報が伝えられないままなされた被害者の家族からの要請に基づき，被告人が昏睡状態にあった被害者から気管内チューブを抜管するなどして死亡させた（最終的には筋弛緩剤を注射した），という事案において，抜管行為が法律上許容される治療中止にはあたらないとして，筋弛緩剤の投与

行為とあわせて殺人行為を構成すると判示したものがある（最決平 21・12・7 刑集 63 巻 11 号 1899 頁＝川崎協同病院事件）。この判例は治療中止が許容される一般的な要件を示していないが，それは妥当な判断であり，そのような一般的要件の定立は議会における熟議を経た立法のかたちで行われるべきであろう。

4.6　**実質的違法性阻却**

4.6.1　自 救 行 為

　自救行為とは，権利を違法に侵害された者が法定の手続きに従い国家の助力を得ることなく，実力でそのような権利の実現を図ることである。

　たとえば，家宝の仏像を盗まれた X がまさに高飛びしようとする犯人 A を偶然にも空港の国際線搭乗口で発見し，警察を呼ぶ暇がないことから，X に気づいて急いで搭乗しようとする A に飛びかかってこれを押さえつけ仏像を取り返した，という事例を考えてみよう。まず，X の行為は占有移転罪の保護法益に関する占有（所持）説をとれば強盗罪（236 条 1 項）の，本権説をとれば逮捕罪（220 条前段）の構成要件に該当しうる。他方において，X の仏像に対する利用可能性はその窃取後も刻一刻と侵害され続けていたのであるから，X の行為はそのような利用可能性に対する不正の侵害を排除するものとして正当防衛により違法性が阻却されるかにも見える。もっとも，違法であるとはいえ安定した状態が確立され，それをもとに新たな秩序が形成されているものと評価しうる場合においては，私人による実力行使それ自体が社会の安全という重要な公共的利益を脅かすこととなってしまう。そこで，このような事例においては，社会の安全が不正の侵害者によって脅かされ，対抗行為がむしろ安定した現状の変更を阻止するという性質をもつことを基礎づける，急迫性の要件がみたされないため X の行為は正当防衛にはあたらないと解すべきである。

　それでは，X の行為はただちに違法とされなければならないのであろうか。国家が自力救済を禁止して社会の安全を確保しようとするのも，すべての者にとって，「のちに国家が権利の回復，損害賠償の請求に助力してくれることを前提として，いったんはある程度の権利侵害を甘受しなければならない社会のほうが，市民が権利の回復と称して実力で安定した現状を変更してよい社会よりも望ましい」と判断されるからであるにすぎない。そうすると，先の事例に

おける X のように，この機に自力で取り戻しておかないと権利の回復等のチャンスが永続的に失われ，重大な損害をこうむるおそれが強い，という場合には，社会の安全よりも X の権利の要保護性のほうに軍配があがるものと解すべきであろう。このように，自救行為とは優越利益原理に基づき，権利の要保護性が社会の安全に優先すべきことを根拠とする違法性阻却事由であり，X の行為はまさにこれに該当するため処罰されないことになる。

　なお，（裁）判例には，とくに占有侵奪者の占有が新しい事実秩序を形成する以前に，被告人が実力により自己の占有を奪回したことを自救行為と認め，無罪を言い渡したもの（福岡高判昭 45・2・14 高刑集 23 巻 1 号 156 頁），自救行為が違法性阻却事由であることを一般論として認めたもの（最決昭 46・7・30 刑集 25 巻 5 号 756 頁）などがある。ただし，前者は被告人が自己の占有に対する侵害を排除し，むしろ安定した現状を保全したものと評価しているのであるから，教科書類において一般的に想定されている自救行為の類型とは本質的に異なることに注意を要する（このような〔一般自救に対置された〕占有自救の観念については，大下英希「自救行為と刑法における財産権の保護」川端博ほか〔編〕『理論刑法学の探究⑦』〔成文堂，2014〕71 頁以下などを参照）。

4.6.2 可罰的違法性論
1. 絶対的軽微

　4.1.1 で述べたように，法分野を問わず，その趣旨に応じて違法性の概念は同一の構造を有したり質的に相違したりしうる。もっとも，そのこととは別に，たとえば，同じく法的制裁という趣旨を基礎においているとしても，刑罰は非常に峻厳なものであるから違法と評価されうる最下限が他の場合よりも高い，ということは十分に考えられよう。このように，とくに刑罰を科するに値するほど大きい，という量的なハードルをクリアした違法性のことを**可罰的違法性**とよぶ（以下の二区分を含め，詳細な研究として前田雅英『可罰的違法性論の研究』〔東京大学出版会，1982〕が重要である）。

　この可罰的違法性の概念にも 2 種類があり，1 つ目は**絶対的軽微**とよばれる類型を排除するものである。たとえば，窃盗罪（235 条）は他人の「財物」を窃取することを処罰しているが，たとえ有体性を有する物であっても，その財

産的価値があまりにも小さいときは「財物」にあたらないと解すべきであろう。
このように，絶対的軽微の類型においてはそもそも構成要件該当性が阻却され
ることになる。そして，被害者の同意がすでに構成要件該当性を阻却すると解
するときは，被害者が同意した範囲をほんのわずかに超えたにすぎない場合も
また絶対的軽微の類型に含めるべきであろう。

　なお，（裁）判例には，煙草耕作人である被告人が葉煙草 7 分（価額金 1 厘）
を国に納付することなくみずから消費した，という事案において煙草専売法違
反の罪につき無罪を言い渡したもの（大判明 43・10・11 刑録 16 輯 1620 頁 = 一厘
事件），旅館業を営む被告人が煙草数種類を約 20 個ずつ一括してあらかじめ定
価で買い入れ，客に依頼される都度，煙草を交付して定価に相当する額の金銭
を受け取っていた，という事案においてたばこ専売法違反の罪にあたらないと
したもの（最判昭 32・3・28 刑集 11 巻 3 号 1275 頁），被告人が買物客の提げてい
た手提袋内からパンフレット 2 通が在中する封筒をその中に金員が入っている
と思って抜き取った，という事案において窃盗未遂罪の成立を認めるにとどめ
たもの（東京高判昭 54・3・29 判時 977 号 136 頁）などがある。

2.　相対的軽微

　可罰的違法性の概念の 2 つ目は**相対的軽微**とよばれる類型を排除するもので
ある。こちらは，行為が構成要件に該当することそれ自体は否定しえない——
つまり，絶対的軽微の類型にはあたらない——ものの，その大部分について違
法性が阻却され，正当化されないわずかな不法によっては刑罰を基礎づけるに
足りない，という場合に違法性を否定するのである。違法性阻却事由をわずか
に超えているにすぎない，といいかえてもよい。

　この相対的軽微の類型はかつて，公務員の争議行為に関してさかんに論じら
れた。また，判例も一時はこのような発想に親和的な態度を示していた（最判
昭 31・12・11 刑集 10 巻 12 号 1605 頁 = 三友炭坑事件，最決昭 45・6・23 刑集 24 巻
6 号 311 頁 = 札幌市電ピケット事件などを参照）。もっとも，その後はこれに対し，
一貫して厳格な態度を示すに至っている（最判昭 50・8・27 刑集 29 巻 7 号 442
頁 = 日本鉄工労組事件などを参照）。

第 **5** 章

故　　意

5.1　総　　説

5.1.1　故意の意義

　38 条 1 項本文は「罪を犯す意思がない行為は，罰しない」と定める。この「罪を犯す意思」を**故意**とよび，刑法は**故意犯処罰の原則**を掲げていることになる。

　もっとも，理論的に厳密に考察するならば，刑罰の基礎を形成しているのはその制裁としての構造にほかならない。そして，制裁としての構造が本質的に要請するのは，①事前に告知された不法が行為により現実に引き起こされたことと，②そのような行為をやめるべく行為者が自己の行為を制御しえたこと（規範的責任）の 2 つである。そこには故意が含まれておらず，むしろ，故意は刑罰の制裁としての性質が確保されたことを前提として，処分（特別予防）の必要性という観点から刑罰を加重する，規範的責任要素とは異質の責任要素であると解すべきである。要するに，故意犯処罰の原則とは，あくまで「刑法はこのように加重された刑罰のみを原則として科すこととしている」という趣旨に理解されなければならないのである。

　以上のことは，故意の重い形態と軽い形態を比較してみれば分かりやすいで
あろう。たとえば，行為者がまったく同一の方向に銃口を向けて猟銃の引金を
引いたものと仮定して，その際，行為者が「なんとか被害者に命中してほし
い」と意欲までしていた場合（意図）と，「熊に命中させたいが，弾がそれて
被害者に当たってもやむをえない」と甘受していたにすぎない場合（未必の故
意）とを考えてみる。このとき，被害者に弾が命中して死亡したとすると，故
意の形態としては前者のほうが明らかに重く，したがって殺人罪の刑も加重す
べきであるが，それは①被害者が射殺されたという結果それ自体になんらかの
差があるからではないし，また，②行為者が殺人行為の違法性を認識し，これ
をやめようと動機形成することの容易さに違いがあるからでもない。そうでは
なく，前者のほうが行為者の生命に対する強い攻撃性，したがって不法への強
度の傾向性が行為にあらわれているため，処分の必要性が高いと判断されうる
からなのである。

　ただし，このように，故意が刑罰の制裁としての性質を基礎としつつ，そこ
に処分の観点を結合させるものであるとしても，その結合の態様に関してはい
くつかの立場が考えられうる。たとえば，いったん刑罰の制裁としての性質が
確保されたならば，そこで前提とされた不法とはまったく別の不法への傾向性
であっても，それが行為にあらわれてさえいれば結合を認めて故意犯を成立さ
せ，ただ 38 条 2 項に従って軽いほうの不法に対する故意犯にとどめる，とい
う立場もありえなくはない。あるいは，制裁を科することを基礎づける不法と
当該構成要件該当性というレベルにおいてまでは一致していなくても，たとえ
ば，「およそ殺人罪」などといった構成要件の種類のレベルにおいて一致して
さえいれば結合を認め，制裁を科することを基礎づける実際に引き起こされた
不法に対する故意犯を成立させる，という立場も考えられよう。

　もっとも，これらの立場を採用すると，理念的には，ひとたび刑罰の制裁と
しての性質が何かしら基礎づけられた途端，処分の観点が一挙に流入してくる
構図が成立してしまうことになる。そこでは，せいぜい刑の軽重に関する制限
がかかるだけであとはフリーハンドに，あるいはそこまでいかなくても，同種
の不法への傾向性でありさえすればどの客体，誰の法益に対する危険であって
も制約されることなく，処分の必要性が刑を故意犯のそれにまで自由に引き上

げてよいことになるのである。これでは，しかし，刑罰が制裁としての性質を
基礎におくというのは名ばかりの原則となり，実際には処分したがって特別予
防の必要性が刑罰のあり方を決定的に刻印づけてしまうであろう。それは特別
予防の観点が国家権力によって濫用されがちであり，不都合な人物をただ危険
な人物といいかえて監置してしまう強い誘因力をもつ，という歴史的教訓をあ
まりにも軽視したものである。

　こうして，故意犯における制裁と処分の結合の態様としては，あくまで，ま
さに制裁を科する根拠となる不法を引き起こすことを行為者が認識予見しつつ
行為に出た，という点に看取される処分の必要性だけが故意犯を成立させ，そ
の重い刑を正当化しうるものと解すべきである。たとえば，行為者がＡとい
う人物を正当な理由なく死に至らしめたこと，および，行為者がそれをやめる
べく自己の行為を制御しえたことを要件として制裁を科することとしたうえ，
行為者が行為に出る際，それによってＡを死に至らしめることを認識予見し
ていた場合に限って処分の観点を介入させ，殺人罪の成立を肯定すべきである。
要するに，特別予防の観点はたしかに刑を大きく引き上げる契機を内包してい
るが，その濫用の危険性にかんがみ，制裁に従属し，制裁の想定する「型」に
はまる限りにおいてのみ考慮されるべきなのである。このような故意犯の構造
は，その成否に関するさまざまな論点を解決する出発点となりうるものである
から，あらかじめ十分に理解しておく必要があろう。

　なお，以上で述べたような原則には重要な例外があり，未遂犯においては，
「不法を実現することを認識予見しながら行為に出た」という場合の不法が制
裁を基礎づける不法を逸脱することが認められているが，詳しくは第8章を参
照されたい。

【故意は制裁を加重するか？】

　本文で述べたように，故意が処分の観点から説明されるべき実体を有しているこ
とは疑いがない。もっとも，他方において，故意が制裁の観点から刑を加重する理
論的な余地が排除されるわけではもちろんない。すなわち，制裁が行為を抑止する
プロセスにかんがみたとき，まずは行為者に自己の行為が不法を実現することを予
見させ，そのうえで，その行為をやめようとする動機形成を行わせるわけである（さ
らに，動機に従って行為に対し，それをやめる方向で意思的なコントロールを及ぼ

させることになる）。そうすると，故意がある場合には，行為者がはじめから自己の行為が不法を実現することを認識予見しているのであるから，プロセスの最初の重要なステップを省略することができる。にもかかわらず行為に出ようとする行為者を十分に抑止するためには，はるかに重い制裁を用意しておかなければならない。このように解されるのである。

　ただし，故意の重い形態と軽い形態の区別に関して述べたように，このような制裁の観点だけでは故意の本質を完全に説明し尽くすことはできない。あくまで，処分の観点からの説明が絶対に必要である。したがって，制裁の観点から故意による刑の加重を説明できる側面もある，という程度に理解しておくべきであろう。

　なお，制裁の抑止プロセスの一部を省略できることが刑を加重しうる他の局面として，行為者が現実の違法性の意識を有していた場合が考えられるが，詳しくは7.4を参照されたい。

5.1.2　事実の認識と意味の認識

　故意は一般に，事実の認識と意味の認識から構成されるといわれている。

　まず**事実の認識**とは，行為者が構成要件に該当することとなる外形的な事実を認識していることである。たとえば，速度超過の罪に関し，行為者が標識に書かれていた40という数字を60と見間違え，時速60kmで自動車を運転した場合には事実の認識が欠ける。たしかに，そのような場合であっても，行為者は高速度を出していると分かっていながら運転し続けた，という点で社会的にはなんらかの意味において危険人物であるのかもしれない。しかし，刑法が着目しているのは，あくまで構成要件として規定された特定の不法への傾向性を示すことだけである。そうすると，行為者は制限速度を超えて運転することへの傾向性をあらわしているわけではない以上，故意を認めることができないのである。

　次に**意味の認識**とは，行為者が構成要件に該当することとなる事実を，おのおのの構成要件要素が定立された実質的な趣旨に照らしても認識していることである。たとえば，行為者が標識を正しく認識したうえ，この道路であれば時速60kmくらい出しても交通の危険は生じないであろう，と考えて同速度で自動車を運転したが，実は，制限速度は交通の安全のためではなく高架下住居の静謐のために設けられており，行為者は高架下に住居があるなど思いもよらな

かった，という場合を考えてみよう。このとき，行為者は制限速度を超えていることが分かっているから，事実の認識はあるかもしれない。しかし，なぜ制限速度が設けられているのか，その実質的な趣旨まで認識してのことではないのであるから，意味の認識が欠ける。刑法が着目する不法への傾向性にいう不法とは，あくまで目的論的に解釈されなければならないのであり，交通の危険を生じさせることと高架下住居の静謐を害することとは，まったく別の不法である。そうすると，前者の不法を実現するつもりしかない行為者に，後者の不法に対する故意犯を成立させることはできないのである。

　なお，（裁）判例には，被告人が飲用に供する目的でメタノールを所持または販売したが，被告人は飲用に供すると身体に有害であるかもしれないと思っただけで，メタノールとのはっきりした認識がなかった，という事案において有毒飲食物等取締令 1 条違反の罪の故意を否定したもの（最判昭 24・2・22 刑集 3 巻 2 号 206 頁），被告人が覚せい剤を密輸入して所持した際，客体が覚せい剤かもしれないし，その他の身体に有害で違法な薬物かもしれないとの認識があった，という事案において覚せい剤輸入罪，同所持罪の故意を肯定したもの（最決平 2・2・9 判時 1341 号 157 頁），被告人がトルエンを含有するシンナーを吸入する目的で所持した際，そのシンナーにはトルエンが含有されていないと思っていた，という事案において毒物及び劇物取締法違反の罪の故意を否定したもの（東京地判平 3・12・19 判タ 795 号 269 頁），特殊詐欺の受け子について，具体的な事実関係を指摘しつつ，詐欺の可能性があるとの認識が排除されたことをうかがわせる事情は見当たらない，として詐欺の故意（や共謀）を肯定したもの（最判平 30・12・11 刑集 72 巻 6 号 672 頁，最判平 30・12・14 刑集 72 巻 6 号 737 頁）などがある。

5.1.3　未必の故意

　故意は従来，知的要素，心情要素，意的要素の 3 つから構成されると解されてきた。そして，おのおのの要素に関し，故意を認めるための下限に近い場合を**未必の故意**とよび，それ以外の**確定的故意**の場合と区別してきたのである。

　まず**知的要素**とは，行為者がその実現を認識している不法の大きさのことである。故意犯としての傷害罪を例にとると，①被害者にどのくらい重大な傷害

が生じると思っているのかや，②被害者にどの程度の確率で傷害が生じると思っているのか，などといったことが知的要素にかかわることになる。いずれについても，重大さや確率が増せば増すほど知的要素が大きくなり，それゆえ重い故意であることになろう。とくに②については，確率が非常に高い場合を**確知**とよび，確定的故意の一形態であるとされている。

　次に**心情要素**とは，行為者が実現されるべき不法に対してとっている情緒的態度である。たとえば，①ぜひとも被害者に傷害が生じてもらいたいと欲しているのか，それとも，②被害者に恨みはないから傷害は生じてほしくないが，もし生じることとなったとしてもやむをえないと甘受しているのか，などといったことが心情要素にかかわることになる。①は**意図**とよばれ，これもまた確定的故意の一形態とされる。他方，②は**消極的認容**とか**認容的甘受**などとよばれ，意図よりも軽い故意であることになる。

　最後に**意的要素**とは，行為者が行為に出ようとする意思（**行為意思**）をもっていることである。もっとも，ここで注意しなければならないのは，この意的要素が必ずしも故意の構成要素には解消されないことである。たとえば，被害者に銃口を向けてけん銃の引金に指をかけているとき，行為者が次に指を引こうと思っていれば，ただ被害者を脅そうと考えているケースに比して，被害者の生命が危険にさらされる程度が飛躍的に上がるであろう。このとき，意的要素は行為者に故意がある場合に限られない不法要素（主観的違法要素）であることになる。これに対し，現に弾が発射されて被害者に命中し，これを死に至らしめたケースにおいては，行為者がそれによって被害者を死亡させることを認識予見しながら，まさに行為に出ようと思って実際に行為に出た，という事情が行為者の（人を死に至らしめるという）不法に対する強度の傾向性を徴表するであろう。このときには，意的要素が故意による責任の加重を基礎づけることになる。

　現実の事案において故意が責任を加重する程度は，おのおのの要素を総合して決められるべきであるが，やはり，いずれの要素についても故意を認めるのに最低限必要な閾値が存在するというべきであろう。というのも，たしかに，いずれの要素も特別予防の観点から責任を加重するという特徴を有しているが，おのおのの要素が着目する属性は厳密には異なっているからである。学説には，

未必の故意の最下限をおのおのの要素のコンビネーションによって画定しよう
とするものもあるが（佐伯・考え方248頁以下を参照），それは閾値を超えた部
分に関する限定された主張として理解すべきであろう。

　なお，未必の故意の限界が問題となった（裁）判例の事案は多いが，それは
これまで述べてきたような故意の実体的要件が俎上に載せられたものではなく，
むしろ事実認定の当否が争われたものであるにすぎない。したがって，刑事実
体法の教科書において解説すべきことはほとんどない，というのが実情である。
たとえば，被告人が盗品を有償で譲り受ける際，盗品であることを確定的に
知っている必要はなく，あるいは盗品かもしれないと思いながらあえてこれを
買い受ける意思（未必の故意）があれば足りる，として贓物故買罪（盗品有償譲
受け罪）の故意を肯定したもの（最判昭23・3・16刑集2巻3号227頁），飲酒酩
酊した被告人が自動車を運転して多数の歩行者に衝突させ，傷害を負わせたり
死亡させたりするなどした，という事案において，衝突の危険性を十分に認識
しながら衝突をなんら意に介することなくあえて運転した，という事実を指摘
して暴行の未必の故意を認め，傷害罪および傷害致死罪の成立を肯定したもの
（広島高判昭36・8・25高刑集14巻5号333頁），被告人は，小型貨物自動車のボ
ンネット上に腹ばいになり，ワイパーをつかんでいた被害者を振り落とすべく
蛇行運転をしたが，被害者は運転台の屋根から後部荷台に移り難を逃れた，と
いう事案において，被害者を転落させてでも逃げようという被告人の意識の根
底には，転落から生じるべき危険な結果をも辞さぬという程度の容認が包蔵さ
れていた，と述べて被告人に未必の殺意を認め，殺人未遂罪の成立を肯定した
もの（東京高判昭41・4・18判タ193号181頁），被告人が入院患者の死傷を避け
たいと思いつつも，その防止措置を講じないまま病院に放火した事案で殺人お
よび傷害の未必の故意を肯定したもの（福岡高判昭45・5・16判時621号106頁），
特殊詐欺の受け子について，依頼された荷物の受取り方法の不自然さなどを指
摘しつつ，過去に同様の仕事を引き受けていたなどの事実がなくても詐欺の故
意（や共謀）を肯定したもの（最判令元・9・27刑集73巻4号47頁）がある。

【故意のその他の種類】

　講学上，本文で述べた以外にも故意の種類が認められている。

　まず**概括的故意**とは，いかなる不法が実現されるかについて特定した認識はないが，かといって特定のものを排除する認識もない，という状態において認められる故意である。この場合にはすべての不法について故意が肯定されうるが，本当にその不法についても実現されるかもしれないと思っていたのか，という個別的な判断を集積していく作業をおろそかにしてはならない。安易に概括的故意を認めると，過失犯や，ことによっては過失犯さえ成立しえない場合にまで，故意犯としての処罰が及んでしまいかねないのである。たとえば，行為者が自動車を運転して猛スピードで人ごみに突っ込んでいった，という事例であっても，はねられて死傷した多数の歩行者についてはともかく，下水道工事に従事していた作業員がたまたまマンホールをずらして顔をのぞかせた瞬間，れき過されて死亡した，という点についてまで殺意を肯定してよいかは疑問である。

　次に**条件つき故意**とは，行為に出れば不法が実現されうることを認識しているが，そもそも行為に出るかどうかが一定の条件にかからしめられている場合である。たとえば，被害者にけん銃の銃口を向けて復縁を持ち掛け，もし断られれば引金を引いて被害者を射殺しようと考えている，という事例において行為者に殺意が認められるであろうか（もちろん，実際に射殺すれば殺人罪が成立しうることは明らかであるが，被害者がまだ返事をしていない段階で第三者が止めに入ったとき，殺人未遂罪が成立しているかが問題となりうる）。このような場合においては，一定の外部的条件がみたされさえすれば行為に出ようとする意思それ自体は確定的に存在するのであるから，究極的には，行為をなし終えたのちに結果の発生が一定の条件にかからしめられている場合と同様に扱ってよいであろう。したがって，条件つき故意もまた故意と認めてよい。ただし，条件のみたされる可能性がきわめて小さかったり，条件の性質が「明日の星座占いの結果が良ければ」などというような行為に出るかどうかの「迷い」を示すものであったりした場合には，そもそも行為に出ようとする意思そのものがいまだ存在しないと解すべきであろう。

【故意概念の規範化？】

　近時においては，**故意概念の規範化**，たとえば，行為者が現に認識した結果発生の蓋然性が，刑法の期待する程度に法益尊重動機を備える者であれば行為を思いとどまるレベルに達していたら故意が認められる，という発想が支持を集め始めている（議論の詳細については，大庭沙織による「認識面における故意の規範化」早稲田大学大学院法研論集141号〔2012〕1頁以下などの一連の論稿を参照されたい）。たしかに，心情要素は不安定な内容を有しており，これを故意の概念から排除しようとする動機はよく理解できる。しかし，このような定式を字句どおりにあてはめ

たのでは，従来，認識ある過失とされてきたものまでもが故意のうちに取り込まれてしまう。あるいは，このような発想は，一般人ならば結果が発生することなど思いもよらない事案において，行為者が一種の妄想に近いかたちで結果の発生を思い描いた，という場合に故意を否定することを企図して主張されているのかもしれない。もっとも，そのような場合には故意そのものを否定するよりも，むしろ，故意犯であっても基礎としなければならない制裁の抑止プロセスが成立していない，という理由から規範的責任のほうを阻却すべきであろう。故意を否定するだけでは，過失犯の成立可能性が残されてしまうのである。

5.1.4　**責任無能力者の故意**

　責任無能力者，ことに，幻覚妄想により客体の属性や行為状況を（健常人ならばありえない態様で）誤認した者にも故意を認めうるであろうか。この問題は，とくに医療観察法が対象行為に故意を要求していると解されることから緊要性の高いものとなっている。

　もっとも，結論からいえば，そのような者に故意を認めることはできないであろう。というのも，故意が責任を加重する根拠は，不法が実現されると分かっていながら行為に出たことにあらわれる行為者の不法に対する強度の傾向性であるところ，たとえば，人が凶悪な獣に見えてこれを駆除しなければならないと考える精神病者は，たしかに生命に対する高い危険性を示してはいるけれども，あくまで，「人の命などどうでもよい」，「金のためなら人を殺すこともいとわない」などといったかたちで示しているわけではないからである。このように，故意はどのような形態においてであれ，行為者の不法への傾向性があらわれてさえいれば認められるというわけでは決してなく，そのような傾向性が，故意という要件の内実によってとらえられる限りにおいてのみ認められるのである。

　そうすると，医療観察法上の対象行為がこのような刑法の一般理論にいう故意を要件とすると解するときは，対象行為の範囲が医療観察法の趣旨や目的に照らして不当に狭められてしまうであろう。人が獣に見えるから駆除するという人間が，強制医療の対象から外れるのは明らかに不合理である。そこで，対象行為は故意の概念から離れ，あくまで医療観察法の趣旨や目的に照らして解釈されるべきであろう。最決平 20・6・18 刑集 62 巻 6 号 1812 頁も，同法の趣

旨にかんがみ，対象行為該当性の判断は対象者が幻聴，妄想等により認識した内容に基づいて行うべきではなく，対象者の行為を当時の状況のもとで外形的，客観的に考察し，心神喪失の状態にない者が同じ行為を行ったとすれば，主観的要素を含め，対象行為を犯したと評価することができる行為であると認められるか，という観点から行うべきであると判示している。

5.2　具体的事実の錯誤

5.2.1　総　説

現実に生起する事案においては，実際に実現された不法を行為者が正しく認識していない場合が多々見受けられる。いいかえれば，客観的に引き起こされた不法と行為者が主観的に思い描いていた不法とが齟齬する場合も少なからず存在するのである。このような場合のことを事実の錯誤とよぶ。また，とくに齟齬が同じ構成要件の枠内で生じているにとどまるケースを**具体的事実の錯誤**とよんでいる。

以下では，この具体的事実の錯誤に分類されてきた代表的な錯誤の事例をとりあげ，具体的な解決方法を検討することとしたい。

5.2.2　客体の錯誤

まず**客体の錯誤**とは，行為者が現実に侵害した客体を構成要件の着目する属性においては正しく認識しているものの，その他の属性に関して認識の齟齬すなわち錯誤が生じている場合である。たとえば，Xが目の前の人影を恋敵であるBと誤信してこれを射殺したところ，近づいて死体の顔をよく見たらそれは友人のAであった，という事例が考えられよう。

客体であれその他の概念であれ，すべての構成要件要素はそれらが形作る不法類型との関係においてのみ意味をもっている。いいかえれば，不法類型＝構成要件の着目する属性だけが重要なのである。そうすると，客体の錯誤において行為者が錯誤しているのはどうでもよい事実に関してであるにすぎず，故意を認めるのに支障はないと思われる。こうして，先の事例におけるXには殺人罪が成立しうることになる（判例として，大判大11・2・4刑集1巻32頁を参照）。

【客体の錯誤の限界】

　学説においては，客体の錯誤の限界が問題とされている（詳しくは，井田・前掲
『講義刑法学・総論〔第2版〕』190頁以下などを参照）。

　まず，Xがひとり暮らしのBを殺害しようと考え，駐車場に停められているBの
自動車のドアに開けたら爆発する爆弾を仕掛けておいたところ，自動車泥棒のAが
そのドアの鍵を壊して開けた結果，爆死してしまった，という事例があげられている。
そして，有力な見解は，Xが客体を「ドアを開けた人」というかたちで抽象化して認
識している，として客体の錯誤に含めようとする。しかし，実際に五官の作用を使
用して「ドアを開けた人」を特定しているならば，客体の重要な属性を正しく認識
しているといえようが，この事例においては，Xが単にみずからの想像力を駆使して，
現実にドアを開けたのとは別の人が爆死するシーンを思い描いていたにすぎない。
したがって，この事例は客体の錯誤にはあたらないと解すべきであろう。ただし，
実際には，このような（客体の特定に関して）不確実な殺害手段を用いた場合には
未必の故意が認められ，それゆえ，そもそも錯誤が存在しないと評価すべきケース
も多いように思われる。

　次に，Xが前方の人影を太ったCであると思い，殺意をもって手りゅう弾を投げ
たところ，実はやせたAとBが寄り添って立っていたのであり，両者とも死亡して
しまった，という事例があげられている。そして，有力な見解は，「太った人だと
思って殺害したら実はやせた人だった」という場合が問題なく客体の錯誤に含まれ
るのと同様に考えてよいという。しかし，同様に考えるなら，AまたはBのいずれ
か（犯情の軽いほう）が客体の錯誤にあたることしか導けないはずであり，残る一
人については客体の錯誤にあたることの論証が別途必要になるが，それは十分には
なされていない。今後も検討が必要であろう。

5.2.3 方法の錯誤

　次に**方法の錯誤**とは，行為者が現実に侵害した客体と狙った客体とが齟齬し
ている場合である。たとえば，Xが殺意をもって左方のBを狙い，けん銃を
発射したところ，弾がそれて右方のAに命中し，これを死亡するに至らしめた，
という事例が考えられよう。

　この方法の錯誤について**抽象的法定符合説**は，たとえ客体の間に齟齬が存在
するとしても，いずれにせよ「人を死に至らしめる」という同種の不法＝構成
要件該当性が認められるという点に差はないから，構成要件上重要な属性に関

する錯誤はない，として，X に（B に対する殺人未遂罪に加えて）A に対する殺人罪の成立を肯定する（両罪は観念的競合〔54 条 1 項前段〕の関係に立つ）。

　もっとも，厳密に考えると，A を死に至らしめることと B を死に至らしめることとは別の不法である。そうであるからこそ，「両者とも死ね」と思って両者の間を狙って手りゅう弾を投げれば，およそ人を死に至らしめたかどで抽象的な殺人罪一罪が成立するのではなく，あくまで A に対する殺人罪と B に対する殺人罪の二罪が成立するのである。そうすると，5.1.1 で述べた，刑法が前提とすべき制裁と処分の結合態様に忠実であろうとする限り，A に対する殺人罪を認めるためには，「A を死に至らしめる」という当該不法を X が認識予見しながら行為に出たのでなければならない。ひるがえって先の事例を見ると，X には B を死に至らしめることの認識しかないから，A に対する殺人罪までは成立しえず，せいぜい（B に対する殺人未遂罪に加えて）A に対する（重）過失致死罪で処罰されうるにとどまることになる。このような考え方を**具体的法定符合説**とよぶ。

　この具体的法定符合説に対しては，抽象的法定符合説の側から，故意犯の成立範囲が狭すぎるとの批判が投げかけられている。しかし，先の事例を修正して，弾がそれて右方の A の犬に命中し，これを死亡するに至らしめた，というようにすれば，抽象的法定符合説といえども，A に対しては故意犯としての処罰を断念するのである（器物損壊罪には過失犯処罰規定がないから不可罰となる）。これでは，弾がそれた先に何がいる（ある）か，という X の認識内容とは何の関係もない偶然的な事情によって故意の存否が決まることになり，明らかに不合理であろう。具体的法定符合説による故意犯の成立範囲が狭いとすれば，それは合理的な理由に基づいて狭いのである。

　なお，判例には，被告人が警ら中の巡査を殺害してけん銃を強取しようと考え，建設用びょう打ち銃を改造した手製装薬銃を巡査に向けて発射したところ，びょうが巡査の身体を貫通してこれに傷害を負わせるとともに，道路反対側の歩道上を通行中の歩行者の背部にも命中して傷害を負わせたが，けん銃を強取するには至らなかった，という事案において，犯罪の故意があるとするためには，犯人が認識した罪となるべき事実と現実に発生した事実とが必ずしも具体的に一致することを要するものではなく，両者が法定の範囲内において一致す

ることをもって足りる，と述べて（巡査に対してのみならず）歩行者に対しても強盗殺人未遂罪の成立を認めたものがある（最判昭 53・7・28 刑集 32 巻 5 号 1068 頁＝びょう打ち銃事件）。典型的な抽象的法定符合説の論証であるが，それに重大な疑問があることはすでに述べたとおりである。

【抽象的法定符合説の制限的解釈？】

　学説には，抽象的法定符合説には暗黙の裡に次の 2 つの限定がかけられており，実際には故意犯処罰がそれほど拡大するわけではない，と分析するものもある（佐伯・考え方 266 頁以下を参照）。すなわち，①同説が故意を拡張する客体の範囲は無限定ではなく，あくまで，当該客体に結果が発生することにつき行為者に予見可能性が認められる範囲に限られている，②同説により故意が拡張された場合であっても，あくまで，量刑の判断においては過失犯と同じような扱いを受けている（たとえば，東京高判平 14・12・25 判タ 1168 号 306 頁を参照），というのである。

　非常に興味深い分析であるが，いずれも，抽象的法定符合説を救済する決め手にはならないであろう。まず①についてであるが，故意犯としての処罰といえども，制裁としての性質を基礎としなければならない以上，責任主義の観点から，行為者が現実に生じた不法を予見可能であったことが要請される。それだけのことであって，故意を拡張するロジックである抽象的法定符合説とは何の関係もない。次に②についても，それならば正面から過失犯の成立を認めるにとどめるべきであり，もし過失犯処罰規定が存在しない場合にも量刑で調整しようとするのであれば，それは実質的に見て裁判所による過失犯処罰立法であるとのそしりを免れえないであろう。

　こうして，最初から具体的法定符合説を採用しておくほうが合理的であることが分かる。

5.2.4 因果関係の錯誤

1. 狭義の因果関係の錯誤

　因果関係の錯誤とは，行為者の想定した因果経過と実際にたどられた因果経過とが，客観的に帰属可能な範囲で齟齬する場合をいう。たとえば，X が殺意をもってけん銃で A を撃ったところ，弾はそれたものの，発砲に驚いてあとずさった A が背後の崖から転落して死亡した，という事例があげられよう。

　学説には，①このような場合には，同一の客体内部においてであれ方法の錯

誤に近い実体が存在するのであるから，齟齬が犯罪実現手段として質的に異な
る範囲に及ぶときは，既遂犯の故意を阻却すべきである，とか，②たとえば，
先の事例でＸも一般人も崖の存在を認識しえなかった場合には，もはや行為
者の認識した危険が結果に現実化したものとは評価しえないから，未遂犯にと
どめるべきである，などというものもある。

　しかし，まず，①人を死に至らしめるという構成要件においては客体の相違
が重要である，というのが方法の錯誤に関する具体的法定符合説の発想を支え
ているのである。これに対し，その人をどのような経路で死に至らしめるかと
いうのは重要な違いではないから，方法の錯誤に近い実体が存在するというの
は不当前提であろう。また，②先の事例において崖の認識不可能性が危険の現
実化を妨げるというのであれば，そもそも因果関係すなわち客観的な帰属可能
性自体を否定するのが筋であろう。そうすればＸの罪責が殺人未遂にとどま
ることも整合的に説明しうるが，それは錯誤論とは何の関係もない客観的な構
成要件該当性の問題である。

　こうして，因果関係の錯誤においては（客観的な帰属可能性が認められる限
り）故意犯の成立に特段の問題が生じない。近年，「因果関係の錯誤」不要論
とよばれる立場が支配的になっているが，同様の趣旨に出たものといえよう。
先の事例においても，ＸにはＡに対する殺人（既遂）罪が成立しうることにな
る。

2.　早すぎた構成要件の実現

　近年においてより注目を集めているのは，むしろ，そもそも因果関係の錯誤
を論じる前提にかかわる議論のほうである。たとえば，5.2.4（1）であげた事
例においては，現にＸがけん銃の引金を引いたことを前提として，その先の，
いわば「Ｘの手を離れた」あとの事態の推移に関して，主観と客観のずれが生
じていたのであった。それでは事例を少し修正し，Ｘが同様の計画のもと，け
ん銃の銃口をＡに向けた段階で指が引金に触れてしまい，Ｘが想定したより
早く弾が発射されたとしたらどうであろうか（その後の経緯に関しては，弾がＡ
に命中しようが，Ａが崖から転落しようが重要な違いはないことについては，5.2.4
（1）で既述のとおりである）。このように，行為者の想定より早く構成要件が実
現されてしまった場合にも故意既遂犯が成立しうるか，という問題を**早すぎた**

構成要件の実現とよぶ。

　有力な見解は，既遂犯の重い刑を基礎づけうるだけの故意を認めるためには，行為者が既遂到達に必要と考えるすべての行為（作為犯であれば作為，不作為犯であれば不作為）をなし終えることが必要である，としてＸをせいぜい殺人未遂罪にとどめようとする。たしかに，そのような見解も理論的には一貫したものとして評価することができるが，具体的な結論においては明らかに不当であろう。たとえば，大規模公共施設に爆弾を仕掛けたテロリストから起爆装置を渡され，「αからγのボタンを順番に押せば爆発する」といわれたのを，「αからδ」と聞き間違えた行為者が殺意をもってボタンを順番に押していったところ，行為者の予想に反してγの段階で爆音が響き渡り，多数の市民が死体となって目前に散らばった，という事例において，この行為者のきわめて些末な誤解を根拠に殺人未遂罪にとどめる，というのは到底納得のいく結論ではない。

　そこで，行為者が既遂到達に必要と考える最終的な行為である構成要件該当行為に**密接**な行為にまでとりかかっていれば，すべての行為をなし終えたのと同じくらい行為者の不法への傾向性が外部化されていると解し，既遂犯の成立に必要な故意としては十分なものと評価すべきであろう。問題は，そこにいう密接性をどのような基準に基づいて判断すべきかであるが，①構成要件該当行為に至る**容易性**や，②構成要件該当行為との**時間的接着性**が必要であることは見やすい道理である。①構成要件該当行為の前に大きな障害が立ちはだかっているのであれば，それを乗り越えてはじめて行為者が十分な危険性を示したといいうるし，②人の気持ちは長い時間が経てば変わってしまうことも多いのであり，それほど間をおかずに構成要件該当行為が予定されている，という段階に至ってはじめて行為者が同様の危険性を示したといいうるからである。

　もっとも，厳密に考えると，これら①と②だけでは不十分であろう。というのも，容易性や時間的接着性が認められるというだけでは，まさにその構成要件に固有の不法に対する行為者の傾向性が行為にあらわれた，とまでは評価しがたいからである。たとえば，行為者が被害者宅の玄関ドアの鍵穴に合鍵を突っ込んだというとき，たとえそのあとは比較的簡単に，しかも，それほど間をおかずに強制わいせつ行為に及びうるとしても，それだけで強制わいせつへの行為者の強度の傾向性が徴表されているとはいいがたいように思われる。し

たがって，①と②に加えて，③その構成要件に固有の不法との質的な連続性が
存在すること（**構成要件領域への作用**）を要求すべきであろう。

　ひるがえって冒頭の事例を見てみると，①と②がみたされていることは明ら
かであろう。X が手にしたけん銃の銃口を A に向けた段階において，そのあ
とは非常にたやすく，かつ，すぐに引金を引けるからである。問題は③である
が，X がきわめて殺傷力の高い武器であるけん銃を A に向けて使用可能な状
態で握りしめている以上，すでに人を死に至らしめるという不法との質的な連
続性が認められ，よって③も肯定しうるように思われる。こうして密接性が肯
定され，それゆえ，X の想定より早く A の殺害が実現されたとしても殺人既
遂罪が成立しうることになろう。

　他方，古くから教科書類において，早すぎた構成要件の実現の事例としてと
りあげられてきた次のようなケースはどうであろうか。すなわち，妻が夫の晩
酌時に毒入りウィスキーを提供してこれを殺害しようと計画し，午前中にウィ
スキーの瓶に毒を入れて戸棚にしまい，いったん外出したところ，（妻の想定
に反して）仕事を早引けした夫が妻の外出直後に入れ替わりで帰宅し，自分で
ウィスキーの瓶を見つけてこれを飲み死亡した，というケースである。ここで
は，殺人罪の構成要件該当行為が（夫の晩酌時に）妻が毒入りウィスキーを提
供する行為であり，これと外出前の行為とが密接しているかが問題となる。
もっとも，①は認められるかもしれないが，時間的離隔が大きいため，②は疑
わしいであろう。さらに，毒入りウィスキーという危険物の準備は済んでいる
ものの，妻はいまだそれを夫の具体的な活動領域内におくつもりまではなかっ
た。こうして③も否定され，密接性が欠けるため，妻に夫に対する殺人既遂罪
は成立しえないことになる（さらに，未遂犯に関する検討も要するが，おそらく
は殺人未遂罪も否定され，せいぜい殺人予備罪にとどまることになろう）。

　ところで学説においては，早すぎた構成要件の実現において故意既遂犯が成
立しうるためには実行の着手（未遂犯の成立）が認められることが必要である，
というものが多い。たしかに，実際上は故意既遂犯の成否と実行の着手の存否
とが連動することが多いであろうが，理論的に厳密に考えるならば，①～③と
未遂犯の成立要件とは同一ではない。そもそも未遂犯処罰規定がなくても，あ
るいはまた，離隔犯などにおいていまだ実行の着手が認められない段階であっ

ても，①〜③が肯定されることはありうる（密接性が問題となる構成要件該当行為に，共犯という修正された構成要件該当行為を含めるときも，やはり，①〜③だけが肯定されるというケースが生じてくる）。したがって，このような学説の表現はややミスリーディングであろう。

　（裁）判例には，被告人が自宅家屋を燃やすとともに，焼身自殺をしようとして家屋内にガソリンを撒布し，死ぬ前に最後のたばこを吸おうとライターで点火したところ，撒布したガソリンの蒸気に引火し爆発して火災に至った，という事案において放火既遂罪を認めたもの（横浜地判昭 58・7・20 判時 1108 号 138 頁），被告人らと共謀した実行犯が，クロロホルムを吸引させて被害者を失神させたうえ（第 1 行為），その失神状態を利用して被害者を港まで運び，自動車ごと海中に転落させてでき死させる（第 2 行為）という殺害計画を実行に移したが，被害者はすでに第 1 行為により死亡していた可能性がある，という事案において，第 1 行為と第 2 行為の密接性，および，第 1 行為開始時における（殺人に至る）客観的な危険性を根拠に殺人罪の実行の着手を肯定したうえ，実行犯が一連の殺人行為に着手してその目的を遂げたのであるから殺人の故意に欠けるところはない，と述べて実行犯（と被告人ら）に殺人既遂の共同正犯を認めたもの（最決平 16・3・22 刑集 58 巻 3 号 187 頁＝クロロホルム事件）などがある。後者は実行の着手と故意既遂犯の成否との理論的な関係にあいまいな点を残しているが，「一連の殺人行為」というのが殺人罪の構成要件該当行為との密接性を意味しているのであれば支持しうる。

【遅すぎた構成要件の実現】

　本文で述べたのとは反対に，行為者が想定したよりも遅く構成要件が実現された場合も考えられる。たとえば，X が殺意をもって A の首を絞め（第 1 行為），動かなくなったので死亡したものと勘違いし，犯跡を隠ぺいする目的で（実はまだ生きている）A を砂浜に運び放置したところ（第 2 行為），そこで大量の砂末を吸引した A は窒息死してしまった，という事例があげられよう。このような場合を**遅すぎた構成要件の実現**ないし**ヴェーバーの概括的故意の事例**とよぶ。

　もっとも，こちらは早すぎた構成要件の実現とは異なり，純然たる因果関係の錯誤の一例であるにすぎない。したがって，現実の因果経過について客観的な帰属可能性を肯定しえさえすれば，問題なく第 1 行為が殺人既遂罪を構成しうることにな

る（類似の事案で，被告人に殺人罪の成立を認めた判例として大判大 12・4・30 刑
集 2 巻 378 頁 = 砂末吸引事件がある）。議論の余地があるのは第 2 行為についてであ
り，まず，それが A を死亡するに至らしめた点については，二重評価を避けるとい
う観点から（重）過失傷害罪にとどめ，最初から第 2 行為が計画されていたなど，2
つの行為の連続性が強い場合には，端的に第 1 行為について成立する殺人罪に吸収
させるべきであろう。次に，死体遺棄の故意で客観的には（生体の）遺棄を実現し
た点については，5.3 で述べる抽象的事実の錯誤が問題とされることになる。

5.3 抽象的事実の錯誤

5.3.1 総 説

　抽象的事実の錯誤とは，客観的に実現された事実と行為者の主観的に認識し
た事実とが種類の異なる構成要件にまたがって齟齬を来すケースを指す。たと
えば，X が A のかかしを壊すつもりで猟銃を発射し，これに命中させたものの，
近寄ってみると，それは A 自身であり被弾で死亡していた，という事例があ
げられよう。そこでは両事実が，それぞれ殺人と器物損壊という種類の異なる
構成要件にまたがって齟齬を来しているのである。

　この抽象的事実の錯誤に関して**抽象的符合説**は，両事実のうち少なくとも軽
いほうについて故意犯が成立しうるという。冒頭の事例では，X に（〔重〕過失
致死罪だけでなく）器物損壊罪が成立しうることになろう。この説には 2 つの
根拠があり，まず実質的には，そのように解さないと故意犯の成立範囲が狭く
なりすぎることである。次に形式的には，38 条 2 項が「重い罪に当たるべき
行為をしたのに，行為の時にその重い罪に当たることとなる事実を知らなかっ
た者は，その重い罪によって処断することはできない」と規定しているのを反
対解釈しうることである。つまり，「軽い罪によってなら処断することができ
る」と解釈するわけである。

　しかし，結論からいえば，いずれの根拠についても説得力がないと思われる。
まず実質的な根拠についてであるが，5.1.1 で述べたように，刑法は謙抑性の
観点から制裁と処分の結合態様を限定的にとらえているにもかかわらず，その
限定を一気に緩め，せいぜい「主観と客観，より軽いほうの不法に対する傾向
性だけを刑の加重に用いる」という非常に甘い縛りをかけるにとどめる，とい

うのが刑事政策的に見て妥当であるとは到底思われない。次に形式的な根拠については，反対解釈からは「そもそも故意犯としては処断することができない」という結論も同等の蓋然性をもって導き出しうるのであるから，ただちに軽い罪による処断を肯定するのは被告人に不利な類推解釈のきらいがある。また，もし38条2項にそれほどの創設的な効果が認められるならば，立法者が反対のケース，すなわち，重い罪を犯そうとして軽い罪を実現してしまった場合を規定していないのはあまりにも不自然であろう。

　こうして，38条2項はあくまで注意（確認）的な規定にすぎないと解すべきである。いいかえれば，制裁と処分の原則的な結合の態様がみたされた場合にのみ故意犯が成立しうるのであり，それは煎じ詰めれば客観的に実現された不法（構成要件）と行為者の認識した不法とが一致している場合にほかならない。そうすると，冒頭の事例においては人を死に至らしめるという客観面の不法と他人所有の物を損壊するという主観面の不法とが明らかに異なる以上，Xには故意犯が成立しえないことになろう。

　もっとも，ここで注意を要するのは，不法が個別の罪名や条文そのものとは必ずしも一致しないことである。たとえば，行為者が麻薬を所持するつもりで客観的には覚せい剤を所持していた，という事例を考えてみよう。たしかに，麻薬所持罪と覚せい剤所持罪は異なる罪名であり，条文どころか，麻薬取締法と覚せい剤取締法というように規定されている法律自体が違っている。しかし，両罪の不法が別ものかと問われれば，答えは否であろう。というのも，両罪がいまのように区別されているのは歴史的な経緯や立法技術的な考慮によるものであるにすぎず，結局は，立法者が同一の有害性に着目して薬物の所持を禁止・処罰しようとしたという点で共通しているからである。端的にいえば，そのような有害性をもつ薬物を所持するというひとつの不法が——薬物の化学的な種類や有害性の大小に応じて——分けて規定されているというにすぎない。したがって，先の事例においては当然に故意犯が成立しえ，ただ，処断刑それゆえ罪名は両罪のうち軽いほうにとどめられることになる（ただし，罰条の適用は必要な範囲で行えば足り，不法のすべてを記述し尽くす作業は省略してよい。たとえば，被告人が覚せい剤だと思って実際に覚せい剤を所持したときにまで，わざわざ麻薬取締法をあわせて掲げる必要はないであろう）。

　それでは，客観面と主観面とで不法が異なってはいるものの，いずれの不法
も究極的には同一の法益を保護するため，立法者が抑止の対象として選んだ異
なる侵害経過である場合はどうであろうか。たとえば，窃盗罪（235 条）と詐
欺罪（246 条）とでは不法が異なっており，前者が被害者の直截的な意思に反
して客体の占有を移転させることであるのに対し，後者はまず欺罔行為により
被害者を錯誤に陥れ，みずから客体の占有移転に協力しようとする動機づけを
与えたうえ，そのような被害者から客体の交付を受けることである。しかし，
その一方において両罪の保護法益は同一と解されており，ただ，立法者が抑止
の必要性が高いと考えた 2 つの法益侵害経路を別々の不法として規定すること
としたわけである。このことを前提として，たとえば，行為者が詐欺をはたら
くつもりで被害者に対して虚言を弄し，被害者が黙示の交付意思を生じたもの
と誤認したうえその手元から財物を持ち去ったが，実際には被害者は耳が不自
由であり，ただ，被害者は自分に話しかけてくる行為者の顔のほうに注意が
行ってしまったため手元から財物を持ち去られたことに気づかなかっただけで
あった，という事例はどのように処理されるべきであろうか。

　このような，詐欺の故意で客観的には窃盗を実現したような事例においては，
厳密に考えれば，客観面と主観面とで不法が異なっているのであるから故意
（既遂）犯は成立しえず，行為者はせいぜい詐欺未遂罪で処断されるべきこと
となろう。しかし，主観面の不法について未遂犯処罰規定がない場合まで考え
ると，やはり処罰範囲の狭すぎる感が否めない。また理論的に考えても，刑法
ひいては国家の役割として決定的に重要であるのは法益を保護することであり，
そのためにいかなる不法を設定して抑止の対象とするかは立法者の合理的な裁
量に広くゆだねられている。そうすると，同一の法益を保護するために立法者
が設定した不法の違いは，立法者が同一の不法を分けて規定した場合の違いと
同じく偶有性が強く，制裁と処分の結合態様などという刑罰の大原則の外延を
画するには不安定にすぎるのではなかろうか。

　このように見てくると，制裁と処分の結合態様を同一の不法を基礎とする範
囲に限るのは狭きに失し，むしろ，立法者が同一の法益を保護するために創設
した複数の不法の範囲においては結合を認めるべきであろう。先の事例におい
ては，窃盗と詐欺とがまさに同一の法益を保護するために設けられた複数の不

法にあたることから，行為者はより軽い窃盗罪のほうの刑で処断されうることになる（なお，共犯の場合にときおり問題とされるような，背後者が行為媒介者に1項犯罪を実行させようとしたところ，実際には2項犯罪が実行されたという事例においても，両罪の保護法益は同一であり，客体が刑事政策的な観点から書き分けられているにすぎないと解される以上，同様に，より軽いほうの故意犯が成立しうることとなろう）。

　一方，学説においては，客観的に実現された罪と行為者の認識した罪とで保護法益が共通していたり（**法益符合説**），罪質が共通していたり（**罪質符合説**），あるいはまた，客体や行為態様が類似・共通していたりすれば（軽いほうの）故意犯の成立を認める見解が主張されている。このうち，法益符合説はこれまで述べてきた立場と結論において同一であるが，罪質符合説はそこにいう罪質が具体的に何を意味するかによって結論が異なりえよう。他方，最後の見解は規範的な根拠が不明であるうえに，具体的な結論においても明らかに不当である。たとえば，行為者が麻薬だと思って実際には覚せい剤を所持したとき，両方とも白い粉であれば故意犯が成立しうるが，一方が黒い液体であれば成立しえない，というのは著しく不合理であろう。反対に，行為者が生体を死体だと思って遺棄したとき，客体や行為態様が類似・共通していることを理由に死体遺棄罪（190条）を認めるのでは，学説・実務において広く承認された結論と齟齬してしまうように思われる。

5.3.2 （裁）判例

　（裁）判例には，次のようなものがある。

　被告人らが公文書無形偽造罪（156条）を教唆するつもりで，実際には公文書有形偽造罪（155条）の教唆を実現した，という事案において，両罪の罪質，法定刑，動機・目的の同一性を根拠に，公文書偽造教唆につき故意を阻却しないとしたもの（最判昭23・10・23刑集2巻11号1386頁）。古い判例であり，両罪の共通点をただ羅列した感が強い。今日における理論的意義はほとんどないであろう。

　被告人が営利の目的で覚せい剤と誤認してヘロイン（麻薬）を輸入するとともに，関税法上の無許可輸入罪を犯す意思で実際には禁制品輸入罪を実現した，

という事案において，前者につき，覚せい剤輸入罪と麻薬輸入罪の（目的物以外の）構成要件要素や法定刑の同一性，麻薬と覚せい剤との類似性から両罪の構成要件は実質的にまったく重なり合っている，と述べて麻薬輸入罪の成立を認めるとともに，後者につき，両罪はともに通関手続を履行しないでした類似する貨物の密輸入行為を処罰の対象とする限度においてその犯罪構成要件は重なり合っている，と述べて無許可輸入罪の成立を認めたもの（最決昭 54・3・27 刑集 33 巻 2 号 140 頁）。理論的により洗練された判示ではあるが，構成要件の重なり合いを認める根拠が一義的に明らかでないことに加え，「実質的に」などの限定句がもつ意義も必ずしもはっきりしていない。

　被告人が客体を死体であると思ってこれを遺棄したが，遺棄当時，客体が死亡していたという証明がない，という事案において，被告人の遺棄行為当時，客体は死亡していたと認定したもの（札幌高判昭 61・3・24 高刑集 39 巻 1 号 8 頁）。原判決（旭川地判昭 60・8・23 高刑集 39 巻 1 号 19 頁参照）が死体遺棄罪と遺棄罪との間に実質的な構成要件上の重なり合いを認め，軽い死体遺棄罪の成立を肯定したのに対し，重過失致死罪を視野に入れて択一的認定を行ったことから，両罪の構成要件の重なり合いを否定したものととらえられている。もっとも，客体が生きていれば重過失致死罪が成立しうるような事案である，との前提をおく限り，重なり合いを肯定しようが否定しようが，客体の死亡を出発点としなければならないであろう。

　被告人が覚せい剤を麻薬であるコカインと誤認して所持した，という事案において，麻薬所持罪と覚せい剤所持罪の構成要件は軽い前者の罪の限度において実質的に重なり合っている，と述べて麻薬所持罪の成立を認めたうえ，覚せい剤取締法により覚せい剤を没収したもの（最決昭 61・6・9 刑集 40 巻 4 号 269 頁）。前掲最決昭 54・3・27 を敷衍したものと思われるが，没収に関する説示に特徴がある。処罰対象行為が客観的には覚せい剤取締法にあたることや，薬物没収の保安処分的性格を強調しているが，5.3.1 で述べたように，両罪はあくまでひとつの不法を別の法律に分けて規定したものにすぎないのであるから，麻薬取締法違反の罪名を適用し，その刑で処断しながら没収は覚せい剤取締法による，というのははじめから整合的な判断といえよう。

　被告人が客体をダイヤモンド原石と誤認し，無許可輸入罪を犯すつもりで実

際には禁制品である覚せい剤を輸入しようとした，という事案において，無許可輸入罪も禁制品輸入罪も貨物の輸出入についての通関手続の適正な処理を図るための規定であり，前者が原則的規定，後者が加重規定であると解することができ，ともに通関手続を履行しないでする貨物の密輸入行為を対象とする限度において犯罪構成要件が重なり合っている，と述べて無許可輸入未遂罪の成立を認めたもの（東京高判平 25・8・28 高刑集 66 巻 3 号 13 頁）。これもまた前掲最決昭 54・3・27 を敷衍した判断であると考えられるが，同判例において両罪の構成要件の重なり合いに「実質的に」という限定句が付されていない根拠が「原則／加重」という関係にある，という点が明快に示されているといえよう。ただし，関税法の解釈として本当に「原則／加重」の関係にあるといえるのか，むしろ，究極的には同一の法益を保護するために設けられたあくまで異なる不法ではないのか，という疑問は残る。

5.4 **違法性阻却事由（正当化事情）の錯誤**

行為者が構成要件該当事実を正しく認識しているものの，同時に違法性阻却事由（正当化事情）を誤信している場合の擬律については諸所で扱ってきたが，ここでその内容を改めて簡潔にまとめておくこととしたい。

まず，故意をもっぱら構成要件の要素ととらえる立場（**目的的行為論**）からは，そのような場合であっても，行為者が構成要件を実現すべく外界に因果的手段を投入して事象を目的的に操縦している以上，故意は肯定されうるのであり，ただ，違法性阻却事由が存在しないことを行為者が認識しえなければ，違法性の意識の可能性が欠けるために責任が阻却されうるにすぎない，とされる。これを**厳格責任説**という。もっとも，たとえば，誤想防衛において行為者に故意犯が成立しうる，というのは明らかに直観に反する。

そこで，このような直観に反する事態を避けるために考えうる第 1 の立場として，違法性阻却事由を誤信しても故意は肯定されうるが，実質的に見て責任が軽いために刑は過失犯の限度にとどめられるのだ，というものが考えられる。これを**法効果を指示する責任説**という。しかし，そのような立場は実体においては故意を責任の要素ととらえたうえで，違法性阻却事由を誤信した場合にはそれを否定する見解に帰するであろう。それはそもそも議論の出発点の放棄に

ほかならない。

　次に考えうる第 2 の立場は，目的的行為論の本旨が行為の存在論的構造を明らかにするところにではなく，むしろ，社会生活上遵守すべき行為規範の違反こそが構成要件の本質を形成することを示すところにある，と解するものである。それによれば，「正当防衛として人を殺すな」などという行為規範は成り立たないわけであるから（正当防衛にあたるのなら人を殺してもよいはずである），誤想防衛による殺人においてはそもそも故意犯の構成要件該当性が欠けることになる。このように，違法性阻却事由不存在の判断がそもそも構成要件該当性の前提になる，とする発想を**消極的構成要件要素の理論**とよぶ。もっとも，構成要件該当性と違法性とは犯罪論体系上，それぞれに独自の意義を与えられた異なる概念なのであるから，違法性阻却事由の錯誤といういわばミクロの問題を解決するために両概念を混和させるのは本末転倒であろう。

　このように見てくると，違法性阻却事由を誤信した場合に故意犯が成立しないという結論を導くためには，はじめから故意を責任の要素ととらえる立場を採用しておくのが合理的である。すなわち，故意とは，不法が実現されることを認識予見しつつ行為に出たことにあらわれる行為者の不法への強度の傾向性をとらえる概念であるところ，違法性阻却事由を誤信した場合には行為者が適法と評価されるべき事態への傾向性しか示しておらず，したがって，処分（特別予防）の必要性が欠けるために故意が否定されるのである。ただし，違法性阻却事由が存在しないことを行為者が認識可能であった場合には，過失犯の成立する余地が残されることになる。

第**6**章

過　　失

6.1　過失犯の構造

6.1.1　総　　説

　過失犯は 38 条 1 項但書にいう「特別の規定」のひとつである。すなわち，刑法においては故意のある行為のみが原則として処罰されているが（故意犯処罰の原則），過失犯処罰規定が設けられている場合には例外的に過失行為まで処罰されることになる。

　これから詳細に見ていくように，過失犯の成立要件は刑罰の制裁としての性質を基礎づける要件と完全に一致している。すなわち，①行為により実際に不法が実現されたことと，②そのような行為に出ないよう行為者が自己の行為を制御しえた，という意味における規範的責任こそが，過失犯の成立要件の 2 本の柱を形成しているのである。これに対して故意犯とは，刑罰の制裁としての性質を基礎としつつ，これに処分の観点を結合させて，責任ひいては刑を加重する犯罪の特別な形態である。そして，制裁としての性質を基礎づけるのが過失犯の成立要件なのであるから，煎じ詰めれば，「過失犯の成立要件に（責任要素としての）故意を付け加えたものが故意犯の成立要件である」ということ

になる。故意犯処罰の原則といっても，それは，実際上，犯罪の加重形態である故意犯のみが可罰的とされていることが多い，という事実を述べたものにすぎず，あくまで，犯罪論の理論的な基礎を形成しているのは過失犯のほうなのである。

【認識ある過失と認識なき過失】

　過失には，いくつかの種類がある。このうち，軽過失と**重過失**，単純過失と**業務上過失**（さらには**自動車運転過失**）の理論的関係については，各論のほうで扱うのが一般的である。これに対し，認識ある過失と認識なき過失については，かねてより総論の重要問題とされてきた。

　まず**認識ある過失**とは，行為者が危険を認識しつつもそれが現実化することを想定しなかった，という場合である。これに対して**認識なき過失**とは，そもそも行為者が危険さえ認識していなかった場合である。古い学説は心理的責任という観念のみを承認し（**心理的責任論**），行為者が実際に頭の中で思い描いていた事情だけが責任の根拠になると解した。そうすると，過失もまた責任の一であるというためには，行為者が不注意から何も考えていなかった，という認識なき過失のほうは排除しておかなければならない。いいかえれば，認識ある過失だけが行為者の責任を基礎づけうるとされるのである（近時におけるより洗練された主張として，甲斐克則『責任原理と過失犯論』〔成文堂，2005〕127頁以下などを参照）。

　もっとも，心理的責任論には重大な疑問がある。というのも，なぜ行為者がある事実を思い浮かべたということそれ自体が責任を基礎づけうるのか，そこにいう責任とはどのような規範的意義を有しているのか，という本質的な点がまったく明らかではないからである。しかも，かりにこの点を措くとしても，認識ある過失において行為者の責任を問いうるのは危険までであり，それが現実化した事態は行為者心理の外にあるはずである。心理的責任論を一貫させるならば，はじめから過失のすべてを責任から除外しなければならないであろう。

　こうして本文で述べたように，過失すなわち不法の予見可能性は，刑罰の制裁としての性質を基礎づける規範的責任要素のひとつと解すべきである。そうすると，行為者が刑法の期待する慎重さを備えれば不法の予見に至るかどうかだけが決定的なのであり，認識なき過失もまた当然に責任を基礎づけることになる。せいぜい，認識ある過失においては行為者が危険を認識しつつ行為に出ている点において，故意に近い要素がプラスアルファとして責任を加重しうるだけであろう。

　なお，判例には明文なき過失犯処罰を認めたものがあり，たとえば，その取り締まる事柄の本質にかんがみて，外国人登録令上の登録証明書不携帯罪につき過失犯処罰を肯定したもの（最決昭 28・3・5 刑集 7 巻 3 号 506 頁），船舶の油による海水の汚濁の防止に関する法律上の油を排出する罪について，「排出」の本性的な意義や法律の制定経緯，法案審議の経緯，規制の実効性等を理由に過失犯処罰を肯定した原判決を是認したもの（最決昭 57・4・2 刑集 36 巻 4 号 503 頁）があげられる。もっとも，一方では刑法において特別の規定がない限り過失犯は処罰しないといいながら，他方では特別の規定とすぐには分からないようにしておく，というのは立法者の態度として公正を欠くであろう。過失犯を処罰するときは，あくまで明文をもってそう規定すべきである。

6.1.2 過失論争の歴史

　過失犯の理論的な構造は 6.1.1 において概観したところであるが，歴史的に見ると，この構造をどのようなものととらえるべきかに関して激しい論争が繰り広げられてきた。

　第 1 の見解は**旧過失論**とよばれるものである（論者が「旧」と自称しているのではなく，のちに見る新過失論が非難の意味を込めてこうよんだ）。それによれば，過失犯の不法は故意犯と同様，法益侵害ないし危殆化を因果的に惹起することに尽きるのであり，故意犯と過失犯とは責任の段階においてはじめて分岐する。すなわち，不法を現実に予見していたのが故意犯であるのに対し，注意すれば予見しえた，つまり，予見可能性があったというのが過失犯である。このように考えるのである。

　このような旧過失論はシンプルで分かりやすいが，その反面において，社会生活のいたるところに危険が満ちあふれている近現代社会では処罰範囲が広くなりすぎるおそれがある。たとえば，人の死を因果的に惹起したこととそれが予見可能であったことだけで（業務上）過失致死罪が成立しうるならば，自動車メーカー（正確には，自動車の製造・販売に関わった自然人）はみな同罪によって取り締まられてしまうであろう。しかし，自動車のもつ社会的有用性にかんがみたとき，このような結論は到底納得のいくものではない。

　そこで，第 2 の見解である**新過失論**が登場する。すなわち，法益侵害ないし

危殆化を因果的に惹起したというだけでは過失犯の不法はみたされず，あくまで，行為者が**社会生活上要請される注意**（〔**客観的**〕**注意義務**）に違反したという行為の態様が付け加わらなければならない，と考えるのである。そうすると，自動車メーカーが必要な安全基準等を守って自動車を製造・販売している限り，そのような注意（義務）違反はなく，それゆえ，たとえ自社の自動車が死亡事故を生じさせることを予見可能であったとしても，そもそも過失犯の不法が欠けることから（業務上）過失致死罪は成立しえないことになろう。このように，法益侵害ないし危殆化に現実化しかねない危険をはらむ行為が，その社会的有用性ゆえに一定の範囲で不法を阻却される，という発想のことを**許された危険**とよぶ。

　このような新過失論の発想は，旧過失論により不当に拡張されかねない過失犯の処罰範囲を合理的に制限するものとして，高い評価に値しよう。もっとも，厳密に考えると，危険な行為をその社会的有用性にかんがみて一定の範囲で許容しなければならない，というのは過失犯に限らない話である。たとえば，自動車メーカーの人々が現実に「自社の自動車が死亡事故を起こすかもしれない」と未必的に認識した途端，なんらの制限もなく殺人罪が成立しうるというのは明らかに不当であろう。というのも，自動車の製造・販売がもつ社会的有用性は，自動車メーカーの人々が死亡事故を実際に予見したかどうかとまったく関係がないからである。したがって，必要な安全基準等を守って自動車を製造・販売している限り，たとえ死亡事故を実際に予見していたとしても不法が欠け，殺人罪は成立しえないものと解すべきであろう。このように，新過失論が主張する過失犯の不法の限定が故意犯にもまったく同様に及んでくる，という見解を**客観的帰属論**とよぶ。ただし，注意（義務）違反という表現はもっぱら過失犯を想起させてしまうことから，誤解を避けるために**許されない危険の創出**という表現のほうを用いるのが一般的である。

　以上の論争をふまえて考えると，思考の方向性としては客観的帰属論が最も優れているといえよう。ただし，ここで注意を要するのは，論者が許されない危険の創出（注意〔義務〕違反）が否定されるべき事例のなかに，単に行為者が不法を認識しえないだけのケースをも含めがちであることである。たとえば，自動車メーカーのある工場で製造された自動車は安全基準等がまったく守られ

ておらず，そのせいで販売されたのちに多数の死亡事故を起こしたが，元凶は部品納入業者のミスであり，メーカー側では部品の瑕疵を認識できなかった，というケースを考えてみよう。ここでは，人を死に至らしめる罪の不法はあるが，予見可能性がないために責任が阻却される，というのが正しい判断の順序であるが，論者の多くはそもそも許されない危険の創出が欠けるという。しかし，そのようにいうと，客観的に「やってよい／悪い」を明らかにする，という不法の本来的な役割が果たされなくなってしまうであろう。こうして，客観的帰属論は不法の概念を正しく規定し直すべく，修正を受けるべきである（**修正された客観的帰属論**）。

【新新過失論（危惧感説）】

　新過失論はもともと，旧過失論によって過度に拡張されかねない過失犯の処罰範囲を制限するため，過失犯の不法を限定しようとする発想であった。もっとも，その後，公害事犯の多発などを受け，むしろ，処罰範囲の拡張を推し進める新バージョンが登場することになる。それが**新新過失論**（**危惧感説**）であった。すなわち，具体的に何事かは特定しえないが，漠然とした不安感を抱きうるというだけでこれを除去すべき注意義務を課し，その違反をもって過失犯として処罰しうるというのである（藤木英雄『過失犯の理論』〔有信堂，1969〕181頁以下など。このような発想を採用したものとされる裁判例として，徳島地判昭48・11・28刑月5巻11号1473頁＝森永ドライミルク事件差戻第1審判決を参照）。

　たしかに，注意義務を定める際には，未知の危険に備えて一定の安全マージンをとらなければならない場合もあろう。また，負担が非常に軽い注意義務であれば，たとえ予測されるリスクが小さなものであってもこれを課してよい，というのも合理的な利益衡量の帰結であって異とするに足りない。問題は，新新過失論がそれを超えた含意を有する場合である。たとえば，刑法が期待する慎重さを逸脱する，いわば神経症的な疑心暗鬼に基づいてはじめて不法を予見しうる，あるいは違法性の意識をもちうる，などといったケースにおいてもなお過失犯が成立しうるというのであれば，それは責任主義に違反するため支持しえない。学説実務において新新過失論が正面から採用されにくいのは（これを明示的に排斥した裁判例として，札幌高判昭51・3・18高刑集29巻1号78頁＝北大電気メス事件を参照），この責任主義違反の事態を恐れてのことであるように思われる。

【許された危険と犯罪の構成段階】

　許された危険という概念は，違法性阻却の文脈においても登場することがある。たとえば，余命が1カ月である重病患者の意思に基づき，70％の確率で成功して病気が治癒するが，30％の確率で患者がただちにショック死するおそれのある手術を医師が行うとしたとき，その手術は，より大きな有用性を実現する唯一の手段としてより小さなリスクを冒すものであり，許された危険として違法性が阻却されうる。そうすると，たとえそのリスクが現実化して患者が死亡することとなったとしても，その手術が正当化されるという評価は維持し続けなければならないであろう。リスクを織り込んでなお手術は正当化されるといいながら，そのリスクが現実化した途端，結果論に基づいてその手術を遡及的に違法と評価し直すのは矛盾だからである。

　問題は，このような違法性阻却のレベルにおける許された危険と，本文で述べた構成要件該当性のレベルにおける許された危険の理論的な関係である。まず，リスクを織り込んでなお行為を許容した以上，そのリスクが現実化したときも許容の効果を維持しなければならない，という本質的な構造は両者で共通している。他方において，構成要件と違法性の一般的な理論的関係に照らすと，そもそも，その種の行為は個別具体的な事案の特徴を勘案するまでもなく，社会的有用性のほうが大きいから遂行してよい，という一般的な承認が社会において成立している場合には，すでに構成要件該当性を阻却する許された危険というべきである。安全基準等を守った自動車の製造・販売などは，その典型例であろう。これに対し，先の危険な手術のように，個別具体の事情を実際に衡量して許容の判断を導かなければならないときは，構成要件には該当するが違法性を阻却する許された危険というべきである。

6.1.3　注意義務の意義

　6.1.2で述べたように，学説においては華々しい過失論争が繰り広げられてきたのであるが，他方において，実務では「過失とは注意義務違反である」という一般的な定式が当然の前提とされており，そのような定式の理論的な意義が掘り下げて議論されることはあまりなかったように思われる。そこで，実務において注意義務（違反）という名のもとに議論されている実質的な内容を刑法の一般理論に照らして分節するならば，おおよそ次の3つが浮かび上がってくることとなろう。

　第1は，（不真正）不作為犯における作為義務（違反）である。たとえば，小さな子どもを池に連れて来て遊ばせている親が，スマートフォンのゲームに夢

中になるあまり，子どもがおぼれているのに気づかず，これをでき死させてしまった，という事例を考えてみよう。このとき，親は常に子どもの動向を注視し，おぼれそうになったらすぐにこれを助け上げる，という注意義務に違反しているものとされる。もっとも，このような注意義務のうち後半部分，すなわち，でき死の危険が現実化するのを防止することは，故意不作為犯にも共通する作為義務のひとつにほかならない。その証拠に，子どもがおぼれそうになったことに気づいたにもかかわらず，以前から自分になつかないことを不快に思っていた親がこれを見殺しにした，という修正事例において，親に子どもを救命する作為義務を課するために考慮されるべき事情とは，先の注意義務の後半部分を基礎づけるために考慮されるべき事情とまったく同じである。すなわち，いずれにおいても，ほかに救助を期待しうる者がいない危険な場所に自助能力のない小さな子どもを連れて来て遊ばせた，という先行する許されない危険の創出が考慮されなければならないのである。

　第2は，許された危険と許されない危険の創出を画する基準である。たとえば，どの程度の安全性を備えた自動車の製造・販売であれば許容されうるか，という基準がこれにあたり，その基準を下回れば注意義務違反が肯定されうることになる。もっとも，このような基準の確定には，往々にして膨大な情報の収集と分析，利益衡量に関する高度の科学的知見が必要となるのであり，裁判所がゼロベースで一からこれを行うことは，その能力や職責に照らしてふさわしくない。そこで，立法機関やその委任を受けた行政機関が，その能力を活用して定立した特別規範が大いに参考となろう。かつて，注意義務違反という観念は，過失犯を行政取締法規違反の結果的加重犯へと変質させてしまう，という批判が強力になされたことがあった。たしかに，行政取締法規といえども，すべてのアノマリーを想定して利益衡量の帰結を具体的な基準のかたちで示しているわけではないし，また，前提となる情報に偏りがあったり，基礎とする科学的知見が誤っていたりすることが絶対にないわけではない。しかし，そのことを十分にわきまえたうえであれば，裁判所が行政取締法規等を参考にして許される／許されない基準を定めることは，むしろ推奨されるべきであろう。

　なお，実務的には，予見可能性を否定して被告人を無罪とする際，実質的に見て，この（不法に関する）第2の内容が前提とされていることも多い。すな

わち，被告人にそのような注意義務を課する根拠となしうるほどの予見可能性
が認められない，といわれる場合には往々にして，被告人の行為を許されない
ものとするほどの深刻なリスクを認識しえなかった，という判断が実質的に企
図されているのである。たとえば，非加熱製剤の投与を許されないものとする
ほどの，患者の HIV 感染・死亡の高いリスクの予見可能性を否定したもの（東
京地判平 13・3・28 判時 1763 号 17 頁 = 薬害エイズ事件帝京大ルート），原発の運
転を許されないものとするほどの，（10m 盤を超える）津波襲来の高いリスクの
予見可能性を否定したもの（東京地判令元・9・19 判時 2431 = 2432 号 5 頁）があ
る。

　第 3 は，（責任要素としての）不法の予見可能性を与える**情報収集義務**（の違
反）である。不法の予見可能性とは，行為者が刑法の期待する慎重さを備えれ
ば不法の予見に至る，ということである。その慎重さの典型例は，良心の緊張，
精神の集中という内心のはたらきであるが，それだけでは一種の精神論に近く，
具体的にどうすればよかったかを示して被告人ひいては社会全体に納得させる，
という刑事裁判の重要な役割が十分に果たされないおそれがある。そこで，慎
重さを「危険がないか」と情報を収集する外部的な態度として具体化すること
が考えられる。先にあげた，小さな子どもを池で遊ばせる事例でいうと，行為
者に「スマートフォンを見ながらでいいから，想像力をはたらかせて子どもが
おぼれているシーンを思い浮かべよ」と命じるのでは抽象的にすぎることから，
むしろ「時々は顔をあげて周りを見渡し，子どもの様子を確認せよ」と命じる
のである（反対にいうと，毒薬を漫然とテーブルの上に放置したような場合には，
端的に精神の緊張を命じるだけで足りよう）。かつて，情報収集義務という観念に
対しては，それが行為者にとって過度の負担となり，新新過失論（危惧感説）
に至りかねない，という批判が強力になされたことがあった。しかし，情報収
集義務と新新過失論との間には何の結びつきもない。たしかに，行為者に情報
収集に関する過度の負担を負わせてはならないが，それは内心のはたらきを過
度に要求してはならないのとまったく同じであろう。

　以上で見てきたように，実務に定着している注意義務という観念は理論的に
は重層的な構造を有している。したがって，過失犯を認定する際にも，安易に
「○○すべきであったのにしなかったから注意義務違反である」と言い放つだ

けでは足りず，そこにいう注意義務が理論的にはどのような性質をもち，それ
ゆえ，いかなる根拠に基づいてどの範囲で認められうるかを慎重に検討しなけ
ればならない。

【過失（不真正）不作為犯という法形象は存在するか？】

　過失は注意義務違反であり，注意義務のなかには不作為犯における作為義務も統
合されうることから，学説においては，過失犯においては作為犯と不作為犯の区別
がなく，それゆえ，過失不作為犯という法形象もまた観念しえない，というものも
ある。たしかに，実務においては過失犯を認定する際，注意義務の語とは別に作為
義務の語を用いることは一般的ではない。しかし，それは煩雑さを避けるための便
宜的な語用にすぎず，概念の実体において作為義務が注意義務に溶け込んでしまっ
ているわけでは決してない。実際，判例もまた，実質的には作為義務であるような
注意義務を認定する際には，明らかに不作為犯の一般理論を想定してこれを行って
いるのである。したがって，一部の学説が過失不作為犯という「ことば」を使わな
いのは自由であるが，あくまで，過失不作為犯に相当する理論的実体が厳然として
存在していることは否定しえないであろう（あわせて 3.4.5（4）も参照）。

6.2 **過失犯の成立要件**

6.2.1 **結果回避可能性**

1. 総　説

　過失犯の理論構造や一般的成立要件は，6.1 において述べたとおりである。
そこで，次に，過失犯の個々の成立要件についてとくに議論がさかんであるポ
イントをいくつかとりあげ，簡潔な検討を加えておくこととしたい。

　まずは**結果回避可能性**である。これは，注意義務を守っていれば結果を回避
しえたという関係のことであり，それが過失犯の成立にとって必要であるとす
る見解（必要説），反対に，不要であるとする見解（不要説），さらに，結果を
確実に回避しえたことまでは必要でないが，注意義務を守ることで結果回避の
チャンスを高められたことは要求する見解（**危険増加理論**）などが主張されて
いる。しかし，6.1.3 で見た注意義務の重層性にかんがみるならば，このよう
な平板な見解の対立はあまり生産的ではない。むしろ，問題となっている注意
義務の理論的な性質に着目して，結果回避可能性の要否を検討すべきであろう。

　第1に，注意義務が作為義務を意味するときは必要説に軍配があがる。不作為犯において作為に出ても結果を回避しえなかったということは，とどのつまり，行為の有無にかかわらず法益の状態に変化がないということなのであるから，そもそも，不作為に対して結果不法を引き起こしたかどで不法との評価を与えることができない。したがって，当然に過失不作為犯も成立しえないのである。一方，危険増加理論は，結果不法の可能性のみをもって結果不法そのものを要求する犯罪の成立を認めることとなり，解釈により侵害犯を危険犯化するものであって不当であろう。

　第2に，注意義務が許された危険の判断基準を意味するときも必要説が妥当である。許された危険が現実化して生じた法益の状態は，法秩序がやむをえないものとして甘受しているのであるから，行為がそれより悪い状態を引き起こしていない限りは，やはり第1の場合と同様の帰結となろう。

　第3に，注意義務が情報収集義務を意味するときは不要説のほうが一貫している。単に，「不法を予見しえないというだけの行為によっても結果が生じたであろう」というのみでは，可罰性を阻却する理論的な契機とはなりえないであろう。もちろん，実際問題として，そのような場合には現実の行為それ自体が不法の予見可能性を欠き，それゆえ，責任が阻却されて無罪となるケースが多いであろう。しかし，現実の行為そのものの危険性が非常に高く，（予見可能性を欠く行為によっても結果を生じさせる）特別の事情など考慮に入れずとも，不法の予見可能性が認められる場合には，なお責任が肯定され，可罰性が生じることになる。そして，むしろそちらのほうが妥当な結論といえよう。

2. 判　　例

　判例には，被告人が列車を運転して京踏切にさしかかった際，被害者である嬰児が踏切上に佇立していたのに，漫然進行を継続したためこれをれき死させた，という事案において，被告人が被害者を認識しうる時点において，ただちに警笛を吹鳴し非常制動の措置をとったとしても，結果を防止しえたとはいえない，として因果関係を否定し，業務上過失致死につき無罪を言い渡したもの（大判昭4・4・11新聞3006号15頁＝京踏切事件），被告人がタクシーを運転して，左右の見通しがきかない交差点に徐行することなく時速30〜40kmの速度で進入したところ，交差道路から，運転者が酒気を帯び，指定最高速度である時

速 30km を大幅に超える時速約 70km で，足元に落とした携帯電話を拾うため
前方を注視せず，対面信号機が赤色灯火の点滅を表示しているにもかかわらず，
そのまま自動車を交差点に進入させたため，衝突事故が起き，被告人車の乗客
らが死傷した，という事案において，被告人車が交差点手前で時速 10 〜
15km に減速して交差道路の安全を確認していたとしても，衝突を回避可能で
あったという事実については合理的な疑いを容れる余地がある，として過失を
否定し，業務上過失致死傷につき無罪を言い渡したもの（最判平 15・1・24 判
時 1806 号 157 頁）などがある。

　このうち前者については，実質的に過失不作為犯の成否を問題にしたもので
あり，保障人が作為に出ていたとしても結果を回避しえない場合には不作為に
結果を帰責しえない，というのは見やすい道理であろう。問題は後者のほうで
ある。こちらにおいては，交差点に時速 30 〜 40km の速度で進入する，とい
う作為をとらえて処罰することの可否が俎上に載せられており，理論的には過
失作為犯の成否が問われている。そして，たとえ被告人自身は認識しえなかっ
たとしても，交差道路から「暴走車」が突っ込もうとしてきている以上，被告
人には客観的に見て許される態様における交差点進入行為を観念することがで
きず，端的に交差道路に進入しないという不作為が要求されることになろう。
ただし，繰り返しになるが，そのような「暴走車」の存在は被告人には認識し
えず，また，交差道路走行車両には一時停止義務が課されていることもあり，
自身が時速 30 〜 40km の速度で交差点に進入することによりただちに衝突に
よる死傷事故が発生する，などということは予見しえなかった可能性がある
（類似の事案において，信頼の原則という表題のもと，実質的には同様の考慮を経て
被告人に無罪を言い渡した先例として，最判昭 48・5・22 刑集 27 巻 5 号 1077 頁が
ある）。そうすると，被告人の行為は違法ではあるが，責任が阻却されて無罪
になる，というのが正しいはずである。これに対し，最高裁のような理論構成
をしてしまうと，たとえば，通常想定可能な交差道路走行車両の動向を前提と
してなお，衝突による死傷事故が起きるおそれの強い異常な高速度で被告人車
が交差点に進入した場合であっても，なお結果回避可能性を欠き無罪となって
しまいかねない，という点において妥当性を欠くと思われる。

　なお，結果回避可能性が欠けるとして過失犯の成立を否定した先例としては，

福岡高那覇支判昭 61・2・6 判時 1184 号 158 頁＝バックミラー事件があげられることも多い。もっとも，そこでは，被告人車が右折転回を開始するにあたり，（情報収集義務のひとつである）後方の安全確認義務を尽くしたとしても，被害者車両が高速度で疾走して被告人車を追い越そうとすることを予測しえなかった，という実質的には予見可能性の欠如が（信頼の原則の名のもとに）無罪の根拠とされているのであり，このような先例としての位置づけは適切でないように思われる。

6.2.2 予見可能性

1. 予見可能性の標準

　過失の実質的な内容を構成する不法の予見可能性に関しては，その具体的な判断方法がいくつかの局面において問題とされてきた。その第1が予見可能性の**標準**である。要するに，誰を基準として予見可能性を問うか，という問題である（この問題に関する最も重要な研究として，松宮孝明『刑事過失論の研究』〔成文堂，1989〕121 頁以下がある）。

　この問題について，かつては主観説と客観説が対立し，主観説はあくまで行為者個人が不法を予見しえたかを問うのに対し，客観説は平均的な知識や生理的能力をもつ一般人ならば不法を予見しえたかを問う，という関係が存在していた。もっとも，厳密に考えると，主観説を字句どおりに採用するときは，生来的に注意力散漫な者をすべて宥恕することになってしまう。他方，客観説は，刑法が行為者に知識や生理的能力を高めよと命ずることに帰し，刑罰が本来果たすべき役割を逸脱してしまうであろう。

　このように見てくると，主観説も客観説も一長一短であり，むしろ，刑罰の果たすべき制裁としての役割に照らして両者を統合すべきである。具体的には，刑法が期待する慎重さの程度については，注意力散漫な者にも臆病者にも共通する統一的な標準を設定すべきである一方，刑罰が制裁をとおして増加させることを期待していない知識や生理的能力については，行為者個人のものを標準とすべきであろう。

　ただし，たとえ結果に直近する時点においては，行為者の知識や生理的能力の不足により予見可能性が欠けるとしても，それに先立つ時点において，その

ような不足状況下で結果が発生しうることを認識可能であったならば，その先立つ時点における行為をもって過失行為と評価することは可能である。これを**引受け過失**とよんでいる。

2. 予見可能性の程度

　第2は予見可能性の**程度**である。「可能」というのが，具体的にはどのくらいの確度を意味しているのか，という問題である。そして，刑罰は国家による最も峻厳な制裁であるところから，その確度は相当に高度なものでなければならない，とされるのが一般的である。

　たしかに，このような謙抑的な解釈は，刑罰権の濫用を抑えるうえで重要である。もっとも，単に高度の予見可能性が必要であるというだけでは，次の2つの問題が混同されてしまうおそれがある。すなわち，1つ目として，刑法があまりにも強度の精神の緊張を要請し，それによってはじめて不法の予見に至るような場合にまで予見可能性を肯定してはならない，ということである。こちらはそのとおりであるが，高度の予見可能性というよりも，むしろ予見の容易性とでもよぶべきであろう。

　他方，2つ目として，注意したとき予見される侵害経過の発生確率が高い，ということである。こちらについては，ただちには受け容れられない。というのも，事実的な発生率それ自体は必ずしも高くなくても，侵害経過が客観的な帰属可能性，したがって不法をみたすことは十分に考えられ，そのような侵害経過が通常の慎重さをもって予見されるならば，予見可能性に欠けるところはないからである。実際，発生確率の高さを厳格に要求していくと，たとえば，なんらの安全体制も確立しないまま大規模ホテルを営業していたところ，あるとき火災が発生して安全体制の不備により多数の宿泊客が死亡した，という事例においても，ただ「火災などめったに起きない」というだけの理由により予見可能性が否定されてしまいかねないが，それは明らかに不当であろう。

　（裁）判例は，まず1つ目の問題については，新新過失論（危惧感説）を採用しない，というかたちで妥当な方向性を示している（前掲札幌高判昭51・3・18のほか，当時は未知の危険であったハイドロプレーニング現象による事故につき，予見可能性を否定した裁判例として大阪高判昭51・5・25刑月8巻4＝5号253頁を参照）。他方，2つ目の問題については，「いったん火災が起これば」などと

いった仮定のうえで，予見可能性を認定する傾向が見られる（代表的な判例として，最決平 5・11・25 刑集 47 巻 9 号 242 頁＝ホテル・ニュージャパン事件を参照）。そして，これに対しては，このような「いったん」公式は，火災の発生という因果経過の基本的部分ないし重要な中間項を予見可能性の対象から外すものであり不当である，という批判が投げかけられているのである。このような批判の前提それ自体の妥当性は 6.2.2 (4) において検討するが，かりに火災の発生そのものを予見しえなければならないとしても，これを肯定することは十分に可能であるように思われる。学説には，これら 2 つの問題に関する（裁）判例の傾向を，未知の危険については予見可能性を否定するが，既知の危険についてはこれを肯定する，と表現するものもあるが（佐伯仁志「予見可能性をめぐる諸問題」刑法雑誌 34 巻 1 号〔1995〕113 頁以下を参照），的確なたとえであるといえよう。

　なお，近時の判例には，快速列車の運転士が自動列車停止装置（ATS）の整備されていない曲線に，転覆限界速度を超える時速約 115km で列車を進入させた結果，列車が脱線転覆して多数の乗客が死傷した事故に関し，鉄道会社の歴代社長らが業務上過失致死傷罪で起訴された事案において，とくに本件曲線の危険性が高いことは認識しえなかったこと，および，「運転士がひとたび大幅な速度超過をすれば脱線転覆事故が発生する」という程度の認識では，当時の法令や大半の鉄道事業者の実態に照らし，鉄道本部長に対して ATS を本件曲線に整備するよう指示すべき業務上の注意義務の発生根拠とはできないこと，を指摘して無罪の原判決を是認したものがある（最決平 29・6・12 刑集 71 巻 5 号 315 頁＝福知山線脱線転覆事故事件）。このうち，指摘の前半は 1 つ目の問題にかかわるものであり，期待される通常の慎重さをもってするだけでは，まさにその曲線がとくに危険であるなどとは思い至れない，という趣旨であろう。これに対し，指摘の後半は 2 つ目の問題にかかわるものであり，とりわけ，火災の発生と運転士の大幅な速度超過との違いが意識されている。すなわち，安全体制を確立しないまま火災が起きて人が死傷したら不法を構成しうるが，ATS を整備させないまま運転士が暴走して死傷事故が起きても不法を構成しえない，ということなのである。ただし，本件が実質的に見て過失不作為犯を問題とするものである以上，端的に作為義務がないというのが最も分かりやす

いであろう。客観的な帰属可能性をみたさない許された危険の創出では，その実現を防止すべき作為義務を基礎づけえないからである。

3. 客体の予見可能性

第3は**客体**の予見可能性である。結果が生じた具体的な客体を行為者が認識可能であったことを要するか，という問題である。たとえば，Xが幌付きトラックの助手席にBを乗車させ，十分な注意を払わないまま漫然と走行を続けた結果，電柱に激突する事故を起こしてBが負傷したが，実はXが気づかないうちにトラックの後部荷台にAが勝手に乗車しており，Aは事故により死亡するに至った，という事例を考えてみよう。ここでは，XにBに対する過失運転傷害罪が成立しうることは明らかであるが，それでは，Xがその存在をおよそ認識しえなかったAに対して過失運転致死罪は成立しうるであろうか。

最初に注意を要するのは，ここで概括的過失という解釈手法を用いて，Aに対する過失運転致死罪の成立を基礎づけることはできない，ということである。というのも，概括的過失というのは，あくまで，「そこにそのような客体がいて結果が発生する」という事態も排除されないことを行為者が努力すれば認識できることを前提として，ただ，そのような客体が行為者の現に認識している範囲の内外に多数存在する，という特殊な事例類型を念頭においた事実上のカテゴリーにすぎないからである。要するに，過失の一般理論により過失を基礎づけられないところに，概括的過失という概念が登場する余地はない。

そこで，ある見解は，XがBという「人」を死傷させることを予見可能であった以上，Aという同じく「人」に死傷結果が発生することも予見可能であったといってよい，と主張する。もっとも，不法の予見可能性とは，行為者に不法を実現する行為をやめるべく制御させるための（規範的責任）要素であり，問題となるおのおのの不法について個別に判断されなければならないはずである。そして，Aの死傷とBの死傷とはあくまで別個独立の不法を構成するのであるから，このような主張は理論的に成り立たないと思われる。Aを死亡させたことについては，Xに刑事制裁を科することを断念すべきである。

ところで，先の主張の根拠としてときおり，方法の錯誤において抽象的法定符合説をとることの論理的帰結である，という点があげられることがある（安廣文夫「判解」最判解刑（平元）86頁などを参照）。もっとも，抽象的法定符合説

は刑罰における制裁と処分の結合の仕方に関する見解であり，それは「客体の予見可能性」という制裁そのものの要件にかかわる論点とは関係がない。したがって，たしかに抽象的法定符合説は不当であるが，だからといって，ただちにAに対する過失運転致死罪の成立を否定することはできず，あくまで前述のような別途の批判を差し向ける必要がある。

　なお，判例には，類似の事案において，被告人が無謀ともいうべき自動車運転をすれば人の死傷をともなういかなる事故を惹起するかもしれないことは当然認識しえたから，たとえ被告人が自車の後部荷台に被害者が乗車している事実を認識していなかったとしても業務上過失致死罪の成立を妨げない，と述べたものがある（最決平元・3・14刑集43巻3号262頁＝荷台事件）。しかし，すでに述べたように，このような解釈は妥当でないと思われる。助手席同乗者に対する業務上過失傷害罪の成立を認めるにとどめるべきであろう。

4. 因果経過の予見可能性

　第4は**因果経過**の予見可能性である。結果の発生に至る現実の因果経過は予見不可能であるとしても，同じく客観的な帰属可能性をみたす別の因果経過を想定できさえすれば予見可能性を肯定してよいか，という問題である。たとえば，Xが本物のけん銃に弾を込めふざけてAに発砲するふりをしていたところ，指が引金に触れて本当に弾が発射されAの腕にかすり傷を負わせたが，Xの認識しえないことにはAが血友病にり患しており，かすり傷からの出血が止まらずに失血死してしまった，という事例を考えてみよう（弾は外れたものの，Xが認識しえないことにはAの背後に崖があり，発砲音に驚いたAはバランスを崩して崖から転落死してしまった，という事例でも同じである）。このとき，たとえAの素因を考慮して現実の因果経過につき客観的な帰属可能性を肯定したとしても，Xにそのような因果経過の予見可能性は認められないであろう。しかし，他方において，発射された弾が健常な人間であっても死に至るようなAの身体の部位に命中することは，Xにも容易に予見可能である。そうすると，このような意味における予見可能性を根拠として，XにAに対する（業務上・重）過失致死罪を成立させてよいであろうか。

　ある見解は，過失犯の成立要件である予見可能性にとって，現実の因果経過の少なくとも**基本的な部分**ないし重要な**中間項**を行為者が認識しうることが必

要であると解し（前掲札幌高判昭 51・3・18 も参照），先の事例においては過失致死罪が成立しえないという。かすり傷なのに血友病だったから失血死したとか，弾が外れたのに崖があったから転落死したなどという事案の特殊性を基礎づける経緯は，このような基本的部分ないし中間項に該当するものと解されるのである。

　たしかに，このような見解は，安易に肯定されてしまいがちな予見可能性を判断者に慎重に検討させる，という重要な契機を有している。しかし，理論的に考察するならば，予見可能性は制裁の根拠となる不法そのものについて肯定されれば足りるのであり，しかも，不法が要請するのはあくまで因果経過の客観的な帰属可能性だけである。つまり，客観的な帰属可能性が認められる限りにおいて，どのような因果経過をたどろうとも不法としては同一なのである。そうすると，不法の予見可能性を判断するにあたって，因果経過の基本的部分や重要な中間項を取り立てて問題にする必然性はない。また，実質的に見ても，行為者は自分が予見可能な因果経過を防止する措置を講じておきさえすれば，予見可能性が否定され可罰性から解放されるのであるから，予見可能性が無限に広がって過失犯の成立範囲が過度に拡張されてしまう，などという懸念はあたらないであろう。

　最高裁判例には，生駒トンネル内における電力ケーブルの接続工事に際し，施工資格を有してその工事にあたった被告人が誘起電流を接地するための銅板のうちの 1 種類を接続器に取り付けるのを怠ったため，誘起電流が大地に流されずに接続器本体の半導電層部に流れて炭化導電路を形成し，長期間にわたり同部分に集中して流れ続けたことにより火災が発生して電車の乗客らが死傷した，という事案において，被告人は炭化導電路が形成されるという経過を具体的に予見することはできなかったとしても，誘起電流が大地に流されずに本来流れるべきでない部分に長期間にわたり流れ続けることによって火災の発生に至る可能性があることを予見することはできた，と述べて火災発生の予見可能性を認めた原判決を是認したものがある（最決平 12・12・20 刑集 54 巻 9 号 1095頁＝生駒トンネル火災事件）。これは，一見すると現実の因果経過の予見可能性を要求したうえで，その因果経過をある程度抽象化することを認めたもののようにも思われる。もっとも，そのような読み方は予見可能性の基本的な理論構

造に反しかねない。むしろ，不法を構成する因果経過にとっては炭化導電路
云々という細密な部分は重要でない，という趣旨を述べたものとして理解すべ
きであろう。

6.3　信頼の原則

6.3.1　総　　説

　信頼の原則とは，被害者や第三者の適切な行動を信頼することが相当である
場合，現実にはその者が不適切な行動をとったことにより結果が発生したとし
ても，なおそのような結果については過失犯の成立を認めない考え方を指す
（先駆的な作品として，西原春夫『交通事故と信頼の原則』〔成文堂，1969〕を参照）。
そして，信頼することが相当でない場合としては，その者がはじめから適切な
行動を期待しえない幼年者や老年者，精神障害者などであるとか，そうでなく
ても，その者が不適切な行動に出ることの具体的な兆候があるなどといった
ケースがあげられている。

　問題は，このような信頼の原則が承認されるべき理論的な根拠である。学説
においてはさまざまな見解が主張されているが，信頼の原則は犯罪論の複数の
構成段階にまたがる内容を有しているのであるから，どの見解が一義的に正し
いと断ずることは原理的に不可能である。具体的には，次のように考えるべき
であろう。

　まず不法の段階においては，行為が許容されるために守らなければならない
注意義務を定めるに際し，他者への無限の不信を前提にしていたのではハード
ルが上がりすぎ，社会的有用性が著しく損なわれてしまうことから，これを避
け，ハードルを下げるという趣旨をもっている。つまり，ここでは，信頼の原
則が許された危険の下位原理として機能するのである。たとえば，熱を発する
機能を有する電化製品を製造・販売するに際し，常識では考えられないような
危険な使い方をする消費者をも想定して安全機構を備えさせなければならない
としたならば，あまりにもコストがかかりすぎ，むしろ一般的な消費者の利益
を大きく害してしまうであろう。そこで，消費者もまた多少の危機意識をもっ
て，そこまで異常な使い方はしないであろう，という信頼のもとに安全機構の
レベルを設定すれば足りることになる。

　次に責任の段階においては，たしかに，新聞報道などは重大事犯であふれているからわれわれは錯覚しがちであるが，通常は故意に重大なルール違反を犯す者などいないから，たとえば，「赤信号を無視して交差点に突っ込んでくる暴走車がいるかもしれない」などという漠然とした不安感だけでは予見可能性を肯定するのに十分でない，という事実をリマインドする趣旨をもっている。もっとも，こちらは，刑法が期待するレベルを超えた「豊かすぎる」想像力によってはじめて不法の予見に至る，という場合には予見可能性を肯定してはならない，という予見可能性に関する一般命題を慎重に適用せよと述べているだけであって，特段の規範的意義を有するわけではないことに注意を要する。

　さて，このように見てくると，信頼の原則の理論的な根拠は不法においても責任においても，過失犯のみならず故意犯にも共通して妥当すべきものであることが分かる。不法のレベルでいうと，たとえば，電化製品の製造・販売者が「世の中にはめちゃくちゃな使い方をする人がいないとも限らず，その暁には出火したり人が死傷したりするかもしれない」と現実に予見した途端，安全機構の水準を上げなければならなくなる，などといったことはない。また責任のレベルでいうと，心配性の自動車運転者が「以前にこの交差点で交差道路から信号無視車両が走行してくるのを見たことがあり，とても不吉だ」と現実に感じていたとしても，その不安が的中して実際に死傷をともなう衝突事故が発生した際，殺人罪や傷害罪が成立しうるというわけでは決してないのである。こうして，信頼の原則は過失犯のみならず故意犯においてもまったく同様に妥当しうるのであり，ときおり「信頼の原則は信頼していない者にも適用される」といわれるのはまさにこの意である。

【監督関係と信頼の原則】

　学説においては，監督者が被監督者の適切な行動を信頼してよいかが議論されている。そして，ある見解は，被監督者が信頼するに足りないからこそ監督者が必要なのであり，監督関係においては信頼の原則が妥当しえない，と主張する。

　たしかに，監督者が保障人として被監督者の不適切な行動のリスクを防止しなければならない立場にある場合には，不法のレベルにおいて信頼の原則が妥当する余地はなく，あとは，被監督者が実際に不適切な行動に出ることを監督者が予見しえ

たかが慎重に判断されれば足りることになる。もっとも，監督者と被監督者が地位に上下関係はあろうと，究極的には分業の関係にあると解される限りにおいては，信頼の原則の適用を阻害する事情は存在しないというべきであろう。

このことをチーム医療で考えてみる。たとえば，手術に際して執刀医と助手は監督者と被監督者の関係にあるともいいうるが，助手が不慣れな作業を教育的観点から執刀医が命じたのであれば，不慣れゆえに生ずべき過誤のリスクは執刀医がなんらかの方法で除去しなければならない。この限りでは，被監督者の適切な行動を信頼してはならないことになる。他方において，すでに助手が十分に習熟している作業のみを任せており，そもそもその過誤が執刀医には予見不可能であるか，あるいはそこまでいかなくても，助手の作業にいちいち気を配るより，自身の手元に集中するほうがむしろ手術そのものの失敗リスクを低下させるときは，たとえ助手の過誤により患者が死傷しても執刀医は責任を負わない。その意味においては，被監督者の適切な行動を信頼してよいことになるのである。

【失 効 原 理】

みずから不適切な行動に出ている行為者が他者の適切な行動を信頼して，他者が実際には不適切な行動に出たことから生じた結果について罪責を免れることができるか。この問題に関してクリーンハンズの原則を援用しつつ，信頼の原則は自身が適切な行動に出ている，すなわち，手のきれいな行為者だけが適用を受けられる，として否定的に解する立場を**失効原理**という。たとえば，行為者が徐行義務に反して，そのまま自動車を左右の見通しがきかない交差点に進入させたところ，交差道路を走行する車両が一時停止義務に違反して，そのまま交差点に進入してきたため衝突事故が起き，同乗者が死傷した，という事例を考えてみよう（かりに交差道路走行車両が一時停止していれば，事故は回避しえたものとする）。このとき，もし失効原理を採用しなければ，行為者は交差道路走行車両が一時停止するものと信頼してよいことになり，過失運転致死傷罪は成立しえない。反対に，これを採用すれば，行為者自身が徐行義務に違反している以上，信頼の原則が適用される余地はなく，同罪が成立しうることになろう。

もっとも，厳密に考えると，失効原理の適否を一律に判断することはできない。たとえば，不法のレベルに限っても，同一の危険に対する多重防護の観点から，行為者を含む複数者に（他者の不適切行動のリスクに対する）安全マージンをとった行動が求められる局面においては，信頼の原則の名のもとに，行為者だけが安全マージンを削ってよいなどとはいえない。先の徐行義務と一時停止義務などは，その典型例といえよう。あるいは，問題となる危険に対処すべきであるのがもっぱら他者

であったとしても，それに先立つ行為者の不適切行動により，他者が対処を誤るリスクが許されない程度に高められている場合には，行為者がこれを除去すべき保障人になる，という意味において信頼の原則は適用されないことになる。反対に，それらのいずれにもあたらない場合，たとえば，行為者が徐行義務は守ったが運転免許証を携帯していなかった，というケースにおいて信頼の原則を適用することには支障がないと思われる。

6.3.2 判 例

　この信頼の原則が，最高裁において明示的に用いられたのは昭和 40 年代であった。たとえば，駅員である被告人が深夜，酩酊した A が電車車両の連結部とホームとの隙間から線路敷に転落していることに気づかず，入庫車電車を発車させて A を死亡させた，という事案において，乗客係が酔客を下車させる場合においても，その者の酩酊の程度や歩行の姿勢，態度その他，外部からたやすく観察できる徴表に照らして，電車との接触，線路敷への転落等の危険を惹起するものと認められるような特段の状況のあるときは格別，さもないときは，一応その者が安全維持のために必要な行動をとるものと信頼して客扱いをすれば足りるものと解するのが相当である，と述べて原判決および第 1 審判決を破棄し，業務上過失致死につき被告人を無罪としたもの（最判昭 41・6・14 刑集 20 巻 5 号 449 頁），被告人が小型貨物自動車を運転して交通整理の行われていない交差点を右折しようとした際，中央付近でエンジンが停止し，再び始動して発進しようとしたところ，左右を確認しなかったため，右側方から直進してきた A 運転車両に自車を衝突させ，A を転倒させて傷害を負わせた，という事案において，交通整理の行われていない交差点において右折途中，車道中央付近で一時エンジン停止を起こした自動車が再び始動して時速約 5km の低速で発車進行しようとする際には，自動車運転者としては，特別な事情のない限り，右側方から来る他の車両が交通法規を守り自車との衝突を回避するため適切な行動に出ることを信頼して運転すれば足りるのであって，本件 A 車両のように，あえて交通法規に違反し自車の前面を突破しようとする車両のありうることまでも予想して右側方に対する安全を確認し，もって事故の発生を未然に防止すべき業務上の注意義務はないものと解するのが相当である，と

述べて業務上過失傷害罪の成立を認めた原判決を破棄し，差し戻したもの（最判昭 41・12・20 刑集 20 巻 10 号 1212 頁など）があげられる。近年においては，信頼の原則に明示的に言及し，過失犯の成立を否定する（裁）判例があまり見られなくなったが，それは，この原則が判例実務において捨て去られたためであるというよりも，むしろ，検察実務にこの原則が十分に浸透し，この原則が適用されるのにふさわしい事案がそもそも起訴されなくなったためであろう（信頼の原則の隆盛期においては，主として道路交通が念頭におかれていたが，前掲札幌高判昭 51・3・18 のように，もちろん，チーム医療などもこの原則の適用対象となりうる）。

　なお，判例においては，被告人自身に交通法規等の違反が認められる場合にも，なお信頼の原則が妥当しうることが承認されている。たとえば，被告人が第一種原動機付自転車を運転して交差点を右折しようとした際，後方から時速約 60km ないし 70km の高速度で進行してきた A 運転の第二種原動機付自転車に自車を衝突させ，A を死亡させた，という事案において信頼の原則を適用し，業務上過失致死につき無罪を言い渡す際，被告人車がセンターラインの若干左側からそのまま右折を始めた点において当時の道路交通法に違反しているとしても，そのことは注意義務の存否とは関係がないと述べたもの（最判昭 42・10・13 刑集 21 巻 8 号 1097 頁），前掲最判昭 48・5・22 があげられよう。学説においては，これらの説示をもって，判例は失効原理を採用していないと分析されることが多い。もっとも，失効原理は重層的な内容を有しており，そのすべてがこれらの説示により排斥されたものと即断することはできないであろう。とくに後者の判例に関しては，不法のレベルにおいては失効原理が妥当しており，責任要素としての予見可能性が否定されているにすぎないとか，そもそも今日において同様の事案が発生したら，むしろ過失運転致死傷罪が成立しうるとの分析も有力になされているのである。

　以上に対し，信頼の原則の適用を否定した判例としては，自動車運転者である被告人が，停留所でバスから下車した 4 歳児の被害者がバスのすぐ後方から道路を横断しようとして小走りに飛び出したため，これに自車を衝突させて死亡させた事案（最決昭 45・7・28 判時 605 号 97 頁），時差式信号機の表示を欠いた交差点で右折しようとした被告人が，停止線を越えたあたりで対向車線を高

速で直進してくる自動二輪車を認めたものの，自己の対面信号が赤だったため，同車も赤信号で停止するだろうと判断して停止せず，同車と衝突して運転者を死亡させた事案（最決平16・7・13刑集58巻5号360頁）などがある。いずれにおいても，客観的には明らかに不法が認められ，具体的な事実関係に照らせば，責任要素としての予見可能性もまた肯定しうるものといえよう。

6.4　管理・監督過失

　管理・監督過失とは，ホテルやデパートの大規模火災による死傷の発生を代表とする事例類型において議論されてきた概念である。すなわち，まず**管理過失**とは，スプリンクラーや防火扉などの物的な安全設備の管理にかかる過誤や，避難訓練の実施などの人的な安全態勢の管理にかかる過誤が問題となる場合を指す。次に**監督過失**とは，これらの管理を会社などの組織の上位者が下位者にゆだねた事案において，下位者が適切に管理を行うよう上位者が監督すべきであるにもかかわらず，これを怠ったような場合を意味している。もちろん，このような管理・監督過失は事実上の特徴に着目して特定の事例類型を切り出したものにすぎず，管理・監督過失向けの特別な過失理論が存在するわけではない。もっとも，その反面で，管理・監督過失においては他の事例と異なり，多数の理論的問題が複雑に絡み合って発生することが多いため，ここで独立にとりあげることとした次第である（包括的な研究として，中山研一・米田泰邦［編著］『火災と刑事責任——管理者の過失処罰を中心に』〔成文堂，1993〕が重要である）。

　第1の問題は実行行為（処罰の対象となる行為）である。とくに，管理過失においては完全な犯罪成立要件をみたす作為を観念しにくいため，**安全体制確立義務違反**という不作為を実行行為とする過失（不真正）不作為犯として構成されることが多い（最決平2・11・16刑集44巻8号744頁＝川治プリンスホテル事件，最決平2・11・29刑集44巻8号871頁＝千日デパート事件，前掲最決平5・11・25などを参照）。そして，そこでは当然のことながら，作為義務の発生根拠や具体的内容，注意義務との理論的関係などがさかんに議論されることになる。

　第2の問題は信頼の原則である。とりわけ監督過失において，監督関係の存

在することが信頼の原則の適否にどのような影響を与えるか，という点が議論されているのである。

第 3 の問題は結果回避可能性である。管理・監督過失においては被害者が多数に上り，具体的に誰の死傷結果が防止しえたかを認定することが不可能である場合が多い。このような場合においては，たとえば，「疑わしきは被告人の利益に」の原則にのっとり，「少なくとも○○名を救命しえた」というかたちで認定し，さらに，その「○○名」に該当しうる者がより多く存在するときは，最も情状の軽くなる者から順に特定していくべきであろう。

第 4 の問題は予見可能性である。火災は事実的な発生確率だけを見ればめったに起きるものではないが，それにもかかわらず火災の発生による人の死傷を予見しえたといいうるか，という点が問題となるのである。

第 5 の問題は正犯性である。すなわち，かりに安全体制確立義務違反を実行行為とする過失不作為犯が問題になるとしたとき，そのような過失不作為ののちに，殺意や傷害の故意をもつ第三者の放火行為が介在して火災，ひいては人の死傷結果が発生したものとすれば，故意正犯の背後に過失正犯が成立しうることを認めない限り，前記過失不作為は処罰しえないのではないか，という点が議論されているのである。学説には，たとえ一般的には故意正犯の背後に過失正犯は成立しえないとしても，その故意正犯と結果の発生との間にさらなる（背後者による）過失正犯を観念しえない事情をまさに背後者が作り出している場合には，公平性の観点から例外的に背後者を過失正犯として処罰すべきである，というものもある（島田聡一郎「管理・監督過失における正犯性，信頼の原則，作為義務」山口厚［編著］『クローズアップ刑法総論』〔成文堂，2003〕104 頁以下を参照）。たしかに，同一人による複数の行為を一体として把握することにより個別の行為に認められる犯罪成立要件の欠缺を埋め合わせる，という解釈も一定の範囲においては可能であるが，放火行為以前の長期間にわたる安全体制の不確立と，放火行為以後の緊迫した状況における適切な避難誘導の懈怠等とを一体として把握するのは困難であろう。

第7章

責任とその阻却

7.1 責任の意義

　刑罰は制裁としての性質を基礎としつつ，その根拠となる不法を行為者が認識予見しながら行為に出たこと（故意）などに着目して刑を加重する，処分としての性質が付け加わった複合的な構造を有している。そして，そのことから，責任の意義に関して次のような帰結が導かれる。

　第1に，刑罰の制裁としての性質からは，行為者が不法を実現することとなった行為をやめるべく，自己の行為を制御しえたことが責任の内容として要求される。このような，行為制御可能性としての責任要素が刑事責任の基礎を形成しており，伝統的な用語法でいえば規範的責任要素がこれにあたる。具体的には，不法の予見可能性，弁識能力（違法性の意識の可能性），制御能力，意思能力などをあげることができよう（弁識能力と制御能力をあわせて，動機づけ能力ないし動機づけ可能性とよぶこともある）。

　第2に，刑罰の処分としての性質からは，行為にあらわれた行為者の不法への傾向性が刑事責任の付加的要素として観念されうる。かつて，刑罰を処分に純化しようとした新派は**社会的責任**という観念を考案し，行為者が社会に対し

て有する危険性を除去されるために負わなければならない負担を責任の本体と
解した。第2の責任要素はこの社会的責任を想起させるかもしれないが，あく
まで第1の責任要素に付け加わるかたちでのみ観念されうる点，行為に具体的
にあらわれていない，行為者の内に潜むにとどまる危険性は責任を基礎づけえ
ない点，そして，抽象的な社会的危険性ではなく，あくまで制裁の根拠となる
個別具体の不法への傾向性のみが考慮されうる点，などにおいて社会的責任と
は本質的に異なることに注意を要する。

　そして，これら2つの責任の意義に照らして，責任に関する従来の議論を再
定位すると次のようになろう。

①責任主義とは，制裁にとって規範的責任要素が必須であることを述べた原則
　であり，刑罰に限らず，制裁としての性質を有する限りにおいて普遍的に妥
　当しうる。
②**非難可能性**とは，行為者に**意思の自由**ないし**他行為可能性**（行為に出ないで
　済ませること）が存在したにもかかわらず，あえて行為に出たことへの非難
　が責任を基礎づける，という発想とされてきた。その背景には，人の意思は
　それに先立つ何かによって因果的に決定されることはない，という**非決定論**
　の立場がある。これに対して，**決定論**，すなわち，人の意思ないし行為は素
　質や環境によってあらかじめ決定されている，とする立場は，非難可能性を
　前提としない，特別予防の観点からする処分のみと結びつきうるものとされ
　る。
　　もっとも，このような非決定論と決定論の対置は，問題の本質をとらえ損
　なったものであろう。そもそも，非決定論はわれわれの経験知識に反してい
　る。少なくとも合理的な関連性というレベルにおいては，重い刑罰を予告す
　れば人はその行為をやめるであろう，という因果関係が明らかに認められる
　からである。他方において，決定論が処分としか結びつかない，というのは
　決定因子に刑罰予告が含まれない場合に限っていえることであるが，それも
　また明らかにわれわれの経験知識に反するであろう。
　　このように見てくると，人の意思ないし行為は（少なくとも合理的な関連性
　というレベルにおいては）刑罰予告により決定されうる，という前提から出

発すべきであろう。これを**やわらかな決定論**という。そして，それによるならば刑罰に制裁としての性質を与えることが可能となり，このような限定された意味における決定関係であれば，非難可能性とよんでもことばの使い方として明らかに不自然とまではいいがたいように思われる。一部の学説は，合理的な関連性というのでは足りず，厳密な意味で100％の法則性が科学的に証明されない限り刑罰の基礎とはなしえない，と主張するが，そこまでしなくても刑法は合憲であろう。

③責任の内容を，行為にあらわれた行為者の不法への傾向性に求める**性格論的責任論**は，刑罰の処分としての側面に関してのみ妥当しうる。行為が行為者の危険な性格にふさわしいものであればあるほど責任が重くなる，とする**性格相当性の理論**についても同様である。

【客観的責任要素】

　責任要素の多くは行為者の主観面にかかわるが，なかには，その客観的な存在自体が責任に影響を与える要素もある。これを**客観的責任要素**という。たとえば，常習賭博罪（186条1項）における「常習」性，自己堕胎罪（212条）における「妊娠中の女子」は，その典型例といえよう。これに対し，ときおりあげられる，証拠隠滅等罪（104条）における証拠の「他人」性は，客観的責任要素ではないと思われる。そうであるからこそ，自己の刑事事件に関する証拠であると誤信して，客観的には他人の刑事事件に関する証拠を隠滅等した場合には同罪が成立しえないのである。

【制御能力不要論？】

　近時，主としてクレプトマニア（窃盗症）などを想定しつつ，非難可能性にとって制御能力を不要とする主張が散見されるようになっている。すなわち，そういった者は，自身の行為が違法であることは十分に認識しつつ，設定した目的を実現すべく，さまざまな手段を合理的に選択することが可能である。たとえば，スーパーマーケットで商品を窃取するにしても，悪いことと分かっているから見つからないように注意を払うし，防犯カメラの位置なども気にしながら計画的に犯行に及んだりする。ただ，衝動を抑える生理的な機能に障害があり，自身の行為をやめるべく動機づけを制御しえないというにすぎない。そして，そういった者にもなお窃盗罪としての刑罰を科することが正当とされるためには，非難可能性としての責任から制御能力の要件を外しておくしかない。このようにいわれるのである（ニュアンス

は異なるが，責任能力を，弁識プロセスの標準からの乖離を問題とする実質的弁識能力に一元化しようとする近時の重要な作品として，竹川俊也『刑事責任能力論』〔成文堂，2018〕がある）。

　たしかに，クレプトマニアに対する効果的で確立した治療的措置がいまだ存在せず，かつ，社会からの隔離というかたちで保安処分的対応を行うこともまた許されないとすれば，あとは刑罰しかないのであるから，その前提となる非難可能性を確保しようとする理論的努力の実践的な意義は大きいであろう。もっとも，他方において，刑罰予告が（合理的な関連性というレベルにおいてさえ）クレプトマニアにその行為をやめさせる効果をもたないとすれば，それは刑罰の制裁としての側面がまったく機能していないということなのであるから，もはや何のために処罰するのかが分からなくなってしまう。刑罰という隠れ蓑のもとで，こっそりと保安処分を導入するのは不健全ではなかろうか（非けいれん性てんかん重積による意識障害の影響により，〔事理弁識能力はある程度備わっているとしても〕行動制御能力が失われた合理的な疑いが払しょくできない，とした近時の裁判例として東京地立川支判平27・4・14判時2283号142頁を参照）。

7.2　責任能力

　39条は，1項において「心神喪失者の行為は，罰しない」と，2項において「心神耗弱者の行為は，その刑を減軽する」と定める。すなわち，刑罰を科するには**責任能力**が必要であり，それが著しく減弱した場合には，**限定責任能力**として刑が減軽されることになる。かつて，この責任能力は責任の（要素ではなく）前提とされていたが，それは責任の要素を故意・過失という心理的側面に限定する心理的責任論を維持するためであり，規範的責任要素が一般に承認されている今日においては，もはやそのような解釈を維持する意味はない。

　ここにいう責任無能力（ないし限定責任能力）とは，精神の障害という**生物学的要素**と，弁識ないし制御無能力という**心理学的要素**の2つから構成されるといわれている（大判昭6・12・3刑集10巻682頁。これを**混合的方法**という）。このうち**精神の障害**とは，精神病，意識障害，知的障害等を指す。これに対して，**弁識能力**とは行為の適法・違法を判断する能力であり，**制御能力**とはそのような判断に従って行為をやめようと自己を動機づける能力である。

　もっとも，厳密に理論的に考えると，たとえ生物学的要素が備わっていなく

ても，心理学的要素さえあれば非難可能性が欠けるために責任は否定されるはずであろう。そこで一部の学説は，心理学的要素があれば常に生物学的要素もまた認められる，いいかえれば，生物学的要素は責任能力にとって規範的な意味をもたない，と主張している（安田拓人『刑事責任能力の本質とその判断』〔弘文堂，2006〕70頁以下などを参照）。たしかに，そのような解釈は明快であるとともに理論的には十分に可能であるが，他方において，立法者がわざわざ責任能力を独立に規定した趣旨を軽視しすぎているきらいがあろう。

このように見てくると，生物学的要素は責任を阻却するための必要条件ではないものの，とくに責任無能力の構成要素とされることにより，次の2つの意義を有するものと解すべきである。

第1は認定論上の意義である。すなわち，弁識・制御能力の有無・程度を真空の中で判断することは実際上困難であるため，それらに定型的な影響を与える精神医学的な病状を参照することを正面から定めたのが責任無能力の規定なのである。

第2は医療観察法における強制医療にかかわる意義である。すなわち，それが責任無能力等を要件としていることにかんがみ，治療適応性を指し示すものとして医学的観点からする病気の概念が取り入れられた，と解されるのである。もっとも，厳密にいうと，責任無能力等の判断を下す際に治療適応性まで見通すことは不可能であり，また制度上も要請されていない以上，この第2の意義をあまり強調すべきではないように思われる。

【精神障害者の特権的な責任阻却事由？】

学説には，責任（無）能力を精神障害者の特権的な責任阻却事由ととらえるものもある。すなわち，ひとたび生物学的要素があるものとされたならば，たとえ心理学的要素がなかろうとその点の判断には立ち入らず，ただちに行為者を刑罰から解放して治療を優先させようというのである（町野朔「『精神障害』と刑事責任能力：再考・再論」同ほか［編］『触法精神障害者の処遇〔増補版〕』〔信山社，2006〕12頁以下などを参照）。非常に魅力的な発想であるが，同じく精神疾患に苦しむ者のうち，治療適応性のある者だけが法的に重大な「特権」を有する，というのは国民の納得を得にくいかもしれない。実際，現行法上はこのような学説は排除され，行為者に治療適応性があっても，心理学的要素が欠ければ刑罰を科すことが認められている。

　責任能力の具体的な判断方法に関し，判例は，それが終局的には裁判所の法律判断であることを強調していた。すなわち，39 条該当性は法律判断であって，もっぱら裁判所にゆだねられるべき問題であることはもとより，その前提となる生物学的，心理学的要素についても，この法律判断との関係で究極的には裁判所の評価にゆだねられるべき問題である，というのである（最決昭 58・9・13 集刑 232 号 95 頁）。そして，そのことから，被告人が精神分裂病（統合失調症）に罹患しており，精神鑑定書の結論の部分に被告人が犯行当時，心神喪失の情況にあった旨の記載があるのにその部分を採用せず，心神耗弱の状態にあったと認定した原判決を是認したのである（最決昭 59・7・3 刑集 38 巻 8 号 2783 頁）。

　その後，裁判員制度の開始にあたり，生物学的要素とその影響については（精神医学者による）鑑定を尊重すべき旨が説示されるに至った。すなわち，前掲最決昭 58・9・13 を引用しつつも，他方において，生物学的要素である精神障害の有無および程度ならびにこれが心理学的要素に与えた影響の有無および程度については，その診断が臨床精神医学の本分であることにかんがみれば，専門家たる精神医学者の意見が鑑定等として証拠となっている場合には，鑑定人の公正さや能力に疑いが生じたり鑑定の前提条件に問題があったりするなど，これを採用しえない合理的な事情が認められるのでない限りその意見を十分に尊重して認定すべきである，というのである（最判平 20・4・25 刑集 62 号 5 号 1559 頁）。もっとも，さらにその直後，責任能力が最終的には裁判所によってなされるべき総合的な法律判断であることを，改めて確認する趣旨の判例も出されている。すなわち，前掲最決昭 58・9・13 や前掲最決昭 59・7・3，ひいては前掲最判平 20・4・25 まで参照させつつ，裁判所は特定の精神鑑定の意見の一部を採用した場合においても，責任能力の有無・程度について，当該意見の他の部分に事実上拘束されることなく総合的に判定することができる，というのである（最決平 21・12・8 刑集 63 巻 11 号 2829 頁。その後，あえて同判例を引用しない最判平 27・5・25 判時 2265 号 123 頁も出されている）。

　このような法律家と科学者の役割分担にかかる問題は，もっぱら責任能力論において議論される傾向にあるが，原理的には，犯罪論の他の局面においても同様に顕在化しうるものである。たとえば，不法の予見可能性は行為者の知識

や生理的能力を前提としつつ，刑法が期待する慎重さを備えれば不法の予見に
至るかというかたちで問われるが，その前半は生物学的要素の判断に，後半は
心理学的要素の判断にそれぞれ近い性質を有している。そして，慎重さの設定
水準が裁判所の法律判断であることは明らかであるが，行為者の生理的能力が
どのようなものであり，また，それが慎重さを備えたとき不法の予見に至るプ
ロセスをいかなるかたちで阻害するかは，鑑定を待たなければ確定しえない
ケースが多いであろう。このような局面をも含んだ，一般的な鑑定の位置づけ
が責任能力論においてもそのまま妥当すべきなのであり，責任能力論に特化し
た鑑定の性質決定が存在するわけでは決してない。

【責任能力の具体的な判断方法】

　近年においては，裁判員にとっての分かりやすさという観点から，責任能力の具
体的な判断方法として，問題となる行為を精神障害の圧倒的な影響によって犯した
のか，それとも，もともとの人格に基づく判断によって犯したのかを問うことが提
案されている。たしかに，典型的には統合失調症のように，後発の，しかも，規範
によるコントロールの効かないことが一般人にも明らかな，異常な幻覚妄想をとも
なう病気が俎上に載せられている場合には，このような方法は明快な図式を提供す
るものといえよう。もっとも，反対にいうと，もともとの人格に固着したゆがみが，
精神障害として制御能力を奪う場合もありうるとすれば，このような方法は決して
万能ではないことが分かる。そして，たとえ裁判員に対してであっても，刑法理論
を構成する原理のほうを分かりやすく伝えることに注力すべきであり，特定の事案
のみを念頭においた原理の適用方法を明快に図式化するだけでは，本末転倒ではな
かろうか。

7.3　原因において自由な行為

7.3.1　総説——2つの理論モデル

　原因において自由な行為（*actio libera in causa*）とは，法益侵害を直接に惹起
した**結果行為**の時点では責任無能力（ないし限定責任能力）であるものの，そ
のような結果行為を引き起こした**原因行為**の時点では完全な責任能力が備わっ
ている場合，行為者に完全な責任を問うことができるか，という問題である。
たとえば，Xが自身の酒乱癖を利用してAを殺害しようと考え，懐にナイフ

を忍ばせてAを酒席に誘ったうえ，そこで大量に飲酒した結果，病的酩酊に基づく責任無能力に陥り，当初の計画どおりにナイフを用いてAを殺害した，という事例が考えられよう。

ある見解は，責任無能力という制度が存在する以上，たとえば，Xに殺人罪の責任を問えないのはやむをえないことであり，Xを無罪とするのが不当であるとすれば，有責に招致した酩酊状態下で不法を実現したことを処罰する特別な構成要件（**完全酩酊罪**）を新たに設けるほかない，という。たしかに，そのような立法提案は傾聴に値するが，そのこととは別に，あくまで刑法の一般理論により，殺人罪の責任を問う余地は必ずしも排除されないであろう。問題はその一般理論の具体的な内容であり，今日における支配的な見解は次の2つの理論モデルをあげている。

1つ目は**構成要件モデル**である。これは，Xの大量飲酒という原因行為をとらえて殺人罪で処罰する発想であり，**原因行為説**ともよばれている。むろん，原因行為とAの死亡結果との間には，Aをナイフで刺すという自身の結果行為が介在しているが，そのような責任無能力状態下での行為は犯罪実現の道具とでもいうべきものであり，原因行為を殺人罪として処罰することの妨げにはならない，と解するのである。通常，道具として利用されるのは他者の行為であり，その場合には間接正犯とよぶのが一般であるが，ここでは行為者自身の行為が道具として利用されているため，**間接正犯類似説**といわれることもある。

この構成要件モデルにはいくつかの批判が投げかけられており，①飲酒は殺人罪の実行行為としての定型性を欠く，②原因行為時に実行の着手が認められることになり未遂犯の成立時期が早くなりすぎる，③限定責任能力にとどまった結果，道具とは評価しえない場合の処理に窮する，などといったものがその代表例である。もっとも，これらに対しては，①定型性などという印象論を刑法理論に持ち込むのは適当でない，②ある行為が処罰の対象となることと，その行為の時点で未遂犯が成立しうることとは別問題である，③そのような場合には7.3.2で見る補助原理によって解決すれば足りる，などと反論することが可能であろう。

2つ目は**責任モデル**である。これは，ある行為について責任を問うに際し，当該行為の遂行との間に直接的関連性が維持されている事前の時点で責任要素

が一括して備わっていれば足りる，という発想であり，**結果行為説**ともよばれている（山口厚「実行行為と責任非難」三井誠ほか［編］『鈴木茂嗣先生古稀祝賀論文集（上）』〔成文堂，2007〕212 頁以下などを参照）。先の事例でいうと，殺人罪として処罰されるのはあくまで A をナイフで刺す行為であるが，それと直接に関連する飲酒の時点で責任能力も殺意も認められる以上，たとえその行為の時点においては責任能力や殺意が失われていても完全な責任を問うてよいことになる。

　もっとも，理論的に厳密に考えると，責任モデルにおいては，原因行為についての責任がそれに起因する結果行為についての責任を生み出しているだけではなかろうか。現に，論者が責任モデルを適用するために掲げる要件と，批判者が原因行為について責任を問うために掲げる要件は同じである。そこで，別の論者はこのような疑念を避けるため，責任能力も殺意も A をナイフで刺す行為それ自体について問題とするが，違法性の意識の可能性が「違法性の意識の欠如を事前の法調査等により回避しえれば完全な責任を問いうる」というかたちで認定されるのと同様に，X がその行為時における責任無能力を事前の努力により回避しえれば完全な責任を問いうることになるという（**事前責任論**。安田・前掲『刑事責任能力の本質とその判断』52 頁以下などを参照）。

　しかし，このような解釈も成り立たないであろう。そもそも具体的な結論として，たとえば，X に当初からの殺意はなく，ただ，うかつにも飲酒しすぎて責任無能力状態に陥り，その時点においてはじめて殺意を生じたものとすれば（重）過失致死罪がふさわしいはずであるが，このような解釈によれば故意の殺人罪が成立してしまう。これは明らかに不当であろう。また理論的に見ても，違法性の意識の可能性を判断する際に違法性の錯誤を回避する努力を問題にしうるのは，刑法が期待する違法評価への関心，違法の精神が内心における緊張にとどまらず，一定の外部的行為を要請しうるからであるが，責任無能力状態下においては，そもそもそのような期待を差し向けられないのである。この決定的な違いを見落としてはならない。

　以上のように見てくると，構成要件モデルは理論的に十分に成り立ちうる一方，責任モデルのほうは難点が多く，ただちに採用することが困難である。ただし，さらにさかのぼって考えてみると，両モデルは犯罪論の異なる構成段階

にかかわるものであり，構成要件モデルが不法のレベルにおいて「刑法の一般理論のとおりに処理せよ」というだけであるのに対し，責任モデルのほうは，責任のレベルにおいて従来の責任判断の構造を修正することにより妥当な結論を導こうと努力するものであった。このことからも分かるように，構成要件モデルを採用するというだけでは，原因において自由な行為にかかわるすべての事例類型を必ずしも適切に処理しえないおそれがあることから，あわせて，7.3.2 で述べるような補助原理を導入しておく必要があるように思われる。

7.3.2　2 つの補助原理

　それでは，構成要件モデルのみを採用する場合に生ずべき不都合を解消するため，具体的にはどのような補助原理を導入することが考えられるであろうか。

　第 1 に考えられるのは行為の一体的把握である。たとえば，行為者が被害者に暴行を加え始めた段階においては完全な責任能力があったが，同時に飲酒を継続していたため，暴行の途中から限定責任能力の状態に陥っており，ついに被害者は死亡するに至ったが，直接的な死因を形成することとなった暴行は限定責任能力状態下で加えられたものである，という事例を考えてみよう。ここで構成要件モデルを適用すると，限定責任能力ではいまだ道具とは評価しえないため，完全責任能力状態下での原因行為をとらえて傷害致死罪で処罰することはできない。しかし，それだからといって，同罪の刑を必要的に減軽しなければならないというのは明らかに不当であろう。そこで，動機や機会の同一性にかんがみ，一連の暴行をひとつの行為として一体的に把握し，そのような行為にとりかからないよう，行為者が動機づけを制御することは完全な責任能力のもとで可能であった，と解釈して行為者に同罪の完全な責任を問うべきではなかろうか。

　第 2 は「あわせて一本」構成である（先駆的な主張として，平野龍一『刑法総論』〔有斐閣，1972〕305 頁などを参照）。すなわち，原因行為だけで，あるいは，心神喪失ないし心神耗弱状態下における結果行為を利用して不法を実現しようと考え，完全な責任能力のもとで実際に原因行為を行ったのち，心神耗弱状態に陥り，結果行為に出て不法を実現した場合には，原因行為も結果行為も同一人によるものであることにかんがみ，両者をあわせ考慮することによって完全

な責任を問うことを認めるのである。このような解釈の余地を承認しなければ，行為者の犯行計画が全体として成功しているにもかかわらず，個別の行為について犯罪成立要件を問うという原則論が桎梏となって必要的減軽が避けられなくなり，明らかに不公正だからである。ただし，たとえこのような解釈を採用するとしても，たとえば，被害者を殺害する現場におもむく前に，行為者が元気をつけようと栄養ドリンクの瓶を一気飲みしたところ，実はその瓶の中身が特殊な薬物であったため，行為者は心神耗弱状態に陥り，そのまま現場におもむいて被害者を殺害した，という事例においては殺人罪の刑を必要的に減軽すべきことになる。

　以上の2つの補助原理は，あくまで暫定的なものであり必ずしも理論的に盤石ではない一方，ほかにも補助原理が観念しえないわけではない。もっとも，少なくとも，今日の学説・実務において実際に問題となっている原因において自由な行為の事案に関して適正妥当な結論を導こうとすれば，まずはこれら2つの補助原理を導入しておくことがどうしても必要であるように思われる。

7.3.3　（裁）判例

　まず最高裁判例には，被告人が飲食店において同店使用人のAと飲食をともにし，女給のBより「いい機嫌だね」といわれるや，Bの肩に手をかけ顔を近寄せたのにすげなく拒絶されたためBを殴打したところ，Aらから制止されたため憤慨してAを刺し即死させたが，被告人は精神病の症状と多量の飲酒から犯行当時心神喪失の状態であった，という事案において，被告人のような素質を有する者は飲酒を抑止または制限する等の注意義務を負う，として（殺人罪で起訴されながら）過失致死罪の成立を認めたもの（最大判昭26・1・17刑集5巻1号20頁），被告人が自己所有の自動車を運転してバーに行き，3，4時間飲酒したのち，他人所有の自動車を乗り出して酒酔い運転を行ったが，この段階で被告人は心神耗弱の状態にあった，という事案において，飲酒の際，酒酔い運転の意思が認められる場合には39条2項を適用すべきではない，としたもの（最決昭43・2・27刑集22巻2号67頁）などがある。理論的に純化された形態における責任モデルは採用されていないこと，および，補助原理なしの，裸の構成要件モデルのみを採用するものではないこと，の2点は明らかで

あるが，より具体的な理論構成は不明である。

つづいて下級審裁判例には，規制薬物の使用にともなう心神耗弱の状態下で姉を殺害した事案において，殺人罪の成立を肯定しつつその刑を減軽した原判決を破棄し，被告人に暴行の未必の故意を認めて傷害致死罪の完全な責任を肯定したもの（名古屋高判昭31・4・19高刑集9巻5号411頁），覚せい剤の自己使用時ないし所持の一定期間において心神耗弱等の状態にあったとしても，当初の犯意が実現したものとして39条を適用すべきではない，としたもの（大阪高判昭56・9・30高刑集34巻3号385頁）などがある。また，とくに実行行為の途中で責任能力が低減した場合に関しては，被告人が殺人の実行途中で興奮により情動性朦朧状態に陥り，心神耗弱となって，その状態のもとで確定的故意により被害者を殺害した，という事案において，当初の殺意が継続発展していることや，精神的昂奮状態につき被告人による自招の面が多いことを指摘して，殺人罪につき39条2項を適用しなかったもの（東京高判昭54・5・15判時937号123頁），被告人が被害者である妻と口論になり，焼酎を飲んで酩酊の度を深めながら，被害者に執ように暴行を加え続け，これを死亡するに至らせたが，中核的な暴行は心神耗弱状態下で加えられたものである，という事案において，実行行為が同一の機会に同一の意思の発動に出た継続的ないし断続的なものであること，および，被告人が犯行を開始したのち，さらにみずから飲酒を継続したため心神耗弱状態に陥ったにすぎないこと，を指摘して傷害致死罪につき39条2項を適用しなかったもの（長崎地判平4・1・14判時1415号142頁），外傷性てんかんを患っていた被告人が包丁による傷害の実行に着手したのち，発作を起こして意識を失った，という事案において，発作中の行為がその直前の被告人の意思に従ったものである以上，完全な責任能力が認められるとしたもの（東京地判平9・7・15判時1641号156頁）などがある。

下級審裁判例において，39条の適用を排除するために考慮されている事情はさらに雑多であり，犯情において被告人に不利とされるべき事情と紙一重である。もっとも，それは学説の側で提供している理論モデルがあまりにも抽象的にすぎ，具体的な事案を適正に処理するためにはあまり役立たないからであろう。今後は学説の責任として，補助原理のいっそうの充実が望まれる。

7.4 違法性の意識の可能性

7.4.1 総　　説

　違法性の意識の可能性とは，刑法が期待する違法評価への関心ないし遵法精神を行為者が備えれば現実に行為の違法性を認識するに至る，ということである。その内容は煎じ詰めれば責任能力論における弁識能力と同一であるが，それは制御能力と異なり，精神の障害のほか法的知識の著しい不足によっても失われることが多いため，独立に要件化されているのである。

　たとえば，わが国の法文化をまったく知らずに来日し，母国において日常的にそうしているように，何の疑問ももたず賭けポーカーに興じていたところ，賭博罪で摘発されてしまった外国人を考えてみよう。この外国人は精神病者ではないが，日本法の知識があまりにも少ないために，たとえ「帰国に支障が生じるとまずいから，この地の法は完ぺきに遵守しよう」と法秩序に忠実な態度をとっていたとしても，なお賭博が刑法上違法であることを認識できないでいる（もちろん，六法を見ればすぐに分かるではないか，といわれるかもしれないが，そもそも，法律を調べることを期待できるのは最低限度の法的知識があり，「もしかすると処罰されているかもしれない」という疑問を抱ける人だけである。ちょうど予見可能性の判断において，釣った毒魚を友人に食べさせて死なせてしまった人に対し，いくら「図鑑を見たらすぐに分かるだろう」と責め立てても，その人がおよそ毒魚というものの存在を知らなければ詮無いのと同じである）。このとき，賭博罪による処罰は制裁としての機能を果たしえないがゆえに，責任主義に基づきこの外国人は責任が阻却されて無罪となりうる。このことをあらわしたのが違法性の意識の可能性という要件なのである。

　このことからも分かるように，違法性の意識の可能性とは，過失すなわち不法の予見可能性を前提としつつ，予見した不法が刑法により違法という評価を受けていることを（法の不知や誤解に妨げられずに）認識できる，という過失の先にあるさらなる規範的責任要素である。それは当然，処分の必要性という観点から責任を加重する故意とも異質の要素である。このような発想を**責任説**とよんでいる。ただし，そのなかにも２種類の考え方があり，**厳格責任説**は，行為者が違法性阻却事由を誤信した場合にもなお故意を肯定し，ただ，その誤信を避けられなかったときに限り違法性の意識の可能性を欠くとして責任を阻却

するにとどめるが，そのような考え方は故意犯の成立範囲を不当に拡張するものであって採用しえない。むしろ，行為者が違法性阻却事由を誤信すればただちに故意を否定する**制限責任説**のほうが妥当である。

　なお，38条3項は「法律を知らなかったとしても，そのことによって，罪を犯す意思がなかったとすることはできない。ただし，情状により，その刑を減軽することができる」と規定している。このうち，本文は「違法性の意識がなくても故意は否定されない」という理論的には当然の事理を述べたものであり，但書は，違法性を認識することが不可能ではないにしても困難であった，という場合に刑を減軽する余地を認めたものである。もっとも，これまで述べてきたところからすれば，違法性を認識することが不可能であった場合には責任を阻却して無罪にする，という法的効果まで承認しておくべきであろう。こうして，違法性の意識の不可能性は但書の先にある超法規的責任阻却事由と解すべきである。

【違法性の意識の可能性不要説，厳格故意説，制限故意説】

　学説においては，本文で述べた責任説とは異なる見解も主張されている。

　まず**違法性の意識の可能性不要説**とは，読んで字のごとく，可罰性にとって違法性の意識の可能性など不要である，という見解である。国民には法を知る義務があるから，「違法とは知りえなかった」などという理由で免責することは背理だ，というのである。しかし，たとえ行為者に一定の範囲で法を知ろうと努力する義務を課しうるとしても，行為に出るに際し，行為者の現実の法的知識の水準に照らして履行することが期待できない法調査まで強いることは許されないであろう。

　次に**故意説**とは，違法性の意識ないしその可能性が故意の要素として要求される，という見解である。違法性の意識が，故意を定める38条に登場することと整合的な見解といえよう。もっとも，故意説は，故意と違法性の意識ないしその可能性という，異なる観点から要請される異質の犯罪要素を混交させてしまうものであって妥当でない。さらに，過失犯には違法性の意識ないしその可能性が不要とされてしまう，ということもまた看過しがたい難点であろう。

　この故意説にも2種類が存在し，**厳格故意説**は，違法性の現実の認識が故意の内容として要求される，という考え方である。しかし，このように考えると，みずからの行為が適法であるといかに軽率に誤信した場合であっても，ただちに故意犯の成立が否定されることになり，処罰の範囲が著しく縮減されてしまうであろう。ま

た理論的に見ても，違法性の意識の可能性とは（法的）制裁がその抑止力を発揮するために要請される概念なのであるから，刑法が期待する違法評価への関心を備えれば違法性の認識に至るというだけで十分のはずであり，違法性の現実の認識まで要るというのは過度の要求である。もちろん，違法性を現実に認識していれば抑止プロセスの一定部分を短縮できる，という意味において制裁の観点から見ても責任を加重する契機は存在するが，それが責任の必要条件であるとまでいうのは行き過ぎであるように思われる。さらに，もともとは故意説の利点であったはずの条文との整合性という観点から見ても，厳格故意説は38条3項本文と相容れがたく，無理に適合させようとすれば，「法律」を適用される個別の条文ととらえるか，または，刑法以外の一般法規や社会倫理規範と理解するほかなく，明らかに不自然であろう。

一方，**制限故意説**は，違法性の意識の可能性が故意の内容として要求される，という考え方である。これは厳格故意説と異なり，故意説一般が有する難点を免れないだけであり，学説においても広汎に支持されてきた。しかし，「可能性」という故意とはなじみにくい発想を無理やりに故意に押し込めるよりも，むしろ故意とは別個独立の責任要素として位置づけるほうが自然なのではなかろうか。

【認識対象である違法性の内容】

行為者が努力すれば行為の違法性を認識しえたというとき，その違法性とは具体的にどのようなことを意味しているのであろうか。この問題については従来，次の3点が学説において議論されてきた。

第1に，刑法上の違法性でなければならないのか，それとも一般的な法規違反ないし反倫理性で足りるのか，という点である。もっとも，結論からいえば，それは刑法上の違法性でなければならないと思われる。制裁が想定する抑止プロセスにとっては，まさにその制裁が科されるために必要な評価をみずからの行為が受けていることを，行為者が認識できなければならないからである。ここでは刑事制裁が俎上に載せられており，そうであるとすれば，刑法上違法であることを認識しえなければならないことになる。

第2に，刑法上違法であることを超えて，大まかな法定刑まで認識しうることが必要であるか，という点である。具体的には，行為者が自己の行為は処罰の対象となっているとの認識をもち，あるいはもちえたものの，まさかそこまで重い法定刑が定められているとは思いもしなかった，という場合に重い法定刑を科するだけの責任はないといいうるか，という問題である。もっとも，違法性の意識の可能性とは，制裁がその想定する抑止プロセスに従って行為者の行為をやめさせられる可能性があったかを問うものであって，行為者に「刑が軽いならやろう」などと判断する自

由を与える議論ではない。したがって，この第2の点については否定的に解すべき
であろう。

　第3に，行為者がその行為によって実現した一方の不法については刑法上違法で
あることを認識しえたが，他方の不法についてはそうでないというとき，どのみち
その行為をやめようとする動機づけは形成可能だったのであるから，他方の不法に
ついても違法性の意識の可能性を肯定してよいといいうるか，という点である。こ
れを**違法性の意識の可分性**という（この問題を含め，違法性の意識の可能性に網羅
的な検討を加えた重要な作品として，高山佳奈子『故意と違法性の意識』〔有斐閣，
1999〕がある）。もっとも，制裁とは，実際に実現された個別の不法を前提としつつ，
それを実現することとなった行為をやめるべく，行為者が自己の行為を制御しえた
かを問題にするものである以上，可分性を肯定し，他方の不法については責任を阻
却するのが筋のとおった考え方というものであろう。

7.4.2 （裁）判例

　古く最高裁は，おそらくは国民は法を知るべきであるという理由から，違法
性の意識（の可能性）を不要と解していた（最判昭25・11・28刑集4巻12号
2463頁，最判昭26・11・15刑集5巻12号2354頁など）。もっとも，その背景に
は経済統制法規の実効性を図るという考慮が存在したのであり，故意説，ひい
ては責任説との格闘の末に採用された解釈では決してなかった。また実質的に
見ても，真に行為者が違法性を認識しえなかったのであれば，たとえこれを処
罰しても規制の実効性はあがらないように思われる。

　その後，不要説を峻烈に批判する学説の動向をふまえ，違法性の意識を欠く
につき相当の理由がある，として故意（犯意）を否定する下級審裁判例がいく
つか現れた。具体的には，こんにゃくだま泥棒がいまだ窃盗罪の実行の着手に
達していない段階で，被告人がこれを違法に現行犯逮捕した，という事案（東
京高判昭27・12・26高刑集5巻13号2645頁＝こんにゃくだま事件），被告人がわ
いせつ図画である映画を，映倫の審査を通過したため適法と考えて上映した事
案（東京高判昭44・9・17高刑集22巻4号595頁＝黒い雪事件），被告人らが石油
連盟の業務に関し，旧通産省の仕切りに従って生産調整を行い，独占禁止法に
違反することとなった事案（東京高判昭55・9・26高刑集33巻5号359頁＝石油
やみカルテル事件）などがある。これらは，従前の最高裁の不要説から見れば

一種の「進歩」であり，制限故意説に近い言い回しが用いられているものの，当時において責任説が十分に知られていなかったことにかんがみれば，あまり強い理論的な負荷は存在しないように思われる。

　さらに，最高裁においても不要説からの離反がうかがわれるようになり，たとえば，被告人が羽田空港国際線出発ロビーにおいて，公安委員会の許可を受けずに集団示威運動を指導した，という東京都条例違反被告事件において，適法との誤信に相当の理由があるとして犯罪の成立を阻却した原判決を，判例違反ではなく事実誤認により破棄したもの（最判昭 53・6・29 刑集 32 巻 4 号 967 頁＝羽田空港ビルデモ事件第二次上告審判決），被告人らが，表面は百円紙幣に類似し，裏面に広告を記載したサービス券を作成したが，犯行の前後に警察署で相談めいたものを行っていた，という通貨模造被告事件において，被告人らが違法性の意識を欠いていたとしても，それにつき相当の理由がないとして有罪とした原判決を是認するにあたり，行為の違法性の意識を欠くにつき相当の理由があれば犯罪は成立しない，との見解の採否についての立ち入った検討をまつまでもない，と述べたもの（最決昭 62・7・16 刑集 41 巻 5 号 237 頁＝百円札模造事件）があらわれた。とくに後者については，実質的な判例変更といってよいかもしれない。また，細かな点であるが，故意ではなく犯罪の成立が阻却される，というのは責任説に近い発想ということもできよう。ただし，その後に出された下級審の無罪判決は，依然として故意を否定している（けん銃部品輸入罪について，大阪高判平 21・1・20 判タ 1300 号 302 頁を参照）。

7.4.3 事実の錯誤と違法性の錯誤の区別

　7.4.2 までの論述においては，行為者がそもそも不法を構成する事実を正しく認識し損ねたのか（**事実の錯誤**），それとも，それは正しく認識しているけれども，誤って当該不法が刑法上違法と評価されていないと思い込んだのか（**違法性の錯誤，禁止の錯誤**），という点が截然と区別されうることを前提としてきた。もっとも，現実の事案においては両者の区別が困難であることも多いため，ここで補足的な説明を行っておくこととしたい。

　まず判例には，狩猟が禁止されているむささびを俗称であるもまと認識して捕獲した，という事案において狩猟法違反の故意を肯定したもの（大判大 13・

4・25 刑集 3 巻 364 号＝むささび・もま事件），禁猟獣であるたぬきを捕獲した被
告人が，これを俗称であるむじなと認識していた，という事案において同法違
反の故意を否定したもの（大判大 14・6・9 刑集 4 巻 378 頁＝たぬき・むじな事件），
警察規則を誤解して，無鑑札犬はただちに無主犬とみなされる旨，誤信した被
告人が，他人の（無鑑札の）飼い犬をそれと知りつつ撲殺した，という事案に
おいて器物損壊罪等の故意を否定したもの（最判昭 26・8・17 刑集 5 巻 9 号 1789
頁），被告人が差押えを違法・無効と誤信してその表示を除去した，という事
案において封印等破棄罪の故意を肯定したもの（最判昭 32・10・3 刑集 11 巻 10
号 2413 頁），課税物品であることを知らなかった被告人に，物品税法上の無申
告製造罪の故意を認めたもの（最判昭 34・2・27 刑集 13 巻 2 号 250 頁），営業許
可が有効に下りたものと誤信して公衆浴場を経営した被告人に，公衆浴場法上
の無許可営業罪の故意を否定したもの（最判平元・7・18 刑集 43 巻 7 号 752 頁），
座席の一部が取り外されて現実に存在する席が 10 人分以下となった大型自動
車を，被告人が普通自動車免許で運転した，という事案において道路交通法上
の無免許運転罪の故意を認めたもの（最決平 18・2・27 刑集 60 巻 2 号 253 頁）な
どがある。

　これらの判例が当罰性の判断それ自体において，完全な整合性を有している
かは疑わしいし，また，不要説のもとにおいてなお無罪という妥当な結論を導
くために，実質的には回避しえない違法性の錯誤に基づく責任阻却を，表面上
は事実の錯誤に基づく故意の阻却として処理したものも散見される。しかし，
多くの判例は基本的には，そもそも刑法が保護しようとした実体への攻撃性が
示されていない場合には事実の錯誤として故意を阻却する一方，攻撃性は示さ
れているものの行為者が許されると思い込んでいた場合には違法性の錯誤とし
てただちには宥恕しない，という価値判断を共有しているように思われる。そ
して，それは理論的にも筋のとおったものといえよう。

　ただし，ここで注意を要するのは，一定の規制が存在してはじめて行為を不
法とする根拠が生まれる，というケースも法定犯においては相当数存在するこ
とである。たとえば，自動車を運転して道路の右側を走行することは，人を殺
すこととは異なり，なんらの規制がなくてもただちに不法となしうるような実
体を有していない。あくまで，「自動車は左側通行」という規制が存在しては

じめて不法となすべき実体が生じるのである。そうすると，このような不法を
実現した行為者に故意を認めるためには，自分が自動車を運転して道路の右側
を走行しているという事実を認識するだけでは足りず，同時に，規制とそれに
違反していることの現実の認識までもが必要となるはずである。一部の学説が，
法定犯においては厳格故意説をとるべきだと主張するのも，このような趣旨に
理解されよう（このような学説を**自然犯・法定犯区別説**という）。また，行政犯に
おいて，禁止違反の認識がない場合に故意を否定する（裁）判例が散見される
のも同様であるかもしれない（大決昭 12・3・31 刑集 16 巻 447 頁〔禁止区域内で
あることを知らずに，要塞地域内において無許可で写真撮影。ただし，過失犯も処
罰する〕，東京高判昭 30・4・18 高刑集 8 巻 3 号 325 頁〔追い越し禁止区域内である
ことを知らずに自動車を追い越し〕，東京高判昭 35・5・24 高刑集 13 巻 4 号 335 頁
〔銃猟禁止区域内であることを知らずに銃猟。ただし，過失犯も処罰する〕などを参
照）。

　他方，法定犯とされうるものであっても，制限速度違反などは，それに先立
つ速度規制がなくても，道路交通の危殆化という不法の根拠となるべき実体を
観念することが可能である。したがって，たとえば，行為者が高速道路の制限
速度は時速 150km であると誤解し，その速度で自動車を走行させれば故意は
あり，ただ違法性の意識が欠けるにすぎない（サンダル履きの自動車運転に関す
る東京高判昭 38・12・11 高刑集 16 巻 9 号 787 頁も参照）。故意が否定されるのは，
特別の事情により①事実の認識または②意味の認識が欠ける場合だけであり，
それぞれ，たとえば，①スピードメーターが故障しており，時速 150km 出て
いるのにメーター読みが時速 90km となっていたとか，標識により，ある道路
のある部分の制限速度が時速 30km と表示されているにもかかわらず，行為者
がそれを時速 40km と見間違え，その速度で自動車を走行させた，あるいは，
②高架下住居に対する騒音を防止する観点から，ある道路のある部分の制限速
度がことさらに低く抑えられているところ，住居の存在をまったく知らない行
為者が自動車で，その部分以外を走行するのと同じ速度で走り抜けた，という
ような事例が考えられよう。

【記述的構成要件要素と規範的構成要件要素】

　かつてドイツの学説の影響を受け，構成要件要素を記述的構成要件要素と規範的構成要件要素に区別する解釈が主張された。このうち**記述的構成要件要素**とは，価値中立的で，法的評価を容れなくてもその内容を確定しうる構成要件要素である。反対に**規範的構成要件要素**とは，規範の色を帯びており，法的評価を考慮してはじめてその内容を確定しうる構成要件要素を意味する。そして，規範的構成要件要素について故意を肯定するためには，法的評価を素人領域における並行的評価に置き換えて行為者による認識を認定すれば足りる，といわれたのである。たとえば，「他人の」（252 条 1 項など）や「わいせつ」（175 条 1 項など）は典型的な規範的構成要件要素であり，したがって，「よそ様から預かったもの」，「かなりいやらしいもの」などといった認識が行為者に認められれば足りることになる。

　もっとも，理論的に厳密に考えるならば，構成要件要素とはあくまで刑法が違法という評価を加えるべき実体があるかどうかにかかわる概念であり，それ自体が法的評価を内包しているということは論理的にありえないはずである。たしかに，構成要件要素のなかにはその外延に関して一般人と法律家との間にさほどの共通了解が存在しないものも含まれているが，あくまでことばがもつ可能な意味の範囲内において法律家が目的論的解釈により導き出した内容を行為者が認識していることが故意にとっては必要なのであり，そのような解釈作業が一般人にも追体験可能であるかどうかは刑罰法規の明確性にかかわる問題であるにすぎない。「他人の」でいうと，それが物に対する直接的で全面的な支配の権能であり民法上も正当性を有するものを意味しているとすれば，物に他人のそのような権能が及んでいると行為者が認識していることが故意を認定するためには必要となろう。

7.5　期待可能性

　期待（不）可能性とは，適法な行為に出ることを期待しえない特別の事情が存在する場合には，個別の責任阻却事由に該当しなくても超法規的に責任を阻却する，という考え方である。歴史的には，規範的責任要素として最初に議論されるに至ったものであるが，規範的責任要素に関する研究が進み，さまざまな要件へと分節されていくなかで，ただ単に「適法な行為を期待しうるか」を抽象的に問うだけの期待可能性の観念は，次第にその存在意義を失っていった。そして，今日においては，期待可能性とは，さまざまな責任要素をおのおのの原理に従って認定する際，その要素の大小や程度を規律するメタの原理（規制

原理）にすぎないと理解されている。たとえば，行為者がおかれた異常な状況に照らして，不法の予見や違法性の認識に至れというのは期待できない慎重さや遵法精神である，とか，不法を認識予見しながら行為に出たとしても，それほど強度の不法への傾向性があらわれているわけではない，などといった具合である。

　もっとも，本来であれば違法性の阻却されるような行為がつい行き過ぎてしまったとき，違法減少やその認識に基づく責任減少，さらには非強壮性情動に基づく責任減少等があわさることにより，その行為の全体としての犯罪性が可罰的とされるべき最下限をも下回ったものと評価されうる特殊な状況においては，36条2項や37条1項但書における刑の免除の先にある超法規的な可罰性阻却事由を承認することも不可能ではない。そして，そのことを期待（不）可能性とよぶのであれば，今日においても独自の実体的な意義を与えることができよう。

第**8**章

未　　遂

8.1　総　説

　刑法各則の条文は，原則として正犯の既遂を規定する**基本的構成要件**である。これに対して，43条本文は「犯罪の実行に着手してこれを遂げなかった者は，その刑を減軽することができる」と規定し，犯罪の実行に着手したが既遂に至らなかったものを**未遂犯**として，既遂犯の刑を任意的に減軽している（未遂犯のことを，条文の文言を用いて**実行の着手**とよぶこともある）。これを**修正された構成要件**という（なお，共犯もまた修正された構成要件のひとつである）。未遂犯を処罰することが可能な犯罪は個別に定められているが（44条），その数は非常に多いため，実際上は未遂の段階に達したか否かが刑罰権発動の可否を決することになる。

　なお，さらに限定された一定の重大な犯罪については，未遂にとどまらず**予備**までもが処罰される。たとえば，殺人予備罪に関する201条は「第199条の罪を犯す目的で，その予備をした者は，2年以下の懲役に処する。ただし，情状により，その刑を免除することができる」と規定しているのである。ただし，この規定方法からも分かるように，予備は未遂と異なり，既遂を犯す目的でそ

の準備を行ったことを処罰する独立の犯罪（目的犯。ちょうど通貨偽造罪が，偽造通貨行使罪を犯す目的でその準備，すなわち通貨の偽造を行ったことを処罰するように）であって，既遂を達成し損ねるという未完成犯罪の形態で規定されているわけではない。

　さて，それでは次に，このような未遂犯の理論的な構造をどのようにとらえればよいであろうか。

　第1の立場は旧派に基づく**客観説**であり，未遂犯は，行為により既遂到達の具体的・現実的な危険性を引き起こす故意危険犯の一種であるという。たしかに，この立場が未遂犯の現実に有する社会的な害悪の実体を明らかにし，それが未遂犯の成立にとって必須の条件であると解したのは，ともすれば行為者の悪しき意思のみに目が行き，未遂犯の処罰範囲を過大なものとしかねないわれわれの処罰感情を食い止める，という重要な意義をもつものといえよう。しかし，この立場を採用するだけでは，なにゆえに未遂犯がそのような故意危険犯について想定される法定刑よりもはるかに重い処断刑を科されうるのか，その究極的な根拠はやはり行為者の悪しき意思，すなわち，行為者が既遂到達の具体的・現実的危険性というのを超えて，既遂到達そのものを引き起こすことを認識予見しながら行為に出ていることではないのか，という本質的な疑問に答えることができない。

　第2の立場は新派に基づく**主観説**であり，未遂犯は，行為者の既遂へと向かう危険性が外部化されたこと（犯意の飛躍的表動）を，処分としての刑罰の根拠とするものであるという。この立場は，客観説とは反対に，未遂犯の処断刑が既遂到達の具体的・現実的な危険性を引き起こす故意危険犯について想定される法定刑よりもはるかに重いことを，よく説明する。しかし，この立場を理論的に一貫させるならば，未遂犯の処断刑は前記法定刑より重いというのを超えて，むしろ，既遂犯について定められた法定刑と同一でなければならないはずであろう。現実にそうなっていないのは，刑罰が処分に純化されえないからである。さらに，この立場から論理必然にそうなるというわけではないが，この立場が歴史的に見て，行為者の危険性が行為をとおして少しでも明らかになれば未遂犯として遇しようとする傾向を有してきたこともまた，比例原則に違反する不当な人権侵害として糾弾されるべきであろう。

こうして第3の立場，すなわち，客観説と主観説を統合する**統合説**が妥当であろう。具体的には，①刑罰が制裁としての性質を基礎としなければならないところから，未遂犯の不法として，行為が既遂到達の具体的・現実的な危険性を引き起こしたことが要求されると同時に，②処分の観点が未遂犯の処断刑を①に対応する故意危険犯について想定される法定刑より加重するところから，未遂犯の責任として，行為者が既遂到達そのものを引き起こすことを認識予見しながら重要な段階まで進んだ行為に出たことが要求されることになる。そして，とくに①が8.2・8.3の，②が8.2の課題である。

なお，このような統合説を採用するにあたっては，あらかじめ次の2点に留意しておく必要がある。

1つ目は，未遂犯の故意は犯罪の一般理論における故意とは異なり，制裁の根拠となるべき不法そのものの認識予見を超えた内容を有している，という点である。すなわち，未遂犯に対する刑罰の制裁としての側面が根拠とする不法とは，あくまで既遂到達の具体的・現実的な危険性の惹起であるが，未遂犯の故意は，そのような不法を超えた既遂到達そのものの認識予見をその内容としているのである。したがって，故意という処分の観点が刑罰の制裁としての側面に結合する，その態様が未遂犯においては犯罪の一般理論におけるのとは異なることになる。

2つ目は，未遂犯の処断刑が客観説による場合とは異なり，相応に重いものであることは比較的容易に基礎づけられうるが，それにしても，主観説による場合とは異なり，現行法のように既遂犯の法定刑と同レベルに達しうることは説明がやや困難である，という点である。やはり，既遂犯の刑を減軽することを本則とすべきであろう。そして，たとえ減軽しないことを相当とする事案が存在しうるとしても，それは，（殺人未遂の犯情でいえば）行為者が致死性の高い手段を用い，実際にも被害者が死亡する高度の危険性が生じたとか，被害者が瀕死の重傷を負ったり植物状態になったりするなど，殺人未遂により包括評価されうる重大な傷害が発生したような例外的な場合に限るべきであろう。さらに，たとえそのような場合であったとしても，既遂犯の法定刑の上限（ここでは死刑）までは科しえないものと解すべきである。あくまで刑罰の基礎となる制裁の観点からは，現実に被害者が死亡したかどうかは無視しえない違いだ

からである。

8.2　実行の着手時期

8.2.1　総　　説

1.　終 了 未 遂

　犯罪遂行のいかなる段階において実行の着手が認められ，それゆえ未遂犯が成立しうるであろうか。この問題は講学上，**実行の着手時期**とよばれ，古くからさかんに議論されてきた。そして，この問題を議論する際には，未遂犯を次の2つの形態に分けることが通例であった。

　第1の形態は**終了未遂**（**実行未遂**）である。すなわち，行為者が既遂を生じさせるのに必要と考えるすべての行為をなし終え，ただ，実際にはいまだ既遂に到達していない，という形態の未遂犯である。殺人未遂でいうと，たとえば，行為者が殺意をもってけん銃の銃口を被害者のほうに向け，引金を引いたものの，弾が外れて被害者は無事であった，あるいは，行為者が被害者を殺害しようと考え，贈答品を装って毒まんじゅうを被害者宅に送付する手続きを郵便局においてとったが，配送中に毒まんじゅうが紛失されてしまった，または，被害者が毒まんじゅうのおかしな臭いに気づいてこれを食べなかった，などという事例が考えられよう。

　この終了未遂においては，8.1で述べた統合説における②の観点について議論すべきことはない。というのも，行為者は重要な段階どころか最終段階まで進んでいるからである。もちろん，先の毒まんじゅうの事例で「行為者は送付手続きをなし終えたあとも，既遂を防止する行為に出る余地を残しているから，いまだ送付手続きの段階を最終段階ということはできない」という反論もなされるかもしれない。しかし，そのような不作為は先行する作為と同一の不法を構成しているのであるから，不作為が作為とは別の行為段階を形成するという解釈は妥当でない。

　これに対して，①の観点については大いに議論すべきことがある。具体的には，行為をなし終えたあと，既遂が生じるまでの間に離隔がある**離隔犯**において，いかなる段階で実行の着手と評価するにふさわしい未遂犯の不法，すなわち，既遂到達の具体的・現実的な危険性が発生したものといいうるか，という

点について大きな争いが存在するのである。先の，毒まんじゅうの事例を用いて敷衍してみよう。

実行の着手時期を最も早める見解は**行為説**（間接正犯においては，背後者による道具の利用行為時を意味することから**利用者標準説**ともいわれる）であり，送付手続きをとり終えさえすればただちに殺人未遂罪が成立しうるものと解する。これは実質的には，そもそも既遂到達の具体的・現実的な危険性を要求しないということであり，行為無価値論を前提としながら，「そもそも既遂を生じさせるような行為をするな」という行為規範の違反それ自体が未遂犯の不法を構成する，というのである。もっとも，行為無価値論そのものが刑法の一般理論として妥当性を欠くほか，たとえば，送付手続きをとり終えた直後に，郵便局員が間違って毒まんじゅうを局内のごみ箱に捨ててしまい，その後はなんら事態が進展しなかった，という場合であってもなお殺人未遂罪が成立しうる，というのは非常に不自然であろう。

その次に実行の着手時期が早い見解は**手放し説**であり，少し事例は異なるが，たとえば，行為者がルームメイトである被害者を殺害しようと，食卓に置いてある共用の菓子皿に毒まんじゅうを載せたが，被害者が帰宅するのはその1時間後であるというとき，行為者がその場にとどまっていればいまだ殺人未遂罪は成立しないが，家から出かけてしまえば（たとえ被害者に電話するなど，なお既遂を防止する手段を有していたとしても）ただちに同罪が成立しうるものと解する。この見解は理論的には，作為後の不作為を問題とするものでも，実行の着手にとって中止犯（43条但書）の成立不可能性を要求するものでもなく，また，感覚的にも妥当な結論に至りうるものとして注目に値する。もっとも，厳密に考えると，行為者がその場にとどまっていれば殺人未遂にならないというのは，ただ事実上，そういった場合にはそもそも行為者の殺意が固まっておらず，だからこそ，その気になれば毒まんじゅうを自分の手で回収して，即時かつ確実に被害者の死亡を回避できるよう見張っていることが多い，というだけではなかろうか。実際，従前の経緯からして，行為者の殺意が確定的なものであることが明らかであり，被害者が苦悶のうちに死亡するさまを見たい，という悪質な動機から行為者が現場に滞留していた場合には，この見解が基礎とする価値判断によったとしても，なお殺人未遂とするほうが妥当と感じられるで

あろう。こうして，この見解は，理論的に確固とした内容を有する独自の立場
として主張することはできないように思われる。

　さらに，その次に考えられるのが，行為のもつ侵害作用が被害者の支配領域
に到達した段階で実行の着手を認める見解である。先の毒まんじゅうの事例で
いうと，行為者が送付手続きをとった段階ではいまだ殺人未遂罪は成立しない
が，実際に毒まんじゅうが被害者宅という被害者の支配領域にまで配達されれ
ば，たとえ被害者が外出中であったり，就寝中であったりしてもなお同罪が成
立しうる，と解するのである。この見解もまた，感覚的には妥当なものを含ん
でいるが，厳密に考えると，被害者の支配領域への介入が未遂犯の不法におい
て決定的な意義を有するのは，あくまで，既遂犯の不法においても被害者の支
配領域内に侵入するというプロセスが本質的な意義をもつ場合に限られるので
はなかろうか。住居侵入罪や窃盗罪においてはそのようにいいうるかもしれな
いが，殺人罪においては疑わしいであろう。たとえば，行為者が半径10km内
を吹き飛ばす強力な時限爆弾のスイッチを入れ，爆発まであと10秒であると
いうとき，爆弾から10km離れたところにいる被害者の支配領域には，その段
階ではなんらの作用も及んでいないが，だからといって，いまだ殺人未遂罪が
成立しえないというのは明らかに不当である。こうして，この見解もまた特定
の犯罪類型においてはともかく，実行の着手時期一般に関する基準としては支
持しえないように思われる。

　最後に，実行の着手時期が最も遅い見解が**結果説**（間接正犯においては，道具
自身の行為時を意味することから**被利用者標準説**ともいわれる）であり，先の毒ま
んじゅうの事例でいうと，毒まんじゅうが被害者宅に配達されて，被害者がす
ぐにでもそれを食べて死亡しかねない段階に至ってはじめて殺人未遂罪が成立
しうるものと解する。この見解は，未遂犯の不法である既遂到達の具体的・現
実的な危険性のうち，「具体的」というのが既遂に到達する可能性の高さを問
題にする観点であり，8.3 に見る不能犯との限界を画する一方，「現実的」とい
うのは既遂に到達するまでの時間的な近さ（**時間的切迫性**）を問題にする観点
であり，終了未遂における実行の着手時期を画するものと整理する。この見解
が理論的に最も明快であり，なおかつ，具体的な結論においても妥当であると
いえよう。

【結果説の具体的な適用】

　結果説に対してはときおり，実行の着手時期が遅くなりすぎるとの批判が向けられる。たしかに，たとえば，被害者を欺罔して金銭を自己の銀行口座に振り込ませるという事例において，欺罔行為が済み被害者は錯誤に陥ったものの，指定した振込み期日が1週間後であったというだけで時間的切迫性が欠け，詐欺未遂にならない，というのは不当であろう。あるいは，被害者を3時間かけてなぶり殺しにする殺人ロボットのスイッチを入れ，ロボットが被害者を殴り始めたという事例において，被害者の死期が3時間も先というのでは時間的切迫性が欠け，殺人未遂にならない，というのも納得しがたい結論である。

　もっとも，たとえ結果説を前提にしたとしても，これらの結論を避ける解釈がまったく不可能であるわけではない。詐欺未遂のほうについては，詐欺罪が取引犯罪であり，時間的切迫性もまた，取引慣行に照らして「振込み期日が迫っている」といえれば足りる，という観点から妥当な結論を導くこともできるであろう。また，殺人未遂のほうについても，被害者を直接的に死に至らしめるひとまとまりのプロセスが開始されていれば，「死に直結する局面に立ち至っている」という意味において時間的切迫性を肯定しうる，という観点から不当な結論を避けることもできよう。ここからも分かるように，時間的に切迫しているといっても，単に「あと何分何秒」などといった，純粋に事実的な時間的近さだけが決定的であるわけではない。

　（裁）判例には，被告人が毒入りの砂糖を歳暮として被害者宅に郵送したところ，これを受領した被害者が調味のため薩摩煮に投入した際，毒が混入されていることに気づき事なきを得た，という事案において，被害者が毒入りの砂糖を受領した時点において，被害者またはその家族が食用すべき状態のもとにおかれたものとして殺人罪の実行の着手を認めたもの（大判大7・11・16刑録24輯1352頁），被告人が父および家族兄弟の日常通行する農道の道端に毒入りジュースを置き，同人らに拾得飲用させて殺害しようと企て，農道の道端等に毒入りジュースを分散配置したところ，同所を通行したAらが拾得して自宅で飲用し，中毒死したが，父らは死亡するに至らなかった，という事案において，保護客体を直接危険ならしめるような法益侵害に対する現実的危険性を発生せしめた場合をもって実行の着手があったと解する，と述べて，父らに対しては（尊属）殺人予備罪の成立を認めるにとどめたもの（宇都宮地判昭40・12・9下刑集7巻12号2189頁）などがある。いずれの判示も結果説に親和的な

ものといえよう。

2. 未終了未遂

(a) 総 説

未遂犯の第2の形態は**未終了未遂（着手未遂）**である。すなわち，行為者が既遂到達に必要と考える行為をいまだなし終えておらず，実際にもまだ既遂が発生していない，という形態の未遂犯である。殺人未遂でいうと，たとえば，行為者が殺意をもってけん銃の銃口を被害者のほうに向け，引金に指をかけようとしたところで第三者により取り押さえられた，という事例が考えられよう。

この未終了未遂においては，8.1で述べた統合説における②の観点についても大いに議論すべきことがある（もちろん，①の観点も議論を要するところであるが，その内容は基本的に終了未遂におけるのと同じである）。というのも，行為者が引金を引ききることが最終段階の行為であるとすれば，未遂犯の責任を肯定するのに必要な重要な段階というのがそこからどこまでさかのぼりうるか，という点が必ずしも一義的には明らかでないからである。

この点について，**形式的客観説**は一切さかのぼることができないと解する。つまり，最終段階の行為を開始してはじめて実行の着手が認められるのであり，先の事例ではいまだ引金に指をかけることさえできていない以上，行為者は殺人予備罪にとどまることになる。その理論的な根拠は**実行行為概念の絶対性**であり，最終段階の行為が実行行為である以上，実行の着手とはその実行行為を開始すること以外ではありえない，というのである。もっとも，この説によると，実行の着手時期が遅くなりすぎて明らかに不当である。また理論的に見ても，「実行」ということばがあらゆる文脈において，まったく同じ意味を有しなければならないというのは強すぎる前提である一方，そもそも「着手」とは，そのもの自体の開始を意味しなければならないわけではなく，もう少し前の，準備段階を終えてまさに開始しようとしている時点を指すこともありうるのではなかろうか（これに対し，未遂犯の不法である既遂到達の具体的・現実的な危険性は，書かれざる〔修正された〕構成要件要素というべきであろう）。

そこで，近時においては形式的客観説がその戦線を縮小し，詐欺罪のような，行為態様が限定された犯罪類型の未遂にのみ妥当しうるものと解する傾向がある。すなわち，たとえば，殺人未遂罪は行為者が引金を引く前の段階において

も成立しうるが，詐欺未遂罪は「だまし」の最終段階の行為を開始してはじめて成立しうる，というのである。もっとも，たとえば，詐欺罪は，その不法が最終的な法益侵害を引き起こすだけではみたされない，という点に特徴を有するだけであって，別段，行為態様が限定されているわけではない。いいかえれば，交付行為者の一定の錯誤を引き起こす行為はどのような態様であってもかまわないのである。そうすると，殺人未遂罪において前倒しを許す以上，詐欺未遂罪においてもそうしてはならない決定的な理由は見出しがたいであろう（実際にも，論者は欺罔行為それ自体を広めにとらえることにより事実上，前倒しを認めている）。こうして，形式的客観説はその射程を限定して生き延びることも困難であるように思われる。

これに対して**実質的客観説**は，既遂到達の具体的・現実的な危険性が認められる範囲でさかのぼりうると解する。先の事例でいうと，行為者がいまだ引金に指をかけていなくても，すぐ次の瞬間には指をかけて引金を引ききり，弾が発射されて被害者に命中し，これを死亡させる危険性が高いのであるから，行為者にはすでに殺人未遂罪が成立しうるということになる。この説は歴史的に見ると，形式的客観説を排斥し，実行の着手時期を前倒しする理論的な可能性を開いた点において重要な意義を有する。もっとも，この説を字句どおりに一貫させようとすれば，未遂犯の不法と，これを引き起こす行為に行為者が（既遂到達を認識予見しつつ）出たことだけで実行の着手が認められることになり，今度は時期的に早すぎるとのそしりを免れえないであろう。たとえば，被害者を射殺しようと懐にけん銃を忍ばせた行為者が，被害者がその先に立つ曲がり角のほうに歩いてきた，というだけで殺人未遂罪が成立してしまいかねないのである。やはり，行為者が重要な段階の行為にまで歩を進めていることをあわせて要求すべきである。

こうして，このようなことをあわせて要求する**修正された実質的客観説**が妥当である。問題は，行為者が「これで既遂に到達する」と考える最終段階の行為まで開始していなくても，それ以前の重要な段階の行為にまで歩を進めていなければならないとして，そこにいう重要な段階の行為を具体的にはどのようにして画すべきかである。これは難しい問題であるが，早すぎた構成要件の実現において故意既遂犯が成立しうるために行為者が歩を進めていなければなら

ない段階と同じく，最終段階の行為（構成要件該当行為）に**密接**な行為といい
うるか，という基準に基づいて画すべきであるように思われる。というのも，
実行の着手時期においても早すぎた構成要件の実現においても，究極的には同
一の問題，すなわち，行為者が既遂到達に必要と考える行為をすべてなし終え
た場合と同程度に，その既遂到達への傾向性が外部化されたものと評価しうる
のはいかなる段階においてか，という点が俎上に載せられているからである。

　ところで，学説においては，実行の着手時期を判定する際に行為者の**行為計
画**を考慮してよいかがさかんに議論されている。もっとも，実行の着手時期が
もつ理論的な構造に照らすならば，行為計画が考慮されるのは当然のこととい
うべきであろう。第1に，未遂犯の不法を認定する際に，行為者がその先，ど
のような行為に出るつもりであったのかが（無謀きわまりない計画であり，客観
的な実現可能性がほとんどない特殊な場合を除いて）重要な意味をもつことは明
らかである。ただ，行為計画を考慮せずとも，客観的な事情のみにより認定可
能であればそれで足りる，というにすぎない（たとえば，クロロホルム自体の客
観的な危険性に着目した最決平16・3・22刑集58巻3号187頁＝クロロホルム事件
を参照）。第2に，未遂犯の責任を認定する際にも，行為者が既遂到達に必要
と考える最終段階の行為が何であり，また，それと密接性を有する行為がいか
なる範囲に及ぶかは，行為者がどのようにして既遂を生じさせるつもりであっ
たかにより影響を受ける。たとえば，同じく，行為者がまずは被害者にクロロ
ホルムをかがせて昏倒させ，そののちに，事故を装うため被害者を乗せた自動
車ごと海中に転落させてでき死させる，という流れのうち，前半の，被害者を
昏倒させた段階ですでに行為者が捕まってしまったというのであっても，①被
害者を昏倒させたままただちに海中に転落させる，というのが行為者の計画で
あったならば殺人罪の実行の着手が認められるであろうが，②いったん被害者
をアジトに連れて行き覚せいさせ，行為者に財産を遺贈する旨の文書を自筆で
作成させたうえ，再びなんらかの方法により被害者を昏倒させ，しかるのちに
海中に転落させる，という計画であったならばいまだ実行の着手は認められな
いように思われる。というのも，②においては，被害者にクロロホルムをかが
せる行為から海中に転落させるという殺人罪の構成要件該当行為に至るまでの
間に数多くのハードルがあり，時間的にも①よりはるかに余計にかかるし，ま

た，いったん被害者を覚せいさせその無防備な状態を解く，という生命侵害プロセスとは逆向きの局面が介在させられているからである。これでは密接性を肯定しがたいであろう。

【多数説 VS 有力説？】

　近時の学説には，実行の着手を既遂到達の具体的・現実的危険性から基礎づける見解を多数説，行為者の犯行計画を基礎としつつその進捗度合いから基礎づける見解を有力説，として両者を対立させるものもある（「特集・詐欺罪における実行の着手」刑事法ジャーナル 57 号〔2018〕17 頁以下〔佐藤拓磨および二本栁誠〕，樋口亮介「実行の着手——最高裁第一小法廷平成 30 年 3 月 22 日判決を踏まえて」東京大学法科大学院ローレビュー 13 号〔2018〕56 頁以下などを参照）。もっとも，本文で述べたところからも明らかなように，両者は犯罪の異なる構成段階に着目した主張であって，実行の着手という要件に集約するかどうかはともかく，未遂犯の成立にはいずれの観点も必要なのであるから，両者は実際には対立していない。すなわち，多数説が社会に現実にもたらされた害悪という観点から未遂犯の不法を論じているのに対し，有力説は行為者の「脳内」に焦点を当て，たとえば，被害者を殺害しようとする「本気度」という観点から未遂犯の責任を論じているのである。こうして，両者のうち一方を誤りとして棄却し，他方にのみ耳を傾けるのではなく，いずれの主張からも大いに学ぼうとする謙虚な姿勢が肝要である。

(b)（裁）判例

　それでは，いくつかの犯罪類型について判例の動向を見てみよう。

　殺人未遂罪については前掲最決平 16・3・22 がある。第 1 行為と第 2 行為の密接性，および，第 1 行為開始時においてすでに殺人に至る客観的な危険性が認められること，の 2 点を丁寧に認定して殺人罪の実行の着手を肯定しており，おのおの，未遂犯の責任と不法に対応するものとして理論的にも支持されよう。そのほか，この判例の影響を受けたと思われる下級審裁判例として，被告人が被害者に自動車を衝突させ，転倒させて動きを止めたうえ，刃物で刺し殺すという計画を立てていた事案において，被害者に自動車を衝突させた時点で殺人罪の実行の着手を肯定したもの（名古屋高判平 19・2・16 判タ 1247 号 342 頁）などがある（さらに，窃盗未遂罪に関するものではあるが，同じ理論構造をもつ裁判例として，電車の自動券売機の硬貨釣銭返却口に接着剤を塗りつけ，乗客が投入し

た硬貨の釣銭が接着剤に付着するのを待ち，その釣銭を回収して取得しようとした事案において，塗布の時点で実行の着手を肯定した東京高判平 22・4・20 東高刑時報 61 巻 1 ～ 12 号 70 頁がある）。

（旧）強姦未遂罪については，被告人らが強姦の意思を相通じたうえ，必死に抵抗する被害者女性をダンプカーの運転席に引きずり込み，発進して約 5000m 離れた護岸工事現場に至り，運転席内で被害者を強いて姦淫したが，当初の引きずり込む際の暴行により被害者に傷害を負わせていた，という強姦致傷被告事件において，引きずり込もうとした段階で強姦罪の実行の着手を肯定する際，強姦に至る客観的な危険性が明らかに認められることを根拠としたもの（最決昭 45・7・28 刑集 24 巻 7 号 585 頁）がある。字句どおり読むだけではナイーブな実質的客観説のようにも思われるが，未遂犯の責任の観点もまた実際には考慮されているのであろう。というのも，引きずり込む際の暴行は強姦罪の構成要件該当行為そのものではないけれども，被害者を支配下において抵抗力を奪う物理力の行使であって，構成要件該当行為に密接な行為と評価しうるからである。したがって，もし被告人らの企図した犯罪が殺人であったとすれば，被害者はたとえ支配下におかれようと，生命という最重要利益を守るために必死の抵抗を続けるはずであるから，引きずり込もうとした段階においては，いまだ殺人未遂罪は成立しえないように思われる。なお，そのほか，いずれも強姦致傷被告事件において，被害者に傷害を負わせた時点で実行の着手が認められるかが問題とされた下級審裁判例であるが，被告人らが被害者を認めるや，姦淫のため郊外へ連行しようと軽四輪自動車の助手席に引きずり込もうとして暴行を加え，傷害を負わせたが，仲間が「人が来た」と告げたために被害者を突き飛ばして逃走した，という事案において，被害者が姦淫される具体的危険性が認められないとして実行の着手を否定したもの（京都地判昭 43・11・26 判時 543 号 91 頁），被告人が被害者を乗せたタクシーをラブホテルの前に停車させて下車し，ホテルに連れ込んで強姦する意思のもとにその場から逃げ出した被害者を追いかけ，ホテル裏手出入口から敷地内に引っ張り込んで暴行を加え，傷害を負わせたが，被害者は付近を警ら中の警察官に救出された，という事案において，強姦の結果が発生する高度の客観的危険性を根拠に実行の着手を肯定したもの（東京高判昭 57・9・21 判タ 489 号 130 頁），被告人が夜間

ではあるものの通行人のあることが予想される時間帯に，マンション2階のエントランスホール付近を通行中の被害者を強姦しようと企て，その背後から抱きつき，抵抗する被害者の腹部を膝蹴りするなどして同所から20m余り離れた道路に停車した自動車に連れ込もうとしたが，連れ込むことができなかった，という事案において，ただちに被害者を自動車内に連れ込んで強姦に至る客観的な危険性があったとはいえないとして実行の着手を否定したもの（広島高判平16・3・23高刑集57巻1号13頁）などがある。

　窃盗未遂罪については，窃盗犯人が家宅に侵入して金品物色のため箪笥に近寄ったという時点において，他人の財物に対する事実上の支配を侵すにつき密接な行為をなしたものとして実行の着手を肯定したもの（大判昭9・10・19刑集13巻1473頁），被告人らが食料品を窃取しようと企て，被害者方養蚕室に侵入し，懐中電灯を利用して食料品等を物色中，警察官らに発見されてその目的を遂げなかった，という事案において実行の着手を肯定したもの（最判昭23・4・17刑集2巻4号399頁），被告人が窃盗の目的で被害者方におもむき，同家北側の窓に足をかけて屋根に登り，屋根伝いに2階南側の雨戸の開いていた箇所から同居宅に侵入した折から，同家2階6畳間に就寝中の被害者がその物音に目覚めて起き上がり，飛び掛かってきたので，その逮捕を免れるため，やにわに同人を力任せに突き倒して死亡させた，という事後強盗致死被告事件において，いまだ金品物色の行為がないことを理由に暴行の段階における窃盗罪の実行の着手を否定したもの（東京高判昭24・12・10高刑集2巻3号292頁），被告人が窃盗の目的で，被害者方の土蔵に侵入しようとして土蔵の壁の一部を破壊したが，家人に発見されて逃走し，また，別の被害者方の土蔵に侵入しようとして扉の南京錠を破壊し，外扉を開いたが，夜が明けて家人に発見されることを恐れ，逃走した，という事案において，土蔵は住家と異なり，通常窃取すべき財物のみがあるとして実行の着手を肯定したもの（名古屋高判昭25・11・14高刑集3巻4号748頁），被告人が深夜，電気器具商である被害者方店舗内において，所携の懐中電灯により真っ暗な店内を照らしたところ，電気器具類が積んであることが分かったが，なるべく金を盗りたいので，自己の左側に認めたたばこ売り場のほうに行きかけた際，被害者らが帰宅して被告人を取り押さえようとしたため，被告人は被害者らを殺傷した，という事後強盗殺傷人被告

事件において，窃盗罪の実行の着手を肯定して238条の「窃盗」にあたるとしたもの（最決昭40・3・9刑集19巻2号69頁），被告人が路上に駐車中の自動車内から金員を窃取すべく，助手席側ドアの鍵穴に所携のドライバーを差し込んで開け，車内にある金員を窃取しようとしたが，その場で警察官に発見されて逮捕されたため，その目的を遂げなかった，という事案において実行の着手を肯定したもの（東京地判平2・11・15判時1373号144頁），前掲東京高判平22・4・20などがある。窃盗罪の不法は財物に対する被害者の事実的支配を奪うことであり，密接性は，そのような支配をさらに取り囲む守備領域に介入する行為について認められることが多いであろう。窃盗罪の実行の着手を画する基準として，**物色説**とよばれる見解が主張されているが，それもまた，いわゆる物色行為が前記守備領域内においてなされるものと解されるからである。ただし，一口に守備領域といっても，財物との物理的な距離や外壁の強固さに関する一義的な基準によって画定されうるわけではなく，あくまで，社会通念上そこまで介入することが被害者の財物を盗むことに直結する行為と評価しうるか，という規範的な観点をあわせ考慮しなければならないことに注意を要する。

詐欺未遂罪については，すでに前日，特殊詐欺の被害に遭っている被害者に対し，まずは警察官を名乗る氏名不詳者が電話をかけ，銀行にいますぐ行って全額を下ろしたほうがよい，前日の被害金を取り返すので協力してほしい，などと述べ（1回目の電話），さらにその1時間40分後，警察官を名乗る氏名不詳者らが電話をかけ，僕向かいますから，2時前〔1時間以内〕には到着できるよう僕のほうで態勢整えますので，などと述べたうえ（2回目の電話），氏名不詳者から指示を受けた被告人が被害者宅に向かったものの，被害者宅に到着する前に警察官から職務質問を受けて逮捕されたが，これらは警察官を装った被告人に現金を交付させるという一連の詐欺計画に基づくものであった，という事案において，2回の電話で述べられた本件うそには被害者に現金の交付を求める行為に直接つながるうそが含まれており，被害者に本件うそを真実であると誤信させることは被告人の求めに応じて即座に現金を交付してしまう危険性を著しく高めることを指摘して，本件うそを一連のものとして被害者に対して述べた段階において，被害者に現金の交付を求める文言を述べていないとしても実行の着手を肯定しうるとしたものがある（最判平30・3・22刑集72巻1

号82頁)。学説には，この判例が詐欺罪の構成要件該当行為そのものの開始を
もって実行の着手を肯定する立場を前提としつつ，本件うそを被害者に述べる
行為が構成要件該当行為である欺罔行為にあたることを認めたものである，と
分析するものもある。しかし，それは判例の読み方としてやや不自然ではなか
ろうか。むしろ，被害者に現金の交付を求めることが構成要件該当行為であり，
ただ，本件うそを述べることはそれに密接な（＝直接つながる）行為であると
同時に，その段階において詐欺未遂の不法である危険性も認められることを指
摘したものととらえるべきであろう。ただし，より厳密に考えるならば，1回
目の電話の時点において密接性を肯定しうるかにはやや疑問が残る。たしかに，
被害者にうそをつくという詐欺罪の特徴はあらわれているし，また，被害者の
手元に現金を用意させることは犯行計画を遂行するうえで肝要ではあるが，他
方において，あくまでその時点においては，被害者はむしろ自己の金銭に対す
る支配を強化しようと考えていたからである。この点は，詐欺罪が「被害者を
錯誤に陥らせることにより，客体の占有を移転する協力者に仕立て上げる」こ
とを不法の本質的な構造としている，という前提と整合しないであろう。

【「アポ電」犯罪の着手時期】

　近年，犯人グループが被害者に「アポ電」をかけたのち，さまざまな犯行に及ぶ
事件が多発している（前掲最判平30・3・22の事案もそのひとつである）。そして，
それらの摘発時期との兼ね合いで，いかなる時点において実行の着手が認められる
かが学説・実務上争われているのである。もっとも，その時点を画一的に定めるこ
とはできず，事案の特性や問題となる犯罪の種別を考慮しつつ個別具体的に判断す
るほかはない。

　まず，身分を偽って被害者宅を訪問し，持参した封筒に面前でキャッシュカード
等を封入させたうえ，割印のために印鑑が要るなどと申し向けて被害者に一時その
場を離れさせ，その隙を狙ってあらかじめ用意しておいたダミーカード入りの同種
の封筒とすり替えてキャッシュカード等を取得する，というカードすり替えの手口
がある。そして，近時において有力な立場は，そこで成立しうるのが詐欺罪である
か窃盗罪であるかによって実行の着手時期が（大きく）ずれるというのでは，犯行
の実態としての近似性に照らしてアンバランスであるばかりか，実際の取締りにも
支障を生じかねないとして，「アポ電」の時点で（詐欺未遂罪にとどまらず）窃盗未
遂罪まで成立する余地があるという（前掲最決平16・3・22に代表される，近時の

判例の一般的な言い回しに従い，これを肯定したものとして大阪地判令元・10・10
公刊物未登載を参照）。

　たしかに，このような実質論は理解しえないではない。もっとも，他方において，
窃盗罪の不法構造に照らすと，あくまで，（構成要件該当〔実行〕行為との）「密接」
性にとっては，キャッシュカード等に対する被害者の事実的支配をさらに取り巻く
勢力圏との接触，介入が要請されることとなるはずである。そこで，「アポ電」の時
点において実行の着手を認めるためには，「被害者宅を訪ねれば，なかば自動的に
キャッシュカード等が面前に出てくるような『仕掛け』を勢力圏内に設定した」も
のと評価し，窃盗未遂罪の成立を肯定するしかないであろう。あるいは，封入と割
印をキャッシュカード等に対する占有の部分的な「手放し」と評価し，被害者によ
る交付（処分）行為を観念して詐欺未遂罪の成立を肯定する，という解釈も絶対に
不可能とまではいえないように思われる。

　次に，（あらかじめ電話で現金等の存在を確認しておいた）被害者宅におもむいて
強盗に及ぶ手口もある。もっとも，この場合には通常の強盗罪における議論とさほ
ど異なるところはなく，被害者宅に立ち入ったのち，強盗の手段としての暴行・脅
迫そのものでなくても，これと連続的な，粗暴な実力行使が開始されていれば実行
の着手を肯定することができよう。

　放火未遂罪については横浜地判昭58・7・20判時1108号138頁などがある。
引火性の強いガソリンを大量に撒布し終え，家屋が火気に対して非常に脆弱な
状態に陥っているとともに，被告人自身がライターを所持していたのであるか
ら，実行の着手が肯定されたのはいわば当然のことといえよう。反対に，灯油
を撒布した事案で揮発性の低さを理由に実行の着手を否定したものが散見され
るが（千葉地判平16・5・25判タ1188号347頁，横浜地判平18・11・14判タ1244
号316頁），被告人がただちに着火可能な手段を手にしていたとすればやや疑
問の余地がある。

　加重逃走未遂罪については，未決の囚人として拘置所に収容されていた被告
人らが共謀のうえ，逃走の目的をもって便所の木造の防壁に設置されている換
気孔の周辺のモルタル部分3カ所を鉄製の蝶番の芯棒で削り取り損壊したが，
防壁の芯部に木の間柱があったため脱出可能な穴を開けることができなかった，
という事案において実行の着手を肯定したものがある（最判昭54・12・25刑集
33巻7号1105頁）。形式的に見れば条文に書かれた行為の開始があるものの，

実質的に考察すると，書かれざる（修正された）構成要件要素としての未遂犯の不法を認定しうるかにはやや微妙なところがあろう。

　特別法違反の未遂については，某国において覚せい剤を密輸船に積み込んだうえ，本邦近海まで航行させ，同船から海上に投下した覚せい剤を小型船舶で回収して本邦に陸揚げする，という方法で覚せい剤を輸入することを企てた被告人らがこれを実行に移したものの，回収担当者が悪天候のため小型船舶を出港させられず，その後，いったんは出港したが覚せい剤を発見できないまま引き返すことになった（密輸船から投下された覚せい剤は 8 個すべてが警察に押収された），という事案において，回収担当者が覚せい剤をその実力的支配の下においていないばかりかその可能性にも乏しく，覚せい剤が陸揚げされる客観的な危険性が発生したとはいえないとして覚せい剤輸入罪の実行の着手を否定したもの（最判平 20・3・4 刑集 62 巻 3 号 123 頁），入口にエックス線検査装置が設けられ，周囲から区画されたチェックインカウンターエリア内にある検査済みシールを貼付された手荷物は，航空機積載に向けた一連の手続のうち，無許可輸出が発覚する可能性が最も高い保安検査で問題のないことが確認されたものとして，チェックインカウンターでの運送委託の際にも再確認されることなく，通常，そのまま機内預託手荷物として航空機に積載される扱いとなっていた，という状況のもとにおいて，うなぎの稚魚が隠匿されたスーツケース 6 個を機内預託手荷物として搭乗予約済みの航空機に積載させる意図のもと，機内持込手荷物と偽って保安検査を回避して同エリア内に持ち込み，不正に入手した検査済みシールを貼付した時点では，すでに航空機に積載するに至る客観的な危険性が明らかに認められるとして無許可輸出罪の実行の着手を肯定したもの（最判平 26・11・7 刑集 68 巻 9 号 963 頁）などがある。前者はそもそも未遂犯の不法が欠如すると解される事案であったが，後者においても未遂犯の不法のみを認定するかの表面的な口ぶりに反し，実質的には未遂犯の責任もまた検討されているものと解すべきであろう。すなわち，単に被告人らの側で輸出の準備を進めていたというだけでなく，航空機への積載の前に設けられた防御線に介入してしまっていることが重要であるように思われる。

8.3 不 能 犯

8.3.1 総　　説

　未遂犯の不法が欠如するものの，かりに行為者の認識する事実が現実に存在したならば，実行の着手を基礎づけうるだけの未遂犯の責任が備わっている場合を**不能犯**とよぶ。たとえば，道端に落ちていたおもちゃのけん銃を，前方を歩くやくざ風の男が落とした本物であると誤信し，これを拾い上げて，すぐ近くにいた恋敵に向け引金を引いたものの，当然ながら何も起こらなかった，という事例が考えられよう。ここでは，およそ既遂到達の可能性がないために未遂犯の不法が欠如するものの，かりに本物のけん銃であったならば殺人未遂罪を基礎づけうるだけの未遂犯の責任は備わっていることになる。

　不能犯の一般的な定義は以上のとおりであるが，学説ではその現象形態を次の 3 とおりに区分するのが一般的である。まず**主体の不能**とは，一定の主体の行為だけが不法を構成するものと定められているとき，その主体の欠缺が未遂犯の不法を欠如させる場合である（他人の事務処理者でない者が，みずからを他人の事務処理者であると誤信して任務違背を行おうとした場合など）。次に**方法の不能**とは，不法を実現するのに適した手段の欠缺が未遂犯の不法を欠如させる場合である（冒頭であげたような，おもちゃのけん銃を本物のけん銃であると誤信して，人に向け引金を引いた場合など）。最後に**客体の不能**とは，一定の客体を侵害することが不法を構成するものと定められているとき，その客体の欠缺が未遂犯の不法を欠如させる場合である（マネキンを人であると誤信して，けん銃を向け引金を引いた場合など）。ただし，これらはあくまで現象形態に着目した区分であり，規範的な意義があるわけではないから，一部の学説（山口厚『危険犯の研究』〔東京大学出版会，1982〕168 頁など）のように，客体の不能においてだけ不能犯を緩やかな基準に基づき広く認める，などというのは解釈論的に正しくない。

　さて，学説には，この不能犯を未遂犯の一種として，可罰的と解するものも存在しないではない。これを**可罰的不能未遂**という。具体的には，新派の考え方に基づいて刑罰を処分に純化したうえ，不能犯の事例においても行為者の危険性は十分に外部化している，と説明するか，あるいは，行為無価値論に基づき未遂犯の処罰根拠を行為規範違反に求めたうえで，不能犯の事例においても

行為者の認識した事実を前提として設定されるべき行為規範の違反は厳然として存在する，と説明するのである（なお，たとえこれらの説明を採用するとしても，たとえば，丑の刻参りをして被害者を殺害しようとすることは，行為者の危険性も行為規範違反も基礎づけえないために不可罰である。これを迷信犯という）。しかし，刑罰を処分に純化することも，未遂犯の処罰根拠を行為規範違反に求めることも妥当でない。

　こうして，不能犯は不可罰と解すべきであり，これを**不可罰的不能未遂**という。もっとも，事案によっては不能犯と可罰的な通常の未遂との限界線が判然としないこともあり，学説では線引きの基準，すなわち，未遂犯の不法のうち，とくに既遂到達の具体的な危険性（既遂到達の可能性）の認定方法をめぐってさかんに議論が行われている。

　第1は**抽象的危険説**であり，現実に存在した事実のうち，行為者が認識しまたは認識可能であったものだけを基礎としつつ，行為から既遂の生じることが経験法則上ありうるかを基準とする。しかし，既遂犯の不法は純粋に科学的，客観的な基準に基づいて判断するにもかかわらず，未遂犯の不法は突如として行為者の知識や能力のみに頼って認定する，というのは整合性を欠くであろう。

　第2は**具体的危険説**であり，現実に存在した事実のうち，一般人が認識可能であるか，または行為者がとくに認識したものだけを基礎としつつ，行為から既遂の生じることが経験法則上ありうるかを基準とする。しかし，この説についても抽象的危険説と同様，未遂犯の不法を認定する際にだけ，一般人の知識・能力水準や行為者の頭の中のことがらが決定的になる，というのは一貫性がない。

　第3は**客観的危険説**であり，現実に存在した事実のすべてを基礎としつつ，行為から既遂の生じることが経験法則上ありうるかを基準とする。たしかに，経験法則はすべての事象について100％の確からしさをもって確立されているわけでは決してなく，したがって，たとえこの説を採用してもすべての未遂犯が不能犯に転化してしまうというようなことはないであろう。たとえば，行為者が公共施設に仕掛けられた爆弾の起爆装置を幼子に渡し，爆破スイッチである右のボタンを押せといったのに幼子はむしろ無効化スイッチである左のボタンを押してしまった，という事例においては，指示を受けた幼子が実際にどう

するかに関する確実な法則はないから，この説によったとしても殺人未遂罪が成立しうるであろう。しかし，そうであるとしても，この説によったのではやはり不能犯の範囲が広がりすぎてしまうように思われる。たとえば，被害者を毒殺しようと考えた行為者が，被害者の飲むコーヒーに混入しようとあらかじめ用意しておいた毒薬を戸棚から取り，実際に混入したが，行為者ははじめて殺人を犯すことからくる興奮や動揺により，実際にはうっかり毒薬のすぐ横にあった（見た目がそっくりの）砂糖を取っていたため，被害者がコーヒーを飲んでも何も起こらなかった，という事例までもが不能犯とされてしまうのである（経験法則に照らし，健常人に少量の砂糖を摂取させて死亡の結果が生じることはありえない）。これは容認しがたい結論であろう。

　第4は**修正された客観的危険説**であり，すでに述べた客観的危険説の難点を避けるためこれを修正しようとする。すなわち，客観的危険説とは異なり，現実に存在した事実のすべてをナイーブに前提とするのではなく，「そもそも現実に存在した事実があるいは存在しなかった」ということもまた経験法則上ありうるのではないか，という疑問から出発する。先の，砂糖をコーヒーに混入した事例でいうと，行為者の手にしていた物質が砂糖ではなく毒薬であった，つまり，行為者が砂糖の隣にある毒薬のほうを正しく戸棚から取り出していた，ということも経験法則上は十分に考えられるのである。そうすると，このような，現実に存在したのとは異なる仮定的な事実の存在可能性もまた，煎じ詰めれば既遂到達の可能性の一形態である以上，これをもって未遂犯の不法となしうる，先の事例でいうと，殺人未遂罪の成立を肯定しうることになる。この修正された客観的危険説に対しては，かねてより，①事実を無限にさかのぼれば，必ず「世界が異なる様相であった可能性」が生じるのであるから，不能犯が観念しえなくなってしまう，②行為者が現実になしたのとは異なる行為に出ていた可能性をも考慮して不能犯でないとすることは，行為にあらわれていない行為者の危険性をとらえて処罰することに帰する，などといった批判が投げかけられてきた。しかし，①さかのぼることで既遂到達を妨げる事実の存在可能性が生じることもあるから，不能犯がなくなるとはいえないし，②行為者の既遂到達への傾向性を外部化する行為については，当然，現実の存在を要求するのであるから批判は不当前提であろう。

【不能犯と既遂到達の可能性】

　学説には，遠方から被害者を粗悪な改造銃で狙撃する場合のように，既遂到達の可能性が非常に低くても殺人未遂罪が成立しうるのであるから，不能犯との限界を画する基準として既遂到達の具体的な危険性というのは行き過ぎである，というものもある（樋口亮介「実行行為概念について」山口厚ほか［編］『西田典之先生献呈論文集』〔有斐閣，2017〕20頁以下などを参照）。もっとも，そもそも「具体的」というのは，既遂の事実的な発生確率が50％以上であるなどといった趣旨では決してなく，むしろ，既遂に実現すべき危険性が（構成要件レベルで）許された危険を有意に超えているという趣旨である。たとえ遠距離からの狙撃であっても，そのようにいいうることは明らかであろう。ただし，事実的な確率がまったく無意味であるわけではなく，たとえば，被害者の脳天に穴を開けて殺害しようと考えた行為者が空に向かって発砲し，落下してくる弾が運よく被害者の脳天に命中するよう祈ったが無駄であった，という事例は不能犯とすべきであるように思われる。

【客体の不能と被害者の不能】

　本文で述べたように，客体の不能だけをことさらにとりあげて不能犯を幅広く認めることは妥当でない。これに対して学説では，客体の不能とは別に被害者の不能という範疇を設け，そもそも被害者が存在しない場合には広く不能犯とする見解も主張されている（和田俊憲「不能犯の各論的分析・試論の覚書」岩瀬徹ほか［編］『刑事法・医事法の新たな展開——町野朔先生古稀記念（上）』〔信山社，2014〕234頁以下などを参照）。たとえば，以前から金を持っていそうだと思って狙いを定めていた被害者がたまたま夜道をひとりで歩くこととなったため，行為者が後ろから追い抜きざまに財布を盗ろうと被害者の上着の内ポケットに手を突っ込んだものの，たまたまその日は被害者が家に財布を置き忘れてきていた，という事例においては客体が欠けるにすぎないから窃盗未遂罪が成立しうるが，持ち主が捨てた無主物である砂場のおもちゃを近くにいる子どもの持ち物であると誤信しつつとっさに自分のバッグに入れた，という事例においてはそもそも被害者が欠けるから同罪は成立しえないことになろう（なお，論者は領得罪においては利用処分意思が責任を加重し，それゆえに不能犯の範囲が狭くなるという解釈も提案するが〔238頁以下を参照〕，それはここでは捨象する）。

　たしかに，このような見解は非常に興味深く，また，不能犯の範囲に関する直観にも一定程度適合しえよう。もっとも，理論的に厳密に考えると，被害者の不能においてもあくまで既遂到達の可能性の判断方法は同じであり，ただ，「被害者の財物に対する事実的な支配が侵される」という事態が発生しえたかに尽きる。先の2つ

の事例でいうと，それぞれ，「被害者が家に財布を置き忘れなかったことがありうるか」，「そのおもちゃの所有権を持ち主が放棄していなかったり，行為者がその隣の無主物でないおもちゃのほうを盗っていたりすることがありうるか」が問われることになる。前者と同じく，後者も肯定されうる場合は十分に考えられ，ただ，事実上，前者よりは後者のほうが肯定されにくいというだけであろう。こうして，客体の不能と同様，被害者の不能もまた，理論的に独自の範疇として特別に扱う必要はないと思われる。

【不能犯と既遂到達の現実的な危険性】

　本文で述べたように，不能犯は未遂犯の不法のうち，とくに既遂到達の具体的な危険性に関連して議論がなされてきた。これに対して近時の学説においては，既遂到達の現実的な危険性のほうに関連した議論もまたなされている（和田俊憲「未遂犯」山口厚［編著］『クローズアップ刑法総論』〔成文堂，2003〕216 頁以下などを参照）。その出発点となる問題意識とは，本文であげた，被害者の飲むコーヒーに毒薬と間違えて砂糖を入れてしまった事例を用いていうと，このような，現実のものと異なる仮定的な事実の存在可能性が既遂到達の可能性を基礎づける殺人未遂の事例においては，時間が経ち事態が推移しても被害者の死亡する危険性は高まらないから，時間的な切迫性を要求する契機が欠けるのではないか，ということである。もう少し具体的にいうと，砂糖入りのコーヒーを被害者が台所に取りにきて持ち上げ，リビングのテーブルまで運んでから着席し，さらに，テレビをつけてからカップを手に取って口に近づける，というように事態が推移したところで，被害者が甘めのコーヒーを飲む危険性が高まるだけであるから，「1 週間後に死ぬよりも 1 分後に死ぬという状態のほうがはるかに深刻であるから，たとえ死ぬ可能性それ自体が同じであったとしても，死期が差し迫ることまで未遂犯の不法として要求すべきではないか」という時間的切迫性にかかる議論が意味を失ってしまうのではないか，ということなのである。

　このような問題意識は盲点を突く重要なものといえよう。もっとも，理論的に厳密に考えると，存在可能なものとして仮定される事実が時間的切迫性をみたす時点以降のものとされる事例においてもなお，あくまで時間的切迫性とは「既遂に到達するのに必要な事実が備わったと仮定したうえで，既遂到達が時間的に差し迫っていること」であったはずである。つまり，一定の仮定的な世界のなかで，事態の深刻さを測るメルクマールだったのである。そうすると，先の事例においても，行為者が正しく毒薬のほうを混入したものと仮定して，既遂到達の現実的な危険性，すなわち時間的切迫性を論ずれば足りるように思われる。

8.3.2　（裁）判例

1.　方法の不能

　方法の不能や客体の不能などといった，現象形態に着目する範疇化に規範的な意義がないことは 8.3.1 で述べたとおりであるが，ここでは分かりやすさを優先して，便宜上，このような範疇化に従って（裁）判例を紹介することとする。

　まず，方法の不能に関して不能犯を認めた（つまり，未遂犯が成立しないとした）（裁）判例には，被告人らが殺意をもって硫黄粉末を飲食物中もしくは水薬中に混和し，これを被害者に服用させて毒殺しようとしたがその目的を遂げなかった，という事案において，その方法が絶対不能に属するとして殺人未遂罪の成立を否定したもの（大判大 6・9・10 刑録 23 輯 999 頁），箱に詰めて長らく地中に埋めておいた手りゅう弾を，被告人がその安全栓を抜いたうえで被害者方に投げ込んだ，という事案において，手りゅう弾が本来の構造を失い，その目的とした危険状態を発生するおそれがないとして殺人未遂罪の成立を否定したもの（東京高判昭 29・6・16 高刑集 7 巻 7 号 1053 頁），覚せい剤を製造しようとしたが，主原料が真正のものでなかったためにその目的を遂げなかった，という事案において，結果発生の危険は絶対に存しないとして覚せい剤製造未遂罪の成立を否定したもの（東京高判昭 37・4・24 高刑集 15 巻 4 号 210 頁）などがある。一貫して一般人の危険感よりも科学的な判断のほうが優先されているが，その判断のより精密な構造は必ずしも明らかではない。

　次に，不能犯を否定した（つまり，未遂犯が成立するとした）（裁）判例には，被告人が巡査である被害者の腰に着装していたけん銃を奪取し，被害者の脇腹に銃口を当てて引金を引いたものの，たまたま実弾が装てんされていなかったため殺害の目的を遂げなかった，という事案において，警察官のけん銃に常時弾が装てんされていることは一般社会に認められている，と述べて殺害の結果が発生する可能性を根拠に殺人未遂罪の成立を肯定したもの（福岡高判昭 28・11・10 判特 26 号 58 頁＝空ピストル事件），被告人が覚せい剤の製造を企て，方法も薬品も工程も正しかったが触媒が必要量以下であったため成品を得るに至らなかった，という事案において，もし触媒を 2 倍量ないし 3 倍量用いれば覚せい剤の製造が可能であったとして覚せい剤製造未遂罪の成立を肯定したもの

（最決昭 35・10・18 刑集 14 巻 12 号 1559 頁），被告人が殺意をもって被害者の両腕の静脈内に注射器で蒸留水とともに空気を注射したが，致死量に至らなかったためその目的を遂げなかった，という事案において，空気の量が致死量以下であっても被注射者の身体的条件その他の事情のいかんによっては死の結果発生の危険が絶対にないとはいえない，として殺人未遂罪の成立を肯定したもの（最判昭 37・3・23 刑集 16 巻 3 号 305 頁＝空気注射事件），被告人が壁の隙間に懐炉灰を吊るし，それに点火して建造物に放火しようとしたが，建物の構造上，建造物に延焼する可能性はほとんど存在しなかった，という事案において，このような事情は被告人が認識しないだけでなく，一般人も認識しえないから現住建造物焼燬の結果を発生する危険性がある，と述べて現住建造物放火未遂罪の成立を肯定したもの（東京高判昭 58・8・23 刑月 15 巻 7＝8 号 357 頁），被告人が殺意をもって被害者の腹部をくり小刀で刺したものの，木製の鞘が外れていなかった，という事案において，被告人がくり小刀の鞘を外して被害者の腹部に突き刺す可能性は相当に高かったといえる，として殺人未遂罪の成立を肯定したもの（静岡地判平 19・8・6 判タ 1265 号 344 頁）などがある。一見すると一般人の判断と科学的な判断が混在しているようにも思われるが，前者がとられているのは「けん銃に弾を装てんしていたこともありえたか」などという厳密な自然科学法則が存在しない領域に限られているのであるから，やはり科学的な判断のほうが優先されているといってよいであろう。

2. 客体の不能

　客体の不能に関しては，被告人が通行人を引き倒してその懐中物を奪取しようとした事実は認められるものの，通行人が懐中物を所持していた証拠が示されていない，という事案において，通行人が懐中物を所持しているなどというのはふつう予想すべき事実であるから結果が発生する可能性を有する，と述べて強盗未遂罪の成立を肯定したもの（大判大 3・7・24 刑録 20 輯 1546 頁＝空ポケット事件），被告人が銃撃により倒れていた被害者に対し，まだ生命を保っているものと信じ，殺意をもって腹部や胸部その他を日本刀で突き刺したが，その時点で被害者はすでに死亡していた，という事案において，被害者の生死は専門家の間でも見解が分かれるほど医学的に限界が微妙であるから，単に被告人が被害者の生存を信じていたというだけでなく，一般人もまたその死亡を

知りえなかったであろうとして殺人未遂罪の成立を肯定したもの（広島高判昭36・7・10高刑集14巻5号310頁＝死体殺人事件），特殊詐欺において欺罔行為ののちに共謀加担した被告人が，いわゆる「だまされたふり作戦」が実行されていることを知らずに現金が入っていない箱を受け取った，という事案において，（詐欺罪の承継的共同正犯が成立しうることを前提としつつ）一般人がその認識しえた事情に基づけば結果発生の不安感を抱くであろう場合には法益侵害の危険性があるとして未遂犯の当罰性を肯定してよく，あえて被害者固有の事情まで観察しうるとの条件を付加する必然性は認められない，と述べて詐欺未遂罪の共同正犯の成立を肯定したもの（福岡高判平29・5・31判タ1442号65頁）などがある。

学説においては，これらの（裁）判例を念頭におきつつ，客体の不能においては具体的危険説が採用される傾向にあるとの分析がなされることが多い。もっとも，方法の不能に関する一部の（裁）判例と同じく，ここでも，厳密な自然科学法則が存在しない領域において一般経験則上の判断がなされているだけであって，そのような分析はやや拙速であるように思われる。たとえば，最後の裁判例の事案で「被害者がだまされたことに気づかず，そのまま現金入りの箱を発送していたこともありうるか」を問題とする際には，実際上，科学的な判断が一般人の判断と重なり合うというだけであろう。

8.4 中 止 犯

8.4.1 減 免 根 拠

43条但書は，「ただし，自己の意思により犯罪を中止したときは，その刑を減軽し，又は免除する」と規定する。すなわち，未遂犯のうち，既遂に到達しなかった原因が行為者自身の意思に基づく犯罪の中止行為に求められるときは，既遂犯の刑が任意的に減軽されるというのを超えて，必要的に減軽されるかまたは免除されるのである。このような未遂犯の特別の類型を**中止犯**ないし**中止未遂**とよび，反対に，それ以外の類型を**障害未遂**とよんでいる。中止犯の事例としては，たとえば，行為者が殺意をもってけん銃の銃口を被害者に向け，引金に指をかけたものの，被害者の命乞いを見てかわいそうになり，けん銃を懐にしまった，というものや，行為者が実際に引金を引き，被害者に致命傷を負

わせたが，血を流して苦しむ被害者の姿を見てかわいそうになり，応急手当てをしつつ119番通報をしてやったため，被害者は一命をとりとめた，というものがあげられよう。

　それでは，いったい，なぜ中止犯は障害未遂に対してこのように優遇されているのであろうか。この問題は中止犯の減免根拠論として，古くからさかんに議論されてきた（その紹介および検討，ならびに，中止犯の法的性格論との関係に関する分析については，野澤充『中止犯の理論的構造』〔成文堂，2012〕という優れた作品がある）。そして，その過程で次のような見解が主張されることとなったのである。

　第1は**褒賞説**である。反省して被害者を助けた「ご褒美」として刑が軽くなる，と説明するのである。もちろん，それはそのとおりであろうが，「ご褒美」というだけでは，そこから中止犯の具体的な成立要件を導くことができず，理論的により詳細な説明がさらに必要となろう。

　第2は**刑罰目的説**である。すなわち，未遂行為と事後の中止行為とを一体のものとしてとらえることにより，刑罰の目的である一般予防や特別予防の必要性が減少する，と説明するのである。具体的には，そもそも，実行に着手してから自分で犯罪の完成を阻止するなどという侵害経過は重罰を科さなくても模倣のリスクが低いし，また，途中で反省してやめるような行為者は，はじめからそれほど危険な人物ではなかったことを中止行為に出ることにより外部化している，というわけである。

　この見解は一見すると非常に説得力があるが，細密に観察すると大きな理論的難点をはらんでいる。まず，当初の未遂行為がいったん未遂犯の成立要件を完璧にみたしたにもかかわらず，そのことが爾後の中止行為を付け加えることにより削り取られてしまう，というのは不自然である。一部の学説は，未遂行為と中止行為という逆向きの行為を一体として把握することは許されない，としてこの見解を批判しているが，たとえ一体として把握することが許されたとしても先の不自然さは消せない。次に，かりに，刑罰の目的を考慮することによりいったん成立した当初の行為の犯罪性が爾後の行為により減少する，という理論的余地を承認したとしても，それが未遂犯と中止行為のセットに限られなければならない必然性は存在しない。たとえば，行為者が万引き目的で商品

棚から商品をつかみ取り、自分のバッグに入れる寸前で反省して棚に戻せば、刑罰の目的を考慮して当初の窃盗未遂行為の犯罪性が減少しうるにもかかわらず、いったんバッグに入れた直後に反省して棚に戻しても、当初の窃盗既遂行為の犯罪性が減少する余地はいっさい認められない、というのは一貫しないであろう。そこで学説には、既遂犯にも中止犯の規定を準用ないし類推適用しようとするものもあるが、そのような解釈は明らかに刑法の明文規定に抵触してしまう。

　第3は（**刑事**）**政策説**である。すなわち、中止犯の規定は、当初の未遂行為とは別の中止行為にもっぱら焦点を当てた規定である、と解するのである。その出発点は、未遂犯の処断刑が既遂犯と大差なく、そのままでは未遂犯人に対し、既遂へと歩を進めるのを防止する（刑事）政策的な手段が不足してしまう、という懸念である。もっとも、そうであるからといって、短絡的に未遂犯の処断刑を軽くするのでは、未遂犯それ自体としての犯罪性を十分に汲み尽くせなくなってしまう。そこで中止犯の規定を導入し、未遂犯人に対して「いま、既遂へと歩を進めるのをやめれば刑を必ず減免してやるぞ」とはたらきかけるのである。ここからも分かるように、この見解は、「鞭」だけでは（刑事）政策的な手段として足りないとき、補充的に「飴」を用いることを可能とする規定、として中止犯を理解することになる。古い学説は、この「飴」のことを「**後戻りのための黄金の橋**」と表現していた。

　この見解はやや技巧的なところもあるが、第2の見解と異なり、刑法の一般理論とよく整合すること、さらに、それどころか、中止犯の成立要件（「飴」の要件）を議論する際、通常の犯罪論（「鞭」の要件に関する理論）を裏返すという手法を採用しうることから、最も望ましいものといえよう。以下ではこの見解を基礎としつつ、中止犯の具体的な成立要件を検討していくこととしたい。

【中止減免の法的性質】

　中止犯に対する刑の減免の法的性質に関しては争いがあるが、理論的には、本文で述べたいずれの見解を採用するかによって決せられよう。具体的には、第2の見解である刑罰目的説を採用すれば、犯罪性そのもの、とくに責任が減少しているということになる。これを**法律説**という。これに対して、第3の見解である（刑事）政策説を採用すれば、中止犯という特別の規定が「飴」として、当初の未遂行為に

対する刑罰を減少させることになる。これを（**一身的**）**刑罰減少**（**消滅**）**事由説**という。

【自首と首服】

　42 条は，1 項において「罪を犯した者が捜査機関に発覚する前に自首したときは，その刑を減軽することができる」と，2 項において「告訴がなければ公訴を提起することができない罪について，告訴をすることができる者に対して自己の犯罪事実を告げ，その措置にゆだねたときも，前項と同様とする」と規定している。前者を**自首**，後者を**首服**という。もっとも，これらの趣旨は，既遂到達の防止や危険にさらされた法益の擁護にとって，「鞭」では足りない場合に「飴」を投入するところにあるのではなく，むしろ，犯罪の捜査を容易にするための誘因を犯人に向けて設定するところに存在している。関連する重要な判例をあげると，自首は第三者を介して行ってもよい（最判昭 23・2・18 刑集 2 巻 2 号 104 頁），捜査機関が犯罪事実および犯人を覚知しており，犯人の所在が分からないだけでは発覚する前とはいえない（最判昭 24・5・14 刑集 3 巻 6 号 721 頁），申告する内容は真実でなければならないが，一部虚偽の事実が混じっていても，構成要件該当事実についての虚偽でなければ自首にあたる（最決平 13・2・9 刑集 55 巻 1 号 76 頁）等である。

8.4.2 中 止 行 為

1. 不作為による中止と作為による中止

　「犯罪を中止した」といえるためには，どのような**中止行為**が必要となるであろうか。

　この問題に関する伝統的な見解は，未終了未遂（着手未遂）と終了未遂（実行未遂）の区別に対応させつつ，前者の場合には中止行為として爾後の不作為で足りる（これを**着手中止**という）が，後者の場合には作為による既遂到達の阻止が要求される（これを**実行中止**という）ものと解していた。しかし，（刑事）政策説に従い，行為者に中止行為に出させて既遂到達を防止することが中止犯の趣旨であるとするならば，このような伝統的な見解の安直な二分法は適当ではない。むしろ，未終了未遂であれ終了未遂であれ，既遂到達の防止にとって行為者が何をすることが必要であるか，という観点から中止行為の内容は定められるべきであろう。すなわち，単に爾後の不作為だけで既遂到達が防止される場合には中止行為としてもそれで十分であるが，積極的な防止措置を行わな

いと既遂に至ってしまう場合にはそこまでが中止行為として要求されることになる。たとえば，行為者が2つの行為により被害者を死亡させようと考え，まずは第1行為に出たところ，そこで自分の犯した過ちに気づいて反省し，犯罪を中止しようと思ったが，すでに第1行為により被害者が死に至りかねない傷害を負ってしまっている，という事例においては，未終了未遂であっても作為による中止が中止行為として要求されよう。これに対して，行為者が1発で仕留められると思い，被害者に向けてけん銃を発射したが，狙いを外し，まだ弾は残っていたものの，反省して殺すのをやめようと思った，という事例においては，終了未遂であっても不作為による中止で足りることになる。

　(裁) 判例としては，実質的に不作為による中止で足りるとしたものとして，被告人らが日本刀で被害者の右肩辺りを切りつけたが，傷は浅く失血死の危険もなかったところ，被害者を殺害するため，さらに次の攻撃を加えることも容易であるのにそうしなかった，という事案において，着手未遂の事案であることを理由に中止行為を認めたもの (東京高判昭51・7・14判時834号106頁)，被告人が殺意をもって牛刀で被害者の左側頭部付近を切りつけたが，全治約2週間の左前腕切創を負わせたにとどまり，その後も追撃に及んで殺害の目的を遂げることも困難ではなかったのにそうせず，かえってタクシーを呼び止め被害者を病院に運んだ，という事案において，着手未遂に該当するとして中止行為を認めたもの (東京高判昭62・7・16判時1247号140頁＝牛刀事件)，被告人が殺意をもって，被害者の頸部を強く絞めつけて失神させることを数回にわたって繰り返し，被害者が死亡したものと誤信してその頸部から両手を離したのち，被害者が呼吸をしていることを確認して，被害者がいまだ死亡するに至っていないことを認識しながら，さらにその頸部を強く絞めつけるなどの行為に及ばなかった，という事案において，殺人の実行行為が終了していないことを理由に中止行為を認めたもの (青森地弘前支判平18・11・16判タ1279号345頁。他方，類似の事案で実行行為が終了したとし，中止行為を否定したものとして福岡高判平11・9・7判時1691号156頁がある)，前掲名古屋高判平19・2・16などがある。

　他方，実質的に作為による中止まで要求したものとして，被告人が殺意をもって被害者に睡眠薬を飲ませた結果，睡眠薬中毒により生死の境に至ったが，その後，被告人は被害者の死亡の結果を防止しようと思い，110番通報のうえ，

警察官の助力を得て被害者を病院に収容した，という事案において中止行為を認めたもの（東京地判昭 37・3・17 下刑集 4 巻 3 = 4 号 224 頁），被告人が殺意をもって被害者の頸部をナイフで突き刺し，失血死，窒息死の危険を生じさせたが，その後，被告人は被害者の頸部にタオルを当てたり，救急車をよんだりして被害者の一命をとりとめた，という事案において実行未遂にあたるとしつつ中止行為を認めたもの（福岡高判昭 61・3・6 高刑集 39 巻 1 号 1 頁）などがある。

　一見する限りでは，（裁）判例も伝統的な学説と同様，着手中止と実行中止の二分法に従って中止行為の内容を定めてきたかのようにも思える。もっとも，判示をよく読むと，むしろ，妥当な結論を得るために，不作為による中止で足りるとすべき事案を着手中止と，反対に，作為による中止まで要求すべき事案を実行中止と，それぞれ定義し直している，というのが実態であろう。しかし，それでは羊頭狗肉であり，はじめから二分法を放棄するほうが筋がとおっている。近時の裁判例には，二分法から距離をおき，中止行為の内容を「そのまま放置すれば既遂に達しかねない状況を作出したかどうか」により決する立場に親和的な口吻を漏らすものもあるが（名古屋高判平 27・10・14 判時 2352 号 94 頁など），そちらのほうが妥当であろう。

【中止行為は既遂到達を防止することで足りるか】

　（刑事）政策説によれば，中止犯の規定は未遂犯人に既遂到達を防止するようはたらきかけるものであり，それゆえ，中止行為もまた既遂到達を阻止するものでありさえすれば足りるはずである。もっとも，これに対して学説には，未遂犯に内包される既遂犯の違法性が増大する危険のあるときは，これを消滅させる行為までが中止行為として必要である，というものもある（和田俊憲「未遂犯」法律時報 81 巻 6 号〔2009〕34・35 頁などを参照）。たとえば，行為者が殺意をもってナイフで被害者を刺突したところ，致命傷は与えられなかったがそのままでは悪化する重傷を負わせた，という事例において，反省した行為者に殺人未遂の中止犯が成立しうるためには，追撃をしないという不作為だけでは足りず，傷害の悪化を食い止める作為までもが必要とされることになる。

　たしかに，内包既遂犯は未遂犯に吸収され，未遂犯としてのみ処断される（たとえば，傷害は殺人未遂に吸収され，独立に処罰されない）のであるから，中止行為としても，未遂犯がさらに先に進む（つまり，既遂に到達する）のを阻止するだけ

でなく，内包既遂犯がさらに先に進む（つまり，その違法性が増大する）のを阻止することまで要求される，というのは一見すると説得力がある。もっとも，理論的に厳密に考えると，中止犯の規定はあくまで既遂と未遂の刑罰格差が小さいことに着目し，未遂犯人が既遂へと歩を進めるのを防止するために「鞭」では足りないからと，補充的に「飴」を投入するものにほかならない。にもかかわらず，吸収される罪の違法性が増大するのを防止するために，吸収する罪の犯情悪化という「鞭」を超えて，吸収する罪が未遂犯である場合にだけ突如として，しかも，本来の趣旨を逸脱して，中止犯の規定という「飴」が投入され強烈な効果を生む，というのは不合理な解釈であろう。

2. 中止行為と既遂不到達との間の因果関係

　「犯罪を中止した」といえるためには，中止行為と既遂不到達との間の因果関係も必要である。もっとも，これに対して学説には，たとえ中止行為と既遂不到達との間の因果関係がなくても，その存在可能性が未遂犯の不法を基礎づける仮定的な事実が，もし現実に存在したならば因果関係がみたされるであろう，という場合には，なお例外的に「犯罪を中止した」といえる，というものもある。たとえば，行為者が殺意をもって，毒薬と取り違えてすぐ隣にある睡眠薬を被害者に投与し，被害者が寝入ったのを見て，死に至る直前の瀕死の状態であると誤信したのち，反省して被害者を病院に搬送し，医師に引き渡したが，当然ながら，行為者が何もしなくてもそのうち被害者は勝手に目覚めたであろう，という事例においては殺人未遂の中止犯が成立しうるものとされる（井田・前掲『刑法総論の理論構造』284・285 頁，佐伯・前掲『刑法総論の考え方・楽しみ方』363・364 頁などを参照）。

　このような学説の最大の論拠は，正しく毒薬のほうを投与するという，より悪質な行為を行っていれば中止減免がなされうるにもかかわらず，うっかり睡眠薬を投与するという，より侵害性の低い行為を行った場合には通常の障害未遂とされ，反省したとか病院に搬送したとかいう事情はせいぜい量刑上考慮されうるにすぎない，というのは不均衡である，という点にある。たしかに，もし中止減免の本質が当初の未遂犯の当罰性から爾後の善行の分を引き算するところに存在するのであれば，このような学説は大きな説得力をもつであろう。しかし，中止減免の本質はそのようなところにはなく，むしろ，中止減免とい

う「飴」を投入しなければ十分に既遂到達の防止を図れないとき，補充的に用いられる（刑事）政策的な手段にほかならないのである。そして，そうであるとすれば，先の事例においては，中止減免など用いなくてもどのみち殺人は既遂に到達しようがないのであるから，わざわざ因果関係を不要として中止犯を成立させるべきではないと思われる。

【危険消滅説の意義】

　中止行為と既遂不到達との間の因果関係を不要とする学説のなかには，次のようにいうものもある。すなわち，行為者が殺意をもって，30％の確率で爆発する手りゅう弾を被害者のほうに投げようと振りかぶったものの，反省して腕を下ろした，という場合であっても問題なく殺人未遂の中止犯が成立しうるであろうが，そこではどのみち 70％の確率で既遂には到達しなかったわけであるから，中止行為と既遂不到達との間の因果関係を要求するというのは行き過ぎである。むしろ，行為者が既遂へと現実化すべき危険を消滅させたことで十分であり，したがって，中止行為と危険消滅との間の因果関係をこそ要求すべきである，と。これを**危険消滅説**という（山口・前掲『問題探究　刑法総論』224 頁以下などを参照）。

　この説の問題意識は完全に正しい。もっとも，そもそも中止行為と既遂不到達との間の因果関係というのは，客観的に帰属可能な態様において既遂が発生する余地を中止行為が遮断した，という趣旨なのであるから，煎じ詰めれば，この説と同じ内容を別のことばで論じているにすぎないと思われる。

3. 真摯な努力

　「犯罪を中止した」という文言からただちに導かれるわけではないが，学説や裁判例の一部は，中止行為が**真摯な努力**をともなうことを要求している。たとえば，被告人が殺人未遂の中止行為に出た際，犯人が自分でないようにうそをついたり，凶器を処分して犯跡を隠ぺいしたりするなどし，また，治療費を支払うと約束したわけでもない場合に，真摯な努力が欠ける（一応の努力をしたにすぎない）として中止犯の成立を否定した裁判例がある（大阪高判昭 44・10・17 判タ 244 号 290 頁）。たしかに，いつどこで，どのような凶器を用いて，いかなる傷害を負わせたかを医療機関に申告することや，治療費の支払いを保証することが被害者の死亡を防ぐのに重要な意味をもつ場合においては，それらを中止犯の要件とすることは合理的な解釈といえよう。しかし，そのことを

超えて，ただ反省の色が十分に見えないのを理由に中止犯の成立を否定することは，中止減免の趣旨を一般情状と混同するものであって不当である。中止犯の要件は，あくまで，「『飴』を投入しなければ，『鞭』だけでは未遂犯人が既遂へと歩を進めることを防止するのに足りないか」という観点から定められなければならない。

　もっとも，さらに進んで考えてみると，要求される中止行為が既遂不到達との間に因果関係をもつ，というだけでただちに「犯罪を中止した」にあたる，という解釈もまたやや拙速である。必要的減免という，きわめて甘い「飴」を与えて既遂到達を阻止しようというからには，単に因果関係をもつというにとどまらず，それを超えて，因果経過において「主役」としての役割を果たすことまで要求すべきだからである。正犯ないし共同正犯としての役割といってもよいかもしれない（この点につき，和田俊憲「中止の共犯について——真摯な努力と中止の任意性」山口厚ほか［編］『西田典之先生献呈論文集』〔有斐閣，2017〕146頁以下などを参照）。学説には，人気のないところで殺意をもって被害者をナイフで刺した行為者が反省し，119番通報をして場所と被害者の容態を精確に伝えたとか，同じく，殺意をもって被害者に特殊な毒薬を与えた行為者が反省し，病院に搬送された被害者を手当てしている医師に，病院にもない特殊な解毒剤を手交したなどといった事例を想定しつつ，行為者が幇助的な役割を果たしたにとどまる場合であっても，なお中止犯として十分である，というものもある。しかし，そのような事例において行為者が果たした役割は，すでに共同正犯のレベルに達していると思われる。

　なお，真摯な努力という表現を用いるものではないが，判例には，放火罪の実行に着手した被告人が逃走する際，第三者に対して「放火したからよろしく頼む」と叫びながら走り去ったところ，第三者らの消火行為によって放火の結果発生が防止された，という事案において，中止行為は必ずしも犯人単独でこれにあたる必要はないが，少なくとも，犯人自身がこれにあたったのと同視するに足りるべき程度の努力を払う必要がある，と述べて中止犯の成立を否定したものがある（大判昭12・6・25刑集16巻998頁）。実質的には，犯人自身が共同正犯とよぶにふさわしいほど，消火に至る因果経過において重要な役割を果たしていることを要求したものといえよう。その後も，被害者の死の結果を防

止するため，被告人自身がこれにあたったと同視するに足りるべき程度の真摯
な努力を払った，と述べて殺人の中止未遂を肯定した裁判例がある（前掲東京
地判昭 37・3・17）。

【真摯な努力のさまざまな用法】

　本文で述べたのが学説・実務における真摯な努力の一般的な用法であるが，一部
の学説は真摯な努力をもう少し違った意味で用いている（真摯な努力に関する学説・
〔裁〕判例を詳細に検討した近時の重要な文献として，金澤真理「判批」立命館法學
385 号〔2019〕360 頁以下を参照）。

　第 1 は，たとえ客観的には既遂到達阻止に適合しない手段であっても，行為者が
適合すると信じて投入すれば中止行為として十分である，という意味である。もっ
とも，このような用法は，そもそも当初の未遂犯の不法を客観的，科学的な基準に
基づいて認定することを放棄する立場を前提としており，出発点において妥当でな
いと思われる。

　第 2 は，中止行為と既遂不到達との間の因果関係を不要としつつ，行為者が中止
行為の中核的な部分まで済ませていることが必要である（と同時にそれで足りる），
という意味である。たとえば，行為者が殺意をもって被害者をナイフで刺したのち，
反省して 119 番通報しようと公衆電話を探しているうちに，血だらけの被害者を発
見した第三者が先に 119 番通報して救命した，という事例においては真摯な努力が
足りないが（類似の趣旨に理解しうる裁判例として，東京地判平 7・10・24 判時
1596 号 125 頁を参照），行為者がきちんと通報できたのち，たまたま現場を通りか
かった救命救急医が被害者に応急手当てをして救命した，という事例においては真
摯な努力が認められるとされる。こちらの用法も，因果関係を不要とするそもそも
の出発点が妥当でないが，行為者が既遂到達阻止に必要と考えるすべての中止行為
をなし終えないうちに既遂到達が阻止された，という事例においてもなお中止犯の
成立する余地が存することを指摘する点では意味がある。早すぎた構成要件の実現
とパラレルに，早すぎた既遂不到達の実現とよぶのであれば，行為者が中止行為に
密接な行為を開始していることが基準となるであろう。たとえば，行為者が殺意を
もって被害者に毒物を与えたのち，反省して，救命に甲と乙の 2 種類の解毒剤を順
に投与することが必要であると考えつつ，まずは甲を投与したところ，それだけで
被害者が救命されてしまった，という事例においては殺人未遂の中止犯が成立しう
ると思われる。

　第 3 は，共犯の中止において，残余者による既遂の実現が中止者の助力なしでも
挫折させられたり，あるいは，中止者の先行する寄与から独立して残余者が既遂を

実現したりした場合には，中止者による真摯な努力が要求される（と同時にそれで足りる），という意味である。これは，共犯の中止に関する明文規定をもつドイツの議論に影響を受けた用法であるが（ドイツ刑法典24条2項。なお，ドイツの刑法には単独犯に関しても，真摯な努力を根拠に因果関係がなくても中止犯と同様の効果を付与する規定が存在するが〔同条1項2文〕，こちらを直截的に参照した解釈論はわが国にはほとんど見られない），やはり，因果関係を不要とするそもそもの出発点が妥当でないと思われる。

8.4.3 任 意 性

1. 総　　説

「犯罪を中止した」に続き，「自己の意思により」という要件もまた，一定の解釈を要する。そして，支配的な見解は，この要件を**任意性**とよんでいる。もっとも，その具体的な内容および判断基準については大きな争いがある。

　主観説は，行為者がその主観的な判断により，既遂に至ろうと思えばそうできたにもかかわらずあえて中止した，という場合に任意性が肯定されうるという。しかし，純粋に行為者がたどった思考だけを標準として判断するのであれば，中止した行為者はまさに中止すべくしてそうしているのであるから，任意性が肯定されうる場合など存在しなくなってしまうであろう。反対に，外部的ないし生理的な障害により物理的に既遂に到達しえない場合以外は，常に行為者は自分の判断で既遂に至れたはずである，という出発点に立つのであれば，たとえパトカーのサイレンが聞こえて，間もなく警察官が臨場することが分かり，逮捕されるのを恐れて窃盗を中止した事例においてさえ，「逮捕覚悟で既遂に至ろうと思えばできたはずである」という理由から任意性が肯定されうることになり，中止犯の成立範囲があまりにも過大なものとなってしまうように思われる。

　限定主観説は，行為者が**広義の悔悟**という動機に基づいて中止した場合に任意性が肯定されうるという。この説によると，先の事例では，逮捕を恐れるというのはいかなる意味でも悔悟とは評価しえないため，任意性が否定されることになる。たしかに，中止減免の趣旨が「悔悟に基づく善行」という一般情状のひとつであるとすれば，この説は大きな説得力を有するであろう。しかし，

中止減免の趣旨はそのようなものではなく，あくまで，未遂犯人に「飴」を与えることにより，既遂へと歩を進めるのをやめさせることである。したがって，悔悟などという倫理的側面に焦点を当てることは，中止減免の趣旨と整合しない。実際にも，たとえば，法学部出身者である行為者が実行に着手したのちに中止犯の規定を思い出し，ここで中止すれば刑が減免されると思って中止行為に出た場合にも悔悟がないから中止減免をしない，というのは明らかに不当であろう。そこではまさしく，中止減免がその趣旨を全うしているからである。

　客観説は，一般人にとっては中止を決意するに足りない事情に基づき，行為者が中止行為に出た場合に任意性が肯定されうるという。この説によると，先の事例では，窃盗を最後までやり遂げたところで，どのみち警察官に逮捕されてしまう，という事情は一般人に対して中止を決意させるに十分であるから，任意性は否定されることになろう。しかし，この説の最大の難点は，そこにいう一般人の具体的な意味がまったく明らかではないことである。通常，一般人といえば，刑法からくる規範的な要請をみたす者が想定されているが（たとえば，一般人であれば結果を予見しうるというとき，そこにいう一般人とは，刑法が期待する慎重さを備えた者である），ここでは，独自の価値体系に基づきすでに犯罪の実行に着手してしまった者が俎上に載せられており，この点に目をつむって一般人を基準にするというだけでは，本質的な解決にはならないであろう。

　以上のように見てくると，任意性の具体的な内容および判断基準もまた，中止減免の趣旨から導かれるべきであるとともに，その際には，中止減免の対象がなまの行為者個人でも，およそ一般人でもないことに注意しなければならない。すなわち，中止減免は，あくまで「鞭」だけでは足りない場合に補充的に投入される「飴」にほかならないのであるから，そもそも，中止減免を与えなくてもどのみち行為者が中止することを合理的に期待しうる事例においては，中止犯の成立を否定すべきである。もっとも，そうはいっても，そのような合理的期待の有無は，あくまで犯罪の実行に着手するに至った行為者の価値体系を前提としてはじめて判断しうることである。そこで，そのような価値体系を前提としつつ，行為者が中止することを合理的に期待しえない状況を担保する要件こそが任意性である，と理解すべきであろう。学説では，未遂犯人が犯罪

者としては不合理な決断に基づいて中止した場合に任意性を肯定する，**不合理決断説**とよばれる見解が主張されているが（山中敬一『中止未遂の研究』〔成文堂，2001〕41頁以下，94頁以下などを参照），出発点とする中止減免の根拠論においては本書と立場を異にするものの，任意性に関する具体的な結論においては本書に近いと思われる。

　このように考えると，先の事例では，窃盗罪の実行に着手した行為者もまた，当初から「即座に逮捕されてまで盗みきろうとは思わない」という価値体系を内在化させていたものと考えられるから，中止減免という「飴」を投入するまでもなく，どのみち中止したであろうと合理的に判断されうる結果，任意性は否定されることになろう。反対に，パトカーのサイレンが聞こえたなどの特別な事態が発生したわけではないが，悪いことをしたら警察に捕まるかもしれないという抽象的なおそれが頭をもたげてきたため，怖くなって窃盗を中止したような事例においては，当初から一貫して存在した抽象的な逮捕リスクを織り込んでなお，窃盗罪の実行に着手するというもともとの価値体系を前提とすれば，特段，何も特別な事態が起きたわけでもないのに中止することは合理的に期待しえないから，任意性は肯定されることになる（実際に任意性を肯定した裁判例として，東京高判平19・3・6高刑速（平19）139頁などを参照）。

　このような解釈および具体的な結論が主観説や客観説とどのような関係に立つかは明らかであるが，限定主観説との関係については改めて一言しておくべきかもしれない。すなわち，実務的には任意性を肯定する際，広義の悔悟が存したことを指摘するのが一般的なようであるが，たしかに，倫理的に評価すべき動機に基づいて中止した場合には任意性の肯定されることが多いであろう。しかし，その逆は成り立たない，つまり，倫理的に必ずしも評価しえない動機に基づく場合でも任意性を肯定すべきであることは多いし，また，そもそも倫理的に評価すべき動機に基づく場合であっても任意性を否定すべきであることがある。たとえば，殺人罪の実行に着手したのち，すぐ横の池で親友がおぼれていることに気づいた行為者が救命を優先して殺人のほうを中止した，という事例においては中止の動機が倫理的といえなくもないが，行為者における被害者殺害と親友救命の重みづけがはじめから変わっておらず，その合理的な帰結として後者を優先した以上は任意性を否定すべきであろう。こうして，先の実

務的慣行はあくまで，広義の悔悟と任意性との事実的な牽連関係を指摘するに
とどまるものと理解すべきである。

　最後に，任意性はたしかに「自己の意思により」の解釈として論じられてい
るものではあるが，これまで述べてきたところからも分かるように，「鞭」に
対する補充的な手段としての「飴」の性質を有する減免措置が内在的に要請す
ることでもある。したがって，たとえば，解放減軽（228 条の 2）のように，
「自己の意思により」という文言が用いられていなくてもなお任意性を要求す
る余地があろう。

【中止故意および中止責任の位置づけ】

　任意性は中止行為者の主観面にかかわる要件であったが，そのような要件として
は，ほかにも中止故意や中止責任が考えられる。

　中止故意とは，中止行為者がその行為により既遂到達を防止していることの認識
予見である。たとえば，行為者が殺意をもって被害者を狙撃したものの狙いを外し，
もはや残弾はないものと思ってその場を立ち去ったが，実はまだまだ弾が残ってい
たとか，行為者が殺意をもって被害者に毒物を投与したのち，念のためにとさらに
毒物を投与しようとしてうっかり解毒剤のほうを投与してしまい，被害者は救命さ
れた，などといった事例においては中止故意が否定されることになる（中止行為を
否定した東京地判平 14・1・22 判時 1821 号 155 頁なども，厳密には中止故意のほう
を否定すべき事案である）。

　中止責任とは，中止行為者が中止減免の予告により，その行為に出るよう自身の
行為を制御しえたことである。たとえば，行為者が犯罪の実行に着手したのち，な
んらかの精神症状に見舞われ，責任無能力状態下で自身の行為を制御しうることな
く犯罪を中止した，という事例においては中止責任が否定されることになる。

　中止故意と中止責任は，どちらも中止犯の成立にとって必要であることが明らか
であり，したがって，先のいずれの事例においても中止犯の成立は否定されるべき
であろう。問題は，両者が具体的には中止犯のいかなる要件に属するかであり，中
止行為者の主観面にかかわるという共通点を強調すれば，任意性，つまり，「自己の
意思により」に属するということも考えられる。もっとも，任意性はあくまで，中
止減免の刑罰に対する異質性，すなわち，前者が後者の補充的な手段であるところ
から導かれる要件であって，中止故意や中止責任のような刑罰との並行性から導か
れる内容を包摂する，という解釈は整合性を欠く。むしろ中止故意や中止責任は，
端的に「犯罪を中止した」という文言に読み込むほうが妥当であろう。

【(主観的) 失敗未遂とすでに構成要件外の目標を達成した未遂 (未必の故意に基づく未遂の中止)】

　一部の学説においては，(主観的) 失敗未遂やすでに構成要件外の目標を達成した未遂 (未必の故意に基づく未遂の中止) という観念が承認されている。

　(主観的) 失敗未遂とは，もっぱら行為者の主観，すなわち，その犯行の動機や計画に照らして失敗に終わったため未遂にとどまった場合をいう。たとえば，殺し屋である行為者が標的と思われる被害者にけん銃を向け，引金を引こうとしたところで影武者であることに気づき，けん銃を下ろした，という事例が考えられよう。

　すでに構成要件外の目標を達成した未遂 (未必の故意に基づく未遂の中止) とは，読んで字のごとくである。たとえば，行為者が狩猟中にきわめて珍しい猟獣を発見し，流れ弾が周囲の人に当たって死亡させるかもしれないがそれでもかまわないと思い，猟獣に命中するまで発砲を続けようと銃の引金を引いたところ，運良く1発目で命中したためそこで発砲をやめた，という事例が考えられよう。

　いずれの場合も中止犯の成立を否定することが妥当であるが，問題はその具体的な説明方法である。そして，先の一部の学説は，これらの場合においては，影武者だと気づいたり猟獣に命中したりした時点でもはや既遂に至る危険性が失われているから，そもそも中止行為を論ずる余地がないのであって，任意性に立ち入るまでもない，という。もっとも，厳密に考えると，既遂に至る危険性が失われたのは，行為者が引金を引いたりさらに発砲したりせず，爾後は不作為にとどまったからであって，論理構造としては不作為による中止とまったく同じである。したがって，そのような中止行為について任意性を問題とし，これを否定するという解釈のほうが整合的であろう。実際，いずれの場合においても，行為者の当初からの価値決定に照らして中止することが合理的であると思われる。

【中止行為の終局性】

　学説においては，中止行為は一時的，暫定的なものでは足りず，あくまで終局的なものでなければならない，といわれることがある。これを**中止行為の終局性**という。たとえば，夜間，宝石店に侵入してショーケース内の宝飾品を窃取しようと手を伸ばした行為者が，その脇に高性能のセンサーが設置されており安易に宝飾品を取り去るとただちに警備員が臨場しかねないことに気づき，今度は最新のセンサー無効化機器を携えて再挑戦しようと考えいったんは退散した，という事例においては，行為者が窃盗を終局的に中止したわけではないから窃盗未遂の中止犯は成立しえないものとされる。

　たしかに，最初に実行に着手して途中でやめた未遂行為と，将来に留保した行為

とが最終的に一罪として評価されるような連続的なものである場合には，かりにそ
の留保した行為が現実に行われて未遂にとどまったとしても，最初のやめた行為を
もって中止行為と評価することはできないであろう。しかし，そのような例外的な
場合を除いては，たとえ最終的には犯意が放棄されていなくても，いったんは既遂
到達が防止され法益は助かったのであるから，中止行為としては十分のはずである。
もちろん，先の事例において窃盗未遂の中止犯の成立を肯定することは妥当でない
が，それは中止行為が終局的なものでないからではなく，むしろ，警備員による即
時の逮捕を恐れる動機が任意性をみたさないからではなかろうか（別の機会をとら
えて姦淫行為に及ぶことを期待し，打算的に当面の姦淫行為を差し控えたにすぎな
い場合において，強姦の中止未遂の任意性を否定した裁判例として東京地判平 14・
1・16 判時 1817 号 166 頁を参照）。

【心理学的考察説と規範的考察説】

　近時の学説には任意性に関し，行為者が心理的強制なしに中止したかを問題にす
る心理学的考察説と，中止の動機に規範的評価を加えようとする規範的考察説とを
対立させて論じるものもある。前者が主観説に，後者がそれ以外に対応するものと
いうことができよう。そして，このような分析はさらに，前者が（刑事）政策説と，
後者が刑罰目的説と結びつくという点にまで及ぶことがある。もっとも，本文で述
べたところからも明らかなように，たとえ政策説を前提にするとしても，中止減免
の補充性という観点から規範的考察説を採用する余地は十分に存在すると思われる。

2.（裁）判例

　（裁）判例には，被告人が殺意をもって短刀で被害者の胸部を突き刺したが
急を外し，流血がほとばしるのを見て恐怖心にかられ我に帰り，すまぬことを
したと詫びをいった，という事案において，外部的障碍によるものであるとし
て中止犯の成立を否定したもの（大判昭 12・3・6 刑集 16 巻 272 頁），被告人が
放火罪の実行に着手したのち，放火の媒介物を取り除きこれを消し止めたが，
それは犯行の発覚を恐れたからであった，という事案において，経験上一般に
犯罪の遂行を妨げる事情であるとして中止犯の成立を否定したもの（大判昭
12・9・21 刑集 16 巻 1303 頁），被告人が強いて姦淫する意思のもと，人事不省
に陥っている被害者を墓地内に引きずり込み，その上になって姦淫の所為に及
ぼうとしたが，うまくいかずにかれこれ焦慮している際，駅に停車した電車の

ライトの直射を受け，よって犯行の現場を照明されたのみならず，被害者の陰部に挿入した二指に赤黒い血が一面に付着しているのを見て，性交に経験のない被告人が出血に驚愕して姦淫を中止した，という事案において，驚愕の原因となった諸般の事情は強姦の遂行を思いとどまらせる障礙として客観性を有する，と述べて中止未遂を否定したもの（最判昭 24・7・9 刑集 3 巻 8 号 1174 頁），被告人が殺意をもってバットで就寝中の被害者である母親の頭部を殴打したところ，死亡したものと思っていた被害者が頭部より血を流し痛苦していたので，その姿を見てにわかに驚愕恐怖し殺害行為を続行できなくなった，という事案において，これ以上の痛苦を母に与えることが自己の当初の意図に反することや，意力の抑圧が良心の回復や悔悟の念に出たものではないことを理由に任意性を否定したもの（最決昭 32・9・10 刑集 11 巻 9 号 2202 頁），被告人が厳寒期に松林の中で被害者を強いて姦淫しようとしたが，被害者の露出した肌が寒気のため鳥肌だっているのを見て欲情が減退し姦淫をやめた，という事案において，一般の経験上，この種の行為においては行為者の意思決定に相当強度の支配力を及ぼすべき外部的事情が存した，として任意性を否定したもの（東京高判昭 39・8・5 高刑集 17 巻 6 号 557 頁），被告人が殺意をもって被害者の頸部を果物ナイフで突き刺したが，被害者の口から血が流れるのを見て驚愕すると同時に大変なことをしたと思い，ただちに止血の措置を講じたうえ消防署に架電して救急車に病院へ搬送させ，被害者は手術を受けて一命をとりとめた，という事案において，中止行為が流血という外部的事実の表象を契機としつつも犯行に対する反省，悔悟の情などからなされたものと認められる，として任意性を肯定したもの（前掲福岡高判昭 61・3・6），被告人が強姦する意思のもとで電話ボックスから被害者を引きずり出し，押し倒して着衣を脱がせ下半身を完全に裸にしたが，被害者から「やめて下さい」と哀願されたのを契機に姦淫を中止した，という事案において，いったん犯罪の実行に着手した犯人が犯罪遂行の実質的障害となる事情に遭遇したわけではなく，通常であればこれを継続して所期の目的を達したであろうと考えられる場合において，犯人が被害者の態度に触発されたとはいえ自己の意思で犯罪を中止したときは中止未遂が成立し，中止の際の犯人の主観が憐憫の情にあったか犯行の発覚を恐れた点にあったかによって中止未遂の成否は左右されない，と述べて任意性を肯定したもの（浦

和地判平4・2・27判タ795号263頁），被告人が殺意をもってマキリ包丁で被害者の左胸部を突き刺したが，被害者からの繰り返しの懇願により気持ちが動揺し，最終的に被害者を病院に搬送してこれを救命した，という事案において，被告人は被害者の，店をやめるとか被告人のことが好きだったとかいうことばに触発されて心を動かされたものではあるが，憐憫の気持ちなども加わって最後には救命を決断したと解される，と述べて任意性を肯定したもの（札幌高判平13・5・10判タ1089号298頁），子や孫に直接手を下したり苦しむ姿を見たりしたくないという思いから，彼らが寝ている間に被告人が放火して心中を図ったものの，火が回る前に孫たちが起き出してきたため被告人が消火した，という事案において主観説に基づき（殺人罪および放火罪の中止未遂の）任意性を否定したもの（大阪地判平23・3・22判タ1361号244頁）などがある。

　これらの（裁）判例が一貫して整合的な理論的構造を有するものであるかはやや疑わしいが，傾向としては，任意性を肯定する際には限定主観説に近い口ぶりを，反対に，任意性を否定する際には客観説に近い口ぶりを示すものが多いようである。とはいえ，なかには任意性を肯定する際にも客観説に近い口ぶりを示すものもあるし，また任意性を否定する（裁）判例のなかには，強制性交等（強姦）罪の中止未遂において生理的な嫌悪感などから勃起を継続しえなくなった場合のように，理論的には任意性というよりもむしろ意思能力に対応する中止責任が欠けるものも含まれている。学説の側も一枚岩でないことが一因をなしているのかもしれないが，（裁）判例においては，あくまで中止減免の趣旨にまでさかのぼって任意性の内容を明らかにし，これを認定していただきたいところである。

8.4.4　減免の区別

　中止犯が成立し刑の減免がなされるものとして，いかなる場合に減軽にとどめられ，また，いかなる場合に免除までがなされるのであろうか。

　この問題について有力な見解は，中止犯に内包される他の既遂犯を観念しうる場合には減軽にとどめられ，それ以外の場合には免除までがなされるという（町田行男『中止未遂の理論』〔現代人文社，2005〕39頁以下などを参照）。というのも，内包既遂犯はそれ自体として十分な当罰性を有しているところ，通常，

未遂犯が成立しうる場合に内包既遂犯が独立に処罰されないのは未遂犯のほう
で包括的に処罰すれば足りるからであるが，未遂犯が中止犯として刑の免除ま
でなされてしまうと内包既遂犯の当罰性が無視されてしまうためである。した
がって，たとえば，行為者が殺意をもってナイフで被害者を切りつけたものの
軽傷を負わせるにとどまり，その段階で反省して追撃をやめたという事例にお
いては，本来，殺人未遂罪のほうで包括的に処罰されるべき傷害罪が既遂に達
していることから，たとえ殺人未遂につき中止犯が成立しうるとしても刑の免
除まではなされえないことになる。

　たしかに，ちょうど一般情状が犯情を本質的に損ねてはならないように，中
止減免が犯行そのものの当罰性評価を本質的に損ねてはならないとすれば，こ
のような見解は大きな説得力を有しよう。しかし，中止減免とは，犯行そのも
のの当罰性評価に見合った刑罰（鞭）だけでは未遂犯人が既遂へと歩を進める
のを防止するに足りないことにかんがみ，そのような当罰性評価を本質的に損
ねるほどの「飴」を補充的に投入することとした制度である。したがって，こ
のような見解は中止減免の趣旨をよくとらえたものとはいえない。むしろ，減
軽と免除の区別は「どうすれば所期の『飴』としての機能を合理的に果たせる
か」という観点から行われるべきであろう。

　このように考えると，まず，かりに中止犯の規定がなくても酌量減軽（66
条）がなされうるような事案においては，中止犯の法効果が減軽にとどまった
のでは「飴」として力不足であることから免除までがなされるべきである。こ
れに対してそれ以外の事案においては，減軽にとどめたうえで量刑上の考慮を
払い，中止犯の規定がなければ言い渡されたであろう刑との間に合理的な格差
を設けるべきであろう。このような考え方に対しては，免除を相当とする事案
が増えすぎ，実際に免除を認めた（裁）判例が非常に少ないことと整合しない，
との批判もなされている。もっとも，それは免除を相当とする事案がはじめか
ら起訴されていないからではなかろうか。

8.4.5　予備の中止

　学説においては，犯罪の予備を行った者がその段階で中止し，犯罪を実行し
なかった場合にも43条但書を準用ないし類推適用すべきであるかが議論され

ている。そして，この点について肯定的に解する立場は，未遂の段階における
中止でさえ刑が必要的に減免されるならばそれ以前の予備の段階はなおさらで
あるとか，強盗予備罪（237 条）の法定刑には刑の免除が含まれていないため
未遂まで進んでから中止したほうが得であることになってしまう，などと指摘
している。

　しかし，この点については否定的に解すべきであろう。まず形式的には，予
備罪は独立した目的犯であって，それが既遂に達したのちに行為者が何をした
かは一般情状にすぎない。ちょうど，たとえば，通貨偽造を行った者が反省し
て偽造通貨行使に出なくても，通貨偽造罪につき 43 条但書を準用ないし類推
適用する余地がないのと同じである。次に実質的に見ても，予備罪と未遂罪と
では刑罰に大きな格差があるのが通例であり，そうであるとすれば，わざわざ
予備犯人に「飴」を与えずとも，「鞭」だけで未遂へと歩を進めるのを防止す
るに十分である。判例もまた，予備の中止に 43 条但書を適用することを否定
している（最大判昭 29・1・20 刑集 8 巻 1 号 41 頁）。

　ただし，離隔犯などにおいて，いまだ既遂の発生が時間的に切迫していない
という理由から，未遂ではなく予備にとどめられる事例に限っては，例外的に，
予備の中止にも 43 条但書を適用すべきであろう。というのも，そのように解
さないと，中止しようとする予備犯人に対し，時間的に切迫するまで待とうと
する不適切な動機づけを与えてしまうからである。たとえば，行為者が被害者
を毒殺しようと，その住居に宛てて毒まんじゅうを送付する手続きを郵便局に
おいてとったものの，直後に反省して郵便局の窓口に行き，事情を話して配送
を止めてもらった，という場合には殺人予備罪に 43 条但書を適用すべきであ
る。この際，あくまで中止のタイミングを遅らせないようにすることが狙いな
のであるから，減軽の標準となるのは予備罪ではなく既遂犯の法定刑と解すべ
きであろう。

第**9**章

共　　犯

9.1　総　　説

　わが国の刑法は正犯と共犯を区別しており，正犯は刑法各則の基本的構成要件によって処罰される者，共犯は 60 条以下をも適用することによって処罰される者である。もっとも，この正犯と共犯の理論的な関係については，大きく分けて次の 2 とおりの考え方が成り立ちうる。

　1 つ目は**拡張的正犯論**である。それによれば，およそ不法を客観的に帰属可能な態様において引き起こした者はすべて正犯としての資格を有し，ただ，刑法が特別な政策的考慮から設けた**処罰縮減事由**に該当する者のみが共犯に落ちることになる。このような考え方は，関与者を包括的に処罰しうる（つまり，正犯にも共犯にもあたらないから不可罰，という関与者がいない）という点で有用性をもつ。しかし，共犯のさらに背後にいるより当罰性が低い者を正犯として処罰しておきながら，共犯そのものは正犯からさらに処罰を縮減することがふさわしい，というのは明らかな矛盾であろう。また，身分犯のように，不法の客観的な帰属可能性だけでは正犯性のみたされないことが明文で定められている場合には，拡張的正犯論の出発点自体が成り立たない。こうして，今日にお

いて正面から拡張的正犯論を採用する論者はいない。

　２つ目は**限縮的正犯論**であり，今日の定説といってよい。それによれば，不法を客観的に帰属可能な態様において引き起こした者のうち，一定の限定された要件をみたした者のみが正犯としての資格を有し，ただ，刑法が特別な政策的考慮から設けた**処罰拡張事由**に該当する者までは共犯として処罰しうることになる。このような考え方は，拡張的正犯論とは反対に，一定の範囲において処罰の間隙を甘受せざるをえない。もっとも，刑法の謙抑性の観点からはむしろそちらのほうが望ましく，あとは解釈によって間隙が不合理に拡張しすぎないよう配慮すべきであろう。

　さて，刑法は共犯として**共同正犯**（60条），**教唆犯**（61条），**幇助犯（従犯）**（62条）の３つを規定しており，それらすべてをあわせて**広義の共犯**，あとの２つをあわせて**狭義の共犯**とよぶことがある。共同正犯は正犯と同様の扱いを受けることが60条で定められているが，教唆犯は64条により，幇助犯は63条および64条により，それぞれ正犯よりも軽い不法類型とされている。すなわち，教唆犯も幇助犯も特別の規定がない限り拘留または科料のみに処すべき罪については処罰されないうえ（64条），幇助犯の刑は正犯の刑から必要的に減軽されることになる（63条）。

9.2 間 接 正 犯

9.2.1 総 　 説

1. 間接正犯の理論構造

　限縮的正犯論を出発点とする場合，まずは不法を客観的に帰属可能な態様において引き起こした者のなかから，一定の基準に基づいて正犯となるべき者を選び出さなければならない。そして，古くは，他者（第三者や被害者）の行為を介さずに直接引き起こした者こそが正犯である，という命題が主張されていた。これを**直接正犯**という。もっとも，たとえば，八百屋の店頭から果物を窃取する際，よくしつけた猿を使えば窃盗罪の正犯であるが，まだ（!?）親のいうことを聞いてくれる３歳の子どもを使えば正犯にはならない，というのは不自然であろう。こうして，今日の学説・実務は，他者の行為を介して間接的に引き起こした場合をも一定の範囲において正犯と評価している。これを**間接正**

犯という。

　問題は，この間接正犯がいかなる理論的構造を有し，また，どのような基準に基づいてその成否を判断すべきかである。まずは理論的構造のほうであるが，大きく分けると次の2つの考え方がある。

　第1は，間接正犯は本来的な正犯である直接正犯とは基本的な性質を異にし，自身は正犯そのものではないけれども，行為媒介者（背後者に利用される者）である直接正犯に対して一定の優越的地位や支配を有することにより，あたかも正犯であるかのごとくに直接正犯の行為が帰属される，という考え方である。この考え方は，間接正犯の実行の着手時期に関する被利用者標準説を容易に導きうることや，非身分者による身分犯の間接正犯を肯定しうること，さらには，202条を除いて背後者を共犯にできない被害者利用の場合に間接正犯を使って処罰の間隙を埋められること，などから有力な支持を集めている。

　もっとも，被利用者標準説は既遂発生の時間的切迫性を要求するところから導かれる見解であり，間接正犯の理論的構造とは関係がない。また，非身分者による身分犯の間接正犯を肯定すべきかは疑わしいことに加え，被害者を利用する間接正犯をことさらに広く認めることは被害者の自律性を無視するものであって妥当でない。さらに，そもそも刑法には間接正犯の創設規定など存在しないにもかかわらず，解釈によりこのような特別な不法類型を作り出すことは罪刑法定主義に違反するように思われる。

　第2は，間接正犯は直接正犯と同じく単独正犯の現象形態であるにすぎず，ただ行為媒介者が存在するという事実上の特徴を有するにすぎない，という考え方である。前述した罪刑法定主義の観点からは，現行の刑法を前提とする限り，この考え方しか成り立ちえない。もっとも，単に「間接正犯の成立要件もまた，直接正犯と同じに考えよ」というだけでは抽象的にすぎ，その具体的な判断基準をさらに明らかにしなければならない。

2. 間接正犯の標準

　それでは，他者の行為を介して不法を実現する，すなわち，行為媒介者が存在する場合の正犯である間接正犯の標準とは，具体的にはどのようなものであろうか。この点を検討するにあたっても，基本的な思考の方向性として，さらに次の2つがありうる（このことを明らかにしたうえ，第2の方向性を詳細に論証

した重要な作品として，島田聡一郎『正犯・共犯論の基礎理論』〔東京大学出版会，2002〕がある）。

　第1は，背後者の行為そのものの一般的な性質に着目する，という方向性である。それによると，たとえば，被害者が狙撃手に狙われていることを知らない行為者が殺意をもって被害者に切りかかったところ，身をかわした被害者がちょうど狙撃手の狙撃しやすいポイントに来たため射殺された，という事例は殺人罪の直接正犯であり因果関係が問題とされれば足りる。これに対して**道具の知情**，たとえば，医師である行為者が患者を殺害しようと，毒物入りの注射器を薬と偽って看護師に渡し，患者に注射するよう指示したところ，看護師は途中で毒物入りであることに気づいたが，以前から患者のことを恨み，機会があれば殺害しようと考えていたため，これ幸いといわれたとおりにした，という事例は殺人罪の間接正犯であり，因果関係のみならず正犯性までもが問題とされなければならない。このように考えたうえで，さらに間接正犯が直接正犯と同置されるべき要件を探究しようとするのである。

　このような思考の方向性は論理的に誤っているわけではない。むしろ，まずは正犯として処罰されるべき行為を確定したうえで，それと不法との間の因果関係を検討する，という認定の順序から見れば一貫したものとさえいよう。もっとも，正犯性も因果関係も「一連の侵害経過において，不法を主としてこの者の『しわざ』として帰責することができるか」という究極的には同一の実体を論ずる観念なのであるから，正犯性を判断するに際してのみ，侵害経過のうち背後者の行為そのものの一般的な性質にかかわらない事情を捨象してしまうのは整合的でない。むしろ，はじめから侵害経過の全体を視野に入れたうえで，まずは因果関係が存在するかどうかを判断し，これが肯定されればしかるのちに正犯性を検討する，というのが正しい認定の方法であろう。

　こうして第2の方向性，すなわち，侵害経過の全体を判断の資料としつつ，背後者の行為の正犯性を検討するほうが妥当である。それによると，先の2つの事例はいずれも他者の行為を介してはじめて被害者の死亡が発生しているから，そのことが行為者の正犯性を阻却するのではないかという間接正犯の成否が問題とされなければならないことになる。

　それでは，侵害経過の全体を判断の資料としつつ，具体的にはどのような基

準に基づいて，背後者の行為の（間接）正犯性が阻却されるものと解すべきで
あろうか。この問題に対する一義的な回答が刑法の一般理論から内在的に導か
れうるわけではないが，正犯が不法に対する第一次的な責任主体であることか
らすれば，少なくとも，行為媒介者が不法を認識予見しつつ，刑法の要請に
従って自身の行為を制御しうる状態のもとで媒介行為をなした（つまり，媒介
行為が自律的な意思決定に基づいてなされた）場合には背後者の行為の正犯性を
阻却すべきである，という消極的な関係は認められるであろう。これを**自律的
決定説**という。たとえば，媒介行為が過失にとどまる場合や，行為媒介者が責
任無能力であった場合などにおいては，背後者が間接正犯となりうることにな
る。ただし，たとえ媒介行為が自律的決定に基づくとしても，その侵害経過に
対する寄与が小さい場合にはこれを捨象して帰属の判断をなしうることから，
例外的に背後者の行為の正犯性は阻却されないものと解すべきであろう。

【間接正犯の標準に関する他の見解】

　間接正犯の標準に関しては，異なる見解も主張されている。

　主観説（正犯故意説）は，侵害経過への関与はすべて因果的に等価であるから区
別は関与者の主観によるしかない，という出発点に立ちつつ，背後者が自身を事態
の主役として認識し，みずからのためにみずからのものとして犯罪を行った場合に
間接正犯になるという。しかし，このような見解は，その出発点において今日の学
界における共通了解に反する。また，たとえば，背後者の認識内容が主役と評価さ
れうるかどうかは，あらかじめ客観的な基準に基づいて定まっていなければならな
いと思われる。

　道具理論は，行為媒介者が背後者の道具と評価されうる場合に背後者は間接正犯
になるという。これは比喩的な表現としてはそのとおりであるが，問題はいかなる
場合に道具と評価されうるかであり，その点を具体的に明らかにしない限りは基準
として使用に耐えないであろう。

　規範的障害説は，行為媒介者が規範的障害となる場合に背後者は間接正犯になる
という。これはその発想において自律的決定説と親和的な部分を含んでいるが，理
論的に厳密に考えると正しくない。規範的障害の具体的な意味にもよるが，もしそ
れが刑法上可罰的とされることであるとすれば，行為媒介者に刑罰を科すことに
刑事政策的な有用性が認められることと，背後者が事態の主役としての資格をはく
奪されるべきであることとは直接の関係がないからである。実際にも，この説によ

ると，過失犯処罰規定をもつ不法については，媒介行為に過失が認められるだけで
ただちに背後者が間接正犯とはなりえないことになり，正犯性の肯定されうる範囲
が狭くなりすぎてしまうように思われる。

　行為支配説は，背後者が行為媒介者の錯誤や強制を通じてその意思を支配してい
る場合に間接正犯になるという（行為支配説は，この**意思支配**のほかにも，直接正
犯を基礎づける**実行行為支配**や，共同正犯を基礎づける**機能的行為支配**を正犯性の
標準である行為支配の内容として主張している）。これもまた自律的決定説と似た部
分を含んでいるが，目的的行為論をその出自とするため故意作為犯における正犯性
のみを射程にもつ点，および，間接正犯は直接正犯とは異なる正犯の類型であると
する理論的な契機を含む点において決定的に支持しえない。後者の点がわが国の刑
法を前提としたとき，罪刑法定主義に違反することは9.2.1（1）で述べたが，前者の
点についても，故意犯と過失犯，作為犯と不作為犯はすべて同一の不法を充足する
のであるから，その内部における不法類型の区別もまた同一の基準に基づいて行わ
れるのが筋であろう。

9.2.2　間接正犯をめぐる諸問題

1. 他罪の故意ある道具

　背後者が屏風の裏にいる被害者を殺害しようと考え，第三者に「あの被害者
の屏風を射て壊してしまえ」と唆し，第三者がいわれたとおりにしたところ，
矢は屏風を貫通してこれを損壊するとともに，裏にいた被害者にも命中してこ
れを死に至らしめた（第三者は被害者の存在を認識不可能であった），という事例
を考えてみよう。ここで第三者は，器物損壊罪の故意を有しているものの，殺
人罪の故意まではもっていない。そこで，このような事例において，背後者に
殺人罪の間接正犯が成立しうるかが争われている。

　規範的障害説のなかでも有力な見解は，第三者が他罪についてであれ可罰的
とされるのであれば規範的障害といえる，として背後者を殺人罪の間接正犯と
はしない（代わりに，非故意行為に対する教唆を認めて殺人罪の教唆犯とする）。
しかし，背後者の間接正犯性にとって決定的であるのは，あくまで，第三者が
問題となる不法を自律的な意思決定に基づいて実現したかどうかだけのはずで
ある。そうであるとすれば，第三者が器物損壊罪の不法を自律的な意思決定に
基づいて実現したからといって，殺人罪の不法を実現したことについてまで背

後者の正犯性を阻却するのは筋違いであろう。さらに，このような規範的障害説の発想を行為媒介者が被害者である場合にまで推し及ぼすと，不当な処罰の間隙が生じてしまうこともまた無視しえない問題である。たとえば，背後者が被害者に「これは君が持っているのとそっくりの第三者の壺だから割ってしまえ」とうそをいい，実際には被害者自身の壺を割らせたような事例においては，背後者を器物損壊罪の間接正犯としなければ教唆犯にもなりえず不可罰となってしまうのである。

　なお，学説には，以上で述べたことを基本的に承認しつつも，不法の大部分に重なり合いがある場合には背後者を間接正犯とすべきだ，というものもある。たとえば，背後者が第三者に「あの建物は非現住在建造物であるから放火してしまえ」とうそをいい，実際には現住在建造物に放火させたような事例においては，背後者は現住在建造物放火罪の間接正犯とはなりえないことになる。もっとも，このような場合においても，あくまで実際に実現された不法については第三者の自律的な意思決定が介在していないのであるから，むしろ背後者を間接正犯とするほうが理論的に一貫するであろう。したがって，先の事例においても，背後者には現住在建造物放火罪の間接正犯が成立しうるものと解すべきである。

2. 行為媒介者が不法の量に関して錯誤した場合

　まず，行為媒介者が被害者である場合においては，法益関係的錯誤としてその同意が意味を失う程度の不法の量に関する錯誤に被害者が陥っていれば，背後者を間接正犯とすべきである。たとえば，背後者が被害者に「君が持っているその壺は千円程度の価値しかないから捨ててしまったら」とうそをいい，実際には十万円の壺を捨てさせたような事例においては，背後者を器物損壊罪の間接正犯とすべきである。ここからも分かるように，被害者が自身の法益が失われることについて自律的な意思決定を行ったというのは，202条で定めるような特殊な場合を除き（この場合には，被害者の同意がパターナリスティックな観点からその効力を制限されたとしても，なお背後者の間接正犯性を否定するに足りる自律的な意思決定と評価すべきである），被害者の自律にその根拠をもつ被害者の同意が有効に存在することと同じである。したがって，ここでは主として背後者が被害者を欺罔する事例を念頭においているが，強制する事例において

も同様に，被害者の同意を無効とするような心理的抑圧状況に陥らせたか否かによって背後者の間接正犯性が決せられることになる。

　次に，行為媒介者が第三者である場合についてであるが，9.2.2（1）で述べたように，不法の量の大小によって類型的な区別が行われ，それぞれ独自に構成要件化されている場合に背後者を間接正犯となしうるならば，たとえ同一の構成要件内においてであっても，不法の量に有意な差があるのであれば同じく背後者を間接正犯とすべきであろう。たとえば，背後者が第三者に「あの被害者の壺は千円程度の安物だから割ってしまえ」とうそをいい，実際には十万円の壺を割らせたような事例においては，背後者を器物損壊罪の間接正犯とすべきである。むろん，実務的にはこのような事例において間接正犯で起訴することは考えにくく，したがって，実際に間接正犯を認定した（裁）判例も皆無に近いであろうが，それはより簡便に認定できる広義の共犯によっても十分に犯情を評価しうるからであるにすぎない。つまり，間接正犯の成立する理論的な余地までもが必ずしも排除されているわけではないと思われる。実際，本当は国宝級の壺であったような，間接正犯を用いない限り背後者の犯情を適正に評価しにくい事案が出てくれば，実務的にも間接正犯とされるのではなかろうか。

3. 行為媒介者が実質的責任能力を有する刑事未成年である場合

　行為媒介者である第三者が**刑事未成年**（41条は14歳未満の者を刑事未成年とし，その行為は責任を欠くとして処罰しないこととしている）である場合，背後者は間接正犯となるであろうか。もちろん，刑事未成年のなかでも3歳児のような年少者である場合には間接正犯としてよいであろうが，問題は14歳に近い年長者であり実質的な責任能力を有している場合である。このような場合には，その者は自身の行為が刑法上違法であることを実質的な意味において認識し，そのような認識に従って自身の行為をやめようとする動機を形成する能力を十分に有しており，ただ，刑罰よりも保護処分のほうが刑事政策的に望ましいという観点から後者が優先されているにすぎない。したがって，その者には自身が実現した不法について自律的な意思決定を観念することができ，それゆえ背後者は間接正犯にはならないものと解すべきである。ただし，いくら自律的な意思決定を観念することができるといっても，やはり，未熟さから視野が狭くなったり周囲の影響を強く受けたりしがちであることから，欺罔や強制の程度

が通常要求されるところより低くても自律的な意思決定が損なわれたものと評価し，背後者の間接正犯性を肯定してよいように思われる。

　この問題に関して古い判例は，完全な犯罪成立要件を備えた正犯に対してしか共犯は成立しえないという前提に立ちつつ（これを極端従属性説という），処罰の間隙を埋める救済概念として間接正犯を理解し，行為媒介者が刑事未成年であることからただちに背後者の間接正犯性を肯定していたようである（仙台高判昭 27・9・27 高刑判特 22 号 178 頁などを参照）。もっとも，その後の学説の発展により極端従属性説の不当性が明らかにされるとともに，限縮的正犯論に基づいて間接正犯の正犯性を積極的に論証しようとする動きが強くなっていった。そして，これを受けて判例においても，ただ行為媒介者が刑事未成年であったとの一事にとどまらず，その意思を抑圧するような特別の状況を認定したうえではじめて間接正犯が肯定されるようになる。具体的には，12 歳の養女を連れて四国八十八か所札所等を巡礼中であった被告人が，日ごろ被告人の言動に逆らうそぶりを見せる都度，顔面にたばこの火を押しつけたりドライバーで顔をこすったりするなどの暴行を加えて自己の意のままに従わせていた養女に対し，窃盗を命じてこれを行わせた，という事案において，被告人が自己の日ごろの言動に畏怖し，意思を抑圧されている養女を利用して窃盗を行ったと認められるのであるから，たとえ養女が是非善悪の判断能力を有する者であったとしても間接正犯が成立するとしたもの（最決昭 58・9・21 刑集 37 巻 7 号 1070 頁。類似の判断として，名古屋高判昭 49・11・20 刑月 6 巻 11 号 1125 頁），被告人が，被告人に日ごろ怖いという印象を抱いていた 10 歳の少年をにらみつけ，4，5m 先に落ちているバッグを拾ってくるよう命じた，という事案において，たとえ少年がある程度是非善悪の判断能力を有していたとしても，被告人は自己の言動に畏怖し，意思を抑圧されているわずか 10 歳の少年を利用して自己の犯罪行為を行ったものと認められる，と述べて窃盗罪の間接正犯の成立を肯定したもの（大阪高判平 7・11・9 高刑集 48 巻 3 号 177 頁）などがある。さらに，近年においては，刑事未成年を利用した場合に，実際に間接正犯を否定する判例も現れるに至っている。すなわち，最決平 13・10・25 刑集 55 巻 6 号 519 頁は，スナックのホステスであった被告人がスナックの経営者である被害者から金品を強取しようと企て，自宅にいた 12 歳 10 カ月の長男に対し，覆

面をしエアーガンを突きつけて脅迫するなどの方法により被害者から金品を奪い取ってくるよう指示命令し，長男は嫌がっていたが被告人の説得を受けてこれを実行した，という事案において，長男には是非弁別の能力があり被告人の指示命令も長男の意思を抑圧するに足る程度のものではなく，長男はみずからの意思により強盗の実行を決意したうえで臨機応変に対処して強盗を完遂した，と述べて強盗罪の間接正犯の成立を否定したのである（なお，そのうえで，教唆犯ではなく共同正犯が成立するものとした）。理論的に正しい方向性を示すものとして評価しえよう。

4. 行為媒介者が心神耗弱者である場合

　行為媒介者である第三者が心神喪失者である場合，背後者が間接正犯となりうることは争いがない。それでは，心神耗弱者であった場合はどうであろうか。

　一部の学説は，心神耗弱者は刑が必要的に減軽されるところからも分かるように完全な責任能力を有しておらず，それゆえに背後者の道具として評価することが可能である，として背後者の間接正犯性を肯定する。しかし，いくら減弱しているとはいえ責任能力が有意に残されている点を無視すべきではなく，なお自律的な意思決定が可能であるとして背後者の間接正犯性を否定するほうが妥当である。このような学説の背景には，原因において自由な行為の事例において結果行為時に心神耗弱状態にとどまった場合でも，なお構成要件モデルを前提としつつ完全な責任を問う余地を認めようとする動機があるものと思われるが，それはむしろ修正原理の併用によって実現すべきことがらであろう。

5. 行為媒介者が回避可能な違法性の錯誤に陥っている場合

　行為媒介者である第三者が違法性の錯誤に陥っているものの，その錯誤が回避可能である，いいかえれば，違法性の意識の可能性は認められる，という場合に背後者を間接正犯となしうるであろうか。

　一部の学説は，背後者の正犯性を阻却する行為媒介者の自律的な意思決定とは，行為媒介者が自身の行為が違法であることを努力しても認識しえない場合に限って失われる，と解して，行為媒介者が陥っている違法性の錯誤が回避可能であるときは背後者の間接正犯性を否定しようとする。たしかに，刑法が行為媒介者にはたらきかけてその行為をやめさせるのに必要であるのは違法性の意識の可能性だけであり，現実の違法性の意識までは不要である。しかし，こ

こで問題となっているのは行為媒介者に対して刑罰が制裁としての機能を発揮しうるかではなく，あくまで背後者の正犯性を阻却するような自律的決定が行為媒介者に認められるかである。そして，回避可能な違法性の錯誤に陥っている行為媒介者は，「努力すれば」という仮定的な世界のもとで不法に対する刑法の態度を認識できるにすぎないのであるから，なお背後者の間接正犯性を肯定するほうが妥当であろう。

6. 目的なき故意ある道具

　行為媒介者である第三者が犯罪の成立にとって要求される一定の目的を欠く場合，背後者を間接正犯となしうるであろうか。このような問題のことを**目的なき故意ある道具**とよぶ。

　この点については一義的な回答を与えることができず，そこにいう目的がどのような理論的性質を有するかにより区別して論じるべきであろう。たとえば，行使の目的を有する背後者がそのことを秘し，額縁に入れて書斎に飾るつもりであるとうそをいって第三者に偽札を作製させた場合，その第三者は偽貨が流通におかれることにより生じる害悪という不法の本質的部分を認識していないから自律的な意思決定が欠け，背後者は通貨偽造罪の間接正犯となりうるであろう。

　これに対し，たとえば，自分でケーキを食べたい背後者がそのことを秘し，第三者に対して「あのケーキ屋はお前の恋敵が経営しているから，営業できなくして困らせるために売れ筋のケーキを根こそぎ取ってこい」と述べ，第三者がそれに従ったという場合，その第三者には利用処分意思という窃盗罪の成立に必要な一定の目的が欠けている。しかし，そのような目的は動機の悪質さに着目して特別予防の観点から責任を加重するだけであるから，それが欠けてもなお自律的な意思決定までが害されたということはできない。したがって，背後者は窃盗罪の間接正犯とはなりえず，せいぜいその共犯にとどまるものというべきであろう（共同正犯となるか教唆犯となるかは，両者を区別する一般的な原理によって決まる）。

7. 身分なき故意ある道具

　行為媒介者である第三者が身分を欠く場合，（身分を有する）背後者を身分犯の間接正犯となしうるであろうか。このような問題のことを**身分なき故意ある**

道具とよぶ。

　この点が学説において議論される際，主として想定されているのは「公務員が手伝いの者に命じて贈賄者の持参した金を受け取らせた」（収賄罪）とか，「公務員が私人に命じて職務上作成すべき公文書に内容虚偽の記載をさせた」（虚偽公文書作成罪）という事例である。もっとも，これらの事例においては，実現された不法がそれぞれ「公務員に職務の対価として利益が帰属すること」，「公文書の名義人の正しくない観念がその文書をとおして表示されること」であって，それらは第三者を介さずに背後者のもとで直接生じているものと評価することが可能である。したがって，これらの事例において公務員におのおのの罪の正犯を認めるために，「間接正犯となしうるか」という問題提起をすることはピントがずれていよう。

　一方，所有者からケーキの保管を依頼された行為者がこれを自宅の冷蔵庫に入れておいたが，外出中，甘いものに目がない同居人から食べてよいかと尋ねる電話がかかり，事情を話したがどうしてもというのでやむをえず許可した，という事例はどうであろうか。ここでは，横領罪の保護法益であるケーキの所有権への攻撃は同居人のもとで発生していると解さざるをえないが，同時に，同居人がそのことについて自律的な意思決定を行っていることもまた否定しがたい。そこで，行為者を横領罪の正犯として処罰することはできないが，狭義の共犯の成立にとって正犯の構成要件該当性が必要であるとすれば，同居人に横領罪の身分がない以上，同居人を正犯として，行為者をこれに対する狭義の共犯に問擬することもまた不可能である。そうすると，あとは行為者と同居人を共同正犯として処罰する道を探るほかなく，それによってカバーしえない処罰の間隙は，身分犯という規定形式がもつ内在的な限界として甘受するほかなかろう。

【非身分者による身分犯の間接正犯】

　学説では以上と逆の問題状況，すなわち，背後者には身分がなく行為媒介者である第三者には身分がある，という事例において背後者に身分犯の間接正犯が成立しうるかも争われている。このような問題を**非身分者による身分犯の間接正犯**とよぶ。

　この点は従来，虚偽公文書作成罪や（旧）強姦罪をめぐって議論されてきた。もっ

とも，虚偽公文書作成罪においては157条との関係をも視野に入れた各論的検討が不可欠であること，さらに，（旧）強姦罪においてはそもそも身分犯であるかが疑わしいことに加え，強制性交等罪の新設により男性もまた被害者となりうるようになったため議論の前提が失われてしまったことなどから，両罪は議論の素材としてあまり適切なものとはいえない。そこで，たとえば，①一般人が医師に対し，「あなたが担当しているその患者はカルテの公開に同意している」とうそをいい，カルテを公開させた（秘密漏示罪），とか，②背後者が委託を受けて他人のケーキを占有する第三者に対し，「その他人はケーキを食べてしまってよいといっている」とうそをいい，これを信じた第三者はケーキを食べてしまった（横領罪），などといった事例を考えてみることにしよう。

　さて，有力な見解はこれらの事例において，一般人と背後者にそれぞれの罪の間接正犯が成立しうるという（西田典之『共犯理論の展開』〔成文堂，2010〕112頁以下などを参照）。その決定的な根拠は，いずれの事例においても一般人と背後者がおのおのの罪の不法を完全に実現しているにもかかわらず，ただ身分を欠くという一事が桎梏となって正犯として処罰しえなくなるのは著しく不合理である，という点にある。私もそのような当罰性感覚には大いに共感するところであるが，その一方において，罪刑法定主義のもとでは身分のない者に身分犯の正犯としての資格を与えることはできない。そこで，せいぜい非故意行為に対する共犯を認め，それぞれの罪の広義の共犯として処罰することが限界である。もしそれでは足りないというのであれば，身分犯としての規定形式を改め，非身分犯化する立法によって対処するほかないであろう。たとえば，医師等がその業務上取り扱ったことについて知りえた人の秘密は誰が漏らしても秘密漏示罪にするとか，所有者から委託を受けて管理されている物は誰が領得しても横領罪にする（もちろん，管理者に対する窃盗罪等が成立しうることは別論である）などといった立法が考えられる（実際，松宮孝明『先端刑法総論——現代刑法の理論と実務』〔日本評論社，2019〕221頁注13は，横領罪は客体が委託物に限定されているだけであり身分犯ではないとしている）。

8.（単純な）故意ある幇助道具

　行為媒介者である第三者がただ単に従属的な役割を果たしているにすぎない，という理由から背後者を間接正犯となしうるであろうか。このような問題のことを（単純な）**故意ある幇助道具**とよぶ（なお，このことばは，行為媒介者を幇助犯にとどめるという含意までもたされることが多い）。

　この点に関しても9.2.2（7）で述べたところと同じく，解釈により不法が背

後者のもとで直接生じていると評価しうる場合は考えられる。たとえば，行為者が秘書に命じて口述筆記させるかたちで私文書を偽造した，という事例においては，かりに秘書が筆記する過程で「行為者は無権限ではないか」と思ったとしても，行為者を私文書偽造罪の（直接）正犯ととらえることが可能であろう。問題はそれ以外の場合である。

　まず，行為媒介者が不法のすべてを直接的かつ自律的に実現しており，ただ，社会生活上は背後者に対して従属的な地位におかれているとか，犯行の主たる動機やそこからの受益が背後者のほうに存するなどの理由により行為媒介者が自身を単なる道具ととらえていた（その反面において，背後者が自身をむしろ主役ととらえていた），というだけでは背後者を間接正犯とすることも行為媒介者を幇助犯にとどめることも不可能であろう。そのようなことは，はじめから（正犯の標準に関する）主観説を出発点とすることによってのみ可能である。

　次に，行為媒介者が不法の一部を直接的かつ自律的に実現しているものの，残部についてはそうでない，という場合はどうすべきであろうか。たとえば，詐欺罪において欺罔行為を背後者が，受交付行為を行為媒介者がそれぞれ担当したが，事案の性質上，欺罔行為に成功することが決定的である一方，受交付行為のほうは機械的で簡単なものであった，という事例が考えられる。ここでは，行為媒介者の寄与が小さいため実質的に見て介在していないと評価し，背後者を間接正犯としたうえで，行為媒介者をこれに対する幇助犯とする解釈も絶対に不可能とまではいえないであろう。もっとも，寄与が小さいというのはあくまで詐欺罪の不法全体のなかでの話であり，受交付行為に限ってみれば，まさに行為媒介者のみが直接的かつ自律的に実現しているのであるから，このような解釈は正犯性を隠密裏に拡張するものである疑いが強い。そこで，端的に，背後者と行為媒介者をそれぞれ共同正犯と幇助犯とする解釈を承認すべきであろう。ここでは背後者と行為媒介者との間に共同性が認められ，その意味において共同正犯とすべき実体が存在するものの，一方の寄与が小さく刑を減軽することがふさわしいため，いわば「ミニ共同正犯」としての幇助犯を肯定すべきなのである。この幇助犯は条文こそ62条と共通しているが，共同性を前提とせず，正犯に対して従属的に成立する通常の幇助犯とは性質を異にしている点に注意を要する。

　（裁）判例には，会社の代表取締役である被告人が会社の使用人に命じ，自己の手足として米を運搬輸送させた，という事案において，使用人がその情を知っていたとしても被告人は食糧管理法違反の罪の実行正犯になる，としたもの（最判昭 25・7・6 刑集 4 巻 7 号 1178 頁。ただし，使用人を幇助犯としたものではない），A が B に対して覚せい剤を譲渡するに際し，被告人が取引の数量，金額，日時，場所を A に連絡し，A から覚せい剤を受け取り，これを B に手渡した，という事案において，被告人が正犯意思を欠き幇助する意思のみを有したにすぎない，と述べて正犯の犯行を容易ならしめる故意のある幇助的道具を認めたもの（横浜地川崎支判昭 51・11・25 判時 842 号 127 頁），他者がみずから覚せい剤の水溶液を注射しようと試みる途中で，他者から頼まれるまま被告人がその手で他者に注射をしてやった，という事案において，覚せい剤取締法にいう覚せい剤の使用は自己使用に限定されるものではなく他人に使用させる場合も含まれると解しつつ，被告人には積極的意図が認められないから正犯意思を欠き幇助する意思を有したにすぎない，として正犯の犯行を容易ならしめる故意のある幇助的道具を認めたもの（大津地判昭 53・12・26 判時 924 号 145 頁）などがある。もっとも，その多くが主観説の言い回しを用いており，そもそもの出発点において妥当でない。また実際にも，それらの事案においては不法のすべてが行為媒介者により直接，自律的に実現されたものと解さざるをえず，背後者を（間接）正犯とすることは正犯の標準に関する今日の支配的な発想と整合しないように思われる。

9. 適法行為を利用する間接正犯

　行為媒介者である第三者の行為（媒介行為）が適法である場合，背後者を間接正犯となしうるであろうか。このような問題のことを**適法行為を利用する間接正犯**とよぶ。たとえば，X が A を痛めつけようと考え，Y に「この封筒を A に手渡してくれ」と依頼したが，その封筒には A への罵詈雑言が書かれた手紙が入っており，これを Y からのものと思って読んだ A が激高して Y に殴りかかったところ，驚いた Y はとっさに A にカウンターパンチを見舞った，そして，このような経緯は A の激高しやすい性格を知悉する X が目論んだとおりのものであった，という事例を考えてみよう。ここでは Y の A に対する暴行が正当防衛により違法性阻却されうるが，それでもなお X を A に対する暴

行罪の間接正犯として処罰しうるかが問題とされているのである。

　この点については次のように考えるべきであろう。まず，このような適法行為を利用する行為であってもなお違法と評価して処罰しうるかであるが，これについては 4.3.7（1）で原因において違法な行為の理論に関して述べたように，わざわざ正当化状況を作り出すことにより法益を侵害する行為に対しては正当化事由の趣旨が及ばないため違法と評価して処罰することが可能であろう。先の事例における X の行為は，まさにこのような理由から違法である。次に，背後者の行為が違法であるとして，いかなる不法類型に該当しうるかであるが，媒介行為が適法であるとの一事をもって，ただちに（背後者の正犯性を阻却する）自律的決定が欠けるとはいいがたいであろう。あくまで，緊急状況に直面してパニックになり自律的な判断能力が損なわれたとか，重大な危害を避ける唯一の方法として法益を侵害した，などといった場合に限って自律的決定が欠けるものと解すべきである。先の事例では，Y に退避可能性がなかったとか，あってもとっさの判断であったためそのことを認識していなかった，などといった事情が認められれば X を間接正犯となしえよう。

　判例には，被告人が妊婦から嘱託を受けて堕胎手段を施したところ，妊婦の身体に異常を生じ，医術により胎児を排出しなければ妊婦の生命に危険が及ぶおそれが発生したのに乗じ，堕胎を遂行するため医師に対して胎児の排出を求め，これを受けた医師が緊急避難として胎児を排出した，という事案において医師の正当業務行為を利用した堕胎罪の間接正犯を認めたもの（大判大 10・5・7 刑録 27 輯 257 頁），最決平 9・10・30 刑集 51 巻 9 号 816 頁などがある。前者は適法行為を利用する違法行為についても，被告人の間接正犯性についても肯定することに問題はないと思われるが，後者のほうにはやや疑問がある。すなわち，適法行為を利用する違法行為を肯定することは可能であるが，配送業者が捜査当局から捜査への協力要請を受けてのこととはいえ，その自律的な判断に基づいて禁制品を隠匿した貨物を保税地域から本邦に引き取ったうえ，これを被告人に配達したわけであるから，被告人を間接正犯とすることは理論的に困難であろう。未遂犯の処断刑が既遂犯の法定刑と同一である特殊な犯罪が問題となっていることを考慮し，実質的には間接正犯の未遂を認める趣旨の説示であるのかもしれないが，やはり，既遂については教唆犯などを認めるほうが

理論的に一貫するように思われる。

【背後者の正犯性が否定される場合の処理】

　行為媒介者の自律的決定があったり，かりにそうでなくても，身分犯において背後者に身分が欠けたりすることにより背後者の正犯性が否定される場合，適法行為を利用する共犯は成立しうるであろうか。この点については争いがあり，共同正犯は成立しうるとする見解が多数である。これに対して狭義の共犯，とくに正犯に従属して成立する教唆犯や幇助犯については，正犯の行為が適法である場合には認められないとする見解が多数を占めている（制限従属性説）。その実質的な根拠は，従属的共犯が二次的な責任類型であり処罰範囲を限定すべきである，というところにある。もっとも，いくら処罰範囲を限定すべきであるといっても，そこにはおのずから一定の合理的な根拠が必要なはずである。そして，適法な媒介行為を利用する背後者の行為を違法と評価して処罰すべきであるか否かは，正当化事由の趣旨が何であるかの問題であって，正犯と従属的共犯の成立要件の構成要件レベルにおける依存・被依存の関係とはなんら関係がない。したがって，適法な正犯行為に対する従属的共犯もまた承認すべきである（最小限度従属性説）。

10.　行為媒介者が被害者である場合と第三者である場合との関係

　学説においては，行為媒介者が被害者である場合と第三者である場合とで背後者の間接正犯性に違いが生じるか，という点が議論されている。

　まず，欺罔による場合であるが，被害者であれば法益関係的錯誤に至らないような動機の錯誤にとどまる限り，背後者は間接正犯となりえない，という点において，被害者を利用する場合と第三者を利用する場合の違いはないであろう。たとえば，被害者に「スキンヘッドにしたら間違いなく異性にもてる」とうそをいい，頭髪を剃らせた場合に暴行罪の間接正犯が成立しないのと同じく，第三者に「あいつを殺したらおれの高級車をやる」とうそをいい，殺人を犯させた場合にも殺人罪の間接正犯は成立しない。自己侵害は違法でないから規範的障害となりえず，それゆえ，被害者を利用する場合のほうが間接正犯となりやすい，という見解も主張されているが，そのような規範的障害説自体が妥当でないと思われる。

　次に，強制による場合であるが，補充性および（被害者を利用する場合には原

則としてその価値体系に従った）被保全利益と被侵害利益の大まかな均衡性が認められれば背後者は間接正犯となりうる、という点において、被害者を利用する場合と第三者を利用する場合の違いはないであろう。第三者を利用する場合であれば、過剰避難として刑が免除されるような事例を想定すればよい。そこでは、刑法が現実に刑を科しえないと判断するほど実質的な意思決定の余地が損なわれているからであるが、それはちょうど、被害者を利用する場合において、衝突する複数の利益の大小関係を適時かつ冷静に判断しえないために被害者の同意が無効になる事例と重なり合っている。たしかに、実務的にはこのような事例であっても、第三者を利用する場合には広義の共犯として起訴され、有罪の認定を受けることが多いが、それは間接正犯の成立可能性が理論的に排除されているからではなく、単に立証の便宜を図った訴訟戦術の一種にすぎないように思われる。

11.　背後者の行為の実行行為性

　学説においては、背後者の間接正犯性にとり、行為媒介者の自律的な意思決定が欠けることに加えて、背後者自身の実行行為性も必要であるかが議論されている。

　まず、被害者を利用する場合であるが、欺罔によるのであれ強制によるのであれ、そのような実行行為性は不要であろう。たとえば、ひどい下痢の症状に苦しむ被害者が下痢止めと間違って下剤を調達してしまい、急いで飲みたいが山奥のため飲料水を売っているところがまったくないという状況において、事情を知悉する背後者が被害者を苦しめてやろうと自分の持っている飲料水を被害者に与え、その飲料水で下剤を飲んだ被害者はさらに下痢がひどくなった、という事例においては、背後者がみずから被害者の錯誤を惹起するなどの積極的な行為を行っていなくても、なお傷害罪の間接正犯とすべきである。強制の事例でも同様であるが、背後者の行為の時点においてすでに現実の利益衝突状況が被害者の内部で生じており、背後者の行為が（被害者の価値体系を前提として）より大きな利益を保全する被害者の行為を可能化ないし促進するものであった場合には、そもそも背後者の行為が適法と評価されるべきである点に注意を要する。

　次に、第三者を利用する場合であるが、こちらについても、欺罔によるので

あれ強制によるのであれ，実行行為性は不要であろう。たとえば，かつて壺の熱心な蒐集家であったがいまは完全に関心を失っている第三者が，被害者の壺を自分の壺と取り違え，バラバラに割って捨ててしまいたいが適切な道具がどうしても見つからない（買うと非常に高い）ため困っていたところ，事情を知悉する背後者が被害者を悲しませてやろうと考え，わざわざ自分の家から大きなハンマーを持って来て第三者に手渡し，第三者はそのハンマーを使って壺を割った，という事例においては，背後者がみずから第三者の錯誤を惹起するなどの積極的な行為を行っていなくても，なお器物損壊罪の間接正犯とすべきである。強制の事例でも同様であり，ただ，背後者の行為が適法となる余地の存する点は被害者を利用する場合について述べたとおりである。

9.3 共犯の処罰根拠と従属性

9.3.1 共犯の処罰根拠

1. 総　説

　限縮的正犯論を出発点とする場合，共犯は処罰拡張事由として位置づけられる。それでは，なぜ処罰を拡張することが許されるのであろうか。それは理論的には，いかにして基礎づけられうるのであろうか。このような問題のことを**共犯の処罰根拠**とよび（この問題に関するとくに重要な研究として，大越義久『共犯の処罰根拠』〔青林書院，1981〕，松宮孝明『刑事立法と犯罪体系』〔成文堂，2003〕275頁以下がある），それは処罰拡張事由としての性質を有するすべての共犯の形態について妥当する。したがって，以下の記述は原則として狭義の共犯を想定したものとなっているが，厳密には共同正犯をも射程に含むことに注意を要する。

　まず**責任共犯論**は，共犯の処罰根拠を「正犯を堕落させ罪責に陥れた」ことに求める。要するに，正犯の処罰根拠が犯罪を犯したことであるとすれば，共犯の処罰根拠は犯罪者を作り出したことだ，というわけである。しかし，それでは正犯の処罰根拠と共犯の処罰根拠とが分裂してしまい，同じ刑罰目的のもとに統合して理解することができなくなる点で方法論的な疑問がある。実際，正犯に科される刑罰と共犯に科される刑罰との間に何か区別があるわけではないのである。また，具体的な結論としても，責任共犯論を採用するときは，実

質的な責任能力を有する刑事未成年を利用する場合や非身分者が責任を欠く身分者を利用する場合を想起すれば明らかなように，間接正犯も共犯も成立しない処罰の間隙が大きくなりすぎてしまうように思われる。

　次に**不法共犯論**は，共犯の処罰根拠を「正犯に不法（構成要件に該当する違法な行為）を犯させた」ことに求める。責任共犯論の説明から正犯の責任を差し引いたもの，ととらえれば分かりやすいであろう。もっとも，これもまた責任共犯論と同様，正犯の処罰根拠と共犯の処罰根拠とが分裂する，という難点を完全に免れているわけではない。また，責任共犯論のように著しい処罰の間隙が生じるということはないが，たとえば，202条を被害者に対する共犯的な関与ととらえるときは，その可罰性を理論的に基礎づけられないという問題がある。しかも，その反対に，不法共犯論によれば，被害者自身が202条（の未遂）の共犯となってしまいかねないのである。

　そこで，**因果的共犯論**（**惹起説**）が妥当である。すなわち，共犯の処罰根拠を正犯の処罰根拠と同様，「不法を（客観的に帰属可能な態様において）因果的に惹起した」ことに求め，ただ，共犯の場合には惹起の形態が正犯を介した間接的なものであるという違いがあるにすぎない，というのである。このように解することによって，共犯の処罰を考える際にも正犯の処罰に関して蓄積されてきた理論的な知見を大いに参照することができるようになり，共犯の処罰を十全に基礎づけうるというだけでなく，その反対に，共犯の処罰を合理的な範囲に限定する強力な手段を手にすることとなろう。

【惹起説のヴァリエーション】

　教科書類においては，惹起説をいくつかの種類に分けるのが一般的である。なかでも，最も目にするのは純粋惹起説と混合惹起説であろう。まず**純粋惹起説**とは，従属的共犯の成立要件に関し，惹起説を前提としながら正犯の構成要件該当性さえ不要とする（従属性不要説）考え方である。これに対して**混合惹起説**とは，同じく従属的共犯の成立要件に関し，惹起説を前提としながら正犯の構成要件該当性および違法性まで要求する（制限従属性説）考え方である。ここからも分かるように，惹起説のヴァリエーションとは共犯の処罰根拠に着目した区分ではない。そうではなく，あくまで共犯の処罰根拠に関しては惹起説を前提としつつ，ただ，従属的共犯の成立に必要な正犯の要件，つまり，従属性の内容のほうに着目した区分なので

ある。この点はしばしば誤解されているため注意が必要である。

2. 各 説

学説においては，共犯の処罰根拠から次のような解釈論的問題が解決される
ものとされる。

第1に，被害者自身が202条（の未遂）の共犯となりうるか。因果的共犯論
によれば，この点については否定的に解されることになる。というのも，たと
え行為者を介して間接的にであれ，被害者の法益を侵害したことを根拠として
被害者自身を処罰することは許されないからである。

第2に，犯人自身が犯人蔵匿隠避罪（103条）の共犯となりうるか。因果的
共犯論によれば，この点については否定的に解されることになる。すなわち，
強大な国家権力を担う検察官の協力者とされないために，犯人はみずからその
身柄の確保や証拠の保全に協力する必要はない，という観点に基づき犯人自身
は同罪の主体から除かれている。そうすると，そのような不法制限の趣旨は，
間接的な不法の惹起を根拠として処罰される共犯に対しても及ぶべきだからで
ある。同様に，自己の刑事事件に関する証拠を隠滅するよう他人にはたらきか
けた者についても，証拠隠滅等罪（104条）の共犯は成立しえないことになろう。

これに対して判例は，犯人自身が犯人蔵匿隠避罪の主体から除かれている根
拠を人間の至情からくる防御の自由に求めつつ，他人を教唆して自己を隠避さ
せるに至っては防御の濫用であり犯人隠避教唆罪が成立しうるという（大判昭
8・10・18刑集12巻1820頁。なお，証拠隠滅等罪に関しても，最決昭40・9・16刑
集19巻6号679頁，最決平18・11・21刑集60巻9号770頁などを参照）。もっと
も，そこにいう人間の至情や防御の自由の内実は必ずしも明らかではない。そ
れが期待可能性の欠如を意味しているとすれば，犯跡隠ぺい目的が一般に責任
を加重するとしながら，ここでだけ責任を阻却する理由は不明である。一方，
他人に犯人隠避罪を犯させたから防御の濫用だというのであれば，それは棄却
されるべき責任共犯論の発想にほかならない。さらに，もし犯人隠避教唆罪と
いう特別な犯罪類型を承認する趣旨であれば，それは実質的には立法であり罪
刑法定主義に反することとなろう。

第3に，**必要的対向犯**の相手方はその共犯となりうるか。この問題について，

判例には，弁護士でない者に自己の法律事件の示談解決を依頼し，これに報酬を与えもしくは与えることを約束した者を，弁護士法 72 条，77 条違反（非弁行為）の罪の教唆犯として処罰することはできない，と述べたものがある（最判昭 43・12・24 刑集 22 巻 13 号 1625 頁。その後の類似の判断として，最判昭 51・3・18 刑集 30 巻 2 号 212 頁〔預金等不当契約取締法違反〕，東京地判平 6・10・17 判時 1574 号 33 頁〔浮貸しの罪〕などを参照）。問題はその理由であるが，それは，ある犯罪（ここでは非弁行為）が成立するについて当然予想され，むしろそのために欠くことができない関与行為（ここでは依頼者が報酬を与える等の行為）についてこれを処罰する規定がない以上，これを関与を受けた側の可罰的な行為（ここでは非弁行為）の教唆もしくは幇助として処罰することは原則として法の意図しないところである，という点に求められている。このように，必要的対向犯の相手方を立法者の意思を忖度することにより不可罰と解する立場を**立法者意思説**という。

　もっとも，立法者の意思を忖むだけでは，「相手方は当然に共犯となりうるから，わざわざ処罰規定を設けなかったのだ」という正反対の理解も可能である以上，解決策として明らかに不十分であろう。また，相手方が例外的に共犯となりうる場合も観念しうるとして，それが具体的にはいかなる場合であるかについても，立法者の意思というだけでは明らかとならないように思われる。こうして，むしろ，共犯の処罰根拠に立ち返って解決を図ることが必要であろう。すなわち，因果的共犯論によれば，共犯もまた間接的にであれ正犯が実現すべき不法を引き起こしていなければならない。そして，非弁行為は業とすることにより類型的に見て不法が増幅する作用をもっているため，共犯もまた間接的にであれそのような特別な不法（増幅不法）を引き起こしていなければならないところ，通常の依頼者の行為は一回的な不法しか引き起こしていないから共犯とはなりえないのである（先駆的な業績として，豊田兼彦『共犯の処罰根拠と客観的帰属』〔成文堂，2009〕96 頁以下を参照）。このように解すると，例外的に共犯となりうる場合とは，たとえば，報酬の内容が爾後の非弁行為を容易にする事務所の提供であったような事例に限られることになろう。

【非弁行為の不法】

　一部の学説は，非弁行為の不法を当該依頼者が「食い物にされる」ところに求め，その者が共犯とならないのはむしろ被害者であるからだ，として第1の問題と同様の解決を得ようとする。もっとも，非弁行為は個別具体の案件をとりあげて見る限り，依頼者にとっても利益である場合が存在するのであるから，このような学説の解釈は一面的にすぎよう。むしろ，非弁行為の不法は「放置すれば三百代言が跳梁跋扈して社会全体におけるリーガルサービスの質が低下しすぎ，かえって国民の利益を大きく損なう」という典型的な蓄積犯の構造に求めるべきである。そうすると，当該依頼者をただちに被害者ととらえることはできず，第1の問題とは本質的に状況が異なることになる。

　第4に，正犯をはじめから未遂に終わらせるつもりである者は共犯となりうるか。この問題は，とくに「正犯が未遂に達した段階で介入して逮捕するつもりで犯罪を唆した警察官は，実際にそのとおりになったとき未遂の教唆犯として処罰されうるか」というかたちで議論されてきた。これを**アジャン・プロヴォカトゥール**という。そして，共犯の処罰根拠に関し，責任共犯論や不法共犯論を採用すれば肯定されうるのに対し，因果的共犯論を採用すれば否定されるものと解されてきたのである。

　たしかに，責任共犯論や不法共犯論を採用すれば未遂の教唆犯が成立しうる，というのはそのとおりであろう。もっとも，たとえ因果的共犯論によったとしても，教唆者が正犯を介して間接的に未遂犯の不法を引き起こしていること自体は否定しがたいのであるから，共犯の処罰根拠はみたされるものと解さざるをえない。未遂の教唆犯が成立しないのは，むしろ，既遂発生の認識予見を欠くため故意が否定されるからであるにすぎない。ただし，なぜ正犯が未遂を犯すことの認識予見では足りないかと問えば，それは共犯の犯罪構造を正犯の犯罪構造とパラレルにとらえるためであるから，因果的共犯論と基本思想において共通していることは否定できないであろう。

9.3.2 共犯の従属性

1. 実行従属性

　9.3.1で述べた共犯の処罰根拠は，共犯としての可罰性を積極的に基礎づけ

ようとする議論であった。そして，そのなかでも，共犯を正犯とパラレルに処罰しようとする因果的共犯論が最も適切であった。もっとも，限縮的正犯論を前提とする限り，いくら共犯を正犯とパラレルに処罰するといっても，あくまで処罰拡張事由である以上，論理必然の帰結として，共犯の処罰根拠は正犯の処罰根拠に比して薄められたものとならざるをえない。そうすると，そのような薄められた処罰根拠が妥当するだけでただちに共犯として処罰していたのでは，いきおい刑罰権の対象が過大なものとなりがちである。そこで，刑法は共犯を処罰する際，処罰根拠がみたされたというだけでなく，おのおのの共犯類型に特有の一定の限定的な要件をクリアしたことを重ねて要求している。このような限定要件のことを**共犯の限定性**という。

　さて，このような共犯の限定性のうち，狭義の共犯，とりわけ，正犯に対して従属して成立する従属的共犯に要求されるものを**共犯の従属性**とよぶ。そして，この概念は従来，実行従属性，要素従属性，罪名従属性の3つに分けて議論されてきた（平野345頁を参照）。

　実行従属性とは，共犯が成立するためには正犯が実行に着手していることが必要である，という考え方である。たとえば，共犯が正犯に窃盗を唆し終えたものの，正犯はいまだ窃盗罪の実行に着手していない，という段階においては共犯の成立する余地がないものとされる。もっとも，それは未遂の段階から可罰的とされるような犯罪類型において，既遂到達の具体的・現実的危険性が引き起こされるまでは可罰的な共犯が成立しえないという趣旨なのであるから，ただ単に共犯の処罰根拠に関する因果的共犯論を敷衍したものにすぎない。したがって，実行従属性を共犯の従属性の内容として議論するのは筋違いであろう（山口厚「共犯の従属性をめぐって」井上正仁・酒巻匡［編］『三井誠先生古稀祝賀論文集』〔有斐閣，2012〕282・283頁などを参照）。

　ところで，一部の学説は，予備罪に実行行為を観念しえないという前提に立ちつつ，実行従属性をもって予備罪の共犯を否定している。もっとも，予備罪は独立した目的犯であり，その実行行為を観念することは十分に可能であろう。こうして，予備罪の共犯も肯定すべきである（従属的共犯に関する判例ではないが，殺人予備罪の共同正犯を認めたものとして最決昭37・11・8刑集16巻11号1522頁を参照。そのほか，通貨偽造準備罪の幇助犯を認めた大判昭4・2・19刑集8

巻 84 頁，密出国予備の幇助犯を認めた大阪高判昭 38・1・22 高刑集 16 巻 2 号 177
頁などがある）。

【順次共犯の可罰性】

順次共犯に関し，刑法には教唆者を教唆した者に正犯の刑を科する規定（61 条 2
項）と，従犯（幇助犯）を教唆した者に従犯の刑を科する規定（62 条 2 項）だけが
存在する。もっとも，刑法の一般理論から合理的に基礎づけられうる限りにおいて，
「犯罪」や「実行」，「正犯」という観念を修正された構成要件についても措定するこ
とが不可能ではない（西田・前掲『共犯理論の展開』118 頁以下を参照）。したがっ
て，先の 2 つの規定は厳密には注意規定（確認規定）にすぎないと解すべきであろう。
具体的には，教唆者を教唆した者をさらに教唆した者（**再間接教唆**）にも正犯の刑
を科することができるし，また，教唆犯や幇助犯にも 60 条を適用して**共同教唆**（教
唆犯の共同正犯）や**共同幇助**（幇助犯の共同正犯）を肯定することも可能である。
問題は従犯を幇助した者（**間接幇助**）であり，法定減軽が 1 回しか行われえないこ
ともあって（68 条を参照），その寄与の小ささを的確に処断刑に反映させることがで
きない。具体的な量刑において配慮すべきであろう。

これに対し，判例は教唆犯や幇助犯にも 60 条を適用して（共謀）共同教唆や（共
謀）共同幇助を認める（前者につき大判明 41・5・18 刑録 14 輯 539 頁，最判昭 23・
10・23 刑集 2 巻 11 号 1386 頁，後者につき大判昭 10・10・24 刑集 14 巻 1267 頁，大
阪高判平 5・3・30 判タ 840 号 218 頁）一方，間接教唆も教唆にあたることを理由と
して再間接教唆の可罰性を肯定する（大判大 11・3・1 刑集 1 巻 99 頁）とともに，
正犯を間接的に幇助したことを理由として間接幇助をも処罰している（大判大 14・
2・20 刑集 4 巻 73 頁，最決昭 44・7・17 刑集 23 巻 8 号 1061 頁）。しかし，まず，
いったん教唆犯にも 60 条を適用しうると解したならば，再間接教唆の可罰性を肯定
するのにこのような迂遠な方法を採用する必然性はなかろう（間接教唆の幇助を処
罰するにあたり，端的に 61 条 2 項と 62 条 1 項を適用した判例として大判昭 12・3・
10 刑集 16 巻 299 頁を参照）。むしろ，教唆犯にも「正犯」性を観念する以上，間接
教唆も教唆にあたるというのは正犯性の標準を無視した解釈となりかねない。次に，
同様の理は幇助犯についても妥当しうるほか，この点を措くとしても，正犯を間接
的に幇助したと構成するだけでは，間接幇助の量刑にかかる問題意識を十分に汲み
尽くせないように思われる。

2. 要素従属性

要素従属性とは，共犯が成立するために正犯が犯罪の一定の構成段階をみた

していなければならない，という考え方である。そして，その具体的な内容に関しては，①正犯が犯罪の構成段階のすべてをみたしていなければならない，とする**極端従属性説**，②正犯が構成要件該当性と違法性をみたしていれば足り責任までは不要である，とする**制限従属性説**，③正犯が構成要件該当性をみたしていれば足りる，とする**最小限度従属性説**，④そもそも**正犯なき共犯**を認める**要素従属性不要説**，などが主張されている。

まず，①は過度の要求であろう。このことは，実質的な責任能力を有する刑事未成年を利用する行為の可罰性を考えれば明らかである。そこでは，間接正犯が成立しえず，さりとて，①を採用する限り（共同正犯をはじめとする非従属的共犯を除いて）共犯も成立しえなくなり，耐えがたい処罰の間隙が生じてしまうからである。①は，たとえば，61条1項が「犯罪」と規定していることに着目し，犯罪の構成段階をすべてみたしてはじめて「犯罪」といいうることを自説の根拠としている。しかし，刑法に出てくる「犯罪」や「罪」を，そのように一義的に解釈しなければならない必然性はまったくない。たとえば，38条1項にいう「罪」が，少なくとも犯罪の主観的成立要件を含まないことは明らかであると思われる。

次に，②もまた行き過ぎであろう。背後者がわざわざ正当化状況を作り出しており，それゆえ，行為媒介者の適法行為を利用する違法行為を認めるべき場合であったとしても，背後者の正犯性が阻却されれば（共同正犯をはじめとする非従属的共犯を除いて）ただちに不可罰となり，同じく，耐えがたい処罰の間隙が生じてしまうからである。

それでは，④はどうであろうか。たとえば，ある者が建造物にガソリンを撒いて火を放ったのち，行為者が火勢をわずかに強める程度の燃料を追加したとか，医師がある患者に誤って別の患者の診断書を交付したのち，行為者がその患者を唆して別の患者の診断書を公開させた，などといった事例を考えてみよう。ここで④は，それぞれ，行為者が従属すべき正犯はいないものの寄与が小さいから放火罪の幇助犯になる，その患者の行為は構成要件にこそ該当しないものの，行為者から見れば正犯である（存在論的な意味においては正犯である）から行為者は秘密漏示罪の教唆犯になる，という。しかし，まず前者の解釈については，正犯としての不法を基礎づけるに足りないものをすべて共犯として

処罰するのでは，処罰範囲が過大なものとなってしまう（そもそも，火勢を有意に拡大する行為がおよそ放火罪の正犯となりえないわけではない）。次に後者の解釈についても，それが立法の在り方として完全に合理的であるかどうかはともかく，少なくとも立法者は秘密漏示行為を一定の主体が行った場合に限って可罰的なものとしたうえ，それだけでは処罰が不足する場合に備えて共犯という処罰拡張事由を設けているのであるから，共犯が登場した途端に主体の限定が外れてしまうというのは倒錯した発想であろう。

　こうして③が妥当であるが，もちろん，それは「正犯の行為が構成要件に該当する限り，適法であってもただちに共犯が成立しうる」という趣旨ではない。そうではなく，原則としては成立しえないのであるが，適法行為を利用する違法行為を承認すべき例外的な場合に限って成立しうる，という趣旨にほかならない。ただ，例外的にであれ成立しうる以上，「共犯の成立にとって正犯がみたさなければならない必要条件」という観点からは③が妥当である，というにすぎない。学説には，「原則として②が妥当であるが，例外的に③を支持すべき場合もある」と述べるものも存在するが，それは煎じ詰めれば同一の趣旨に帰するであろう。

3. 罪名従属性

　罪名従属性とは，共犯の罪名が正犯の罪名と一致していなければならない，という考え方である。たとえば，正犯が殺人罪である場合には共犯も殺人罪でなければならず，共犯に殺意が欠けるなどの事情があったとしても，あくまで殺人罪の共犯が成立したうえで38条2項により科刑だけが傷害致死罪の限度にとどめられる，ということになる。

　もっとも，犯罪は刑罰が科されてこその犯罪なのであるから，このように犯罪の成立と科刑を分離させることは適切でない。そこで罪名従属性を緩和し，正犯の罪名が共犯の罪名を論理的に包摂する関係にあれば足りる，とすることも考えられる。このように解すると，端的に，正犯が殺人罪で共犯は傷害致死罪という事態が承認されうることになる。

　しかし，ひるがえって考えてみると，罪名とは犯罪論体系上確固とした地位を占めるわけではなく，歴史的な経緯や立法技術的な考慮によって多分に影響を受けうるものである。そうであるとすれば，共犯の従属性の内容として罪名

従属性などという概念を立てること自体に根本的な疑問がある。このような概念は，端的に不要と解すべきであろう。こうして，たとえば，正犯が傷害致死罪で共犯は殺人罪という事態も承認されうることになる（ただし，このような場合，結果回避可能性等，正犯の他の要件がみたされれば，むしろ殺人罪の間接正犯が成立しえよう）。

　ただし，むしろ要素従属性に関する最小限度従属性説の要請として，共犯が成立しうるためには正犯の行為が不法類型としての構成要件に該当していることが必要である。したがって，たとえば，正犯が傷害罪で共犯は傷害致死罪であるとか，正犯が殺人罪で共犯は器物損壊罪である，などといった事態は認められないことになろう。

【故意従属性】

　罪名従属性の問題と混同して議論されることの多い概念として，**故意従属性**がある。これは，非故意行為（ないし，不法を共通にする他罪の故意ある行為）に対する共犯が成立しえない，とする考え方のことである。もちろん，共犯が成立しえなくても間接正犯の成立しうる場合が多いであろうから実害は少ないが，結果回避可能性等，正犯の他の要件が欠けたり，身分犯が問題となる事例で身分が欠けたりする場合には共犯を成立させる実践的な意義が認められよう。

　そもそも要素従属性に関する最小限度従属性説からすれば，故意が責任の要素にとどまる以上は故意従属性を不要とするのが一貫した考え方であろう。もちろん，共犯を処罰する条文の文言自体が正犯の故意を前提としているのであれば別であるが，「教唆」にも「幇助」にもそのような特段の含意はない。学説には，とくに「教唆」は悪事をそれとして慫慂するコミュニケーションを前提にしているというものもあるが，たしかに日常用語例としてはそうであるかもしれないけれども，目的論的解釈に基づき，「教唆」を単なる行為決意の惹起ととらえることは十分に可能であろう。また実際にも，たとえば，一般人が医師の公開しようとする，患者を匿名化処理した研究資料をこっそり処理前のものにすり替えた，という事例において，一般人に秘密漏示罪の教唆犯が成立しえないというのは納得のいく結論ではない。

【異なる罪名にまたがる共同正犯の成否】

　学説においては罪名従属性という表題のもと，**異なる罪名にまたがる共同正犯**が成立しうるかについても議論されることが多い。もっとも，理論的に厳密にいうと，

罪名従属性が従属的共犯における共犯の従属性の内容として議論されているのに対し，異なる罪名にまたがる共同正犯の成否とは，非従属的共犯において共犯者間の一体性を基礎づける共同性の内容として議論されるべき問題である。まずは，このような理論的位置の違いを認識しておくことが肝要であろう。

　さて，このような異なる罪名にまたがる共同正犯の成否に関し，**完全犯罪共同説**はこれを一律に否定しようとする。たとえば，殺意をもつ者ともたない者とが一緒になって被害者に暴行を加え，これを死に至らしめた，という事例においても両者に殺人罪の共同正犯が成立し，ただ，殺意をもたない者については38条2項により科刑だけが傷害致死罪の限度にとどめられることになる。しかし，犯罪とは刑罰が科されてこその犯罪なのであるから，このように科刑だけを分離して操作するのは妥当でない。

　そこで**部分的犯罪共同説**は，たとえ異なる罪名にまたがっていたとしても，少なくとも重なり合う部分については共同正犯が成立しうるという（最決昭54・4・13刑集33巻3号179頁，最決平17・7・4刑集59巻6号403頁などを参照）。先の事例でいうと，殺人罪と傷害致死罪とで罪名は異なっているけれども，重なり合う傷害致死罪の範囲においては共同正犯が成立しうることになる。これは，先述した完全犯罪共同説の難点を免れるために，その射程を重なり合う部分に限定したいわば防御的な説であるが，今度は，共同正犯の成立範囲が縮小しすぎるという別の難点が生じてしまう。先の事例でいうと，殺人罪については殺意をもつ者を単独正犯として処罰するほかなくなるが，致命的な暴行を加えたのが殺意をもつ者のほうであることを合理的な疑いを容れない程度に証明することは至難であるから，十分な処罰範囲を確保するためにはぜひとも共同正犯を認めておかなければならないのである。

　こうして，重なり合う部分に限らず，異なる罪名にまたがる共同正犯を広く認める**行為共同説**が妥当である。先の事例では，端的に殺人罪と傷害致死罪の共同正犯が成立しうることになる。この説に対しては，たとえば，窃盗罪と強制性交等罪のようなまったく重なり合わない犯罪どうしの共同正犯まで認められることになり，共同正犯の過剰な拡張であるとの批判も投げかけられている。しかし，たとえば，XとYが互いに酒を酌み交わすうちに「近くの女子寮に侵入して悪さをしよう」という話になり，鼓舞しあいながらこれを実行に移したが，おのおのが犯したのは（130条前段の罪に加えて）窃盗罪と強制性交等罪であり互いに他の意図を誤解していた，という事例においては，窃盗罪と強制性交等罪の共同正犯を認める解釈こそが犯情を適正に評価していると思われる。

9.4　共犯の因果性

9.4.1　総　　説

　共犯の処罰根拠に関する因果的共犯論によれば，共犯も正犯と同様，不法を（客観的に帰属可能な態様において）因果的に惹起したことを根拠として処罰されることになる。もっとも，共犯の場合には惹起の態様が正犯を介した間接的なものであり，処罰拡張事由であることとあいまって，正犯の場合よりは薄められた内容のもので足りると解されている。具体的にいうと，たとえば，共犯の行為がなければ不法は生じなかったであろうという結果回避可能性までは必要でなく，不法の生じるチャンスが有意に低められたことで足りる。いいかえれば，正犯の行為を介して**促進**ないし**容易化**していれば十分なのである。これを**共犯の因果性**という。ただし，共犯は危険犯ではないのであるから，そのような促進ないし容易化が現実に行われたことは，合理的な疑いを容れない程度に証明されなければならない。反対にいうと，共犯の行為が一般的に見て正犯の行為を促進する性質を有しているとか，共犯の行為が実際の事案においては正犯の行為に影響を与えなかったが影響を与えることも十分にありえた，などといった事実を証明するだけでは共犯の因果性として十分ではない。

　（裁）判例には，幇助行為にとっては犯罪遂行を容易ならしめるだけで足り必要不可欠な助力を与える必要はない，と述べたもの（大判大2・7・9刑録19輯771頁），強盗犯人に鳥打帽子と足袋を与えたことはただちに強盗罪を容易ならしめるに足りない，としたもの（大判大4・8・25刑録21輯1249頁），正犯を激励して殺人行為の決意を強固ならしめた，という事案において殺人（未遂）罪の幇助犯を認めたもの（大判昭7・6・14刑集11巻797頁），正犯がいったん被告人の教唆に基づく犯意を障碍のため放棄したのち，共犯者らの主張に動かされて決意を新たにして住居侵入強盗を敢行した，という事案において教唆行為と住居侵入強盗行為との間の因果関係を否定したもの（最判昭25・7・11刑集4巻7号1261頁），正犯が賭博場を開帳するに際し，被告人は賭博場において景気をそえるために塩まきをした，という事案において幇助犯を否定したもの（名古屋地判昭33・8・27一審刑集1巻8号1288頁），強盗殺人罪の正犯が当初はビルの地下室でピストルにより被害者を殺害する計画であったため，被告人は音漏れを防ぐために目張りを行ったが，その後に計画が変更され，正

犯は自動車に被害者を乗せて走行中に殺害したところ，被告人は別の自動車で
正犯の自動車に追従していた，という事案において，目張りが現実の強盗殺人
の実行行為との関係ではまったく役に立たず，そもそも目張りが正犯に認識さ
れた事実すら認められない，として目張りを行ったことについては幇助犯を否
定したもの（東京高判平 2・2・21 判タ 733 号 232 頁）などがある。

【物理的因果性と心理的因果性】

　共犯の因果性は，物理的因果性と心理的因果性に分けて議論するのが一般的であ
る。このうち**心理的因果性**とは，正犯の犯意を強化することをとおして不法を促進
することであり，**物理的因果性**とは，それ以外の態様において不法を促進すること
を意味している。もっとも，現実の事案において，共犯の処罰を基礎づける因果性
をいずれか一方に截然と配分することは困難であり，その意味において，このよう
な因果性の二分法はあくまで便宜的なものにとどまる。たとえば，正犯が強制性交
等罪を実行するにあたり，共犯が正犯に気づかれないよう，こっそりと被害者の身
体を押さえつけておいてやった，という事例においては，被害者の反抗が弱められた，
という促進態様に着目すれば物理的因果性といえようが，被害者がおとなしくなっ
たので正犯が意を強くした，という促進態様に着目すれば今度は心理的因果性にな
る。また，共犯が金庫破りによる窃盗を計画している正犯に対し，被害者宅にある
金庫の構造を教えてやるなどの技術的助言を与えた，という事例においては，正犯
の主観面を媒介して不法が促進されているから，一見すると心理的因果性のように
も思えるが，そこにいう主観面とは犯意の強化ではなく知識の増加にすぎないから，
物理的因果性の一ということも可能であろう。

【日常的（中立的）行為による幇助】

　一部の学説においてはドイツの影響を受け，**日常的（中立的）行為による幇助**と
いう観念が議論されている。これは，ある行為が正犯を介して不法を促進し，それ
ゆえ共犯（ことに幇助犯）の因果性を有しているとしても，その行為があまりにも
日常的あるいは一定の社会生活上の地位に基づいて反覆継続される定型的なもので
あり，価値中立的すなわちもともと犯罪的な意味を帯びていない場合には幇助犯と
して処罰すべきではないのではないか，という問題である。たとえば，金物屋の主
人がいかにも泥棒をしそうな風体の客に対し，その求めに応じて（侵入窃盗に役立
つ）ねじ回しを販売したところ，実際にその客がねじ回しを使って侵入窃盗を実行
した，という事例においては主人を住居侵入罪および窃盗罪の幇助犯として処罰す

べきではないのではないか，といわれる。

　たしかに，このような事例においては幇助犯の成立を否定すべきであろう。しかし，厳密に考えると，それは日常的行為による幇助などという特別の法形象が存在するからではなく，単に幇助犯の一般的成立要件が欠けているからにすぎないのではなかろうか。具体的にいうと，ねじ回しなどどこでも簡単に手に入るから，幇助犯として可罰的な程度までは促進したものと評価しえない，と解することができよう。さらに，かりにこの点を措くとしても，具体的な兆候があるわけでもないのに，単なる身なりだけで人を泥棒と認識せよ，というのは刑法が要請する慎重さを超えている，という理由から責任を阻却することも可能である。反対にいうと，単なるねじ回しの提供であっても，たとえば，たまたま友人が侵入窃盗を計画していることを知り，そのために友人が用意した侵入具の入ったバッグを覗き込んだところ，侵入窃盗にはぜひとも必要なねじ回しが抜けており，これでは現場で困ってしまうだろうと考え，こっそりねじ回しを入れておいてやった，という事例においては，むしろ幇助犯の成立を肯定すべきであると思われる（なお，日常的行為による幇助という表題のもとで議論されている事例のなかには，実質的に見て非保障人による不作為と評価すべきものや，許された危険が実現されているにすぎないとして不法を阻却すべきものも含まれているが，詳しくは小林憲太郎『刑法総論の理論と実務』〔日本評論社，2019〕609頁以下を参照）。

　判例には，被告人がファイル共有ソフトであるWinnyを開発し，その改良を繰り返しながら順次ウェブサイト上で公開し，インターネットを通じて不特定多数の者に提供していたところ，その者のなかからソフトを利用して著作権法違反の罪を犯す者が現れた，という事案において，被告人はソフトを公開，提供した場合に，例外的とはいえない範囲の者がそれを著作権侵害に利用する蓋然性が高いことを認識，認容していたとまでは認められない，と述べて幇助犯の故意を否定したものがある（最決平23・12・19刑集65巻9号1380頁＝Winny事件）。最終的な結論を導く被告人の認識面は事実認定の色彩が強いが，その前提として，違法利用者が例外的な範囲にとどまっていれば幇助行為にあたらない，というのは実質的には許された危険を論じたものといえよう。ちょうど，違法に交通事故を起こす者が例外的な範囲にとどまっていれば，自動車の製造・販売が許された危険にあたるのと同様である。

9.4.2　共犯からの離脱（共犯関係の解消）

1.　総　　説

　共犯関係にある一部の者がそこから離脱することにより，いったん成立した

共犯関係が解消され，その後に残余者が引き起こした不法につき，離脱者が責任を負わないことがありうるか，ありうるとしてどのような場合であるか，という点が判例・学説上さかんに議論されてきた。この問題を**共犯からの離脱**（**共犯関係の解消**）とよぶ。なお，近年においては，共犯者の一部が現場を立ち去るなど，事実上共犯関係から抜けようとすることを共犯からの離脱といい，爾後の残余者による犯行に対して共犯としての責任を負わなくなる，という法的効果そのものを共犯関係の解消という用語法が一般化している。以下の記述においても，原則としてこのような用語法に従うこととしたい。

　さて，かつてはこの問題を議論するに際し，局面を実行の着手の前後で分け，実行に着手する前の段階においては，離脱意思の表明と残余者によるその了承によって共犯関係が解消される一方，実行に着手したあとの段階においては，爾後の残余者による犯行を阻止しない限りこれに対する共犯としての罪責を負う，と解するのが一般的であった。もっとも，理論的に厳密に考えると，共犯の一般的な成立要件は実行の着手の前後でとくに変わらないのであるから，このように，特段の根拠もなく実行の着手の前後で共犯の成否を区別するのは妥当でない。

　そこで，共犯の一般的な成立要件に立ち返り，共犯関係の解消においていずれの要件が欠けるものと解すべきであるかを検討してみると，それはやはり，因果的共犯論に基づいて共犯の処罰を基礎づける共犯の因果性であるというべきであろう。すなわち，離脱者が当初において与えた不法に対する因果的な影響力を，その後の離脱行動によって除去したものと評価しえれば，もはや爾後の残余者による犯行に対しては共犯の因果性が及んでいない，と解されるのである（西田・前掲『共犯理論の展開』240頁以下を参照）。このような発想を**因果性遮断説**とよぶ。そして，この説によるならば，実は離脱者がいっさい離脱行動に出ていなくても，なんらかの外在的な事情により因果性が遮断されたものと評価しえれば，共犯関係は解消されることになる。反対に，共犯関係を解消する離脱者の行為が中止犯の要件をみたせば，爾後の残余者による犯行に対して責めを負わないというにとどまらず，重ねて刑の必要的な減免がなされることになろう。

【共犯関係の解消と幇助犯への認定落ち】

　因果性遮断説を出発点として理論的に厳密に考察すると，離脱者が当初において与えた因果的影響力が完全に遮断されないまでも，重要な役割とは評価しえないレベルにまで低下していれば共同正犯から幇助犯へと落ちる，という解釈も十分に可能である。たしかに，そのようなことを実際に認めた（裁）判例はほとんど見られないが，それは犯行の進展段階によって関与類型が変化するという解釈が不自然に感じられ，量刑上の考慮によって対応しようとする感覚が実務において根強いからであろう。もっとも，そのような解釈は理論的にはまったくおかしくないのであるから，裏口でこっそり処理するような対応はやめ，正面から幇助犯へと認定替えすべきだと思われる。ただし，現実問題として，すでに爾後の犯行の基礎を形成してしまっている因果的影響力を幇助犯のレベルにまで減弱させるのは非常に困難である一方，ただ離脱者が残していった代替性の高い道具が爾後の犯行に用いられたというだけでは幇助犯を基礎づける因果的影響力さえ認定しがたい，という事実もまた同時に想起されるべきであろう。

【同時傷害の特例（207条）との関係】

　207条は「二人以上で暴行を加えて人を傷害した場合において，それぞれの暴行による傷害の軽重を知ることができず，又はその傷害を生じさせた者を知ることができないときは，共同して実行した者でなくても，共犯の例による」と規定している。これを**同時傷害の特例**という。そして，この特例を用いれば，一定の範囲で共犯関係の解消を否定したのと同様の結論を導くことが可能である。具体的にいうと，XとYが共謀のうえAに暴行を加えたのち，Xが離脱して共犯関係が解消され，さらに，そのあとYが単独でAに暴行を加えて傷害を負わせたが，その傷害がXの離脱する以前に生じたか以後に生じたかが判然としない，という事例においては，「XとYの共同正犯」と「Yの単独正犯」が207条にいう「者」にあたると解したうえで，Xにも傷害の罪責を問うのである（実際にも，たとえば，名古屋高判平14・8・29判時1831号158頁を参照。なお，同様の解釈は，3で見る承継的共犯を否定した場合にも可能である。207条の適用例として，大阪地判平9・8・20判タ995号286頁，東京高決平27・11・20東高刑時報66巻1～12号103頁などを参照）。

　一部には，この特例は「誰も傷害の罪責を負わない」という最も不都合な事態を回避するためにのみ適用しうる，という前提に立ちつつ，この事例においては少なくともYが傷害の罪責を負うから適用不能である，と述べてこのような解釈に反対する主張も見られる（なお，承継的共犯を否定した場合について，大阪高判昭62・7・10高刑集40巻3号720頁を参照）。もっとも，そのような主張は論証されざる前

提を勝手に先取りするものであって，十分な根拠を欠いているように思われる。ただし，たとえこのような解釈が成り立ちうるとしても，207条の厳格な要件とあいまって，共犯関係の解消を否定した場合ほど広い範囲で傷害の罪責を問いうるわけではない，という点には十分な注意が必要であろう。たとえば，そもそもAの傷害がXの離脱後に生じたことが証拠により認定可能であったり，たとえそうでなくても，離脱前後の暴行が機会の同一性を欠いたりすれば，共犯関係の解消を否定することによってのみ，Xにも傷害の罪責を問いうることになる。

なお，この特例の適用を肯定する見解のなかには，①終始，共犯関係がない場合のほうがXの罪責が重くなるのは不均衡であるとか，②X側がむしろ当初の共謀の存在を主張し，検察官がこれを争うというのは訴訟活動として不自然である，などといった根拠をあげるものもある。もっとも，①単独犯のほうが犯情が軽いなどということは一律にはいえないし，また，②たとえば，（軽い）本犯の幇助と（重い）盗品関与の併合罪として起訴された被告人側が，（盗品関与のほうを適用されないために）本犯の幇助ではなくむしろ共同正犯であると主張し，検察官がこれを争うというのは自然な訴訟活動として広く承認されているのであるから，それと同じに考えてよいであろう。結局，この特例を適用しえないとする条文上の根拠がなんら見当たらないことが決定的なのであって，①や②のような，その妥当性が疑わしい実質論にわざわざ依拠する必要性は存在しないように思われる。

ところで，近年においては因果性遮断説を出発点としつつも，共犯の因果性が遮断されていないという一事をもってただちに共犯関係の解消を否定すべきではなく，さらに次のような共犯関係が解消されたものと解すべき独自の類型を認めようとする立場が有力になっている（詳しくは，小林・前掲『刑法総論の理論と実務』571頁以下を参照）。

1つ目は「別個の犯罪事実」という類型である。たとえば，最終的に残余者が離脱者の当初において提供した手段を用いて犯行を実現したが，実際には，残余者はいったん犯意を確定的に放棄したのち新たに犯意を形成して犯行に及んだとか，当初のものとは実質的に見て同一性を欠くような犯行計画へと変更したうえでこれを実現した，という事例においては因果性が残っていても共犯関係の解消を認めるべきものとされる。もっとも，そのような事例においては規範的に見て因果性が遮断されたものと評価しうるのであるから，共犯関係の解消は因果性遮断説だけからでも十分に導くことができよう。

2つ目は「残余者による一方的な排除」という類型である。たとえば，離脱者が侵入窃盗に必要不可欠な合鍵を入手し，これを共犯者に交付したのち翻意してその返還を迫ったところ，残余者が離脱者を殴打して失神させたり，離脱者に合鍵とそっくりの別の鍵を渡してだましたりして返還を免れ，最終的に合鍵を使って侵入窃盗を成功させた，という事例においては因果性が残っていても共犯関係の解消を認めるべきものとされる。しかし，離脱者その人は犯行計画の実現にとってほとんど役に立たず，ただ，離脱者が持っている物のほうは決定的に重要であるという場合においては，単に途中で残余者から用無しとして切り捨てられたというだけで，安易に共犯関係の解消を認めるのは不当であろう。反省して合鍵を返せといったことは，量刑事情として位置づけるべきだと思われる。

3つ目は「離脱者による真摯な努力」という類型である。これは，共犯の中止に関する規定をもつドイツ刑法の解釈をめぐる議論から影響を受けたものであるが，まさにそうであるがゆえに，その本籍は中止犯の成否に存するのであって，共犯関係の解消とは理論的な関係をもたないといってよい。

4つ目は「適法な行為の共謀」という類型である。たとえば，被害者が襲いかかってきたため，離脱者と残余者が意思を相通じて正当防衛による反撃を加えたところ，被害者がおとなしくなり，離脱者はその段階で手を止めたものの，残余者のほうが勢いに駆られて違法な追撃を行った，という事例においては因果性が残っていても共犯関係の解消を認めるべきものとされる。もっとも，このような事例においては，残余者が当初の共謀とそれに基づく反撃による圧倒的な影響のもとで追撃を行っているのであるから，実態として，追撃に関しても共犯関係の存することは否定しがたいであろう。したがって，たとえ追撃については離脱者を処罰すべきでないとしても，その理論的な根拠を共犯関係の解消に求めることは正しくない。むしろ，残余者が違法な追撃に出るリスクを勘案してもなお，たとえば，離脱者だけでは身を守れないためやむをえず残余者の力を借りたのだ，などといった事情により反撃が（正当防衛として）許されるときは，たとえそのリスクが現実化したとしてもやはり許容の効果は維持される，という発想に基づいて違法性を阻却すべきであろう。

以上で見てきたように，共犯関係の解消を規律する考え方としては，因果性

遮断説のみで十分であるように思われる。

2.　（裁）判例

　古い（裁）判例には，被告人XがYとともにA宅に強盗に入り，包丁を突きつけて金を出せと脅迫したところ，Aの妻Bが900円を差し出したが，Xはこれを拒絶し，Yに「帰ろう」といって表へ出たものの，その後3分ほどして900円を受け取ったYが出てきた，という事案においてXにも強盗既遂の罪責を問うたもの（最判昭24・12・17刑集3巻12号2028頁），他の3名と窃盗を共謀した被告人が現場に至る前に自発的に窃盗の意思を放棄し，これを他の共謀者にも明示したうえ引き返したが他の共謀者はそのまま窃盗を遂行した，という事案において，実行の着手前に中止する旨を明示して他の共謀者がこれを了承した以上，共謀はまったくなかったのと同一に評価すべきである，と述べて窃盗罪の共同正犯を否定したもの（東京高判昭25・9・14高刑集3巻3号407頁），数人が強盗を共謀し，その用に供すべき匕首を磨くなど強盗の予備をなしたあと，そのうちの1人が非を悟り犯行から離脱するため現場を立ち去ったが，残余者はそのまま強盗を遂行した，という事案において，離脱する旨の明示的な表意がなくても残余者は黙示の表意を受領したものと認めるのが相当である，と述べて1人については強盗予備罪にとどめたもの（福岡高判昭28・1・12高刑集6巻1号1頁）などがある。これらはおそらく実行の着手の前後で基準を使い分ける発想に基づくものと思われるが，9.4.2（1）で述べたように，それは理論的に正しくないだけでなく具体的な結論においても妥当性を欠く場合があろう。

　もっとも，その後の判例は因果性遮断説のほうへと接近していく。具体的には，実行の着手前の離脱であっても，離脱しようとする者が共謀者団体の頭にして他の共謀者を統制支配しうる立場にあれば，離脱者において共謀関係がなかった状態に復元させない限り共謀関係の解消がなされたとはいえない，と述べるもの（松江地判昭51・11・2刑月8巻11＝12号495頁。類似の判断として，旭川地判平15・11・14公刊物未登載がある），共犯者方において共犯者とともに被害者に暴行を加えた被告人が「おれ帰る」といっただけで共犯者方を立ち去り，その後ほどなくして共犯者はさらに被害者に暴行を加えて死亡させたが，死の結果が被告人の帰る前と後のいずれの暴行によって生じたものかが断定で

きない，という事案において，被告人が帰った時点では共犯者においてなお制
裁を加えるおそれが消滅していなかったのに，被告人において格別これを防止
する措置を講ずることなく成り行きに任せて現場を去ったにすぎないのである
から，共犯者との間の当初の共犯関係がその時点で解消したということはでき
ない，と述べて傷害致死の罪責を負わせたもの（最決平元・6・26刑集43巻6
号567頁），被告人が共犯者数名と住居に侵入して強盗に及ぶことを共謀した
ところ，共犯者の一部が家人の在宅する住居に侵入したのち，見張り役の共犯
者がすでに住居内に侵入していた共犯者に電話で「犯行をやめたほうがよい。
先に帰る」などと一方的に伝えただけで，被告人において格別それ以後の犯行
を防止する措置を講ずることなく待機していた場所から見張り役らとともに離
脱したが，残された共犯者らはそのまま強盗に及んだ，という事案において，
被告人が離脱したのは強盗行為に着手する前であり，たとえ被告人も見張り役
の電話内容を認識したうえで離脱し，残された共犯者らが被告人の離脱をその
後知るに至ったという事情があったとしても，当初の共謀関係が解消したとい
うことはできない，と述べて住居侵入のみならず強盗（致傷）についても共同
正犯を認めたもの（最決平21・6・30刑集63巻5号475頁）などがある。とくに
最後のものは，実行の着手前であっても，不法への現実化を防止する措置を講
じなければ共犯関係は解消されないことを明言しており，注目に値しよう。

　なお，以上のほか，興味深い（裁）判例として次のようなものがある。

　当初は殺人の共謀を行った被告人が途中で実行する気を失い，そのままのら
りくらりと実行を放置していたところ，業を煮やした共犯者が別の者に実行さ
せることにした，という事案において殺人未遂に関する共謀からの離脱を認め
たもの（大阪地判平2・4・24判タ764号264頁）。これは「別個の犯罪事実」の
類型に属するものと評価しえよう。

　被害者からの侵害に対し，被告人を含む複数人が共同して防衛行為としての
暴行に及び，被害者からの侵害が終了したのちになおも一部の者が暴行を続け，
被害者に傷害を負わせた，という事案において，のちの暴行を加えていない者
について正当防衛の成否を検討するにあたっては侵害現在時と侵害終了後とに
分けて考察するのが相当であり，侵害現在時における暴行が正当防衛と認めら
れる場合の侵害終了後の暴行については，侵害現在時における防衛行為として

の暴行の共同意思から離脱したかどうかではなく新たに共謀が成立したかどうかを検討すべきであって，共謀の成立が認められるときにはじめて侵害現在時および侵害終了後の一連の行為を全体として考察し，防衛行為としての相当性を検討すべきである，と述べて被告人を無罪としたもの（最判平6・12・6刑集48巻8号509頁）。やや分かりにくい表現が用いられているが，実質的には，一般論として「適法な行為の共謀」の類型を承認したものと評価することができよう（他方，故意を否定するにとどめたものとして，東京地判平14・11・21判時1823号156頁を参照）。もっとも，あくまでこの事案に限って見れば，そもそも因果性遮断説に基づき，侵害終了後の暴行については共犯関係の解消を肯定しうるものであったともいいうるかもしれない。

　被告人が共犯者とともに駐車場で被害者に暴行を加えたのち，いったん暴行が中止され，被告人が被害者をベンチに連れて行って「大丈夫か」などと問いかけたのに対し，腹を立てた共犯者が被告人と口論になり，いきなり被告人を殴りつけて失神させたうえ，被告人をその場に放置したまま他の共犯者と一緒に被害者ともども岸壁におもむき，そこでさらに被害者に対して暴行に及んだが，被害者に生じた傷害の一部についてはいずれの暴行によるものであるかが明らかでない，という事案において，共犯関係は被告人に対する暴行とその結果失神した被告人の放置という共犯者自身の行動によって一方的に解消された，と述べたうえで同時傷害の特例を適用したもの（前掲名古屋高判平14・8・29）。「残余者による一方的な排除」の類型にあたると思われるが，たしかに，離脱者その人がグループにいることによる不法促進の関係は失われたといってよいであろう。もっとも，離脱者が当初において与えた物理的な寄与が重大であり，離脱者その人がグループから外れたとしてもなおその寄与が残存しているような事案であったとすれば，安易に共犯関係の解消を認めるべきではないと思われる。

【「抜き」の処理】

　近時，実務的に重要な問題とされているのは，組織的かつ継続的に行われる特殊詐欺において，共犯者の一部が他の共犯者に隠れて詐取金を領得してしまう事案の処理であり（東京高判平30・5・16公刊物未登載，東京地判平31・2・6公刊物未登載などを参照），このような事案は俗に「**抜き**」とよばれている。「別個の犯罪事実」

や「残余者による一方的な排除」の類型にあたることも考えられよう。もっとも，共犯者の一部による欺罔や受交付が（他の共犯者を含んだ）組織によって定立された手法や手段を用いて行われ，ただ，被害者から交付された金銭の最終的な使われ方が他の共犯者が想定したところと異なっていた，というだけでは，他の共犯者につき因果性が遮断（ないし，幇助の程度まで減弱）されたとも，あるいはまた，詐欺の故意が欠けるともいいがたいように思われる（たとえ他の共犯者が共犯者の一部による個別具体の犯行を認識していなかったとしても，この種の事案においては包括的な共謀や概括的な故意の認められることがほとんどであろう）。

9.4.3 承継的共犯

1. 総　　説

　先行者の犯行に途中から加わった後行者がいかなる範囲において共犯としての罪責を負うか。これを**承継的共犯**の問題とよび，この途中からの参加は途中からの離脱である共犯関係の解消とセットで扱われることが多い。具体的には，①先行者が被害者に暴行を加えて傷害を負わせたのち，後行者が共謀加担し再び暴行を加えてさらに傷害を負わせたとか，②先行者が被害者を欺罔して錯誤に陥らせたうえ，後行者が共謀加担して被害者から財物の交付を受けた，などといった事例における後行者の罪責が問題となりうる。

　近代刑法の基礎である**個人責任の原則**によれば，各人は自己の行ったことに関してのみ刑責を問われうるのであるから，いずれの事例においても，後行者は自己の共謀加担後に行ったことに関してのみ罪責を問われるものと解すべきであろう。いいかえれば，先行者が過去に行っていたことについてまで後行者が引き継いで責任を負う，などという文字どおりの意味における承継的共犯は認められない。もちろん，そのように解すると，「疑わしきは被告人の利益に」の原則のもと，当初から共謀の存在した蓋然性が高いが（当事者は否認しているために）そのことを合理的な疑いを容れない程度に証明することはできない，というしばしば起こりがちな事案において，一見すると不正義に感じられがちな帰結が生じることは否定できない。しかし，それは共謀のような類型的に客観証拠が乏しい犯罪成立要件についても先の利益原則が採用されていることの不可避的な帰結であって，こと承継的共犯の文脈においてのみ過大視するのは妥当でないように思われる。

　なお，学説においては，このような発想を因果的共犯論のコロラリーとして
説明するものが多い。もっとも，厳密に考えると，たとえ責任共犯論や不法共
犯論に立脚したとしても，共謀加担前に生じた先行者の堕落やその犯した不法
は後行者のしわざではありえないのであるから，同様の発想に基づいて承継的
共犯を否定するのが一貫しよう。その意味において，このような説明はやや不
正確であるが，因果的共犯論を当然の前提とした議論であるとすれば理解しえ
なくはない。それはちょうど，共犯関係の解消に関する因果性遮断説が厳密に
は個人責任の原則というより上位の原理から導かれているにもかかわらず，因
果的共犯論を当然の前提としたうえでそのコロラリーと解されているのと同様
である。

　以上のような基本的理解を出発点としておのおのの事例を検討すると，まず
①においては，後行者は共謀加担後の暴行によって新たに生じさせた傷害につ
いてのみ，傷害罪（の共同正犯）としての罪責を負うものと解すべきである。
問題は，共謀加担前後の傷害を截然と区別しえず，ただ，共謀加担後の暴行が
すでに生じていた傷害を相当程度重篤化させたことのみを認定しうる，という
場合の処理である（それさえ認定しえなければ，あとは同時傷害の特例によって後
行者に傷害の罪責を問うほかなく，この結論に異議を唱えるためには，そもそも「疑
わしきは被告人の利益に」の原則を放棄するしかない）。そして，有力な見解は，
このような場合にはいずれにせよ後行者が最終的に生じた傷害に寄与している
のであるから，最終的に生じた傷害そのものについてまで後行者に傷害罪（の
共同正犯）としての罪責を問うてよく，あとは量刑の問題として処理されるに
すぎないという。このように解すれば，重篤化分をより詳細に特定しうる場合
であっても，なお同様に処理しうることとなろう（反対に，射程を限定するもの
として東京高判平 8・8・7 東高刑時報 47 巻 1 ～ 12 号 103 頁を参照）。

　しかし，個人責任の原則のもと，後行者が刑責を問われるべき「自己の行っ
たこと」とは，あくまで「傷害の相当程度の重篤化分」に限られ，もともと生
じていた傷害は除かれなければならないはずである（たとえば，行為者が 100 円
を募金箱に入れた結果，募金総額が 1 億円になったからといって，行為者が 1 億円
を寄付したことになるわけではない）。このような見解の背景には，「相当程度重
篤化させた」という認定が不明確であり望ましくない，という発想があるのか

もしれない（だからこそ，罪となるべき事実ほどの特定性が要請されない量刑の理由に問題を移そうとする）。もっとも，立証を尽くしてもそのようにしか認定されえない事案があるという事実は消せないのであり，だからといって「自己の行ったこと」を超えてまで刑責を問うというのでは本末転倒であろう（先の例でも，行為者がポケット内の金をつかんで数えないまま募金箱に入れたために具体的な金額が判然としないが，とにもかくにも募金総額が1億円になった，という事態は十分に考えられるが，だからといって行為者が1億円を寄付したことにするのはおかしい）。また，罪となるべき事実の記載としても，「相当程度重篤化させた」というのが特定性を欠き不適法であるとはいいがたいように思われる。

　次に②においては，後行者に詐欺罪（の共同正犯）としての罪責を負わせることはできず，せいぜい遺失物等横領罪にとどまるものと解すべきである。詐欺罪の不法は，錯誤に陥った被害者からの財物等の受交付には尽きないからである。具体的にいうと，そもそも勘違いしている者から財物を渡され，そのままにしておいたというのはもちろん悪いことではあるが，それだけでは詐欺罪の重い法定刑を基礎づけうる重大な不法であるとはいえない。そうではなく，当初は事態を正しく認識していた被害者をわざわざ錯誤に陥れ，被害者が自分の大切なものを進んで交付しようとする（財物等の占有保持にとって）非常に危険な状態を作り出す，という欺罔の点もまた詐欺罪の不法の重要な部分を形成しているのである。しかし，後行者はこの重要な部分についてはなんら関与していない。もちろん，後行者が受交付の際，挙動による欺罔を行ったとか，後行者の共謀加担後にも不作為による欺罔を観念しうるというのであれば，後行者にも詐欺罪の責任を問うことは可能であるが，それはもはや承継的共犯の問題ではない。

　なお，以上の議論においては便宜的に傷害罪と詐欺罪のみをとりあげたが，構造的に類似する他の犯罪類型についても同様の議論が妥当すると解してよい。たとえば，先行者が被害者を監禁したのち，後行者が共謀加担して監禁の継続に協力した，という事例においては，後行者は共謀加担後の被害者の移動の自由侵害についてのみ，監禁罪（の共同正犯）としての罪責を負うものと解すべきであろう。また，詐欺罪のほうに類似するものとしては，恐喝罪や強盗罪においても，後行者はそれらの罪の責任を負わないことになる（それぞれ，せい

ぜい遺失物等横領罪と窃盗罪の罪責を問われるにとどまる)。

【承継的共同正犯と承継的幇助犯】

　学説には，承継的共同正犯は認められないが承継的幇助犯は認められうる，というものもある。そのような発想の根底にあると思われるのは，従属的共犯においては構成要件該当性の全体に対して支配を及ぼす必要はなく，むしろその一部に対して促進的な因果性を及ぼせば足りる，という考え方であろう。もっとも，共同正犯を行為支配の観点から基礎づけることの妥当性はさて措くとしても，従属的共犯を不法の一部に対する因果性のみで基礎づけることには賛成できない。個人責任の原則は従属的共犯としての処罰に対しても当然に及ぶのであるから，自己が関わっていない不法の部分については従属的共犯もまた成立しえないものと解すべきであろう。

2. (裁) 判例

　古い判例は，共犯が正犯と同一の罪名でなければならないという前提のもと，たとえば，夫が強盗目的で被害者を殺害後，事情を知って加わった妻がろうそくを照らすことで夫による金品の取得を容易にした，という事案において，強盗殺人罪が一罪であることを指摘しつつ，妻に同罪の幇助犯の成立を肯定した（大判昭 13・11・18 刑集 17 巻 839 頁。そのほか，強盗傷人罪が単純一罪であることを理由にその承継的共同正犯を認めたものとして札幌高判昭 28・6・30 高刑集 6 巻 7 号 859 頁，とくに理由を示さず強姦致傷罪の承継的共同正犯を認めたものとして東京高判昭 34・12・2 東高刑時報 10 巻 12 号 435 頁を参照）。もっとも，そのような前提が不当であることは次第に学説・実務の共通了解となり，その結果，このような古い判例を支持するものもなくなった。

　その後の実務は必ずしも安定せず，たとえば，先行者の生じさせた傷害につき，後行者による承継を否定するもの（福岡地判昭 40・2・24 下刑集 7 巻 2 号 227 頁〔強盗致傷〕，東京高判昭 45・3・20 判時 601 号 100 頁など）も肯定するもの（名古屋高判昭 50・7・1 判時 806 号 108 頁など）も存在したが，最終的に（とくに下級審裁）判例において有力化したのは，承継を後行者が自己の犯罪遂行の手段として積極的に利用した範囲に限定しようとする考え方であった（恐喝罪につき名古屋高判昭 58・1・13 判時 1084 号 144 頁，傷害罪につき前掲大阪高判昭 62・

7・10〔ただし，基準をみたさず承継を否定〕を参照）。しかし，後行者がどのような動機から，いかなる目的をもって中途関与したとしても，関与以前の侵害経過に対しては物理的に影響を与えようがないのであるから，このような考え方もまた，究極的には個人責任の原則に反するものというべきである。

　こうして，近時の最高裁判例は傷害罪の承継的共同正犯が問題とされた事案において，被告人は共謀加担前に先行者がすでに生じさせていた傷害結果については被告人の共謀およびそれに基づく行為がこれと因果関係を有することはないから傷害罪の共同正犯としての責任を負うことはなく，共謀加担後の傷害を引き起こすに足りる暴行によって被害者の傷害の発生に寄与したことについてのみ傷害罪の共同正犯としての責任を負う，と述べつつ，被告人において被害者が先行者の暴行を受けて負傷し逃亡や抵抗が困難になっている状態を利用してさらに暴行に及んだという事実があったとしても，それは被告人が共謀加担後にさらに暴行を行った動機ないし契機にすぎず共謀加担前の傷害結果について刑事責任を問いうる理由とはいえない，と付け加えている（最決平24・11・6刑集66巻11号1281頁）。9.4.3（1）で述べた基本的な考え方とほとんど同一であるといってよい。

　もっとも，さらにそのあとに出された判例には必ずしも趣旨が判然としないものもある。すなわち，先行者による欺罔行為ののち，うそを見破った被害者が警察に相談してだまされたふり作戦が開始され，被害者は現金が入っていない箱を指定された場所に発送したが，被告人は作戦開始を認識しないまま，先行者から報酬約束のもとに荷物の受領を依頼されそのとおりにした，という事案において，被告人は本件詐欺につき，共犯者による欺罔行為がされたのちだまされたふり作戦が開始されたことを認識せずに，共犯者らと共謀のうえ本件詐欺を完遂するうえで欺罔行為と一体のものとして予定されていた受領行為に関与しているから，作戦の開始いかんにかかわらず被告人はその加功前の欺罔行為の点も含めた本件詐欺につき詐欺未遂罪の共同正犯としての責任を負う，というのである（最決平29・12・11刑集71巻10号535頁）。9.4.3（1）で述べたように，被告人にその加功後の侵害経過についてのみ罪責を問おうとしたのでは詐欺未遂罪の共同正犯とはなしえないことにかんがみ，加功前の欺罔行為についても責任を負わせることを可能とする理論構成に腐心したものと思われる

が，結局は特段の理由づけもなく欺罔行為と受領行為の一体性があげられているのみである。みずからの関わっていない欺罔行為についてまで責任を負わせることの論証としては，まったくもって不十分というほかない。実際にも，このような発想に依拠すれば，財物奪取の段階ではじめて共謀加担した後行者に強盗「致死傷」罪の承継的共同正犯までもが成立しうることとなり（致死傷の結果は先行者による暴行・脅迫から生じたものとする），前掲最決平24・11・6が表明した基本的価値判断と齟齬を来してしまうように思われる（現実に強盗致傷罪の承継的共同正犯を否定したその後の裁判例として，東京高判平24・11・28東高刑時報63巻1〜12号254頁を参照。ただし，前掲最決平24・11・6の調査官解説である石田寿一「判解」最判解刑（平24）456頁の段階から，「結合犯や結果的加重犯のように構成要件を充足する複数の行為の一体性が強いと類型的に解される犯罪」においては，実質的に承継を肯定するロジックが用意されていたことに注意を要する）。

【受領行為（受交付行為）の意義】

前掲最決平29・12・11のいうように，被告人がその加功前の欺罔行為についてまで責任を負うとしたならば，欺罔行為の段階で詐欺未遂罪が成立している以上，たとえ受領行為にまで進んでいなくても同罪の共同正犯が成立しうるはずである。もっとも，それは明らかに行き過ぎであるように思われるし，実際，最高裁自身もあくまで受領行為への関与を認定したうえで同罪の共同正犯を肯定しているにとどまる。問題は受領行為が要請される根拠であるが，学説にはそれが詐欺罪の実行行為の一部であることをあげるものもある。たしかに，受領行為（受交付行為）は客体の占有移転という同罪の不法の重要部分を正犯的に帰属されうる行為であるから実行行為の一部を形成する，というのは正しい。しかし，そのような学説は思考方向としては被告人にその加功後の侵害経過についてのみ罪責を問おうとするものであり，不法のもう一方の重要部分は加功の以前に発生してしまっている以上，不法の全体について共同正犯の成立を認めることはできないのである。

9.5 共同正犯の成立要件

9.5.1 総　説

狭義の共犯，ことに，従属的共犯の成立要件が比較的明快であり容易にその外延を画しうるのに対し，共同正犯についてはその限界をめぐってさまざまな

議論がなされてきた。そこで，以下においては共同正犯の一般的な成立要件を概観したうえ，その成否が争われている具体的な問題について検討を加えることとしたい。

共同正犯を定める60条は，「二人以上共同して犯罪を実行した者は，すべて正犯とする」と規定している。そして，犯罪が実行されなければならないのはいわば当然のことであるから，ここで実質的に重要なのは，①「共同して」というのが具体的にはどのようなことを意味しているのか，および，②「正犯とする」というのが現実にはいかなる効果を指示しているのか，という2点である。

まず①については，共同正犯が非従属的共犯であることを意味しているものと解するべきであろう。すなわち，構成要件をみたす正犯を措定したうえ，その背後の者へと処罰を拡張していく従属的共犯の一種ではなく，全員の行為をあわせて構成要件がみたされていれば足りるということなのである。このような非従属的共犯の特徴を**共同性**とよぶ。ただし，いくら共犯の従属性が不要になるといっても，各人の行為が単体で構成要件をみたさなくてよいのは60条があってのことなのであるから，一部の学説のように同条を注意規定にすぎないととらえるのは正しくない。

そこで次に問題となるのは，いかなる場合に共同性が認められるかである。これは刑法の一般理論そのものから内在的に演繹される性質のものではなく，むしろ，「みなで一緒にやった」という社会的評価を基礎づける実体を現実の諸事例から帰納する方法によるしかないであろう。そして，共同性の内容は端的にいうと，各人の行為が互いに他を促進する関係にある（**双方向的寄与**）か，または，たとえ一方向的な寄与であっても，双方がその寄与を認識するとともに一方の認識を他方がさらに認識する，という関係が認められる（**双方向的認識**）場合の2つに集約されうるように思われる。これらのうちいずれかが存在すれば，複数者をひとつの犯罪主体として包括すべき社会的な実体を看取することができよう。なお，実務的には，双方向的認識を**意思連絡**ないし**意思疎通**と表現するのが一般的である。

次に②については，たしかに，正犯のみを処罰しうる場合でも共同正犯は可罰的になるとか，共同正犯に対しても従属的共犯が成立しうる，あるいはまた，

各則に過失犯処罰規定がありさえすればその共同正犯も処罰しうる，などといった効果も無視しえない。もっとも，共同正犯との区別が実務的にも大きな問題となっている幇助犯との関係でいえば，やはり最大の効果は正犯の刑が（減軽されずに）フルに科されることであろう。そうすると，共同正犯が成立するためには①の共同性が認められるだけでは足りず，これに加えて，そのような重い刑を正当化しうるだけの強度の（共犯の）因果性が証明されなければならない。このような要請を講学上，**重要な役割**ないし**重大な因果的寄与**とよぶ。

　以上を要するに，共同正犯の一般的成立要件とは，双方向的寄与ないし双方向的認識によって基礎づけられる共同性と，重要な役割（重大な因果的寄与）の2つであることになる。

【共同性の規範的な基礎】

　共同性の内実が社会的な評価をもとに導かれなければならないとしても，そのような評価の基礎に規範的な考慮がまったく存在しないわけではない。すなわち，複数人がバラバラに行動するよりも一体となって行動するほうが不法の実現される危険性が高まるのであり，そのことに着目して，そのような一体が構成要件をみたしていれば足りるとともに，一体のなかで重要な役割を果たしていれば正犯の刑を科してよいことにしたのが共同正犯という法形象である，と解されるのである。問題は危険性の高められる具体的な根拠であるが，双方向的寄与は関与者間のコーディネーションによる危険の増幅に，双方向的認識は（因果性を及ぼしたほうにとっても及ぼされたほうにとっても）「相手がいること」となったらキャンセルしにくくなるという心理的な作用からくる危険の固定化（その分析哲学的考察については，杉本一敏「意思連絡について」高橋則夫ほか『理論刑法学入門——刑法理論の味わい方』〔日本評論社，2014〕221頁以下および仲道祐樹「共謀による義務付けと共謀の射程」同書235頁以下が重要である）に，それぞれ基礎をおくものということができよう。

　一方，学説では共同性の内容を意思連絡に限る見解が有力である。その具体的な発想は，共同性を犯罪実行についての合意ととらえたうえ，そこから他の関与者への心理的な促進・強化作用が生じるとか，あるいは，関与者どうしの相互調整を類型的に基礎づけるのが意思連絡であるなどとするものである（このような議論については，伊藤嘉亮による「共同正犯における意思連絡の要否と役割」早稲田法学会誌67巻2号〔2017〕95頁以下ほかの一連の論稿が詳しい）。もっとも，まず，前者

は共同性を心理的因果性と混同するものであり，因果性の便宜的な二区分が共同正
犯の成否を分けるというのは不合理な解釈であろう。次に後者については，上位者
から下位者への一方的な指示・命令を想起すれば明らかなように，そもそも相互調
整を共同正犯の必須の要件ととらえることはできない。またこの点を措くとしても，
「類型的」とは「事実上そのようなケースが多い」という意味ではなく，あくまで
「重要でない部分を捨象した」という意味なのであるから，数のうえでは少ないと
いっても，意思連絡なき相互調整による高度の危険創出が重要でないことを論証し
ない限り，結論先取りの誤謬を犯したものと評さざるをえないであろう。

【教唆犯の重要性の低下？】

　共同正犯の成立要件を本文で述べたように考えると，教唆犯の実益は大きく失わ
れることになろう。というのも，通常の教唆犯の事例においては，正犯との双方向
的認識はもちろん，正犯の行為決意をはじめて引き起こしたという点で重要な役割
もまた認められ，そうなるとむしろ共同正犯のほうが成立してしまうからである。
もっとも，理論的に考察するならば，教唆犯の適用事例が減少することそれ自体は
なんら問題ではない。たしかに，教唆犯は立法史的には古くから存在したが，今日
における発展した共犯理論を前提とするとき，一方的に行為決意を惹起することに
着目した関与類型はある意味でいびつなものであって，むしろ処罰の間隙を埋める
という補助的な役割を与えられるべきであろう。具体的には，双方向的認識を欠く
行為決意の惹起である**片面的教唆犯**の事例がそれにあたる。

　たとえば，Yの激高しやすい性格やコンプレックスを知悉するXがこれを利用し
てAを痛い目に遭わせようと考え，Aのアカウントを不正利用してYにそのコンプ
レックスを口汚くののしるメールを送信したところ，案の定Yはこれに激高してA
に暴行を加えた，という事例を考えてみよう。ここでは，XとYとの間に（双方向
的寄与はもちろんのこと）双方向的認識もないから共同性が認められず，したがっ
てXに暴行罪の共同正犯は成立しえない。しかし，そうであるからといって幇助犯
にとどめたのでは，Xが背後の黒幕でありYを操ってAに暴行を加えさせた，とい
う事態の真相に照らして刑が軽くなりすぎる。そこで，一部の学説は**正犯の背後の
正犯**という法形象を提案して，Xを暴行罪の間接正犯にしようとする。もっとも，そ
うすると今度は，背後者がそれを予期していた場合においてのみ，自律的な意思決
定に基づく媒介行為の利用までもが正犯性を備えることになり，合理的な根拠もな
いまま正犯性の標準が分裂してしまうことになろう。こうして，このような事例に
おいてはXを暴行罪の教唆犯とすることが正しい解決である。

　一方，実務に目を転じると，教唆犯は，犯人自身による103条ないし104条への

関与が防御の濫用として可罰的となる場合か，または，犯行の詳細や最終的な成否に独自の関心をもたず，相手に任せるかたちで唆す場合に使用される傾向があるようである。もっとも，まず前者については，因果的共犯論を前提とする限り教唆犯にもならないと解すべきである。次に後者についても，同様の場合で唆しさえしていなくても，たとえば，犯行に不可欠な道具を提供するなど，重大な因果的寄与を及ぼしていれば共同正犯となりうるのであるから，教唆犯にとどめることが妥当であるかにはやや疑問がある。むしろ共同正犯としたうえで，犯行から独自の利益を受けないことは量刑上考慮するにとどめるべきではなかろうか。

9.5.2　実行共同正犯と共謀共同正犯

1.　総　　説

　従来，共同正犯には，その現象面に着目して実行共同正犯と共謀共同正犯の2種類が存在するものといわれてきた。

　実行共同正犯とは，実行行為，すなわち，構成要件に該当する行為を分担する形態の共同正犯を意味する。たとえば，強盗罪の実行行為が暴行・脅迫行為と財物等の奪取行為から成り立っているとして，共同正犯の一方が暴行・脅迫行為を担当するのに対し，他方が財物等の奪取行為を担当する，という具合である。

　かつて支配的であった見解は，このような実行共同正犯こそが共同正犯の本来の姿であると考え，共同正犯が実行行為の一部ずつしか担当していないのにその全部について責任を問われること，すなわち，**一部実行全部責任の法理**の実質的な根拠を，共同実行の意思と共同実行の事実から形成される**相互利用補充関係**に求めていた。もっとも，厳密に考えると，実行共同正犯を共同正犯の原則形態ととらえなければならない必然性はまったくない。たとえば，犯罪組織のトップが部下を集め，一定の犯行計画に基づいておのおのに役割を配分していき，その役割のなかに実行行為が含まれていた，という事例におけるトップは，共同正犯と聞いて典型的に想起されるもののひとつであろう。また理論的に見ても，強盗罪の例でいうと，自分が行ったわけでもない財物等の奪取行為についてまで，「あたかも正犯のように」扱われる根拠が肝要なのであって，その際，自分が暴行・脅迫行為を行っているかどうかはどうでもよいことである。

こうして，実行行為を分担しない形態の共同正犯である**共謀共同正犯**もまた，実行共同正犯と同一の理論的位置を占めるものと解すべきである。

【付加的共同正犯】

実行共同正犯に似た概念として，**付加的共同正犯**とよばれるものがある。たとえば，XとYが一緒にAを射殺しようということになり，物陰に隠れてAが通りかかるのを待ち受けていたところ，Aが姿を現したため，ほぼ同時にけん銃を懐から取り出して発砲したものの，Yの発射した弾だけがAに命中してこれを死亡させた，という事例があげられる。ここでは，XとYにAに対する殺人罪の共同正犯が成立しうるであろうが，厳密に考えると，同罪の実行行為を行っているのはYだけである。というのも，Xの行為がAの死亡を引き起こしているとしても，それはYの自律的決定に基づく行為を介してのことであって，Xは正犯性を欠いているからである。そこで，Xもみずから実行行為を行うつもりで発砲したのであろうが，結局はYの実行行為に付け加わるかたちで共同正犯となった，という意味において付加的共同正犯といわれるのである。

このような理論構造からも分かるように，付加的共同正犯は実行行為を分担しない共謀共同正犯の一種である。ただ，先の事例でいうと，みずから実行行為を行うつもりで，すぐ隣でほぼ同時に発砲するというのは一般にきわめて強度の心理的因果性を基礎づけうるから，共同性とあわせて共同正犯を肯定することは非常に容易であろう。ここで注意を要するのは，Xを共同正犯とするのに発砲という実行行為となりうる行為を行ったことそれ自体ではなく，そのようなことが一般にYに対してきわめて強度の心理的因果性を及ぼすことが重要であることである。したがって，たとえば，Xが内心において「Aにはどうしても死んでもらいたいが，自分の撃った弾で死なれたら寝覚めが悪い」と考えており，Yには絶対に分からないよう自分だけ空砲を撃った，という場合であっても，付加的共同正犯の事例とまったく同様の論証連鎖を経てXは共同正犯になりうると思われる。

2. （裁）判例

判例は古くから共謀共同正犯の観念を承認してきた（知能犯に限られないとしたものとして，大連判昭11・5・28刑集15巻715頁を参照）。もっとも，その理論的な根拠は，複数人の同心一体化により共同意思主体という超個人的な実在が形成され，その構成員の実行行為がこの主体に帰属されることとなる結果，

その責任が構成員全体に割り振られる，という**共同意思主体説**に求められていた。このような発想は個人責任の原則に抵触しかねないため，一部の学説を除いては批判的な態度を示すものが多かったといえよう。

　その後，判例は共謀共同正犯をより慎重に基礎づけようとする。すなわち，2 人以上の者が特定の犯罪を行うため共同意思のもとに一体となって互いに他人の行為を利用し，各自の意思を実行に移すことを内容とする謀議をなし，よって犯罪を実行したような場合においては，共謀に参加した事実が認められる以上，直接実行行為に関与しない者でも他人の行為をいわば自己の手段として犯罪を行ったという意味において刑責の成立に差異を生ずるべきではない，というのである（最大判昭 33・5・28 刑集 12 巻 8 号 1718 頁＝練馬事件）。客観的な謀議行為が認められる事案において，間接正犯との類似性を根拠に共謀共同正犯を基礎づけようとしたものと評価しうるかもしれない（さらに，謀議の証明がないことを理由に原判決を破棄，差し戻したものとして最大判昭 34・8・10 刑集 13 巻 9 号 1419 頁＝松川事件を参照）。

　もっとも，より厳密に考えると，このような基礎づけでは不十分である。具体的にいうと，まず，黙示の意思連絡が存在するにとどまるとか，現場でとっさに意思を相通じたにすぎない（現場共謀の）場合であっても共同正犯とすべき事例は数多く考えられる。次に，支配型の共謀共同正犯であればまだ間接正犯に似ているといえなくもないが，対等型の場合，他人は自己の仲間や協力者とはいえても手段とまでは評価しえないため，間接正犯類似性だけでは共謀共同正犯の一部しか基礎づけられないのである（従属型の場合でさえ，他では調達しがたい犯行に不可欠な道具を提供するなど，強度の物理的因果性を及ぼしていれば共謀共同正犯とすべきであろうが，そのために支配者のほうを自己の手段とよぶのはもはや語義矛盾であろう）。

　そこで，近時の判例はより視野を広げ，客観的な謀議行為がなくても，さらには，自己の手段云々を指摘せずとも共謀共同正犯を基礎づけうるロジックを示そうとしている。たとえば，暴力団の若頭補佐の地位にある被告人が，これを専属で警護するスワットとよばれるボディガードらとの間のけん銃等所持に関する共謀共同正犯として起訴された事案において，被告人はスワットらに対してけん銃等を携行して警護するように直接指示を下さなくても，スワットら

が自発的に被告人を警護するためにけん銃等を所持していることを確定的に認識しながら，それを当然のこととして受け入れて認容していたものであり，そのことをスワットらも承知していたとして黙示的な意思連絡を認めたうえ，スワットらは被告人の警護のためにけん銃等を所持しながら終始被告人の近辺にいて被告人と行動をともにしていたものであり，彼らを指揮命令する権限を有する被告人の地位と彼らによって警護を受けるという被告人の立場をあわせ考えれば，実質的にはまさに被告人がスワットらにけん銃等を所持させていたと評しうる，と述べて共謀共同正犯の成立を肯定したものがある（最決平 15・5・1 刑集 57 巻 5 号 507 頁＝スワット事件）。客観的な謀議行為まで要求せず黙示の意思連絡で足りるとしたうえ，現実の事案において被告人が果たした役割の重要性を根拠に共謀共同正犯を基礎づけたものといえよう。

　なお，この判例は黙示の意思連絡の場合に確定的な認識まで要求するかの口吻を漏らしているが，それはやや読み込みすぎであって，本件においては確定的な認識まで認められるという趣旨にすぎないと思われる。黙示の意思連絡が一律に明示の意思連絡よりも「薄い」というわけではなく，当然すぎて口に出すまでもないという場合も十分に考えられるのであるから，意思連絡の黙示性を認識の確定性によって補うなどという発想は無用であろう。実際，類似の事案において確定的な認識まで認定することなく共謀共同正犯を認めたもの（最判平 21・10・19 判タ 1311 号 82 頁。共謀を否定した第 1 審判決およびこれを是認した原判決を破棄，第 1 審に差戻し）や，異なる事案であるが未必の故意に基づく（廃棄物処理法における不法投棄罪の）共謀共同正犯を肯定したもの（最決平 19・11・14 刑集 61 巻 8 号 757 頁）もある。

　さらに，最近では共謀共同正犯と実行共同正犯のいずれを認めたものであるかが争われるような判例も出されている。すなわち，被告人と相手方が自動車を運転し，速度を競うように高速度のまま赤色信号を無視して交差点に進入した結果，多数者の死傷をともなう衝突事故が発生したところ，被告人が相手方の車両による死傷の結果についてまで危険運転致死傷罪の共同正犯としての責任を負うかが問題とされた事案において，意思を暗黙に相通じたうえ，共同して危険運転行為を行ったことを理由にこれを肯定したものがそれである（最決平 30・10・23 刑集 72 巻 5 号 471 頁）。ただし，この判例自体は黙示の意思連絡

を認定したうえで，共謀共同正犯であっても実行共同正犯であってもみたさなければならない，60条における「共同して犯罪を実行した」という文言をパラフレーズしているだけであるから，論理的にはいかようにも読むことが可能である。そして，本件が典型的な付加的共同正犯の事例であることにかんがみれば，共謀共同正犯に分類するのが整合的であろう。実際，たとえば，被告人が内心において「自分が信号無視してハイスピードで交差点に突っ込むのは怖いからいやだが，小心者と思われたくないからギリギリ手前まで競争に付き合って直前で急ブレーキをかけよう」と考えており，現実にそうしたとしても，相手方がそのことにまったく気づかず本件と同じ死傷結果を引き起こしたとすれば，やはり被告人はそれについて危険運転致死傷罪の共同正犯としての責任を負うことになると思われる。

【共謀の射程】

　共謀という概念は共謀共同正犯であると実行共同正犯であるとを問わず，共同正犯を認定する際に実務において常套的に用いられる汎用性が高いものである。そのためもあってか，共同正犯の成立がなんらかの主観面の不足により制限される場合を**共謀の射程**ということばで表現することも多い。たとえば，共同して侵入窃盗を行った者のひとりが「戦利品」の少なさに不満をもち，勝手に家人を起こして暴行・脅迫を加え，その隠し持っていた金品をさらに強取した，という事例においては，そのひとりが行った強盗罪は当初の窃盗にかかる共謀の射程外であるから，他の者は強盗罪の共同正犯にはならない，などと説明される（裁判例として，昏酔強盗の共謀に基づく強盗致傷罪を否定した東京地判平7・10・9判時1598号155頁，共犯者が予期しない物を強取した場合にも共同正犯を肯定した名古屋高判平15・6・19公刊物未登載などを参照）。

　もっとも，（故意犯の）共同正犯の主観的成立要件は単一のものではなく，複数が異なる理論的な位置づけをもって存在している。（強度の）心理的因果性や（共同性のひとつである）双方向的認識，故意などがあげられよう。しかも，おのおのが否定された場合の法的効果もまた必ずしも同一ではないのである（物理的因果性が認められない限り，心理的因果性が完全に否定されればいかなる関与類型も成立しえないが，双方向的認識ひいては共同性が否定されるだけなら従属的共犯の成立する余地が残るし，また，故意が否定されるだけであれば過失犯の共同正犯がなお成立しうるかもしれない）。したがって，理論的観点からするならば，共謀の射程などと

いう「雑な」概念の使用は慎み，端的に個別の主観的成立要件を慎重に検討していくべきであろう。先の事例でいうと，侵入窃盗が（事後）強盗に発展していくことはよく見られる現象であり，心理的因果性を否定することはできないかもしれないが，双方向的認識や少なくとも故意は肯定しがたいように思われる。

9.5.3　共同正犯と幇助犯の区別

1.　総　　説

　被告人が共同正犯として起訴された際，しばしば争われるのが「被告人は幇助犯にとどまるのではないか」という点である。幇助犯であれば刑が必要的に減軽されるためであり，被告人側の主張がとおれば罪となるべき事実の認定が幇助犯に落ちることになる。そこで問題となるのは，理論的にはいかなる観点に基づいて共同正犯と幇助犯を区別すればよいかである。

　9.5.2 までで述べてきた共犯の一般理論に照らすならば，共同性が認められる事案であることを前提として，不法の実現にあたって重要な役割を果たした者が共同正犯，そうでない，軽微な役割を果たしたにとどまる者が幇助犯になるというべきであろう。何が重要であり何が軽微であるかは難しい問題であるが，①実行行為を分担していない者については，支配的な影響力を行使しているわけでもなく，かつ，容易に代替可能な寄与しか行っていなければ軽微と評価するべきであろう。また，②実行行為を分担している者については，分担していない部分は①と同様に考えたうえで，分担している部分とあわせても不法全体として見れば重要人物とはいいがたい，という例外的な場合に限って軽微と評価すべきであると思われる。

　一方，実務においては，**自己の犯罪**としてこれを行った者が共同正犯，**他人の犯罪**に加担したにとどまる者が幇助犯である，と表現されることも多い。もっとも，それだけでは多分に比喩的な表現にとどまるのであり，具体的な事案を解決するための基準とはなりえないであろう。ただし，そのような表現のもとで実際に考慮されていることがらは，役割の重要性（軽微性）と実質的に異ならないように思われる。

2.　（裁）判例

　共同正犯と幇助犯の区別が争われた著名な（裁）判例としては，他の共犯者

らが現金輸送車を襲撃して現金 4700 万円余りを強取した際，逃走のための車を運転して 200 万円を受領した，という事案において，被告人が果たした役割は軽微なものではなく，むしろ必要不可欠なものであったことなどを認めながら，被告人に他の共犯者らの行為を利用してみずからも強盗をする意思があったとは認めがたい，と述べて強盗幇助罪にとどめたもの（千葉地松戸支判昭 55・11・20 判時 1015 号 143 頁。運転手役を侵入窃盗の幇助犯としたその後の裁判例として，東京高判平 15・1・23 東高刑時報 54 巻 1 ～ 12 号 1 頁がある），被告人がタイ国からの大麻密輸入を計画した A からその実行担当者になってほしい旨頼まれるや，大麻を入手したい欲求にかられ，執行猶予中の身であることを理由にこれを断ったものの，知人の B に対し事情を明かして協力を求め，同人を自己の身代わりとして A に引き合わせるとともに，密輸入した大麻の一部をもらい受ける約束のもとにその資金の一部（20 万円）を A に提供した，という事案において大麻密輸入の共謀共同正犯を認めたもの（最決昭 57・7・16 刑集 36 巻 6 号 695 頁），被告人がけん銃等の密輸入に関し，A と B の間をとりもって両者がけん銃等密輸入の話し合いをする機会を作るとともに，帰国後 A から B への連絡を取り次ぎ，A が入手した融通手形の割引を金融業者に依頼してその割引金を B を介して A に届け，A と B がバンコク市へ渡航するための航空券を手配した，という事案において，いまだ被告人において A らと密輸入へ向けての共同意思のもとに一体となって同人らの行為を利用して自己の意思を実行に移すことを内容とする謀議を遂げたとは認定しえない，と述べて幇助犯にとどめたもの（大阪地判昭 58・11・30 判時 1123 号 141 頁），被告人が強盗を計画した共犯者らから襲撃用の漁船の貸与を依頼され，チャーター料 60 万円で承諾したもののその後に怖くなって承諾を撤回したところ，実行の前日になって再度共犯者らから頼まれて断りきれず，やむなく待ち伏せのために使う漁船を犯行現場まで回航させた，という事案において，共同正犯が成立するには等価的分担関係か，実質的支配または利用関係が存在することが必要であるとしつつ，いずれをも否定して被告人を幇助犯にとどめたもの（長崎地佐世保支判昭 60・11・6 判タ 623 号 212 頁）などがある。

　こうして見ると，実にさまざまな基準に基づいて共同正犯と幇助犯の区別が行われているようにも思われるが，実際にはそうではない。というのも，説示

のなかで掲げられている事情が基準を構成する主要事実であるとは限らず，むしろそのような事実を推認させる間接事実であるにすぎない場合も多いからである。たとえば，共同正犯とされる際に多額の分け前に与ったことが指摘されることが多い。しかし，犯行から多額の利益を得たことそれ自体が不法類型としての重大性を基礎づけているわけではなかろう。そうではなく，そのような事情が犯行において果たした役割の重要性を推認させ，むしろこちらのほうが共同正犯を基礎づけているものと解されるのである。さらに，正犯意思などという明らかな主観面が主要事実を形成しているように思われる場合であっても，それが客観面において要請されている役割の重要性の認識，すなわち共同正犯の故意であるにすぎないケースもある。このように，実務における表面的な言い回しに振り回されることなく，そこで行われている判断の実質のほうに目を向けるならば，結局は役割の重要性（軽微性）が個別具体の事案に即して慎重に検討されているにとどまるように思われる。

9.5.4　片面的共同正犯

　意思連絡すなわち双方向的認識を欠く共犯を**片面的共犯**という。もっとも，このうち（従属的共犯としての）片面的幇助犯が成立しうることにはほとんど争いがない（肯定例として，大判大14・1・22刑集3巻921頁，大判昭3・3・9刑集7巻172頁，東京地判昭63・7・27判時1300号153頁などを参照）。また，片面的教唆犯については争いがあるものの，不当な処罰の間隙を埋めるという観点からはこれを肯定すべきである。一方，最大の論争を形成しているのは**片面的共同正犯**が認められるかである。

　有力な学説は共同正犯を特徴づける共同性の本質を意思連絡のみに求め，これを欠く片面的共同正犯などというものは概念矛盾であるという。もっとも，共同性は意思連絡のみによって基礎づけられうるわけではなく，双方向的寄与が認められることにより複数者を一体として評価し，それゆえ共同性を肯定することも十分に可能である。したがって，このように双方向的寄与により共同性が基礎づけられうる場合には，片面的共同正犯もまた成立しうるものと解すべきである。

　以上を具体例に即して見ると，まず，YがAを殺害しようと凶器を携えて

徘徊していることを知ったXが，同じくAのことを恨んでいたためこれを呼び出すふりをしてYが徘徊している辺りに行かせた結果，AはYに発見され殺害された，という事例においてはXに殺人罪の片面的共同正犯は成立しえないであろう。というのも，ここでは意思連絡が存在しないのみならず，Yの行為がXの行為に対してなんらの因果的影響も与えていないからである。これに対し，WがBと強いて性交しようとするにあたり，Bのことを恨んでいたZが闇に紛れてこっそりBの身体を押さえつけておいたために，Wはきわめて容易に性交を完遂することができた，という事例においてはZに強制性交等罪の片面的共同正犯が成立しうることになる。というのも，ここでは「Zが押さえつけておくからこそWの犯行が容易になる」というだけでなく，その逆，つまり，「Wが犯行を継続するからこそZも押さえつけておく」という関係もまた認められるからである。それは双方向的寄与として共同性を基礎づけうるであろう。

　ところで，先の事例におけるXは，Yの行為決意を惹起しているわけではないから殺人罪の教唆犯とはなりえず，せいぜい幇助犯にとどまる。しかし，YがAの居所に関する手がかりをもっておらず，独力では絶対にこれを発見しえなかったとすれば，わざわざAをだましてYのもとへ向かわせたXの不法実現に対する因果的な寄与は重大である。そうすると，Xの刑を必要的に減軽するという結論には疑問も生じよう。さりとて，Xを（Yという正犯の背後の）正犯とするのは，正犯の標準を合理的な根拠なく分裂させるものであって妥当でない。このように，重大な因果的寄与を及ぼしているものの，共同性が認められないために幇助犯となる者まで視野に入れると，わが国の刑法における刑の減軽が原則として半減であることとあいまって，必要的減軽という幇助犯の処断刑に生じる法的効果はやや強すぎるように思われる。立法論としては再考の余地があろう。

　なお，判例には，被告人YがA方へ押し寄せたのを聞き知った被告人Xがその襲撃に参加し，A方住宅内に石煉瓦等を投げ込み，抜刀を振って屋内に侵入し，これを畳に突き立てながらAらを脅迫した，という事案において共同正犯を否定したものがある（大判大11・2・25刑集1巻79頁）。これは一般に片面的共同正犯を否定した先例ととらえられているが，意思連絡とともに双方向

的寄与もまた証明されていないのであるから，これをもって判例が一律に片面的共同正犯を否定しているものと解するのは失当であろう。

9.5.5　過失犯の共同正犯

1. 否 定 説

　共同正犯に関する 9.5.4 までの論述においては，もっぱら故意犯を念頭においてきた。これに対して，過失犯においても共同正犯が認められるか，認められるとして，それはどのような理論的根拠に基づきいかなる範囲においてか，という点は学説・実務における論争問題とされてきたのである。ただし，故意犯と過失犯のコンビネーションである結果的加重犯においては，少なくとも故意による基本犯の部分に関して共同正犯を認めることができ，それを根拠に加重結果についても帰責しうるという解釈が一般的であった。そこで，以下の論述においては純粋な過失犯を念頭におくこととしたい。

　さて，まずは過失犯の共同正犯を否定する立場から見ていこう。

　第 1 に，共同正犯には過失犯処罰規定が存在しない以上，そもそも 38 条 1 項によって過失犯の共同正犯は否定される，という見解がある。もっとも，60 条によれば共同正犯は正犯とされるのであるから，各則に過失犯処罰規定がありさえすれば，その共同正犯を処罰することは 38 条 1 項に反しないはずである。この点において，独自に過失犯処罰規定をもたないため過失による場合を処罰することができない教唆犯や幇助犯とは異なる。

　第 2 に，過失犯においては故意犯におけるのとは異なり正犯と共犯の区別を観念することができず，客観的に帰属可能な不法の惹起はすべて正犯として処罰される，という見解がある。このように，正犯と共犯とで正犯の概念が異なるとする考え方を**二元的正犯概念**，すべてを正犯とする考え方を**統一的正犯概念**とよぶ。もっとも，故意犯と過失犯は不法においては完全に共通しており，ただ過失犯に責任要素としての故意が付け加わったものが故意犯であるという違いがあるにすぎないのであるから，不法の内部における関与類型の区別もまた故意犯と過失犯とで共通していなければならないはずである。

　第 3 に，たとえ過失犯の共同正犯を理論的には観念しうるとしても，これを実際に処罰することは処罰範囲の不当な拡大を招く，という見解がある。もっ

とも，たとえば，工事現場において一緒に石を崖の下に投げ落とす作業に従事
している2人がいたとして，漫然と大きな石を2人がかりで投げ落とし，下を
歩いていた歩行者に命中させて死亡させたら（業務上）過失致死罪の同時正犯
だといって2人とも処罰するにもかかわらず，中くらいの石を交互に投げ落と
し，歩行者に命中させて死亡させたがいずれの投げ落とした石が命中したのか
は分からない，ということになった途端，同罪の共同正犯など認められないか
ら2人とも無罪だというのは不均衡であろう。そして，この不均衡を是正する
ためにあとの場合をも処罰することが，処罰範囲の不当な拡大であるとは到底
思われない。むしろ，無罪とすることこそ処罰範囲の不当な縮小であろう。も
ちろん，ペアの一方には他方に危険な石の投げ落としをさせない作為義務まで
あるというのであれば，あとの場合にも同時正犯を認めることが可能であるが，
そのような義務が常に肯定されうるとは限らない（むしろ，そのような義務が肯
定されうる場合にのみ過失犯の共同正犯を認めるものとして，井田・前掲『講義刑
法学・総論〔第2版〕』528・529頁を参照）。

　このように見てくると，過失犯の共同正犯を一律に否定する立場は妥当でな
いものといわざるをえない。

2. 肯定説

　こうして，過失犯の共同正犯を肯定する立場が妥当である。しかも，9.5.5
(1) でも述べたように，故意犯と過失犯とでは不法の内部における関与類型の
区別もまた共通するものと解すべきであるから，過失犯の共同正犯は理論的に
は故意犯の共同正犯とまったく同じ基準に基づいて肯定されなければならない。

　まず重要な役割については，故意犯におけるのと同じ基準により判断しうる
ことが明らかである。先の，中くらいの石を交互に投げ落とす事例を考えると，
これは付加的共同正犯の一種ととらえることができ，実際に命中した石を投げ
落としたのでないほうも，同じ立場に基づきすぐ隣でせっせと石を投げ落とし
ていたのであるから，他方の投げ落としに対する心理的な影響力は重大であり，
比較的容易に重要な役割を肯定することが可能であろう。

　次に共同性であるが，そのうち双方向的寄与についても，故意犯におけるの
と同じ基準により判断しうることが明らかである。問題は双方向的認識，すな
わち意思連絡のほうである。たしかに，もしそれが故意に犯罪を実現すること

に関するものに限られるとすれば，過失犯において意思連絡を観念することは不可能であろう。しかし，理論的に厳密に考えると，意思連絡とは何も，特定の犯罪をともに実現しようとする合意として，それ自体共同正犯における帰属を基礎づける根拠となるような概念ではない。そうではなく，あくまで複数者を一体として評価することにより，構成要件該当性を個々人の行為について認定せずに済ませられるような，そういった機能的な概念を基礎づける要素のひとつにすぎないのである。そうすると，意思連絡というのもまた，一方の行為が他方の行為に因果的な影響を与えている，という客観的な事実の相互認識で足りるというべきであろう。それが過失犯においても観念しうることは明らかであり，同じ事例でいうと，一方の投げ落としが他方の投げ落としを促進していることは相互に認識されていると思われる。

　一方，実務においては過失が注意義務違反という形態において認定されることが一般的であるため，共同正犯に関しても注意義務の語を敷衍するかたちで説明されることが多い。なかでも最も一般的であるのは，過失犯の共同正犯を「**共同の注意義務に共同して違反した**」場合であるとする定式化である。もっとも，一口に注意義務違反といっても理論的に観察すれば重層的な構造を有しているのであるから，ただ注意義務や違反の語に「共同」という限定句を付けるだけでは十分な説明とはなりえないであろう。そして，そのような注意義務違反の層を個々に見ていく限り，「共同」という限定句が規範的にも限定的な意義をもちうるのは，注意義務違反が（不真正不作為犯における）作為義務違反を意味している場合であろう。いいかえると，先の定式化は不作為犯の共同正犯を，過失犯においてのみことさらに限定する立場を指していることになる。

　それでは，「共同」という限定句は具体的にはどのようなことを意味しているのであろうか。学説においては一般に次の3つの意味にとらえられており，第1に，複数の保障人に課せられる作為義務の根拠および内容が共通していること，第2に，複数の保障人が協力して（つまり，ともに）作為義務を履行してはじめて不法を防止しうること，第3に，複数の保障人が相互に不法をやめさせる作為義務を負っていること，である。もっとも，これらはいずれも故意による不作為犯の共同正犯においては要求されないものであり，過失犯においてのみことさらに要求するためには刑法の一般理論に内在する合理的な根拠が

不可欠であると思われるが，そのような根拠は特段見当たらない。また実質的に見ても，たとえば，大規模な花火大会に際し，観客を適切にコントロールしなければ死傷事故の発生するおそれが強い状況において，本会場の様子をモニター上で監視しながら危険が生じればただちに警察署長および機動隊の指揮官に伝達する義務を負う警察官Xと，花火大会を主催する市から委託を受けて最寄駅から本会場までの交通整理を行うこととされている民間警備会社の社員であり，駅出口の人の流れをモニター上で見ながら現場に誘導の方法を指示する義務を負うYとがたまたま廊下を挟んで向かい合った部屋において職務に従事していたところ，偶然にも互いが小学校の同級生であったことに気づき，昔話に花を咲かせているうちに両者とも職務のほうがおろそかになった結果，本会場と駅出口付近で人雪崩が起きそれぞれAらとBらが死亡した，という事例においては（不作為による）業務上過失致死罪の共同正犯を認め，XとYにはそれぞれBらとAらの死亡についてまで責任を負わせるべきであろう。

　こうして先の定式化は妥当でなく，不作為犯の共同正犯についても故意犯と過失犯とで成立要件はなんら異ならないものと解すべきである。

3.（裁）判例

　かつて，大審院の判例は共犯に関する総則が過失犯に適用しえないことを理由に過失犯の共同正犯を否定していた（大判明44・3・16刑録17輯380頁）。もっとも，最高裁に入ると過失犯の共同正犯が認められるようになり，たとえば，メタノールを含有する液体を過失により客に販売した有毒飲食物等取締令違反に関し，飲食店が被告人両名の共同経営にかかるものであり，液体の販売についても意思の連絡があったことから同罪の共同正犯を肯定したのである（最判昭28・1・23刑集7巻1号30頁）。また下級審裁判例でも，2人が共同して素焼きコンロで煮炊きを行い，加熱発火を防止する措置を講じることなく帰宅したため火災が発生した事案（名古屋高判昭31・10・22裁特3巻21号1007頁。失火罪），2人が酔余観光船に乗り込み，それぞれ操舵と機関部の操作を行って同船を座礁させ破壊した事案（佐世保簡裁略式命令昭36・8・3下刑集3巻7＝8号816頁。過失往来妨害罪），2人制踏切の踏切警手らが列車の接近の確認を怠り，遮断機を閉鎖しなかったため衝突事故が発生した事案（京都地判昭40・5・10下刑集7巻5号855頁。業務上過失致死罪），鉄工所の従業員2人が溶接工事を行

うにあたって遮蔽措置をとらず，一方が溶接し他方が監視するという方法で溶接を交代しながら実施したため火災が発生した事案（名古屋高判昭 61・9・30 判時 1224 号 137 頁。業務上失火罪）などにおいて過失犯の共同正犯が認められている。

　さらに，平成に入るころからは「共同の注意義務に共同して違反する」という定型文が（裁）判例において好まれるようになり，たとえば，被告人両名がそれぞれトーチランプを 1 個ずつ使用して解鉛作業を行っていたところ，現場を立ち去るにあたってトーチランプの火が完全に消えているかを相互に確認しなかった結果，火が消えていなかった 1 個のトーチランプの火が電話ケーブルを覆っていた防護シートに着火し，火災に至った，という事案において，共同の注意義務を怠った共同の行為があるとして業務上失火罪の共同正犯を認めたものがある（東京地判平 4・1・23 判時 1419 号 133 頁＝世田谷ケーブル事件）。

　一方，一般論としては過失犯の共同正犯という観念を承認しつつも，具体的な事案との関係でその成立を否定した（裁）判例もある。具体的には，木造建物の屋上工事の最中に被告人と他の従業員らが同時に喫煙をした結果，いずれかにより火を失して他人の現在する建造物を焼損した，という事案において，喫煙について意思を通じ合ったとか共同の目的で喫煙をしたというような関係は認められない，と述べて重失火罪の共同正犯を否定したもの（秋田地判昭 40・3・31 下刑集 7 巻 3 号 536 頁），花火大会に際し，歩道橋上で発生した雑踏事故から生じた死傷結果について，副署長ないし署警備本部副本部長として署長を補佐する立場にあった被告人と，警備計画策定の第一次的責任者ないし現地警備本部の指揮官という立場にあった地域官との間に業務上過失致死傷罪の共同正犯が成立しうるかが争われた事案において，共同の注意義務に共同して違反したことが過失犯の共同正犯を基礎づけるとの一般論を述べたうえで，被告人と地域官がそれぞれ分担する役割は基本的に異なっていたこと，および，事故発生の防止のために要求されうる行為も異なっていたことから，事故を回避するために両者が負うべき具体的注意義務が共同のものであったということはできない，として業務上過失致死傷罪の共同正犯を否定したもの（最決平 28・7・12 刑集 70 巻 6 号 411 頁＝明石歩道橋事件）などがある。

　注意義務や違反の語に「共同」という限定句を付けることにより過失犯の共

同正犯の成立範囲を絞る，という発想からはとりわけ否定例が目を惹く。もっとも，具体的な事案を見ると，そもそも複数者の行為が（たまたま時・所を同じくするだけで）因果的な影響という観点よりすればバラバラになされているのであるから，共同正犯の一般的成立要件としての共同性自体がはじめから認められないものばかりである。したがって，実務においても「共同」という限定句が本当に規範的な限定作用を及ぼしているかには疑いがあろう。

9.6 共犯論の諸問題

9.6.1 身分犯の共犯

1. 総　説

身分犯の共犯については 65 条が定めており，具体的には，1 項が「犯人の身分によって構成すべき犯罪行為に加功したときは，身分のない者であっても，共犯とする」と，2 項が「身分によって特に刑の軽重があるときは，身分のない者には通常の刑を科する」と規定している。そして，1 項に定められているような，それがあることではじめて犯罪となる身分のことを**真正身分**（**構成的身分**），2 項に定められているような，いずれにせよ犯罪とはなるけれどもその有無によって刑の軽重がある身分のことを**不真正身分**（**加減的身分**）とよぶ。

さて，65 条を字句どおりに適用すると，真正身分犯に関しては 1 項により身分を欠く関与者もまた身分犯の共犯となるにもかかわらず，不真正身分犯に関しては 2 項により身分を欠く関与者は非身分犯の共犯にしかなりえないことになる。もっとも，ある身分犯が真正身分犯であるか，それとも不真正身分犯であるかは「身分を欠く関与者の罪責をどうすべきか」という観点から決められるものではなく，あくまで「一定の主体に限って加重（減軽）類型を設けるべきか」という，犯情の構成要件化にかかる立法技術的な考慮から決められる性質のことがらなのである。そうすると，65 条を字句どおりに適用するという解釈は合理性を欠いており，むしろ「身分を欠く関与者の罪責をどうすべきか」という観点からする目的論的解釈のほうが望ましいといえよう。

それでは，身分を欠く関与者の罪責はどのようにして定められるべきであろうか。それは端的にいえば，そこにいう身分が刑法の一般理論上いかなる地位を与えられるべきか，という観点から出発する方法である。すなわち，ある行

為が身分を備えることにより新たな不法を実現することとなる場合には，身分を欠く関与者であっても身分者を介することにより新たな不法の実現に寄与できるから身分犯の共犯とすべきである。このような身分のことを**違法（不法）身分**とよび，また，身分犯の共犯となる帰結のことを**違法身分の連帯性**という。これに対し，ある行為が身分を備えることにより責任を構成ないし加重するにとどまる場合には，身分を欠く関与者はあくまで自己の責任に基づいて処罰されるべきであるから非身分犯の共犯にとどめるべきである。このような身分のことを**責任身分**とよび，また，非身分犯の共犯にとどまる帰結のことを**責任身分の個別性**という（西田典之『共犯と身分〔新版〕』〔成文堂，2003〕167頁以下を参照）。

　このような解釈が抱える最大の問題は，65条の字句どおりの適用と齟齬するというのを超えて，もはや同条の文言を完全に逸脱してしまっているのではないか，という点である。非常に難しい問題であるが，1項にいう犯罪行為を端的に刑法による禁止の対象，すなわち，可罰性そのものではなく不法と読むことが絶対に不可能であるとまではいえないであろう。さらに，2項は1項のそのような読み方を前提としつつ，不法は同じであっても責任の違いにより刑の軽重がある，と読むことがなお可能であるように思われる。

【65条無用論？】

　もし，刑法に65条がなければどうなるであろうか。まず，関与者が各自の責任に基づいて処罰されるべきであるのは当然だから，2項はあってもなくても変わらないように思える。次に，1項もまた因果的共犯論をそのまま適用した帰結にすぎないから，原理的には注意規定にすぎない。要するに，身分犯の共犯の問題を刑法の一般理論に即して解決したうえ，65条をそれに整合するよう読み替えた途端，論理的に同条は無用の規定となるのである。現に判例も，目的のような主観的要素もまた身分にあたるとしながら，営利の目的がある者とない者とが共謀のうえ当時17歳の被害者を誘拐した，という事案において65条を適用することなく営利目的誘拐罪の共同正犯を認めている（大判大14・1・28刑集4巻14頁。そのほか，公職選挙法235条2項所定の「当選を得させない目的」に関する東京高判昭53・5・30高刑集31巻3号143頁，毒物及び劇物取締法3条にいう販売の目的に関する東京地判昭62・9・3判時1276号143頁も参照）。これは実質的には営利の目的を違法身分と解し，65

条 1 項を適用したのと同一の判断といえよう。他方，判例は営利の目的がある者とない者とが共同して麻薬を輸入したという事案において 65 条 2 項を適用し，営利の目的がある者には営利目的輸入罪の刑を，ない者には単純輸入罪の刑を科すこととしているが（最判昭 42・3・7 刑集 21 巻 2 号 417 頁。さらに，東京高判平 10・3・25 東高刑時報 49 巻 1 〜 12 号 13 頁も参照），その実質的な根拠は営利の目的が責任身分であることにあると解されるから，たとえ 65 条がなくても同一の結論が導かれると思われる。

【義務犯の理論】

一部の学説は真正身分犯の処罰根拠を，（刑法外の）一身専属的な義務（特別義務）の違反に求めようとする。これを**義務犯**の理論という（ただし，そのような義務の違反は正犯のメルクマールにすぎない，という学説もある）。それによると，真正身分犯においては，非身分者が身分者に関与した場合の処罰根拠は身分者による義務違反の誘発・促進という特別な内容に求められることになり，そのことを創設的に規定したのが 65 条 1 項であることになる（松宮 308・309 頁などを参照）。

もっとも，そもそも身分犯という観念自体に必ずしも合理性がなく，歴史的な経緯や立法技術的な考慮から主体の限定された構成要件が残存しているにすぎない。したがって，義務犯の理論のように，身分犯に対して積極的に実体を付与しようとする思考方向そのものに方法論的な疑問がある。またこの点を措くとしても，そのような特別な内容の処罰根拠は軽い刑しか基礎づけえないはずであり，端的に身分犯の共犯を認める 65 条 1 項の価値判断とは相容れないように思われる。

【消極的身分？】

たとえば，道路交通法上の無免許運転罪は免許を受けていない者を主体とする身分犯であろうか。一部の学説はこれを肯定し，そのような消極的な記述によって与えられる身分のことを**消極的身分**とよんでいる。もっとも，同法は「免許を受けないで……運転した者」を処罰するだけであり（たとえば，117 条の 2 の 2 第 1 号を参照），そもそも主体が限定されているものと解する必然性はない。むしろ，そのように解することによって，たとえば，免許を受けている者が受けていない者を強制したり，欺罔したりして運転させる行為が同罪を構成しえなくなってしまうのである。こうして，消極的身分などという観念を無用に導入すべきではない（判例も否定的であり，たとえば，医師に無免許医業罪の共同正犯を認めるにあたり，65 条 1 項を適用しなかった大判大 3・9・21 刑録 20 輯 1719 頁を参照）。

　判例は 65 条を字句どおりに適用しているだけであるかにも見えるが，実際には身分の法的な性質に着目し，刑法の一般理論に照らして非身分者にも連帯的な作用を及ぼすべき場合には 1 項を，そうでない場合には 2 項を適用しているように思われる。それは煎じ詰めれば，違法身分と責任身分の区別に対応するものといえよう。

　ただし，判例のなかにはやや特殊な擬律判断を行うものもある。具体的には**二重の身分犯**とよばれる場合であり，たとえば，財物の非占有者が業務上占有者による横領行為に加功すれば，まずは 65 条 1 項により業務上横領罪の共同正犯となったうえで，2 項により単純横領罪の刑が科せられるというのである（最判昭 32・11・19 刑集 11 巻 12 号 3073 頁。さらに，特別背任罪に関する東京高判昭 42・8・29 高刑集 20 巻 4 号 521 頁も参照）。もっとも，たとえ占有者と業務者という二重の身分を観念しうるとしても，おのおのの身分の法的な性質に照らしてその非身分者への作用のあり方を決定したうえ，1 項と 2 項に割り振れば足りるのであって，ここにおいてのみ複雑な法条適用を行う必然性はない。そして，詳しくは各論における議論にゆだねざるをえないが，いずれの身分も行為の違法性を高めるものと解される以上，端的に 1 項のみを適用して，非占有者もまた業務上横領罪の共同正犯とすべきだと思われる。

2.　65 条の文言の具体的解釈

(a)　「共犯」（1 項）の意義

　「共犯」（1 項）には共同正犯も含まれるか。60 条を注意規定と解するときは，非身分者は身分犯の共同正犯とはなりえないであろう。しかし，60 条は創設規定である。また，義務犯の理論に基づき，非身分者はあくまで従属的な関与しかなしえないというものもあるが，そもそも義務犯の理論自体が妥当でない。こうして，「共犯」には共同正犯も含まれると解すべきであろう。判例も同様である（たとえば，大判昭 9・11・20 刑集 13 巻 1514 頁を参照）。

(b)　「者」（2 項）の意義

　「者」（2 項）には共犯のみならず正犯も含まれるか。この問題は具体的には，正犯に加重身分がない一方，共犯に加重身分がある場合の処理に際して議論されてきた。もし「者」に共犯だけでなく正犯もまた含まれるのであれば，身分のある者には身分犯の刑を科するという反対解釈を併用することにより，共犯

に加重身分犯の刑を科することが可能になる（非常習者による賭博を幇助した常
習者に常習賭博罪の幇助犯を認めた判例として，大連判大 3・5・18 刑録 20 輯 932
頁を参照）。

　このような解釈に反対する一部の見解は罪名従属性の貫徹を根拠とし，65
条を適用することによっても共犯の罪名が正犯の罪名を超えることは許されな
いという。しかし，罪名などというものは種々雑多な考慮から決定される理論
的には「不純な」概念であって，そもそも罪名従属性という原則を立てること
自体に問題がある。あくまで共犯は正犯の不法に従属するだけである一方，2
項は責任身分の個別性を定めたものにすぎないのであるから，2 項が適用され
る場合に共犯の罪名が正犯の罪名を超えうるのは当然のことといわなければな
らない。

9.6.2　不作為と共犯

1.　不作為に対する関与

　共犯に関する 9.5 までの論述においては，原則として作為犯を念頭において
きた。それでは不作為犯が問題となる場合，関与類型はどのように決定される
べきであろうか。

　まずは不作為に対して関与する場合である。この点に関し，目的的行為論を
とる有力な見解は，不作為は本来的な意味における行為ではなく，それゆえ，
行為に対して成立する共犯という観念を容れる余地がない，と考えて不作為に
対する関与を一律に正犯とする。もっとも，不真正不作為犯は作為犯と同一の
不法を充足しなければならないのであるから，このような不作為の特別扱いは
できないはずである。また実質的に見ても，不作為者の決意を相当程度強化す
るにとどまるなど，その寄与の小ささにかんがみて刑の減軽がふさわしい場合
にもそうしえなかったり，あるいは，作為に出ようとする非保障人にはたらき
かけてそれをやめさせるとただちに正犯とされてしまったりするなど，明らか
に不当な結論が導かれてしまうであろう。こうして，不作為に対して関与する
場合にも，作為に対して関与する場合と同一の基準に基づいて関与類型が決定
されるべきである。

2.　不作為による関与

　次に，不作為によって関与する場合である。この点に関し，第1の見解は，やはり目的的行為論を前提としつつ，不作為は行為ではないから正犯と共犯の区別を観念しえない，と考えて不作為による関与を一律に正犯とする。しかし，こちらについても，そのような不作為の特別扱いは理論的に正当化されえない。また実質的に見ても，不作為による関与がたとえば結果回避可能性を欠くとただちに（少なくとも既遂犯としては）処罰しえなくなる，というのは妥当でないし，だからといって正犯の要件を緩めると，今度は「やめろ」といわないことで被関与者の決意を相当程度強化するにとどまるなど，その寄与の小ささにかんがみて刑の減軽がふさわしい場合にまで幇助犯を超えて正犯が成立してしまう。こうして，第1の見解は支持しえない。

　これに対して第2の見解は，不作為は作為と異なり積極的に因果の流れを設定するものではないことから，作為に対して不作為により関与する場合には，作為者のみでは構成要件を充足しえない特別な事例を除き，不作為者は幇助犯にとどまるという。もっとも，刑法における因果関係の理論的な構造に照らすと因果の流れに積極も消極もなく，作為に発する因果の流れと保障人の不作為に発する因果の流れとは不法において完全に等価である。また実質的に見ても，作為の成否が不作為者に完全に依存している，その意味において，不作為の寄与が非常に大きい場合にまで，常に幇助犯にとどめて刑を必要的に減軽することは正義に反しよう。こうして，第2の見解もまた支持しえない。

　このように見てくると，不作為によって関与する場合にも，作為によって関与する場合と同一の基準に基づいて関与類型が決定されるべきである。これに対して実務的には，不作為どうしの協働が共同正犯として処理される傾向があるようである。しかし，これもまたなんらかの特別な法理を承認したものではなく，ただ，多くの事案において意思連絡と，不作為者がおのおの単独で不法を防止しようと思えばそうできるという関係，すなわち役割の重要性が認められるからであるにすぎない。

3.　（裁）判例

　実務的に争われることが多いのは，不作為によって関与する場合である。このうち，無罪とされたものは実質的に見て作為義務が否定されたためであろう。いかなる関与類型においてであれ，不真正不作為犯は作為義務がある場合にの

み不法を充足することができる。具体的な（裁）判例としては，会社の取締役である被告人が社長から放火の決意を告げられたもののこれを聞き流し，進んで阻止しなかった，という事案において放火幇助罪を否定したもの（名古屋高判昭 31・2・10 高刑集 9 巻 4 号 325 頁），被告人が X の料理店開店にあたり，被告人名義で飲食店営業の許可を取得し，その名義を X に貸与してやったところ，X は同料理店において売春の場所提供を行い，その後，被告人もうすうすその実態を知ったが放置していた，という事案において売春防止法違反の罪の幇助犯を否定したもの（大阪高判平 2・1・23 高刑集 43 巻 1 号 1 頁），4 名の者がパチンコ店から売上金を集金した集金人に対して強盗致傷を行うにあたり，パチンコ店と同じ経営者が経営する同じビル内のゲームセンターの主任である被告人が，共犯者である従業員から強盗の計画を知らされたものの警察等に通報するなどをしなかった，という事案において強盗致傷罪の幇助犯を否定したもの（東京高判平 11・1・29 判時 1683 号 153 頁）などがある。

　さらに，いったん作為義務が肯定されれば，作為に対する不作為による関与は幇助犯とされることが多いようである。もっとも，それは当該の具体的な事案における寄与の小ささが根拠となっているのであり，不作為の作為に対する構造的な劣位に基づくものではなかろう。具体的には，踊り子が公然わいせつ行為に及ぶのを劇場責任者である被告人が阻止しなかった，という事案において公然わいせつ幇助罪を認めたもの（最判昭 29・3・2 集刑 93 号 59 頁），正犯らがけんかに出かけるのに同行した被告人が，正犯が自身の登録済み日本刀を持ち出したのを黙認した，という事案において銃刀法違反の罪の幇助犯を認めたもの（高松高判昭 40・1・12 下刑集 7 巻 1 号 1 頁），暴力団組長である被告人が，当初は自身に被害者からの債権回収を依頼していた正犯が自動車内で被害者を殺害するのを阻止するために同席していたものの，その後，10 分間ほど席を離れている間に正犯が被害者を殺害した，という事案において殺人幇助罪を認めたもの（大阪高判昭 62・10・2 判タ 675 号 246 頁），内縁の夫が自分の連れ子に暴行を加えて死亡させた際，被告人がこれを制止することなく放置した，という事案において，不作為による幇助犯は作為義務者が不作為により正犯の犯罪の実行を容易にした場合に成立しうるとしつつ，本件においては被告人が内縁の夫による暴行を阻止することが可能であったとして傷害致死罪の幇助犯を認

めたもの（札幌高判平 12・3・16 判時 1711 号 170 頁。類似の判断として，大阪高判平 30・3・22 公刊物未登載がある）などがある。

　なお，そもそも関与が作為によるものであるか，それとも不作為によるものであるかが不分明な場合も存在する。たとえば，被告人両名が同じ運送会社に勤務する後輩であり遊び仲間でもあった X と飲食店でともに飲酒したのち，X から自動車に被告人両名を同乗させて付近の道路を走行させることの了解を求められた折，被告人両名が了解を与え，発進して走行する間も黙認し続けていたところ，X が危険運転致死傷罪を犯した，という事案において，被告人両名の了解とこれに続く黙認という行為が X の運転の意思をより強固なものにすることにより X の危険運転致死傷罪を容易にした，と述べて同罪の幇助犯を認めたものがある（最決平 25・4・15 刑集 67 巻 4 号 437 頁）。おそらく，了解を作為，黙認を（保障人による）不作為ととらえたうえ，ひとつの行為として包括的に評価したものであろう（そのほか，黙ったまま顔を背けることを作為ととらえたものとして大阪高判平 13・6・21 判タ 1085 号 292 頁，単に実行者と行動をともにすることを不作為ととらえたものとして東京高判平 20・10・6 判タ 1309 号 292 頁を参照）。

9.6.3　関与者間の違法の相対化

　関与者の間で違法性が相対化することはありうるであろうか。適法行為を利用する間接正犯が認められうることや，従属的共犯であっても例外的に適法な正犯行為に対して成立しうることとは別に，**適法行為と違法行為との共同正犯**が認められうるかがさらに問題となる。

　一部の学説は，共同正犯の本質を事前の共謀に基づいて違法行為を相互に帰属させあうところに求めつつ，適法行為との間には共同正犯が成立しえないという。もっとも，共同正犯とはそのような特殊な帰属原理に基づく概念ではなく，因果的共犯論に共同性の発想が付け加わったものであるにすぎない。そうすると，適法行為を利用する違法行為が基礎づけられうる場合においては，適法行為と違法行為との共同正犯もまた十分に成り立ちうるといわなければならない。

　たとえば，X と A が激烈に対立しており一触即発の状態であったところ，X

はそのことを秘してYに対し,「Aは交通事故の被害弁償をまったくしないから自分の代理で話し合いに行ってほしい。ただ,Aはけんかっ早く流れによっては殴りかかってくるかもしれないから,そのことは想定しておいたほうがよい」と述べ,Yはこれを引き受けたが,実際にAのもとへおもむくとYをXの手下と思ったAがいきなり殴りかかってきたため,Yはこれに反撃してAを殴打した,という事例を考えてみよう。とくに,交通事故云々は真っ赤なうそであり,Xはただyを使ってAを痛い目に遭わせようと考えていただけであったとする。ここではYが侵害の予期を欠き,自分は正当な理由をもってAとの話し合いにおもむいているものと信じ込んでいるから正当防衛は制限されえず,YによるAに対する暴行それ自体は適法である。一方,Xはわざわざ正当防衛状況を作り出しているから違法性阻却の効果を受けられず,適法行為を利用する違法行為が基礎づけられうる(また,そのことの認識もある)。こうして適法行為と違法行為との共同正犯が認められ,Xだけが暴行罪で処罰されることになる。

なお,判例には,被告人が被害者の行為媒介者に対する侵害を予期し,その機会を利用して行為媒介者に包丁で被害者に反撃して殺害させようと考え,行為媒介者を被害者のもとへおもむかせたところ,実際にそのとおりになったが行為媒介者には積極的な加害の意思がなかった,という事案において,共同正犯が成立する場合における過剰防衛の成否は共同正犯者の各人につきそれぞれその要件をみたすかどうかを検討して決するべきであって,共同正犯者の1人について過剰防衛が成立したとしても,その結果当然に他の共同正犯者についても過剰防衛が成立することになるものではない,と述べたうえで,被害者の行為媒介者に対する暴行は行為媒介者にとっては急迫不正の侵害であるとしても被告人にとっては急迫性を欠く,として行為媒介者に殺人罪の過剰防衛を認めたうえ,被告人は完全な犯罪としての殺人罪になるとしたものがある(最決平4・6・5刑集46巻4号245頁＝フィリピンパブ事件)。もし行為媒介者が過剰にわたっていなければ,適法行為と違法行為との共同正犯を認める趣旨であろう。

もっとも,厳密に考えると,予期や積極的加害意思が急迫性を欠如させるという論理は,あくまで不正の侵害を受ける者についてのみ妥当しうるものであ

る。したがって，本件において，不正の侵害を受けていない被告人の予期や積極的加害意思を根拠として急迫性を否定することはできないはずである。ここでは，被告人の行為が過剰防衛（正当防衛）となるかどうかではなく，むしろ，媒介行為が過剰防衛（正当防衛）となることの効果を被告人の行為が受けられるかどうかが問題になっている，という最も重要なポイントを判例は見落としているように思われる。

【共謀の時点】

　前掲最決平 4・6・5 は共謀の時点を，行為媒介者による殺人行為に求めているようである。それはおそらく，その時点においてはじめて行為媒介者に殺意が生じたためであると思われるが，ここにいう共謀とは共同性を基礎づける意思連絡のことであるから，殺意と連動する必然性は実は存在しない。あくまで本件においては，被告人が行為媒介者に及ぼした因果性の相互認識が行為媒介者による殺人行為の時点で生じた，ということであろう。

9.6.4　共犯と錯誤

　共犯との関係で錯誤が生じた場合において，いかなる範囲で故意犯の成立を肯定することができるであろうか。

　第 1 に問題となるのは，X が Y に対して B を殺害するよう唆したところ，Y は A を B と誤認して殺害してしまった，という事例である。そして，正犯である Y にとっての客体の錯誤は共犯（教唆犯）である X にとっても客体の錯誤であるのか，それとも方法の錯誤であるのかが争われているのである。この点については，X は Y に客体の特定をゆだねた以上，X にとっても客体の錯誤であるという見解や，共犯は正犯と異なり行為支配を有しておらず，それゆえ思いどおりの結果が生じる保証はないのであるから，X が B 以外に結果が生じないよう十分な措置を講じておいた場合のほかは客体の錯誤になるという見解も主張されている。もっとも，自分の目が届く範囲で直接手を下す場合と異なり狙いが不確かになる，というのは事実上そうであるにすぎず，共犯との理論的な結びつきはない（実際，ペットの猛獣に遠方の B を襲わせようとする場合にも同等の蓋然性をもって起きうることである）。したがって，実際問題として A に対しても未必の故意が認められやすいというのは格別，あくまで理論的には，

Xにとっては方法の錯誤であるというべきであろう。

　第2に問題となるのは，ZがWにCを殺害する意思があるものと誤信し，けん銃を渡して「これをCに向けて引金を引け」といったところ，WはいわれたとおりにしてCを射殺したが，Wはおもちゃのけん銃で弾は出ないと思っていた，という事例である。ここでは，Zが主観的にはWに対する殺人罪の教唆犯を実現するつもりで客観的にはWを利用する同罪の間接正犯を実現しており，このような錯誤を**関与形式間の錯誤**とよんでいる。もっとも，そもそも非故意行為に対する教唆犯を認める以上，ここでZに殺人罪の教唆犯が成立しうるのは当然のことといわなければならない。また，もし教唆犯が故意犯に対してしか成立しえないとしても，因果的共犯論を前提とする限り正犯と共犯は同一の法益に対する攻撃態様の相違にすぎないのであるから，制裁と処分の結合態様を緩めてZを殺人罪の教唆犯とすることは理論的に可能であろう（窃盗罪の教唆犯の意思で間接正犯を実現した場合に窃盗教唆罪を認めたものとして仙台高判昭27・2・29判特22号106頁，窃盗罪の間接正犯の意思で教唆犯を実現した場合に窃盗教唆罪を認めたものとして松山地判平24・2・9判タ1378号251頁を参照）。

第 **10** 章

罪　　数

10.1 総　　説

　講壇設例においてはともかく，現実の事案において，行為者が単一の犯罪しか実行していない場合はきわめてまれである。たとえば，私が大学の講義をしている最中に教室に乱入し，私を射殺した者がいるとして，その者は（銃刀法違反のような刑法典以外の罪を捨象しても）建造物侵入罪や威力業務妨害罪，殺人罪，さらには，私に弾が命中したとき破ける服に対する器物損壊罪など，数多くの犯罪を実行している。いな，それにとどまらず，事態をより分析的に観察するときは，教室に乱入した段階で殺人予備罪を，けん銃に手をかけた段階で殺人未遂罪を，それぞれ犯しているとも評価しうるのである。

　こうした事例において，おのおのの犯罪の法定刑（処断刑）ないし宣告刑を単純に合算していく，という刑の定め方が論理的に誤っているわけではない。もっとも，わが国の刑法は，**単純数罪**とよばれる特殊な場合を除いてそのような一律の方式をとらず，さまざまな刑事政策的目的から，いくつかの特別の方式を明文または解釈をとおして採用しているところである。実際，単体でとりあげれば懲役 3 年がふさわしい詐欺を 10 回行った者について，処断刑の上限

が懲役100年であるとか，宣告刑が懲役30年であるなどといった帰結が一般予防や特別予防に照らして妥当であるとはいいがたいであろう。そこで，このような刑法が採用する特別の方式を，一定の理論に基づいて解釈していく営為を**罪数**（**論**）とよんでいる。

【量刑論】

　罪数論に基づいて処断刑が決定されたのち，具体的な宣告刑を定める際の準則を理論化しようとする営為を**量刑論**とよぶ。もっとも，宣告刑は究極的には刑罰の目的のみによって決定されうるわけではなく，不法の抑止と行為者の不法への傾向性の除去にはとどまらない，そのような刑を実際に言い渡すことのプラスとマイナスを包括的，総合的に衡量することが要請される。そして，このような判断は実務家ことに刑事裁判官が日常的に行っているものである一方，研究者がその実態にアクセスすることは非常に困難であることから，量刑論は主として実務家の研究領域となっている。

10.2 本来的一罪

　本来的一罪とは科刑上一罪に対置された概念であり，支配的な見解によれば構成要件がひとつだけ充足されている場合である（**構成要件標準説**）。もっとも，それが具体的にはどのような場合であるかをさらに明らかにする必要がある。

　第1は**単純一罪**であり，たとえば，行為者がけん銃で被害者を射殺すれば殺人罪の単純一罪となる。ただし，このような，自然的観察においても構成要件がひとつしか充足されていない場合のほかにも，たとえば，行為者が棒で同一の被害者を連続的に殴打する事例のように，自然的観察によれば暴行罪の構成要件が複数回充足されているかに見えるものの，解釈によりひとつしか充足されていないと評価される場合もある。そして，後者の場合は包括一罪と本質的な構造を同じくしており，両者の限界は実務的にもあいまいなものとされている。

　第2は**法条競合**であり，形式的に見れば適用されるべき法律の条文が競合しているものの，解釈により適用されることとなる条文がひとつに定まる場合である。たとえば，①強盗行為には強盗罪のみが適用され，それとは別に窃盗罪は適用されない（**吸収関係**），②業務上横領行為には業務上横領罪のみが適用

され，それとは別に単純横領罪は適用されない（**特別関係**），③他人の事務処理者でありその委託を受けて財物を占有する者が，図利加害目的をもって任務に違背し財物を着服して他人に財産上の損害を加えた場合，横領罪のみが適用されそれとは別に背任罪は適用されない（**択一関係**）。

10.3 併 合 罪

10.3.1 総　　説

　確定裁判を経ていない 2 個以上の罪は**併合罪**となる（45 条前段）。ある罪について禁錮以上の刑に処する確定裁判があったときは，その罪とその裁判が確定する前に犯した罪とに限り併合罪となる（同条後段）。これに対し，数罪がこの併合罪にあたらないときは単純数罪となり，ただ刑が併科されることになる。この単純数罪は併合罪よりも行為者にとって不利であるが，その実質的な根拠は，確定裁判を乗り越えて再び犯罪に手を染めたところに示される一般予防および特別予防の高度の必要性に求められている。

　次に併合罪の手続法上の効果であるが，科刑上一罪や包括一罪などとは異なり，それを構成する犯罪の一部につき有罪判決が確定したとしても残部につき一事不再理効は及ばず，それゆえ，その残部が起訴された場合にも免訴（刑訴法 337 条 1 号）とはならない。

　併合罪の実体法上の効果としては次のような規律がなされている。まず，「併合罪のうちの 1 個の罪について死刑に処するときは，他の刑を科さない。ただし，没収は，この限りでない」（46 条 1 項）。同様に，「併合罪のうちの 1 個の罪について無期の懲役又は禁錮に処するときも，他の刑を科さない。ただし，罰金，科料及び没収は，この限りでない」（同条 2 項）。さらに，「併合罪のうちの 2 個以上の罪について有期の懲役又は禁錮に処するときは，その最も重い罪について定めた刑の長期にその 2 分の 1 を加えたものを長期とする。ただし，それぞれの罪について定めた刑の長期の合計を超えることはできない」（47 条。なお，「有期の懲役又は禁錮を加重する場合においては 30 年にまで上げることができ」〔14 条 2 項〕る）。これに対して，「罰金と他の刑とは，併科」（48 条 1 項本文）し，「併合罪のうちの 2 個以上の罪について罰金に処するときは，それぞれの罪について定めた罰金の多額の合計以下で処断する」（同条 2 項）。ま

た，没収については「併合罪のうちの重い罪について没収を科さない場合で
あっても，他の罪について没収の事由があるときは，これを付加することがで
き」（49 条 1 項），さらに，「2 個以上の没収は，併科する」（同条 2 項）。なお，
「刑法第 47 条の併合罪における最も重き罪につき定めた刑を決定するには，法
定刑中 2 個以上の有期の懲役刑又は禁錮刑すなわち各本条に 2 個以上の刑名あ
るときは，まず適用すべき有期の懲役刑又は禁錮刑を選択した上，これに再犯
加重，法律上の減軽を行つた処断刑のみを標準として同法第 10 条に従い決す
べきもの」とされる（最判昭 24・8・18 刑集 3 巻 9 号 1455 頁）。また，下限につ
いては条文の定めが存しないが，併合罪を構成する罪の刑の短期のうち最も重
いものと解するのが通説である。

10.3.2　併合の利益

　このように，併合罪は 47 条但書のもとで単純数罪よりも軽い処断刑を形成
する法技術であることから，これを指して**併合の利益**とよぶことがある。もっ
とも，その具体的な内容に関しては近時の判例をめぐって争いがある。事案は，
被告人が当時 9 歳の女子小学生であった被害者を連れ去り，自宅の自室におい
て 9 年 2 カ月間余りにわたって監禁し続け，治療期間不明の傷害を負わせた未
成年者略取および逮捕監禁致傷，ならびに，約 2400 円相当の商品 4 点を万引
きした窃盗が問題とされたものであった。

　第 1 審判決（新潟地判平 14・1・22 判時 1780 号 150 頁）は，併合罪関係にある
罪ごとの犯情から導かれるその量刑を単に合算させて処断刑を決するのではな
く，その各罪を総合した全体的な犯情を考慮してその処断すべき刑を決定すべ
きであり，被告人に対しては逮捕監禁致傷罪の法定刑の範囲内（当時は上限が
懲役 10 年）では到底その適正妥当な量刑を行うことはできない，と述べて，
同罪の刑に法定の併合罪加重をした刑期の範囲内で懲役 14 年の刑を言い渡し
た。これに対して第 2 審判決（東京高判平 14・12・10 高刑集 55 巻 3 号 7 頁）は，
「犯人にとって最も厳しい併科主義の場合でも，個々の罪に対する刑が積み重
ねられるだけであって，法定刑そのものが加重されることはないのに，それを
緩和しようとする趣旨の加重主義（併科主義に比べれば減軽主義）において，法
定刑そのものが加重されるいわれはない」としたうえで，「原判決は，刑法 47

条の解釈を誤った結果，併合罪全体に対する刑を量定するに当たり，逮捕監禁致傷罪について，その法定刑の上限である懲役 10 年を超える趣旨のものとしたといわざるを得ず，この違法が判決に影響を及ぼすことは明らかである」として原判決を破棄，自判して被告人を懲役 11 年に処した。一方，最高裁（最判平 15・7・10 刑集 57 巻 7 号 903 頁）は「刑法 47 条は，併合罪のうち 2 個以上の罪について有期の懲役又は禁錮に処するときは，同条が定めるところに従って併合罪を構成する各罪全体に対する統一刑を処断刑として形成し，修正された法定刑ともいうべきこの処断刑の範囲内で，併合罪を構成する各罪全体に対する具体的な刑を決することとした規定であり，処断刑の範囲内で具体的な刑を決するに当たり，併合罪の構成単位である各罪についてあらかじめ個別的な量刑判断を行った上これを合算するようなことは，法律上予定されていないものと解するのが相当である。また，同条がいわゆる併科主義による過酷な結果の回避という趣旨を内包した規定であることは明らかであるが，そうした観点から問題となるのは，法によって形成される制度としての刑の枠，特にその上限であると考えられる。同条が，更に不文の法規範として，併合罪を構成する各罪についてあらかじめ個別的に刑を量定することを前提に，その個別的な刑の量定に関して一定の制約を課していると解するのは，相当でないといわざるを得ない」と述べて原判決を破棄，控訴を棄却したのである。

　まず，第 1 審判決はややミスリーディングであろう。たまたま併合罪の関係に立つ窃盗罪が見つかったからといって，それを隠れ蓑にして実質的に逮捕監禁致傷罪の法定刑を引き上げることは許されない。もっとも，他方において，第 2 審判決のように，併合罪を構成する各罪をバラバラに切り離し，おのおのを単体で見たときにふさわしい刑を量定したうえで，それらを合算した結果が併合罪加重の桎梏になる，というのも不合理である。というのも，各罪が密接に関連しあっており，そのことまで考慮すればより重い刑がふさわしい，という事態は十分に観念しうるからである。本件における窃盗もまた，（常習性のあらわれともとらえうることに加えて）監禁を隠密裏に継続する手段としての性質を色濃く有しているのであるから，軽微なものとは到底評価しえず，それゆえ，こっそり逮捕監禁致傷罪の法定刑を引き上げなくても，懲役 14 年という量刑は十分に可能であるといえよう。最高裁判決の趣旨がそのようなものであ

るとすれば妥当である。

10.4　科刑上一罪

10.4.1　総　　説

　数罪のうち，刑を科す局面において一罪と扱われるものを**科刑上一罪**という。これは54条1項に規定されており，「1個の行為が2個以上の罪名に触れ，又は犯罪の手段若しくは結果である行為が他の罪名に触れるときは，その最も重い刑により処断する」ものとされる。このうち，前段を**観念的競合**，後段を**牽連犯**とよぶ。

　「最も重い刑」とは，判例によれば，加重減軽される前の法定刑を標準として決定される（大判大3・11・10刑録20輯2079頁）。また，「他の法条の最下限の刑よりも軽く処断することはできない」（最判昭28・4・14刑集7巻4号850頁）。さらに，「数罪が科刑上一罪の関係にある場合において，その最も重い罪の刑は懲役刑のみであるがその他の罪に罰金刑の任意的併科の定めがあるときには，刑法54条1項の規定の趣旨等にかんがみ，最も重い罪の懲役刑にその他の罪の罰金刑を併科することができる」（最決平19・12・3刑集61巻9号821頁）。

10.4.2　観念的競合

　法文上の定義は10.4.1で述べたとおりである。「2個以上の罪名」とあるが，同じ罪名であってもよい。この観念的競合が科刑上一罪とされる趣旨は，2回以上行為に出たことによりはじめて認められる刑の加重事情を考慮しないようにすることである。たとえば，殺人でいうと，爆弾などの公共に危険を生じさせる手段を用いたことは，それにより1人を死なせるにとどまろうが，同時に2人を死なせることになろうが1度だけ考慮すべきである。また，行為に外部化した人命を軽んじる性向が固着化していることは，（同時に2人をであろうが）一時に殺害する決意しか抱かなかった場合には考慮すべきでない。

　判例によれば，「右規定〔54条1項前段〕にいう一個の行為とは，法的評価をはなれ構成要件的観点を捨象した自然的観察のもとで，行為者の動態が社会的見解上一個のものとの評価をうける場合をいう」（最大判昭49・5・29刑集28

巻 4 号 114 頁。酒酔い運転罪と業務上過失致死傷罪を併合罪としたもの）ものとされる。こうして，同一の日時場所における無免許運転罪と酒酔い運転罪（最大判昭 49・5・29 刑集 28 巻 4 号 151 頁），無免許運転罪と車検切れ車両運転罪（最大判昭 49・5・29 刑集 28 巻 4 号 168 頁）は観念的競合となる。さらに，実行行為が重ならない大麻取締法上の大麻輸入罪と関税法上の無許可輸入罪も同じく観念的競合とされている（最決昭 58・12・21 刑集 37 巻 10 号 1878 頁）。

　観念的競合の趣旨に照らすならば，構成要件該当行為すなわち実行行為の重なり合いを問題としないことも首肯しうる。しかし，完全に法的評価を離れることもまた適切でない。あくまで，量刑事情の二重評価を避けることが必要であるか，という観点から行為の一個性を判断すべきであろう。そうすると，大麻輸入罪と無許可輸入罪とは実行行為こそ重なっていなくても，「密輸」手段の悪質さや巧妙さ，日本社会にもたらされた弊害などといった犯情の重要部分に重なり合いが認められるため，二重評価を避けるという観点から行為の一個性を肯定することが妥当である。

　なお，発展的な問題として不作為犯の罪数も議論されている。すなわち，判例は道路交通法上の救護義務違反罪と報告義務違反罪とを観念的競合にしているが（最大判昭 51・9・22 刑集 30 巻 8 号 1640 頁），これに対しては実行行為の重なり合いを問題とする立場から，救護義務を履行すればただちに報告義務をも履行したことになるわけではなく，逆もまた然りである以上，併合罪とすべきであるとの批判がなされているのである。もっとも，かりに行為の一個性に関する判例の立場が観念的競合の趣旨を重視するものであったとしても，ここでは救護しないという意思決定と報告しないという意思決定とがそれぞれ独立に外部化しており，しかもおのおのの義務内容に照らして犯情に本質的な重なり合いが認められないのであるから，むしろ観念的競合とするほうが一貫性を欠いてしまうように思われる。

10.4.3 牽 連 犯

　法文上の定義は 10.4.1 で述べたとおりである。ここにいう手段（・目的），（原因・）結果の関係について，判例は「数罪間にその罪質上通例その一方が他方の手段又は結果となるという関係があり，しかも具体的にも犯人がかゝる

関係においてその数罪を実行した」ことを要求している（最大判昭24・12・21
刑集3巻12号2048頁，さらに最大判昭44・6・18刑集23巻7号950頁も参照）。

　この牽連犯が科刑上一罪とされる実質的な理由は結合犯類似性に求められて
いる。たとえば，窃盗罪の構成要件は刑事学的類型性や比較法的観点に照らし
て侵入窃盗を価値的に包含しているのであり，ただ住居侵入罪も独立に規定さ
れているというだけなのであるから，住居に侵入して窃盗を行った場合には窃
盗罪の刑を科すだけで十分である。あるいは，偽造文書の行使は文書の偽造や
詐欺を価値的に包含している（もしくはその逆），などといわれるのである。
もっとも，このように立法政策をしん酌するだけでは逆の推論，つまり，包含
していないからこそ結合犯として規定しなかったのだ，という推論も排除しえ
ないであろう。また結合犯類似性のほかにも，実質的に見て一度の犯行決意し
かなされていないことをあげる見解があるが，それは観念的競合を拡張する理
由とはなりえても，牽連犯を正当化する理由とはなりえないように思われる。
こうして学説上は牽連犯の廃止を主張する見解が有力であり，また判例上も牽
連犯の範囲は狭く解されるようになってきている。

　判例上牽連犯とされているものとしては，住居侵入罪と窃盗罪（最判昭28・
2・20集刑74号149頁），強盗罪（最判昭24・11・22集刑14号805頁），（旧）強
姦罪（大判昭7・5・12刑集11巻621頁），殺人罪（最決昭29・5・27刑集8巻5
号741頁），傷害罪（大判明44・11・16刑録17輯1989頁），放火罪（大判昭7・
5・25刑集11巻680頁），公文書偽造罪と同行使罪（大判明42・7・27刑録15輯
1048頁），偽造文書行使罪と詐欺罪（最決昭42・8・28刑集21巻7号863頁），身
の代金目的拐取罪と身の代金要求罪（最決昭58・9・27刑集37巻7号1078頁）
などがある。これに対し，併合罪とされているものとしては，殺人罪と死体損
壊罪（大判昭9・2・2刑集13巻41頁），放火罪と詐欺罪（大判昭5・12・12刑集
9巻893頁），監禁罪と傷害罪（最決昭43・9・17刑集22巻9号853頁），強姦致
傷罪（最判昭24・7・12刑集3巻8号1237頁），身の代金目的拐取罪・身の代金
要求罪（前掲最決昭58・9・27），監禁（致傷）罪と恐喝（未遂）罪（最判平17・
4・14刑集59巻3号283頁。牽連犯としていた大判大15・10・14刑集5巻456頁を
変更），窃盗教唆罪と盗品有償譲受け罪（最判昭24・7・30刑集3巻8号1418頁），
営利目的の麻薬譲受け罪と麻薬譲渡し罪（最判昭54・12・14刑集33巻7号859

頁）などがある。

10.5 包 括 一 罪

10.5.1 総　説

包括一罪とは，それがなければ数罪となるはずであり，なおかつ科刑上一罪のような明文の規定を欠くにもかかわらず，実質的な当罰性評価の観点から一罪として扱われるものをいう。もっとも，そこにいう当罰性評価の具体的な中身はさまざまであり，①単純一罪に近いものから，②科刑上一罪に近いが厳密にはこれを適用しえないため実質的に類推適用したもの，ひいては③厳密には犯情の二重評価にあたらないがそれに近いため併合罪としにくいもの，④併合罪ともなしうるが手続法上の考慮から一方だけで起訴されているものまでが存在する。したがって，「包括一罪の本質は何か」などという問題の立て方は方法論的に誤っている。

10.5.2 単純一罪に近い包括一罪

行為者が単一の機会に同一の動機から被害者を殴ったり蹴ったりした場合には，形式的に見れば暴行罪の構成要件が複数回充足されているようにも思われるものの，通常は暴行罪の単純一罪とされる。そして，その実質的な考慮を推し及ぼせば**接続犯**の観念を承認することができる。たとえば，同一の倉庫から2時間余りのうちに米俵を3俵ずつ3度に分けて窃取した場合には単一の窃盗罪が成立するものとされる（最判昭24・7・23刑集3巻8号1373頁）。それは煎じ詰めれば単純一罪の場合と同様，単一の構成要件が予定する不法と責任だけしか実現されていないからである。反対にいうと，単一の不法および責任によっては包摂しきれない場合，具体的には，同一の場所であっても異なる観客に対して数回行われた公然わいせつ（最判昭25・12・19刑集4巻12号2577頁），機会を異にして行われた常習累犯窃盗と軽犯罪法違反（侵入具携帯）（最決昭62・2・23刑集41巻1号1頁），約20km離れた2地点における速度超過（最決平5・10・29刑集47巻8号98頁）などは包括一罪とならない。

さらに，単一の構成要件に複数の行為態様が択一的に規定されている場合や**集合犯**の場合は単純一罪そのものである。とくに集合犯には**常習犯**（常習賭博

につき最判昭 26・4・10 刑集 5 巻 5 号 825 頁），**職業犯**（わいせつ物頒布等につき大判昭 10・11・11 刑集 14 巻 1165 頁），**営業犯**（無免許医業など）がある（他方，出資法 5 条 1 項〔高金利の処罰〕を併合罪とした判例として最判昭 53・7・7 刑集 32 巻 5 号 1011 頁がある）。

　なお，被告人が難病の子どもたちの支援活動を装って 2 カ月にわたり街頭募金の名のもとに通行人から金を詐取した，という事案において最高裁は次のように判示している。

　「本件においては，個々の被害者，被害額は特定できないものの，現に募金に応じた者が多数存在し，それらの者との関係で詐欺罪が成立していることは明らかである。……この犯行は……個々の被害者ごとに区別して個別に欺もう行為を行うものではなく，不特定多数の通行人一般に対し，一括して，適宜の日，場所において，連日のように，同一内容の定型的な働き掛けを行って寄付を募るという態様のものであり，かつ，被告人の 1 個の意思，企図に基づき継続して行われた活動であったと認められる。加えて，このような街頭募金においては，これに応じる被害者は，比較的少額の現金を募金箱に投入すると，そのまま名前も告げずに立ち去ってしまうのが通例であり，募金箱に投入された現金は直ちに他の被害者が投入したものと混和して特定性を失うものであって，個々に区別して受領するものではない。以上のような本件街頭募金詐欺の特徴にかんがみると，これを一体のものと評価して包括一罪と解した原判断は是認できる。そして，その罪となるべき事実は，募金に応じた多数人を被害者とした上，被告人の行った募金の方法，その方法により募金を行った期間，場所及びこれにより得た総金額を摘示することをもってその特定に欠けるところはないというべきである」（最決平 22・3・17 刑集 64 巻 2 号 111 頁）。

　このような判示を受けて多くの学説は，個人的法益に対する罪において被害者が異なっていても包括一罪となしうる基準を探究している。もっとも，本件においても，もしなんらかの事情により個々の犯行を特定して証明することができれば，併合罪とすることに支障はないであろう。したがって，このような学説に対しては方法論的な疑問がある。むしろ，たとえ併合罪となしうるほどに特定された個々の犯罪事実を証明しえなくても，少なくとも抽象的なレベルで構成要件が一度充足されたことだけは証明しうる，という場合には一罪を認

定することができ，これをもって包括一罪と称するのが判示の趣旨であるというべきであろう。本件においても，街頭募金詐欺の手法でこれだけの金額を得た，というレベルにおいて詐欺罪の構成要件該当事実を1回分証明することは可能であるから，同罪の包括一罪を認めることができる。そして，このような包括一罪の射程は論理的に財産犯に限られないから，たとえば，もともと負傷している人々の間に手りゅう弾を投げ込んだ結果，誰のどの傷とはいえないが少なくとも全体として負傷の程度が増した，という事例においては傷害罪の包括一罪を認めることができよう。

　これに対し，次のように述べて傷害罪の包括一罪を認めた最高裁判例もある。

　「検察官主張に係る一連の暴行によって各被害者に傷害を負わせた事実は，いずれの事件も，約4か月間又は約1か月間という一定の期間内に，被告人が，被害者との……人間関係を背景として，ある程度限定された場所で，共通の動機から繰り返し犯意を生じ，主として同態様の暴行を反復累行し，その結果，個別の機会の暴行と傷害の発生，拡大ないし悪化との対応関係を個々に特定することはできないものの，結局は一人の被害者の身体に一定の傷害を負わせたというものであり，そのような事情に鑑みると，それぞれ，その全体を一体のものと評価し，包括して一罪と解することができる。そして，いずれの事件も……訴因における罪となるべき事実は，その共犯者，被害者，期間，場所，暴行の態様及び傷害結果の記載により，他の犯罪事実との区別が可能であり，また，それが傷害罪の構成要件に該当するかどうかを判定するに足りる程度に具体的に明らかにされているから，訴因の特定に欠けるところはないというべきである」（最決平26・3・17刑集68巻3号368頁）。

　こちらは被害者が同一の事案であり，説示にかかるような事情が認められれば，たとえ個々の傷害を特定して証明することができたとしても，なお傷害罪の（併合罪ではなく）包括一罪とするほうが妥当であろう（10.5.3で見る連続犯ととらえることができる）。その意味において，結論的には同じく包括一罪を認めているとはいえ，すぐ前の最高裁判例とは理論的な構造を異にしている。表面的な言い回しに類似している点があるのは，したがって，複数の犯行をひっくるめて構成要件が1回分充足されていることを証明するために必要な事情と，複数の犯行が価値的に見て単一の不法と責任を充足しているにとどまることを

論証するために必要な事情とが事実上重なり合っているからであるにすぎない。

10.5.3 科刑上一罪に近い包括一罪

性質上，科刑上一罪に近い包括一罪も存在する。その 1 つ目は**連続犯**である。すなわち，接続犯ほどの一体性はないものの，単一の構成要件が予定する不法と責任によりかろうじて包括評価しうる場合である。たとえば，医師が数カ月の間，自宅診療所において麻薬中毒患者に対し，その中毒症状を緩和する目的で麻薬を施用したときは包括一罪とされる（最判昭 31・8・3 刑集 10 巻 8 号 1202 頁）。もっとも，連続犯が科刑上一罪に近いものとされるのは，刑法旧 55 条において明文で科刑上一罪として扱われていたという歴史的経緯によるところが大きい（戦後，広汎な一事不再理効を回避するために廃止された）。

2 つ目は科刑上一罪との均衡から認められる包括一罪である。たとえば，下級審裁判例には，詐欺罪に続いて偽造有印私文書行使罪が既遂に達した事案で両罪を包括一罪としたものがある（東京高判平 7・3・14 判タ 883 号 284 頁）。その順序が逆であれば，実質的な当罰性はなんら変わらないのに問題なく牽連犯とされることが考慮されたのであろう。

10.5.4 二重評価防止の包括一罪

実質的に見て一方の不法が他方の不法を包含していると評価しうる場合にも，後者が構成する犯罪を前者が構成する犯罪に吸収させるかたちで包括一罪を認めることができる。というのも，そのように解さないと，実質的に見れば単一の不法を行為者にとって不利な方向で二重に評価することとなってしまうからである。たとえば，窃盗が既遂に達したのち，引き続き家人に暴行・脅迫を加えて財物を強取した場合には強盗罪の一罪が成立するし（高松高判昭 28・7・27 高刑集 6 巻 11 号 1442 頁），覚せい剤を詐取または窃取したのち，その返還ないし代金請求を免れるため，被害者を殺害しようとしたがこれを遂げなかった場合には 2 項強盗殺人未遂罪のみが成立する（最決昭 61・11・18 刑集 40 巻 7 号 523 頁。さらに，当初は強盗の計画がなかった事案について大阪地判平 18・4・10 判タ 1221 号 317 頁を参照）。

これらの（裁）判例の事案はすべて，法益侵害の実質的な重なり合いだけで

なく，時間的・場所的な接着性までもが認められるものである。したがって，法益侵害の実質的な重なり合いだけを理由に包括一罪が認められうるかは明らかでないが，二重評価を防止するという趣旨に照らせば肯定的に解すべきであろう。

10.5.5 手続法上の包括一罪

このような包括一罪を認めるべきであるかには争いがあるものの，一定の手続法的考慮から一罪とされる場合がある。たとえば，殺人に随伴する着衣の損壊，傷害に随伴する眼鏡の損壊（東京地判平 7・1・31 判時 1559 号 152 頁）などは無視され，殺人罪や傷害罪のみで起訴されるのがふつうである。そこで，このような場合には器物損壊が吸収され，殺人や傷害の包括一罪になるといわれるのである。

もっとも，こうした事案においては器物損壊罪を独立に起訴しなくても，殺人罪や傷害罪の量刑において考慮すれば十分であると検察官が判断し，器物損壊罪を起訴の対象から外しているだけではなかろうか。実際，傷害が軽微である一方，眼鏡が非常に貴重かつ被害者自身も思い入れの強いものであり（告訴もある），行為者の主目的も傷害ではなくむしろ器物損壊のほうにあった，という事案であれば検察官も器物損壊罪をあわせて起訴するであろうし，裁判所もまた数罪（事案によるが観念的競合）を認定するように思われる。

なお，裁判例には，一連の行為の途中から強盗の犯意を生じたがその前に傷害結果が発生していた，という事案において強盗罪の包括一罪としたもの（名古屋高金沢支判平 3・7・18 判時 1403 号 125 頁），第 1 行為と第 2 行為（強姦）のいずれから傷害結果が発生したかが不明である事案において強姦罪の包括一罪としたもの（東京高判平 13・10・4 東高刑時報 52 巻 1 ～ 12 号 66 頁）などもある。ここまで来ると，傷害を捨象することは実体法のみならず手続法上も異論が多くありうると思われる。

【量刑上の考慮の可否と包括一罪】

近時の判例には，現住建造物等放火罪の量刑において人の死傷結果を考慮してよいとするものがある（最決平 29・12・19 刑集 71 巻 10 号 606 頁）。もっとも，この

ような解釈を根拠として，（重）過失致死傷罪は吸収されて現住建造物等放火罪の包括一罪になる（同旨の裁判例として，熊本地判昭 44・10・28 刑月 1 巻 10 号 1031 頁を参照），という結論を導くのは早計であろう。数罪であっても，観念的競合を用いて量刑事情の重なり合いを避けつつ，そのような解釈を採用することは理論的に可能だからである。

10.5.6　共罰的事前・事後行為および混合的包括一罪

　10.5.5 までは包括一罪とされる実質的な根拠に着目した分類であるが，学説・実務においては現象面に着目した別の分類がなされることも多い。その 1 つ目が**共罰的事前・事後行為**である（なお，事前・事後行為が本体の行為から独立して犯罪を構成しえない場合を**不可罰的事前・事後行為**とよぶが，その場合には本体の行為のみが可罰的評価の対象とされているのであるから包括一罪とするのは不適切である）。たとえば，行為者が被害者から窃取した（被害者の所有する）自転車を乗り回したうえ，のちに足がつくことを恐れてこれを廃棄した場合，窃盗罪に加えて遺失物等横領罪や器物損壊罪が成立するかにも見える。もっとも，不法の実質的な内容に着目して二重評価を避けようとすれば，あとの 2 つは窃盗罪に吸収させておくべきであると考えられる。このとき，あとの 2 つは窃盗罪の共罰的事後行為とされていることになる。ただし，このような説明からも分かるように，共罰的事前・事後行為とは複数の犯罪の時間的な先後関係に着目した包括一罪の現象形態であるにすぎない。したがって，包括一罪とされる実質的な根拠は別の観念に求めざるをえず，それはここでは 10.5.4 で述べた二重評価の防止にほかならない。

　2 つ目は**混合的包括一罪**であり，通常，異なる罪名にまたがる包括一罪と定義されている。もっとも，そのようにいうだけでは包括一罪とすべき実質的な根拠がなんら明らかとならないのみならず，現象面に着目した分類としてもあまりに漠然としており概念としての生産性を欠く。たとえば，科刑上一罪との均衡から認められる包括一罪と，すぐ前に見た窃盗罪の共罰的事後行為とをひとつに括ることに有用性があるようには思われない。こうして，混合的包括一罪という類型化はできるだけ避けるべきであろう。

10.6 罪数論の諸問題

10.6.1 かすがい現象

かすがい現象とは，本来は併合罪とされるべき数罪のそれぞれが別のある罪と科刑上一罪ないし包括一罪となることにより，全体が当該一罪とされることをいう（住居に侵入して3名を殺害した事案につき前掲最決昭29・5・27，職業安定法違反の罪と〔集合犯である〕労働基準法違反の罪につき最判昭33・5・6刑集12巻7号1297頁，児童ポルノ所持罪とわいせつ図画所持罪につき最決平21・7・7刑集63巻6号507頁を参照）。問題は，このような解釈が認められる実質的な理由であるが，それは，①数罪のそれぞれと別のある罪との一罪処理をしたうえで併合罪とすると，別のある罪を二重評価することになってしまう反面，②別のある罪を一度だけ評価しようとすれば，今度は数罪のいずれと一罪処理をすべきかを決する契機が欠けるところに求められている。

もっとも，このような解釈に対しては学説の強い批判がある。すなわち，別のある罪がからんでくるという偶然的な事情により，併合罪加重が解除されたり一事不再理効が拡張されたりするのは不合理だというのである。そこで，このような解釈に代えて，別のある罪ははじめに犯された罪との間でのみ一罪となり，それと残りの罪とは併合罪になるとする解釈などが主張されている。

10.6.2 共犯と罪数

共犯に複数の罪が成立する場合において，観念的競合と併合罪とを区別する基準に関して争いがある。

まず共同正犯については，数人が共同して2人以上に対し暴行を加えて一部の者に傷害を負わせた，という事案において，傷害を負った者の数だけの傷害罪とそれ以外の者の数だけの集団暴行罪が成立し，それらは併合罪になるとした判例がある（最決昭53・2・16刑集32巻1号47頁）。その趣旨はおそらく，共同正犯は複数者が一体として正犯と扱われる法形象であるから，1人ですべての犯行を担当した場合と同様の罪数判断がなされるべきだ，というものであろう。もっとも，「一体として正犯」というのは，何も超個人的な主体が犯罪を実現するという意味ではなく，ただ，共同性が認められることにより正犯の要件は複数者が相補的にみたすだけでよい，という趣旨にすぎない。したがっ

て，たとえば，共謀共同正犯における非実行担当者にとっては，あくまで共謀のみが処罰対象となる行為なのであるから，ひとつの共謀行為により実行担当者を通じて 2 名の被害者を時，所を異にして殺害せしめれば，実行担当者が 2 つの殺人罪の併合罪として処断されるとしても，非実行担当者はあくまで観念的競合にとどまるものと解すべきであろう。しかも，たとえこのように解しても，現実には被害者ごとに別個の共謀行為を認定しうる場合がほとんどであろうから，処断刑が不当に軽くなったり，一事不再理効が拡張しすぎたりするおそれはないと思われる。

　他方，狭義の共犯については，幇助犯に成立する犯罪の個数は正犯が実現した犯罪の個数に従うものの，1 個の行為か否かの判断は幇助行為を基準にこれを行うとした判例がある（最決昭 57・2・17 刑集 36 巻 2 号 206 頁）。こちらは，共同正犯について述べたところに照らしても支持することができよう。

第 **11** 章

刑法の適用範囲

11.1 総　説

　刑法の適用範囲については，大きく分けて次の2つの問題がある。

　第1は，行為後ないしその途中で適用されるべき刑罰法規が廃止ないし変更された場合に刑罰を科することができるか，できるとしてどの時点における刑罰法規を適用するか，という問題である。これを**刑法の時間的適用範囲**の問題とよぶ。ただし，罪刑法定主義の観点からは，行為後に新しく刑罰法規が制定されたり，行為者にとって不利益な改正が行われたりした場合に，それを適用して刑罰を科することは許されない（ただし，大判明43・5・17刑録16輯877頁〔結果発生時が罰則施行後であれば足りる〕，さらに，大判明42・11・1刑録15輯1498頁，大判明43・11・24刑録16輯2118頁，大判明44・6・23刑録17輯1252頁，最決昭27・9・25刑集6巻8号1093頁などを参照）。また，そもそも刑罰法規の効力は**施行**により生じるが，「**公布**の日より施行する」と定められた場合には，その「公布の日」とは，公布の手段である**官報**を一般国民が閲覧・購入しうるようになった日にちである（最大判昭33・10・15刑集12巻14号3313頁）。

　第2は，犯罪の全部または一部が国外で行われた場合において，いかなる要

件のもとでわが国の刑罰法規を適用することができるか，という問題である。これを**刑法の場所的適用範囲**の問題とよぶ。この問題はときおり，**国際刑法**という表題のもとで論じられることがあるが，厳密にはミスリーディングである。そのような特殊な刑法が存在するわけではなく，単に，わが国の刑法をどこまで適用できるかが問題となっているにすぎないからである。ただし，2003年，ローマ規程に基づきハーグに設置された**国際刑事裁判所**（The International Criminal Court ＝ ICC）は，国際人道法違反（集団殺害犯罪，人道に対する罪，戦争犯罪）に関する個人の刑事責任に対して管轄を有している（わが国は2007年に加入）。

　なお，外国において確定裁判を受けた者であっても，同一の行為についてさらに処罰することは妨げられない（5条本文）。裁判権が独立しており，二重処罰にはあたらないからである（最大判昭28・7・22刑集7巻7号1621頁を参照）。また，実質的に見ても，その行為に対する外国の刑罰が不相当に軽いと解される場合にまで，もはやわが国では処罰しえないというのは妥当でない（あるいは，わが国で裁けば有罪判決が得られるにもかかわらず，裁判制度の違いにより不当に無罪判決となった，という場合も同様である）。もっとも，他方において，わが国でも処罰することが不相当に重くなる事態も避けるべきであるから，犯人がすでに外国において言い渡された刑の全部または一部の執行を受けたときは，刑の執行が減軽または免除される（同条但書）。つまり，刑期や罰金額が外国で執行された分を差し引いて執行されることになる。

11.2　刑法の時間的適用範囲

11.2.1　刑の廃止

　行為後ないしその途中で適用されるべき刑罰法規が廃止された場合，刑訴法337条2号により**免訴**の判決が言い渡される。刑罰法規を廃止することによって，立法者が「そのような行為はもはや刑罰により規制する必要がない」と判断したことが示されるからである。ただし，行為の時点でいったん犯罪が確定的に成立しているという事実は消せないから，無罪の判決を言い渡すわけにはいかない。

　もっとも，刑罰法規のなかには，制定当初から，将来において廃止されるこ

とがあらかじめ決まっているものもある。一定期間だけ存在するような社会的事実にかかわる刑罰法規がそれである。経済恐慌を理由として，価格・流通統制を行う刑罰法規が典型例としてあげられよう。そして，このような刑罰法規に関しては前述した原則を妥当させるべきでない，といわれることがある。その理由は2つあり，第1に，たとえこのような刑罰法規が予定どおりに廃止されたとしても，立法者が行為に対する当罰性判断を覆したとはいえないことである。第2に，このような刑罰法規はその廃止を見越して駆け込み的に違反されるおそれが強く，それを防止する必要があることである。そして，このような経緯から生まれたのが**限時法の理論**である。すなわち，将来において廃止されることが明示的あるいは黙示的に予定されている刑罰法規は，その廃止後であっても廃止前に行われた行為に適用することが許されるというのである。

たしかに，このような考え方は傾聴に値するが，全面的に賛成することはできない。そもそも，将来における廃止が黙示的に予定されているかどうかは一義的に判断しうるものではなく，行為者の地位を非常に不安定なものとしてしまう。また，かりに将来における廃止の余地が明文で留保されていても，それが刑罰に値するとする価値判断自体の変化を予想して，見直しの可能性に言及したものにすぎない場合もある。さらに，これらの点を措くとしても，ひとたび廃止された以上，有罪判決を言い渡す根拠となる刑罰法規がもはや存在しない，という厳然たる事実はやはり無視しがたいであろう。刑罰法規の廃止が価値判断自体の変化によらない場合には，当該法規の制定時にあらかじめあるいはその廃止にあたり，廃止前の行為については廃止後も適用する旨の**経過規定**を個別に置くことで対応すべきである。

ところで，刑罰法規の内容が他の法律や下位の法規範に依拠している場合において，実行の時点で処罰の対象とされていた行為がこれらの法令の変更後に処罰の対象から外れてしまったとき，刑が廃止されたとして免訴の判決を言い渡すべきかが議論されている。判例には，肯定例（最大判昭32・10・9刑集11巻10号2497頁。関税法，関税定率法および噸税法の適用上外国とみなされる地域を定める政令〔昭和27年政令99号〕の施行によって，関税法〔明治32年法律61号〕104条にいわゆる外国とみなされる地域が変更された結果，密輸の行われた地域が密輸出入の区域から除外されるに至った場合は刑の廃止にあたる）と否定例（最

大判昭 37・4・4 刑集 16 巻 4 号 345 頁。道路交通取締法施行令 41 条に基づく新潟県道路交通取締規則 8 条による第 2 種原動機付自転車の 2 人乗りの禁止が廃止されても，その廃止前の違反行為について同施行令 72 条 3 号の刑の廃止があったとはいえない）がある（ほかにも，否定例として最大判昭 25・10・11 刑集 4 巻 10 号 1972 頁，最判昭 27・12・25 刑集 6 巻 12 号 1442 頁などを参照）。また，学説においては，刑罰に値するとする価値判断自体が変化したかどうかで刑の廃止の有無を決する見解が有力である。

11.2.2　刑 の 変 更

　刑の変更とは，刑罰法規に触れる行為が行われたあとに当該法規が変更された場合を指す。それが行為者にとって不利益であれば行為時の刑罰法規が適用されるのに対し，利益であれば変更後の刑罰法規が適用されることになる（6条）。また，変更が複数回なされた場合には最も軽い刑によることになるが，それは裁判の遅延などを行為者の負担に帰することが公平を害するからである。ただし，刑の変更の趣旨によっては 11.2.1 で述べたのと同様の議論が妥当する余地がある。判例には，（旧）尊属殺人罪（旧 200 条）が犯されたのち，民法の改正により被害者が直系尊属から除かれたとしても刑の変更にはあたらず，なお同罪の適用が可能であるとしたものがある（前掲最判昭 27・12・25）。その他の詳細については 1.2.5（3）を参照。

11.3　刑法の場所的適用範囲

11.3.1　国 内 犯

　国家の主権はその領域内に及ぶものであるから，主権行使の一内容をなす刑法の適用も当該領域内においてなされた行為に限られるのが原則である。このため，刑法はその 1 条 1 項で日本国内において罪を犯したすべての者に適用されることを明示している。この原則を**属地主義**とよぶ。

　なお，この属地主義は同条 2 項により日本国籍の船舶ないし航空機内で行われた行為にまで拡張されている。もっとも，この趣旨は，そのような船舶ないし航空機内をも国際法上わが国の領域とするものではないことに注意を要する。すなわち，たとえば，船舶が公海上にあるときには，その内部で行われた行為

に対してどの国の法令を適用すべきかを領域以外の明確で一義的な基準によって決しなければならない，という要請から**旗国主義**が採用されている。そして，前述した属地主義の拡張は，この旗国主義をその船舶が他国の領域内にあるときにまで推し進めたものにすぎないのである。いったん船舶内に日本国刑法の適用を認めておきながら，それが他国の領海内に入った瞬間に認められなくなる，というのでは不安定にすぎよう。こうして，船舶が他国の領海内にあるときは日本国刑法と他国の刑法とが重畳的に適用されうることになる。

　さて，属地主義の適用を受ける犯罪のことを**国内犯**とよぶが，犯罪事実の最初から終わりまで，すべてがわが国の領域内において発生している場合は格別，そうでない場合には，どのような要件のもとで属地主義を適用し，国内犯に分類すべきかが古くから激しく争われている。そして，判例（大判明44・6・16刑録17輯1202頁，東京地判昭56・3・30刑月13巻3号299頁，仙台地気仙沼支判平3・7・25判タ789号275頁）・通説はこの点に関して**遍在説**を採用する。それによれば，犯罪成立要件のどれか1つだけでも国内で実現されていれば国内犯であるとされる。

　たしかに，行為や結果，因果関係のうち，どれか1つだけが本質的に重要であるなどとはいえない。行為は結果を引き起こすから重要であり，結果は行為によって引き起こされるから重要であり，因果関係は行為と結果との間に存在するから重要なのである。したがって，行為や結果，因果関係のうちどれか1つだけを取り出して，その発生地を標準に国内犯とするかどうかを決める，などというのは方法論的に誤っているといわざるをえない。この意味において，遍在説は正しい核心を含んでいる。

　もちろん，このように解すると，国内犯として処罰される範囲は広くなる。ただし，個々の構成要件の解釈によっては，そもそも国内の利益しか保護されていないにもかかわらず，その侵害や危殆化が認められないために，遍在説によれば国内犯とされるものの一部については，はじめから可罰性を肯定しえないことに注意を要する（**構成要件の保護範囲論**）。たとえば，海外において有償で頒布する目的をもって，国内においてわいせつな図画を所持した場合，遍在説によれば，行為が国内で行われているため国内犯に分類されるかにも見える。しかし，175条2項前段はわが国の性風俗だけを保護していると解されること

から，それ以前の段階で構成要件の保護範囲から外れて可罰性が否定されるのである。さらに，この構成要件の保護範囲を基礎づける事実の錯誤は構成要件的錯誤にほかならないから，たとえば，海外からしか閲覧できないと誤信してわいせつ画像のデータをサーバーにアップロードした者には 175 条 1 項前段の罪の故意が欠けることになる。

なお，判例によれば，日本国外で幇助行為をした者であっても，正犯が日本国内で実行行為をした場合には国内犯にあたる（最決平 6・12・9 刑集 48 巻 8 号 576 頁）。反対に，日本国内において海外への賭博ツアーを企画するような行為は，構成要件の保護範囲論によりはじめから可罰性を有しないことに注意を要する。

11.3.2　国 外 犯

1. 保 護 主 義

保護主義とは，自国の国家的法益ないし自国内の社会的法益に対する罪が国外において遂行された場合に，それが自国民・外国人のいずれによるものであるかを問わず自国の刑法を適用する原則をいう。この保護主義が適用される犯罪は 2 条に掲げられており，大別して，内乱・外患に関する罪と偽造に関する罪が含まれている。もっとも，たとえば，同条 7 号に定める「第 163 条の 2 から第 163 条の 5 まで（支払用カード電磁的記録不正作出等，不正電磁的記録カード所持，支払用カード電磁的記録不正作出準備，未遂罪）の罪」などは必ずしもわが国に固有の利益を保護するものではないから，実質的に見て 11.3.2（4）で述べる世界主義の側面も有しているといえる。

2. 積極的属人主義

積極的属人主義とは，犯罪が国外において遂行された場合に，それが自国民によるものであれば自国の刑法を適用する原則をいう。この積極的属人主義が適用される犯罪は 3 条に掲げられている。これに加えて，4 条は公務員の国外犯を規定しているが，これは 11.3.2（1）で述べた保護主義の側面をも含むものである。

この積極的属人主義の根拠については，古くからさかんに議論が行われてきた。かつては，国家の定める刑法は国民がどこに行こうと付いて回る，という

根拠が有力に主張されていた。もっとも，刑法は法益を保護する手段のひとつであるにすぎず，「祖国の掟を遵守すべし」などという一貫した信条を義務づけるものではない。そこで近時においては，国外で犯罪を行った者が帰国したとき，犯人である自国民を犯罪地国に引き渡さない（**自国民不引渡しの原則**）代わりに自国で処罰するのだ，という根拠も主張されている（**国際協調主義**）。しかし，わが国の刑法は犯罪地国においても問題となる行為が処罰されていること（**双方可罰性〔双罰性〕**）を国外犯処罰の要件としていないから，このような根拠も適切でない。このように，積極的属人主義の根拠についてはいまだ議論の一致を見ていないのである。

3. 消極的属人主義

　消極的属人主義とは，犯罪が国外において遂行された場合に，それが自国民の個人的法益に対するものであることを理由として，自国民・外国人のいずれによるものであるかを問わず自国の刑法を適用する原則をいう。わが国の刑法もかつてはこれを採用していたが，戦後，1947年の刑法改正により廃止された。しかし，2003年の刑法改正によって再び採用されるところとなり，それが適用される犯罪は3条の2に掲げられている。

　この消極的属人主義復活の直接の契機となったのは，2002年に発生したTAJIMA号事件である。すなわち，公海上を航行中のパナマの便宜地籍船TAJIMA号においてフィリピン人乗組員が日本人の二等航海士を殺害した，というものであるが，わが国とパナマとの間には犯罪人引渡し条約が締結されていないことに加え，便宜地籍国にすぎないパナマには事件解決へのインセンティブが少なく大きな支障が生じた（ちなみに，フィリピンには国外犯処罰規定がなかった）。そこで，日本人が国外で重大犯罪の被害者になった場合にも日本の刑法を適用できるようにしよう，との機運が高まったのである。

　かつて採用されていた消極的属人主義が戦後，廃止されるに至った理由は新憲法の採用する国際協調主義である。すなわち，臣民に対する犯罪を大日本帝国の権威を侵したものととらえ，そこに刑法介入の契機を見出すのは過度の国家主義だと考えられたのである。しかし，今日においてそのような国体は廃棄され，国外においても自国民を保護することはむしろ主権国家の責務とさえ解されるに至っている。

4. 世 界 主 義

　世界主義とは，行為者が自国民か外国人かを問わず，また犯罪地のいかんを問わず，国際社会の共通の利益を害する行為に自国の刑法を適用する原則をいう。わが国の刑法は 4 条の 2 において，その適用を受ける犯罪を条約により定めることにしている。

第 **12** 章

刑 罰 論

12.1　刑罰の種類

12.1.1　総　　説

　犯罪に対して科される刑罰の種類は9条に定められている。すなわち，死刑，懲役，禁錮，罰金，拘留および科料が**主刑**，没収が**付加刑**とされている。付加刑は独立にこれを科すことができない。さらに，主刑の軽重は10条に定めるところにより決定される。

　もっとも，刑罰の種類はその内容を構成する不利益によっても区別することができる。すなわち，**生命刑**（死刑），**自由刑**（懲役，禁錮，拘留），**財産刑**（罰金，科料，没収）に分けられる。なお，犯罪者としての烙印づけのために刺青などを施したり，痛みを与えるために鞭打ちを行ったりするなどの**身体刑**は，発展途上国にはいまだ存在するものの，わが国においては残虐な刑罰であるとの理由から認められていない（憲36条）。

12.1.2　生　命　刑

　死刑は刑事施設内において，絞首して執行される（11条1項）。わが国の判

例は，これが残虐な刑罰にはあたらない，したがって，憲法 36 条に反するものではないとしている（最大判昭 23・3・12 刑集 2 巻 3 号 191 頁，最大判昭 30・4・6 刑集 9 巻 4 号 663 頁）。もっとも，多くの先進国ではすでに死刑が廃止されている。

　判例によれば，死刑制度を存置する現行法制のもとにおいては，犯行の罪質，動機，態様ことに殺害の手段・方法の執拗性，残虐性，結果の重大性ことに殺害された被害者の数，遺族の被害感情，社会的影響，犯人の年齢，前科，犯行後の情状等，各般の情状をあわせ考察したとき，その罪質がまことに重大であって，罪刑の均衡の見地からも一般予防の見地からも，極刑がやむをえないと認められる場合には死刑の選択も許される（最判昭 58・7・8 刑集 37 巻 6 号 609 頁＝永山事件）。これは死刑の選択に関する一般的な基準を示したものであるが，刑罰の主要な目的のひとつとされる特別予防が明示的には考慮されていない点に特徴がある。

　さらに近時においては，裁判員裁判を念頭におきつつ，死刑選択の基準に関する新たな主張もなされるに至っている。もっとも，判例は刑期の量定に関しては，裁判員裁判が具体的，説得的な根拠をもって量刑傾向から踏み出す余地を認めている（最判平 26・7・24 刑集 68 巻 6 号 925 頁）のに対し，死刑の選択に関しては，みずからが厳格な基準を堅持していくことを宣言している（最決平 27・2・3 刑集 69 巻 1 号 1 頁，69 巻 1 号 99 頁）。

　学説においては，そもそも死刑を廃止すべきであるという見解も有力である（**死刑廃止論**）。その理由は多岐に上っており，詳細は刑事政策等の教科書類を参照されたい。

12.1.3　自　由　刑

　自由刑としては，**懲役**，**禁錮**，**拘留**が認められている。

　懲役と禁錮には**無期**と**有期**の場合があり，後者は 1 月以上 20 年以下とされている（12 条 1 項・13 条 1 項）。ただし，有期懲役と有期禁錮を加重減軽する場合には上限が 30 年となり，反対に下限は 1 月未満とすることができる（14 条 2 項）。

　懲役においては禁錮と異なり，**刑務作業**が義務づけられている（12 条 2 項）。

禁錮において刑務作業が義務づけられていないのは，それが主として政治犯などの非破廉恥罪に科されるものだからである。もっとも，懲役と禁錮の区別は比較法的にも珍しいものである一方，わが国の禁錮受刑者はその多くが**請願作業**（刑事収容施設法93条）を行っているから，禁錮という刑罰の種類を維持し続けるべきかには疑問もある。

　懲役と禁錮において，その刑に処せられた者に「改悛の状」があるときは，有期刑については刑期の3分の1を，無期刑については10年を経過したのち，行政官庁（地方更生保護委員会）の処分によって**仮釈放**を許すことができる（28条）。拘留においては「情状により，いつでも」同じく**仮出場**を許すことができる（30条1項）。

12.1.4 財 産 刑

　財産刑としては，付加刑である**没収**を除けば，**罰金**と**科料**が認められている。

　科料は1000円以上1万円未満であり（17条），罰金は1万円以上であるが，減軽する場合には1万円未満に下げることができる（15条）。また，罰金や科料を完納することができない場合には**労役場に留置**される（18条）。

　主刑を言い渡す場合には，付加刑として没収を言い渡すことができる（19条，ただし，20条も参照）。没収の対象となる物は19条1項に掲げられている。すなわち，①**犯罪組成物件**（1号），②**犯罪供用物件**（2号），③**犯罪生成物件**（3号），④**犯罪取得物件**（3号），⑤**犯罪報酬物件**（3号），⑥**対価物件**（4号）である。それぞれ，たとえば，①偽造通貨行使罪における偽造通貨，②殺人に使用したナイフ，③通貨偽造罪における偽造通貨，④鳥獣保護法に違反して捕獲した鳥獣，⑤殺人の謝礼として得た金銭，⑥④の鳥獣を売却して得た金銭，があげられる。

　近時の判例には，被告人が強姦（強制性交等）および強制わいせつの犯行の様子を被害者に気づかれないように撮影しデジタルビデオカセットに録画したところ，被告人がこのような隠し撮りをしたのは被害者に犯行の様子を撮影録画したことを知らせて捜査機関に被告人の処罰を求めることを断念させ，刑事責任の追及を免れようとしたためであった，という事案においてデジタルビデオカセットを②にあたるとしたものがある（最決平30・6・26刑集72巻2号209

頁）。「犯罪行為の用に供した物」とは，犯罪行為を促進すべく特定の利用過程におかれた物を意味するのであるから，デジタルビデオカセットが被告人の犯意を強化することとなる撮影録画の過程におかれている以上，このような結論は支持することができよう。

なお，没収は犯人以外の者に属しない物に限られる。ただし，犯人以外の者に属する物であっても，犯罪の後にその者が情を知って取得したものであるときは没収することができる（19条2項。第三者没収の場合における第三者への手続保障に関し，刑事事件における第三者所有物の没収手続に関する応急措置法を参照）。さらに，3号物件または4号物件の全部または一部を没収することができないときは，その価額を**追徴**することができる（19条の2）。

以上の**任意的没収・追徴**のほかに，**必要的没収・追徴**も存在する（197条の5,組織的な犯罪の処罰及び犯罪収益の規制等に関する法律第2章以下など）。さらに，その多くは没収の対象を物に限らず利益にまで拡張し，ひいては，物が当初から観念しえない場合にも追徴を認めている（**利益没収・追徴**）。

12.1.5 執 行 猶 予

1. 総   説

前に禁錮以上の刑に処せられたことがない者や，前に禁錮以上の刑に処せられたことがあっても，その執行を終わった日またはその執行の免除を得た日から5年以内に禁錮以上の刑に処せられたことがない者が，3年以下の懲役もしくは禁錮または50万円以下の罰金の言渡しを受けたときは，情状により，裁判が確定した日から1年以上5年以下の期間，その**執行を猶予**することができる（25条1項）。もっとも，前に禁錮以上の刑に処せられたことがあっても，その執行を猶予された者が1年以下の懲役または禁錮の言渡しを受け，情状にとくに酌量すべきものがあるときも，同じくその執行を猶予することができる（**再度の執行猶予**）。ただし，すぐ次に述べる保護観察に付せられ，その期間内にさらに罪を犯した者についてはこの限りでない（25条2項）。そして，執行猶予期間を満了したときは刑の言渡しの効力自体が失われる（27条）。もっとも，執行猶予は一定の事由が発生すればこれを取り消すことができ（26条の2），また場合によっては取り消さなければならない（26条）。

　さらに，25条1項に基づいて執行猶予がなされる場合には，その期間中，**保護観察**に付することができる。これに対して，同条2項の場合には必要的保護観察，すなわち保護観察に付さなければならない（25条の2第1項）。この保護観察は更生保護法に基づいて行われる。

　このような内容を有する執行猶予が刑法理論上，いかなる性質ないし位置づけを与えられるべきか，という点が近時さかんに議論されている。学説では，執行猶予はあくまで刑そのものではなく刑に付随する処分であり，もっぱら特別予防的観点から規律されるとするものと，執行猶予付きの刑そのものが責任に相応しなければならないとするものとが対立している（むろん，後者も執行猶予に特別予防的考慮が内在していることは認めており，ただ，それは責任に相当する刑の「幅」の枠内ではたらくにすぎないとされる）。もっとも，裁判官が執行猶予を付する際に行う総合的な判断を，このような単純な二分論によって説明し尽くすことは不可能であろう。

2.　刑の一部の執行猶予

　2013年に成立，公布された刑法改正法および薬物法は**刑の一部の執行猶予**制度を導入するとともに，保護観察の特別遵守事項の類型に**社会貢献活動**を行うことを加えるなどの法整備を行った（2016年に施行）。すなわち，今日においては犯罪者のうち再犯者が占める割合が少なくない状況にあり犯罪者の再犯防止・改善更生が重要な課題となっているが，旧制度下では刑の言渡しの選択肢として全部実刑か全部執行猶予かのいずれかしか存在せず，犯罪者の再犯防止・改善更生を図るためには施設内処遇後に十分な期間にわたり社会内処遇を実施することが有用な場合があると考えられた。そこで，刑期の一部を実刑とするとともに残刑期の執行を猶予することにより，施設内処遇に引き続き必要かつ相当な期間，刑の執行猶予取消しによる心理的強制のもとで社会内における再犯防止・改善更生を促すことを可能とする刑の言渡しの選択肢を増やすべく，新たに刑の一部の執行猶予制度が導入されたのである。

　具体的には，「前に禁錮以上の刑に処せられたことがない者」，「前に禁錮以上の刑に処せられたことがあっても，その刑の全部の執行を猶予された者」，「前に禁錮以上の刑に処せられたことがあっても，その執行を終わった日又はその執行の免除を得た日から五年以内に禁錮以上の刑に処せられたことがない

者」「が三年以下の懲役又は禁錮の言渡しを受けた場合において，犯情の軽重
及び犯人の境遇その他の情状を考慮して，再び犯罪をすることを防ぐために必
要であり，かつ，相当であると認められるときは，一年以上五年以下の期間，
その刑の一部の執行を猶予することができる」(27 条の 2 第 1 項。保護観察に
ついては 27 条の 3，必要的取消しについては 27 条の 4，裁量的取消しについては 27
条の 5 を参照)。そして，猶予期間が経過したときは，刑期が執行を猶予されな
かった部分に減軽される (27 条の 7)。

　この刑の一部の執行猶予は全部実刑と全部執行猶予の中間刑ではなく，あく
まで全部実刑を相当とする事案につきとくに再犯防止を目的として，専門的処
遇プログラムをはじめとする社会内処遇を取り入れる余地を認めたものである。
この点をとらえ損なうと，全部実刑では重すぎるからと，刑を軽くしてやるた
めに再犯のおそれを認定する，という倒錯した事態や，従来は全部執行猶予が
相当とされてきた事案における予期せぬ重罰化，反対に，再犯のおそれがある
者だけ早く「娑婆」に出られる，といういびつな寛刑化が承認されてしまいか
ねない。そして，正しく理解された刑の一部の執行猶予制度が実効性を発揮す
るためには，保護観察やプログラムのいっそうの充実が望まれよう (少なくと
も，必要的でないとはいえ，保護観察を付けることが本則であろう)。

　なお，この制度の対象者は**初入者**およびこれに準ずる者である。もっとも，
一般に薬物使用等の罪を犯す者は薬物への親和性が高く薬物事犯の常習性を有
する者が多いと考えられるところ，これらの者の再犯を防ぐためには刑事施設
において物理的に薬物を遮断するなど薬物への傾向を改善するための処遇を行
うだけでなく，これに引き続き，薬物の誘惑のありうる社会内においてもその
処遇の効果を維持・強化する処遇を実施することが有用であると考えられる。
そこで，薬物法は刑法の特則を定め，薬物使用等の罪を犯した者については累
犯者であっても，刑の一部の執行猶予の言渡しを可能とする制度が導入された。
この場合，保護観察も必要的とされる。

12.2　刑罰の適用

　刑法各則に規定された刑を**法定刑**とよび，それに加重・減軽を施し，当該個
別具体的な事案において科しうる刑を**処断刑**とよぶ。さらに，処断刑の範囲内

で情状を考慮し，実際に言い渡される刑を**宣告刑**とよぶ。

　処断刑を形成するにあたっては，「再犯加重→法律上の減軽→併合罪の加重→酌量減軽」という順序で加重・減軽が行われる（72条）。加重の方法は個別の規定によるが，減軽の方法については総則に規定が置かれている（68条〜71条）。

　再犯とは，懲役に処せられた者がその執行を終わった日またはその執行の免除を得た日から5年以内にさらに罪を犯した場合において，その者を有期懲役に処するときを指す（56条1項，さらに2・3項も参照）。再犯の刑はその罪について定めた懲役の長期の2倍以下とされている（57条）。三犯以上の**累犯**についても同様である（59条）。

12.3　刑罰の執行

　確定裁判において言い渡された刑の執行は**検察官の指揮**により行われる（刑訴472条）。執行の手続については刑事訴訟法に規定され，さらに，刑事収容施設及び被収容者等の処遇に関する法律などの行刑法規の規定に従って執行される。

事 項 索 引

判 例 索 引

著 者 紹 介

<ruby>小<rt>こ</rt></ruby> <ruby>林<rt>ばやし</rt></ruby>　<ruby>憲<rt>けん</rt></ruby> <ruby>太<rt>た</rt></ruby> <ruby>郎<rt>ろう</rt></ruby>

1974 年　大阪生まれ
1997 年　東京大学法学部卒業
現　　在　立教大学教授

主 要 著 書

『因果関係と客観的帰属』（単著，弘文堂，2003）

『刑法的帰責——フィナリスムス・客観的帰属論・結果無価値論』（単著，弘文堂，
　　2007）

『刑法総論〔第 2 版〕』（共著，有斐閣，2012）

『刑法各論〔第 2 版〕』（共著，有斐閣，2013）

『事例から刑法を考える〔第 3 版〕』（共著，有斐閣，2014）

『重要判例集　刑法総論』（単著，新世社，2015）

『ライブ講義刑法入門』（単著，新世社，2016）

『刑法総論の理論と実務』（単著，判例時報社，2018）

ライブラリ 現代の法律学＝A13

刑法総論　第2版

2014 年 10 月 10 日 ©	初　版　発　行
2020 年 6 月 10 日 ©	第 2 版 発 行

著　者　小林憲太郎　　　　　　発行者　森平敏孝
　　　　　　　　　　　　　　　印刷者　中澤　　眞
　　　　　　　　　　　　　　　製本者　米良孝司

【発行】　　　　　　　　　株式会社　新世社
〒151-0051　　　東京都渋谷区千駄ヶ谷 1 丁目 3 番 25 号
編集 ☎ （03）5474-8818 （代）　　　サイエンスビル

【発売】　　　　　　　　　株式会社　サイエンス社
〒151-0051　　　東京都渋谷区千駄ヶ谷 1 丁目 3 番 25 号
営業 ☎ （03）5474-8500 （代）　　振替 00170-7-2387
FAX ☎ （03）5474-8900

組版　ケイ・アイ・エス
印刷　㈱シナノ　　　　　　製本　ブックアート
《検印省略》

サイエンス社・新世社のホームページのご案内
https://www.saiensu.co.jp
ご意見・ご要望は
shin@saiensu.co.jp　まで.

ISBN978-4-88384-311-4

PRINTED IN JAPAN

ライブラリ 現代の法律学 JA13

重要判例集 刑法総論

小林憲太郎 著

A5判／208頁／本体2,200円（税抜き）

本書は，同ライブラリ『刑法総論 第2版』の著者による判例集である．余すところなく通読することによって効率的な学習が可能になるよう，判例数を厳選し，引用・解説の分量もスリムに収めている．解説部分については，特殊な理論や体系に依拠することなく，できる限り客観的な説明を心がけ，判例の重要度に応じて丁寧に記述した．『刑法総論 第2版』の補助教材としても，司法試験等の各種資格試験対策用にもおすすめめの一冊となっている．2色刷.

【主要目次】

発行 新世社　　発売 サイエンス社